国家级精品课程配套用书
高等职业教育教材

餐饮经营管理

钟　华　刘致良　编著

中国轻工业出版社

图书在版编目（CIP）数据

餐饮经营管理/钟华，刘致良编著. —北京：中国轻工业出版社，2025.2
高等职业教育教材
ISBN 978-7-5019-8264-6

Ⅰ.①餐… Ⅱ.①钟…②刘… Ⅲ.①餐饮业-经营管理-高等职业教育-教材 Ⅳ.①F719.3

中国版本图书馆 CIP 数据核字（2011）第 101689 号

责任编辑：史祖福　责任终审：孟寿萱　封面设计：锋尚设计
版式设计：宋振全　责任校对：杨　琳　责任监印：张京华

出版发行：中国轻工业出版社（北京鲁谷东街 5 号，邮编：100040）
印　　刷：北京君升印刷有限公司
经　　销：各地新华书店
版　　次：2025 年 2 月第 1 版第 11 次印刷
开　　本：787×1092　1/16　印张：17.75
字　　数：450 千字
书　　号：ISBN 978-7-5019-8264-6　定价：36.00 元
邮购电话：010-85119873
发行电话：010-85119832　010-85119912
网　　址：http://www.chlip.com.cn
Email：club@chlip.com.cn

250198J2C111ZBQ

前　　言

为了加强餐饮企业经营管理理论实际应用的研究，提高餐饮企业的管理水平，培养更多的餐饮经营管理者，针对当前餐饮经营管理的现状和高职教育的特点，我们在高职类国家精品课程“餐饮经营管理”的教学研究和经验总结的基础上，编著了本教材。

本教材力图打破传统的以知识传授为主要特点的学科课堂模式，而将其转变为以工作任务为核心的项目课程模式，让学生通过完成具体项目来构建相关理论知识，并发展职业能力。

在教材内容的选取上，紧紧围绕餐饮经营管理工作过程的需要来进行，同时又充分考虑到高职教育对理论知识学习的要求，在结构上采用了模块和项目的编排方式，共设计了十大模块的教学内容，包括餐饮经营管理概述、餐厅选址、厨房设计与管理、厨房日常管理、餐厅设计与管理、餐厅日常管理、餐饮成本控制、菜单设计与管理、餐饮营业推广、餐饮企业连锁经营管理，在每个模块下又分三至五个项目。

在教材的编写上强调学生管理技能的训练和职业素质的培养。在教学中，要求学生完成“某一主题餐厅的策划”，学生必须从最先的市场调研、目标定位、餐厅类型、餐厅选址开始，到厨房、餐厅、菜单设计与管理，到最后的餐厅营业推广，在仿真的模块教学下，以餐饮管理者的身份，完成餐饮企业从筹建开始到营业推广的整个业务流程和所有工作任务的项目学习。这些内容的学习，都要求学生有良好的团队合作意识，培养学生自我管理能力、资料收集与分析能力、策划能力、沟通能力及创新、创业的职业素质和能力。

本教材既适用于高职院校酒店管理专业、餐饮管理专业、烹饪专业以及其他旅游相关专业和培训机构的教材，又可作为广大餐饮企业的各级管理人员或技术人员自修的参考教材。

本书在编写过程中得到了餐饮业和有关专家的大力支持和指导，参考和借鉴了国内外众多专家和学者的最新研究成果和技术文献，直接或间接采用了许多专家学者的观点和看法，在此谨致诚挚的谢意！由于作者水平有限，书中疏漏和错误之处在所难免，希望各位专家学者和读者批评指正。

作　者

“餐饮经营管理”课程教学建议

“餐饮经营管理”是一门实用性很强的课程，通过本课程的教学，具体掌握餐饮管理业务操作流程，培养解决餐饮管理实际问题的能力，同时进一步培养学生的创新及创业的能力。

一、教学内容

在教学内容的选取上，以能力培养为宗旨，紧密结合生产实际，体现岗位能力要求，以促进学生实践操作能力培养的优质核心课程为目标，将课程的教学内容分解为十大模块的教学内容，包括餐饮经营管理概述、餐厅选址、厨房设计与管理、厨房日常管理、餐厅设计与管理、餐厅日常管理、餐饮成本控制、菜单设计与管理、餐饮营业推广、餐饮企业连锁经营管理。

二、教学设计

在教学设计中建议做到：

（1）基于餐饮经营管理工作过程组织教学内容体系；

（2）以项目导向和任务驱动组织教学；

（3）采用工学结合的模式，强化实践能力的培养。

在教学中，要求学生完成“某一主题餐厅的策划”，学生必须从最先的市场调研、目标定位、餐厅类型、餐厅选址开始，到厨房、餐厅、菜单设计与管理，到最后的餐厅营业推广，在仿真的模块教学下，以餐饮管理者的身份，完成餐饮企业从筹建开始的整个业务流程和所有工作任务的项目学习。同时，每一模块之间都是相辅相成的，学生需要从成本、人力资源、营销等中、高层餐饮管理者的角度，综合考虑一个餐饮企业的运营。例如，通过市场调研、目标定位，决定了投资规模，就决定了企业的类型和选址；通过对厨房、餐厅的布局、氛围的设计，就决定了餐厅的产品即菜单的类型、内容及价格的确定和营业推广的方式。

三、教学组织与安排

在教学的组织与安排上，应按照“课堂实践一体化”的教学模式，教、学、做结合，理论与实践一体化，要合理安排实训、实习教学环节。

在教学中，建议采用“项目引导”—“分组实训”—“小组研讨”—“作品展示”—“项目评价”的教学组织模式。

每一模块的课程教学中都设计有3~4个项目和4~5个任务，以项目为导向和任务驱动，进行具体教学设计。学生以实训项目为指导，进行分组实训，完成相应的任务。在“分组实训”环节，学生可以组合成4~6人的实训小组，在实训基地或生产第一线，在兼职教师、行业专家的指导下，完成实训和本小组实训作品的调查研究工作；在“小组研讨”环节，在老师的指导下，小组内部应进行多次调研，自由讨论，最终达成共识，完成资料汇总。所有实训项目必须以“任务报告”和“任务作品”的形式来完成。在“作品展示”环节，小组成员向全班展示并讲述小组作品；每一个实训模块都有相应的

“评价标准”，建议可以由小组互评和教师评价两部分共同形成该小组模块作品的成绩。

四、教学方法的运用

应充分运用多种教学方法，使教师与同学之间产生充分的互动。

本教学方法建议采用：

(1) 现场教学法。由于每一个项目的学习都要求以典型产品为载体设计的活动来进行，为此，必须通过校企合作、校内实训基地建设等多种途径，采取工学结合的形式，给学生提供丰富的实践机会。

(2) 案例教学法。教师对项目基本内容可采用案例教学法进行讲解。本教材每一个模块都有一个“引导案例”，项目中还穿插了许多小案例，教师可根据情况选取相应的案例，在课堂上组织学生讨论、分析。在分析案例的同时穿插基本理论知识的讲解。

(3) 分组讨论法。在教学中尽量培养同学们的团队精神，对案例的讨论、餐饮经营管理的策划，都要求集中讨论。在讨论过程中，教师给予相应的启发和引导，使同学们在讨论中去思考、去学习，综合运用所学知识，最终达成小组共识。

(4) 角色扮演法。在教学环节采取角色扮演的方式，增强教学效果。主讲教师以企业经理人，学生以企业各部门员工的角色，融会贯通所需掌握的理论和实际技能的要求。

(5) 网络自主学习法。在课程建设中应加强网络课程的建设，给学生一个完善的自主学习和交流的平台。学生可通过网络课程，自主学习课程内容、教学案例、行业信息等内容，并发起讨论交流，提交作业。

五、考核

建议课程考核采用形成性的考核方式，使整个教学过程形成一整套完整的评价体系。同时通过不同的考察形式、不同的考察内容，着重学生能力的培养和考察，而对学生能力的培养和考察是分阶段、递进式的。

在“项目引导”环节主要考察学生对“学习餐饮经营管理基本知识的能力。”

在“分组实训”环节，学生要在企业实地进行实训，同时完成本组实训作品的调查和资料收集，主要考察学生“发现问题、分析问题和解决餐饮管理实际问题的能力”。

“小组研讨”环节，需要小组成员的充分合作，考察学生“计划、组织、沟通、协调等管理方面的能力”。

“作品展示”环节，学生汇报小组作品，考察学生“独立自主创业、创新的能力”。

每一个模块实施应完成一个报告，共完成10个报告。10个报告后，要求学生将所学知识融会贯通，综合考虑每一环节，最终完成一个主题餐厅设计的大作业，组成一个综合报告。通过平时能力的考察，及课程结束时给出的综合评价，最终形成课程的综合评价。

以单元能力培养形式组织整体的教学内容

教学内容组成	培养能力	学时安排	考核方式
模块一	餐饮经营管理概述	6	调查报告
模块二	餐厅选址	6	实训报告
模块三	厨房设计与管理	6	实训报告
模块四	厨房日常管理	6	实训报告

续表

教学内容组成	培养能力	学时安排	考核方式
模块五	餐厅设计与管理	6	实训报告
模块六	餐厅日常管理	6	实训报告
模块七	餐饮成本控制	6	实训报告
模块八	菜单设计与管理	6	实训报告
模块九	餐饮营业推广	3	实训报告
模块十	餐饮企业连锁经营管理	3	实训报告
合计		54	

目　录

模块一　餐饮经营管理概述

学习目标：

1. 了解餐饮业分类、基本特征和地位
2. 了解我国餐饮业的发展情况
3. 掌握餐饮企业的类型划分
4. 掌握餐饮经营管理的主要内容

模块内容：

项目1　餐饮业的特征

项目2　我国餐饮业的发展情况

项目3　餐厅类型

项目4　餐饮经营管理的内容

模块任务：

各实训小组通过实地调研和查阅相关资料，了解本地区餐饮业总体发展水平，主要业态、特征，分析存在的问题及发展趋势，并初步确定本实训小组模拟组建的餐厅类型。

任务1　收集资料

要求：①小组成员分工合作；

②收集实地调研的一手资料；

③调查资料和数据力求详尽、准确（注明出处）。

任务2　分析讨论

要求：①小组成员根据各自收集的资料分析讨论；

②记录讨论过程。

任务3　得出结论

要求：①小组达成统一意见；

②得出小组调查结论。

任务4　完成调查报告

要求：①按时完成调查报告和PPT汇报材料；

②调查报告规范、完整。

任务评价：评价计分方法见表1－1

表1－1　　模块一　餐饮经营管理概述评价表（总分100）

组别	姓名 学号	收集资料 满分25分	分析讨论 满分25分	得出结论 满分25分	调查报告 满分25分	总分

【引导案例】

一茶一坐是一个连锁经营的中式休闲餐厅，菜品以煲类为主，搭配各种休闲小食、各式健康时尚的茶品，以及多种特色可口的甜品饮料，加上时尚、休闲的店堂氛围，成为沪上众多小资和商务人士约会、休憩的热门场所。

一茶一坐在餐品的开发方面颇有特色，比如用豆浆煮火锅、用咖啡烹制牛排，除了口味吸引人，创意也出人意料。然而，天下美食繁多，绝不仅仅是美味这一个原因就可以吸引四五家投资机构总金额达千万美元以上的投资。

赚钱能手

一茶一坐的独特之处在于，首先它的餐厅里面没有厨师，所有的菜品都是在中央厨房加工，配送到店里只需简单地进行加热和组合。第二，它成功地塑造了一个休闲餐饮的强势品牌，提高了产品附加值。一茶一坐总经理林盛智介绍，目前餐品已经初步形成成熟品牌，要着重塑造茶及饮料的品牌形象，提高此类产品的销售量。餐品约为50%的毛利润而茶及饮料的毛利润高达90%，故而其销售额的增长，对于提升利润率贡献显著。

一茶一坐的品牌形象定位是成为“大家的客厅”，用良好品牌的茶和饮料来吸引追求时尚、注重消费体验的都市白领，可以显著提高非就餐时段的上座率。店堂内播放轻松舒缓的背景音乐，三三两两的年轻人坐在舒适的餐桌前，点上一份饮料，用笔记本计算机上网、工作。目前其下午非就餐时段的上座率已经达到三成，而热门地段如上海徐家汇的港汇店，则超过六成。

中餐标准化制造

“为什么各种各样的餐馆遍地都是，也有不少百年老店，可只有麦当劳等几家餐厅变成了世界级的企业?”这个问题指出了制约中国餐饮企业规模扩张的瓶颈：餐品的烹饪质量依赖于厨师的个人技艺，难以进行标准化、规模化生产。

麦当劳能够把餐厅开到世界各地，不是因为它的餐品特别好吃，而是因为它能够几十年如一日地在遍布全球的数万家餐厅提供统一质量的服务。能做到如此高度的标准化、规模化生产，中央厨房功不可没。

借鉴麦当劳的中央厨房模式，一茶一坐逐步摸索出一套食品加工、保鲜储藏及还原加热的工艺流程，并在上海郊区建立了自己的中央厨房生产基地，可以为24h车程内的餐厅配送几乎全部品种菜式的半成品。在餐厅内，操作工只需按照操作规范将半成品进行简单的加热和组合，即成为诱人美味。因而餐厅可以抛弃厨房和厨师，代之以操作间和操作工，把复杂、艺术化的中餐烹饪变成了标准化的工业制造过程。

一茶一坐很可能是世界上第一家真正实现中餐标准化制造的企业，并且独有的技术能够克服一般的中央厨房工艺所加工出的产品品种单一、色香味形逊色的弊端。中央厨房模式为一茶一坐带来了显著的效益：降低成本、品质稳定，最重要的是获得长期新开门店的高复制能力，使得经营规模能够迅速扩张。

一家初具规模的中餐厅，厨房的面积一般占总面积的40%～50%，而一茶一坐的厨房面积仅用一半左右，意味着每家餐厅的营业面积比同类餐厅增加50%，这对于房租成本居高不下的餐饮企业来说，成本无疑被大大摊薄。另一方面，由于设有高工资的厨师，同档次其他餐厅的人工成本要比一茶一坐高50%～100%。此外，由于中央厨房的全流程标准化、规模化生产，使得一茶一坐的直接成本可以控制在营业额的30%以内，而其他中餐厅，含厨师的直接成本要占到营业额的60%左右。

餐饮企业经营成败，厨师是至关重要的因素。同一个餐品，经不同的厨师烹调或者同一个厨师在不同时间烹调，味道都可能有很大差别，难以保证餐品品质的统一、稳定，也难以树立良好的品牌形象。对于采取连锁运营的餐饮企业，这个问题尤其重要。而中央厨房的运作模式可以很好地解决这个问题。

中央厨房的模式，把中餐烹饪变成了制造性行业，因此理论上连锁式餐厅规模扩张的速度是由工业化生产的规模扩张速度来支持，而非传统模式下骨干厨师的养成速度。在中央厨房能力足够的前提下，扩张速度只受门店的选址、人员培训及资本形成几个因素的影响，在建立了一套成熟的连锁运营体系之后，这几个因素的制约性会显著降低。

休闲溢价

一茶一坐的定位是休闲餐饮，所谓休闲餐饮是一种以“休闲、舒适、情趣、品位”为核心的主题餐饮模式，通常菜品比较简单轻松，实时吃用，品种不多，但是甜品饮品很多，占菜单的很大一部分。简单理解，与中式正餐不同，消费者光顾休闲餐饮店，“吃饭”已经不是唯一的目的，享受店中休闲、典雅的气氛已经是一个至少与“吃饭”同等重要的目的。

经营休闲餐饮的关键点，一个是产品开发能力，烹调出独特的餐品味道，能够树立鲜明的市场形象，并且竞争对手不易模仿。再一个是塑造休闲而独具特色的店堂气氛，包括店面装修的风格、餐饮用具的精心搭配、体贴到位的人员服务，甚至菜品的名称和形态也都经过精心设计，塑造出风格一致而个性鲜明的市场形象，给消费者带来在“吃饭”之外的附加体验。由于提供了更多的附加值，与其他经营同等品质餐品的餐厅相比，休闲餐厅的定价能力更强，可以赚取高额的“休闲溢价”。在一茶一坐，“休闲溢价”的特点体现得非常清晰，比如一杯豆浆在一茶一坐的售价为25元；一般快餐店的调味饮品在10元以内，而在一茶一坐要达到30元左右。相对于一般快餐店的人均消费20元以内，一茶一坐的人均消费50～60元，与中档正餐餐厅的消费档次相差不远（必胜客的人均消费为70～80元）。

【案例分析】

随着民营资本和国际资本不断涌入，风险投资和股票上市的成功运作，我国餐饮业产权形式趋于多元化。“一茶一坐”在经营过程中注重品牌经营、标准化管理、产品和经营模式的创新，有效地降低了经营成本，扩大了市场份额，同时赢得了风险投资，使得企业在良性发展的同时得以快速扩张。

项目1　餐饮业的特征

一、餐饮业的概念

餐饮业是重要的服务业，对提高人民生活质量、扩大市场消费、拉动相关产业、增加社会就业、促进社会和谐等具有十分重要的作用。

餐饮业是指利用餐饮设备、场所和餐饮原料，从事饮食烹饪加工，为社会生活服务的生产经营性服务行业。餐饮业基本上应该涵盖三个组成要素：①必须要有餐食或饮料提供；②有足够令人放松精神的环境或气氛；③有固定场所，能满足顾客差异化的需求与期望，并使经营者实现特定的经营目标与利润。而提供餐饮的场所，古今中外有很多称呼，如酒馆、餐馆、菜馆、饮食店、餐厅等。

如今餐饮业主要包括以下三大类：

（1）宾馆、酒店、度假村、公寓等（即英语里所称的Hotel、Motel、Guesthouse）场所内部的餐饮部系统，包括各种风味的中西式餐厅、酒吧、咖啡厅等。

（2）各类独立经营的餐饮服务机构，包括社会餐厅、餐馆、酒楼、快餐店、小吃店、茶馆、酒吧和咖啡屋等。

（3）企事业单位的餐厅及一些社会保障与服务部门的餐饮服务机构，包括企事业单位的食堂、餐厅，学校、幼儿园、医院的餐厅及餐饮服务机构。

二、现代餐饮业的基本特征

现代餐饮业具有以下几个特征。

（一）对旅游业和国民收入的依赖性

餐饮是旅游业中食、住、行、游、购、娱六大要素的重要组成部分，其发展规模和速度在一定程度上依赖于旅游发展的水平。一个国家、一个地区、一个城市的旅游业越发达，各种类型的客源越多，对餐饮产品的需求量就越大。同时，国民收入水平越高，人们的社会交往活动越频繁，当地居民和社会各界人士对餐饮产品的需求量也越大。因此，餐饮业的发展必须根据旅游业和国民收入的发展规模、水平和速度做好规划，搞好网点布局，坚持多类型、多层次、多结构，以适应旅游业和社会各界人士的需求。

（二）市场客源的广泛性

餐饮业的客源十分广泛。国内外各种类型的旅游者、相关团体、企事业单位、政府机构、当地居民等都可以成为餐饮企业的接待对象。因此，餐饮企业经营对象的范围十分广泛，各企业的经营规模、经营结构、经营方式、产品风味和花色品种也各不相同。

另一方面，各种类型的餐饮企业之间可以互相替代的产品十分丰富。同一批客人对餐饮产品风味的需求并不是固定不变的，他们既可选择这种风味，也可享受另一种风味，且由于目前餐饮产品缺乏专利性，因此，餐饮业市场竞争十分激烈。餐饮业经营者若想在市场竞争中始终立于不败之地，就必须时刻跟上社会潮流，摸准市场脉搏，不断更新餐饮产品，以自己富有特色和优质的餐饮产品，在满足广大消费者需求的同时，获得良好的经济效益。

（三）餐饮产品的风味性

一方水土养一方人，不同国家、不同地区、不同民族的地理、气候和生活环境、生活习惯不同，各地物产不同，食品原材料的种类也不同，就是同一民族的不同地区，上述各方面的区别也往往很大，从而使餐饮产品形成各种不同风味，具有鲜明的民族性和地方性。比如，西餐有法式、俄式、英式、美式之分；中餐有川菜、鲁菜、粤菜、淮扬菜等不同风味（或菜系）。餐饮经营管理的关键在于突出风味特点，办出特色，坚持以产品质量和服务质量取胜。

（四）餐饮服务的不可储存性

餐饮服务的不可储存性是指服务不能被储存以备后用。虽然仓库可以储存酒店在数月内所需的食品原料，但厨房却不能在一天内生产一周营业所需的餐饮产品。同样，餐厅服务员由于闲着无事而浪费掉的时光，不可能延迟到第二天再使用。同时，由于餐厅的接待能力在一定时期内一般都固定不变，而客人的需求量却在不断地变化，因而造成了厨房、餐厅应付需求波动的困难，特别是当就餐宾客突然大量增加时，会不可避免地给厨房、餐厅带来压力。餐饮服务的不可储存性要求餐馆业者必须采取措施，主动地引导顾客的需求波动，使顾客的需求量尽量接近餐厅的接待能力，减少因接待能力不足或宾客量的不足所造成的损失。

（五）餐饮产品产、供、销的同时性

当宾客入座点菜时，既是宾客消费的开始，也是餐饮产品生产与销售的开始。宾客用餐的过程，也是服务生产与提供的过程。没有宾客进餐厅消费，就没有餐饮菜点与服务的生产与销售。而一般商品的生产、销售、消费是各自独立且可以分离的过程，可以发生在不同的时间、不同的地点。餐饮产品与服务是生产者与消费者直接接触，不经过中间环节，当场生产、销售与消费。这种产、供、销的同时性，给餐饮产品与服务质量的控制提出了很高的要求。

（六）餐饮服务的差异性

由于餐饮服务包含着大量的手工劳动，又由于职工的工作态度、技能技巧各有好坏和高低，因此，餐饮服务便不可避免地产生质量和水平上的差异。因此，制定严格的质量标准，坚持执行质量标准，加强职工培训教育，不断地改善、端正服务态度，提高技术技能，是餐饮业餐饮服务取得成功的必要手段。

三、餐饮业的地位与作用

餐饮业是一个国家商品零售业的重要组成部分，主要为国民经济的发展提供社会生活服务，其地位和作用主要表现在以下几个方面。

（一）餐饮是旅游业“六大”要素的重要组成部分

食、住、行、游、购、娱是旅游业的六大要素。现代社会中，一个国家的餐饮早已成为吸引国际旅游者的重要旅游资源。中国的饮食文化、中国的烹饪艺术，博大精深、历史悠久、享誉天下，已成为吸引众多外宾来华旅游的因素之一。广泛宣传饮食文化可以不断提升中国旅游在国际市场上的吸引力，也可以激发国内居民的旅游热情。

（二）餐饮业是活跃经济、繁荣市场、促进相关行业发展的重要行业

餐饮业的发展规模、速度和水平，往往直接反映一个国家、一个地区的经济繁荣和市场活跃程度。它是国民收入和人民生活水平迅速提高，消费方式和消费结构发生深刻变化的重要体现。同时，餐饮业的迅速发展，需要国民经济提供基础设施、生产技术设备、物资用品和各种食品原材料，这必然促进轻工业、建筑、装修、交通、食品原材料和副食品生产等相关行业的发展。

（三）餐饮业是创造社会财富、实现国民收入再分配的重要服务行业

餐饮业利用餐饮设备技术，通过食品原材料加工制造产品，本身可以增加产品价值，创造社会财富。餐饮业同时为国内旅游者、当地居民和各种企事业单位服务，处于国民收入再分配环节，可以大量回笼货币，从而对国民经济的发展起到积极的推动作用。

（四）餐饮业是促进社会消费方式和消费结构变化、扩大内需的重要行业

人类的饮食消费主要在家庭、工作单位和社会餐饮服务业中进行。经济越发达，国民收入水平越高，人们的对外交流活动越频繁，家务劳动社会化程度越高，越能促进餐饮业的发展。餐饮业的迅速发展，为人们的社会饮食消费创造了条件，可以减轻人们的家务劳动，促进其消费方式和消费结构的改变。强劲的餐饮消费对化解收入存量、拉动经济发展效果显著。1991—2009 年，我国餐饮业零售额年均增长 20%，2009 年全社会餐饮业零售额达到 17998 亿元，占社会消费品零售总额的 14.4%，餐饮消费拉动社会消费品零售总额增长 2.4%，对社会消费品零售总额的增长贡献率为 15.4%，是拉动经济增长的重要力量。

（五）餐饮业是扩大劳动就业的重要行业

餐饮业作为劳动密集型的行业，是农业和工业转移剩余劳动力的主要途径，在吸纳劳动力就业方面发挥着重要作用。由于一般的餐饮服务不需要太高的技能，也不需要太多的投资，入门费比较低，投入少、就业多，特别适宜于城镇下岗再就业人员和农村剩余劳动力等群体，这对于解决我国当前日益突出的就业矛盾和“三农”问题具有重要的现实意义。目前，我国餐饮业的从业人员已达到 2200 万人左右。餐饮业每年新增就业岗位 200 多万个，潜力很大。如果考虑因餐饮业发展而带动的农业种植业、养殖业、农副产品加工业、食品饮料业和商业等相关产业的从业人员，其对就业的带动作用就更大。今后，随着我国餐饮业的发展，还将会为越来越多的人提供就业机会。

项目 2　我国餐饮业的发展情况

餐饮业作为我国第三产业中一个传统服务性行业，其发展经历了改革开放起步阶段、数量型扩张阶段、规模连锁化发展阶段和品牌提升战略阶段，初步形成了投资主体多元化、经营业态多样化、经营方式连锁化、品牌建设特色化、市场需求大众化、从传统产业向现代产业转型的发展新格局。当前我国餐饮业发展呈现出蓬勃发展的良好态势。

一、我国餐饮业发展特点分析

（一）餐饮业规模保持高速增长，行业集中度进一步加强

2009 年全社会餐饮业零售额达 17000 亿元，已连续 19 年保持两位数的增长（见表 1 - 2）。人均餐饮消费 1348. 4 元，餐饮业的平均利润为 10. 43%。目前，全国已有餐饮网点 400 万个，超大规模企业涌现，有 11 家企业的营业额超过 10 亿元，有 34 家企业的营业额超过 5 亿元，其中前十强的营业额达到 336. 76 亿元，同比增长 18. 4%，占百强营业额总量的近五成，达到 49. 34%。2009 年，我国餐饮行业百强企业营业额首次突破 1200 亿元，比 2008 年增长 22. 6%，占全国餐饮业零售总额的 6. 94%，餐饮百强企业资产总额 447. 37 亿元，利润总额超百亿元，从业人员约 100 万人。百强企业的整体规模稳步提升，行业集中度进一步加强。2009 年中国餐饮百强企业前十强名单见表 1 - 3。

表 1 - 2　　1991—2009 年中国餐饮业零售额与增速表

年份	零售额/亿元	增速/%
1991	492	17. 20
1992	589. 7	19. 90
1993	800. 1	35. 70
1994	1579. 2	46. 90
1995	1579. 2	34. 40
1996	202. 49	28. 20
1997	243. 33	20. 20
1998	2816. 4	15. 70
1999	3199. 6	13. 60
2000	3752. 6	17. 30
2001	4368. 9	16. 40
2002	5092. 3	16. 60
2003	6066	11. 60
2004	7486	21. 60
2005	8887	17. 70
2006	10345. 5	16. 40
2007	12352	19. 40
2008	15390	16. 40
2009	17000	16. 80

表 1－3　　2009 年中国餐饮百强企业前十强名单

1. 百胜餐饮集团中国事业部
2. 美心食品有限公司
3. 内蒙古小肥羊餐饮连锁有限公司
4. 内蒙古小尾羊餐饮连锁股份有限公司
5. 上海锦江国际酒店股份发展有限公司
6. 天津顶巧餐饮服务咨询有限公司
7. 重庆陶然居饮食文化（集团）有限公司
8. 重庆德庄实业（集团）有限公司
9. 中国全聚德集团
10. 重庆市毛哥食品开发有限公司

（二）投资主体与市场格局呈现多元化

餐饮行业规模持续扩大，产权形式趋于多元。当前，餐饮企业层次多样，阶段特征明显。小企业开始从生存求发展，中型企业从发展到注重品牌建设，大企业则开始从品牌建设进入投融资阶段。随着民营资本和国际资本不断涌入，风险投资和股票上市的成功运作，我国餐饮业产权形式趋于多元化（近年品牌餐饮企业投融资情况见表 1－4，中国餐饮企业上市融资情况见表 1－5）。

表 1－4　　近年品牌餐饮企业投融资情况

业态	企业名称	融资时间/年	投资方	融资资金
中式快餐（8 家）	永和大王	1997	李嘉诚旗下的加怡新亚	200 万美元
		2002	霸菱亚洲投资基金	1100 万美元
		2004	快乐蜂	2250 万美元
	广东真功夫	2007	今日资本、联动	3 亿元人民币
	大娘水饺	2007	平安证券	—
	重庆乡村基	2007	红杉、海纳亚洲投资	2000 万美元
	丽华快餐	2008	美国私募基金辰兴科技	1200 万美元
	新疆百富烤霸	2008	深圳创新投资集团	10 亿元人民币
	盛记一品锅贴	2009	美亚投资	3000 万元人民币
	老娘舅	2009	复星集团旗下复星平耀	5600 万元人民币
休闲餐饮（3 家）	一茶一坐	2005	中国台湾顶新集团、美国海纳亚洲 SIG 基金、美国 IDGVC、沈南鹏、中国台湾东元集团	1260 万美元
		2006	寰慧投资（GGV）	1068 万美元
		2008	美国橡树投资（OAK）	2300 万美元
	迪欧咖啡	2007	凯雷集团	2100 万美元
	两岸咖啡	2008	高盛集团及国际私募基金华生资本	3000 万美元
火锅（4 家）	内蒙古小肥羊	2006	3i 集团、普凯基金	2500 万美元
	重庆小天鹅	2007	红杉、海纳	2500 万美元
	北京呷哺呷哺连锁快餐	2008	英联投资	5000 万美元
	重庆奇火锅	2008	美国 IDGVC	500 万元人民币

续表

业态	企业名称	融资时间/年	投资方	融资资金
中式正餐（3家）	北京“巨鲸肚黑暗餐厅”	2008	中国香港中夏投资（ZII）	1000万港元
	菜根香	2008	中美桥梁资本	5632万美元
	俏江南饮食集团	2008	鼎晖投资和中国国际金融有限公司	3亿元人民币

表1-5　　中国餐饮企业上市融资情况

序号	企业名称	上市时间	上市地点	发售价	筹资净额
1	上海新亚食品股份有限公司	1993年5月	上海	32.8元	—
2	西安饮食股份有限公司	1997年4月	深圳	3.15元	1.2亿元
3	福记食品服务控股有限公司	2006年12月	香港	3.11港元	3.14亿港元
4	味千拉面（中国）控股有限公司	2007年3月	香港	5.47港元	15亿港元
5	中国全聚德股份有限公司	2007年11月	深圳	11.39元	3.88亿元
6	内蒙古小肥羊饮食连锁公司	2008年6月	香港	3.18港元	4.62亿港元
7	北京湘鄂情股份有限公司	2009年11月	深圳	18.9元	约8亿元

（三）品牌经营效应凸显，现代化步伐加快

餐饮业经过多年的竞争和发展，市场日益细分，个性化消费得到彰显，消费者在进行消费选择时日益重视品牌，多业态、多品牌经营成为很多餐饮集团的战略选择。现代科技成果不断融入餐饮的产品加工、管理经营、产品开发等各个环节，加速了餐饮业标准化和工业化进程，促使餐饮业从传统手工生产转向现代化生产。随着企业规模的扩张，从节约成本、加强食品安全建设等角度出发，很多品牌企业根据产品自身特点，独立或联合建立了特色鲜明的上下游产业链，未来这种趋势将更加明显。

（四）连锁经营成为餐饮业发展的主导模式

餐饮业是我国最早实行连锁经营的行业之一，也是餐饮业发展的大趋势。在2009年餐饮业百强企业中，约有九成以上企业实行连锁经营。中国大型餐饮连锁经营尤其是直营连锁业务发展势头强劲，快餐、送餐外卖、火锅连锁店、团体供餐发展迅速，连锁经营已经成为许多地区餐饮业的主导经营模式。其中，东部省市快餐营业规模明显超过正餐。中国连锁餐饮业主要集中在东部地区和大城市，但是向西部地区和中型城市渗透的速度在加快。2007年，中国限额以上连锁餐饮集团（企业）数量共计12743个，营业面积共计629.2万m^2，从业人数共计62.6万人，餐位数共计280万个，餐费及商品销售收入共计639.3亿元。

（五）节能减排、低碳环保将成为餐饮业发展主流和新的利润源

能源环境是经济社会发展的重要物质基础和外部条件。目前我国的现代化建设对能源的需求持续增加，环境的承载能力不断受到挑战。餐饮业作为高能耗产业，在人力成本、原料成本、能源价格不断上涨的形势下，餐饮企业的利润在不断下滑，企业必须开拓新的利润增长点来保持一定的盈利能力。采用新的节能设备、加强节能减排技术改造以降低成本和费用，得到餐饮业的一致认同。据统计，如果能耗下降10%～20%，就能极大提高餐饮企业赢利水平。

二、我国餐饮业发展面临的挑战

我国餐饮业发展面临的挑战既有行业自身发展过程中伴随的问题，也有来自国外餐饮企业的竞争压力。

（一）法规建设滞后

目前，我国餐饮行业缺乏规划引导，在快速发展中有盲目、无序和低水平发展的现象。尚未建立适用于餐饮业的国家级法规，缺乏系统严格的市场准入制度和强制性标准，餐饮企业的标准参差不齐，内容不全面，技术知识含量低，缺乏全国统一性。

（二）市场秩序有待规范

我国餐饮业缺乏统一的行业执法，市场秩序不规范，餐饮环境不卫生，食品安全问题时有发生，市场管理和行业管理跟不上形势发展需要。

（三）餐饮结构失衡

由于竞争加剧、经营成本不断上涨，大众化餐饮在一些地区发展很不平衡。行业内高档餐饮势头强劲，而经济实惠、干净卫生的大众化餐饮企业数量相对不足，尤其是符合大众口味的现代中式快餐业发展相对缓慢。

（四）产业化程度偏低

我国餐饮业总体仍处于小、散、弱的状态，90%以上的餐饮企业为小企业，2009年，我国餐饮行业百强企业营业额占全国餐饮业零售总额的6.94%。与国际知名餐饮公司相比，中国知名餐饮公司的企业规模、盈利能力、管理水平和经验等差距较大。此外，餐饮业上游供货商不成熟，农业、牧业、农副产品食品初加工过于分散、生产初级，物流配送体系不健全。

（五）餐饮人才不济

餐饮业人员短缺、人员流动频繁现象严重，企业虽然已经以增加薪酬、提高福利待遇等办法吸引劳动者，但仍然存在大量缺工。行业人员素质不高，缺乏高层管理人才和烹饪技术人才。餐饮职业经理人队伍培养和专业培训工作滞后。外资餐饮企业以各种优惠条件吸引中餐技术、管理、服务、文化等方面人才，导致中餐企业人才大量流失。

（六）中外餐饮企业竞争加剧

与国外餐饮相比，国内餐饮企业在硬件、软件，尤其是在管理、服务方面的差距较大。我国加入WTO后，更多外资餐饮企业的进入，加剧我国餐饮行业的竞争。外资餐饮企业进入我国，对我国餐饮经营理念、服务质量标准、文化氛围、饮食结构、从业人员素质要求等产生深刻影响。而中国本土品牌餐饮走出去步伐较慢，竞争力不强。在国外，中餐企业大多表现为规模小、环境不佳、服务不到位，中餐特色不明显。在国内，中餐企业面临着外国品牌餐饮企业的挤压。

三、我国餐饮业的发展趋势

（一）行业发展的多极化趋势

中国餐饮市场正在形成“三足鼎立”的全新结构，即未来的餐饮市场将会由新老字号、大众餐饮和中式快餐三大板块构成，形成以手工食品为主、工业食品为辅的基本膳食格局。其中，新老字号多是中、高级餐厅、酒楼，大众餐饮多是普通店，它们一般以供应经过改良的传统地方菜肴为主；而中式快餐将是现代新式快餐与中国国情、民情的结合体，注重中西风味的融合。这三者在餐饮市场上所占的份额大约是25%、50%和25%，能够充分满足中国市场城乡不同的消费群体的饮食需求。

在大众餐饮中，将坚持饭菜实惠、规模适度、装潢简约、服务温馨的经营方向，仍然以乡土菜、民族菜和地方风味小吃唱主角。它们以其大众特色，面向工薪阶层和流动人口中的低收入者，薄利多销，诚信经营。至于供应早餐、盒饭和夜市的大排档以及食摊，设施将会逐步得到改善，在市场管理、卫生监督等方面将有所加强。其中，新经济开发区、新兴集镇、富裕的乡村、少数民族聚居区、旅游景点和大专院校附近的大众餐饮，极具开发价值，它们将成为“餐桌经济”中的重要增长点。

在中式快餐中，中国饮食的特色将会突出，产品生产的标准化与工厂化、产品配方的科学化与营养化、供餐方式的快捷化与方便化、就餐环境的舒适化与统一化、消费价位的大众化与低廉化、经营模式的连锁化与规模化等难题，也将得到进一步的妥善解决，从而形成一批现代化的“大型快餐工厂”，同时一批有条件的传统风味小吃店，也将改造成为前店后厂的小型特色快餐店。

（二）市场需求多样化趋势

（1）餐饮品种会更加丰富。尤其是外域餐饮会大量进入我国，会更加丰富我国市场的餐饮种类，如法国大菜、俄罗斯大菜、意大利菜、土耳其菜、日本料理、韩国料理都会逐渐被更多的我国人所接受。

（2）餐饮形式更加多样，且越来越随意。随着社会生活日益多样化、多元化，餐饮形式也会更加多种多样，休闲餐饮、浪漫餐饮、沙龙餐饮、旅游餐饮、娱乐餐饮、会展餐饮、网络餐饮、邮递餐饮等都会更多地进入人们的生活，而传统餐饮的形式会受到很大的挑战。

（3）人们对就餐环境的要求会越来越高。餐饮消费者一部分人会追求豪华、超豪华、异域环境等，但是大多数人对餐饮环境的要求是新颖、别致、典雅、舒适，花园式餐饮、园林式餐饮、野外餐饮、露天餐饮会被一部分人所接受和向往。

（4）餐饮营养化将成为人们追求的重要目标。人们吃饭不只是追求口感、口味，讲究色、香、味、形，而且会越来越讲究营养。营养餐饮、保健餐饮的出现将会对餐饮业提出更高的要求，烹饪营养学将日益受到更多重视，营养技师将会大受欢迎。

（5）餐饮社会化、专业化程度将会提高。烹饪原料专业配送甚至成品配送有可能流行，比如有的饭店专门做鸡类菜肴，有的专门做鱼类菜肴，有的专门做汤类、煲类菜肴，除了在本店供应，还给其他饭店配送，有的甚至专门配送，自己不直接经营。饭店、宾馆厨师的劳动强度、劳动时间也将大大缩短。

（6）家庭送餐将成趋势，社区餐饮将会有大发展。家庭送餐将会很快兴起，市场潜力很大，社区餐饮将会有较大发展，而且人们对社区餐饮的要求会更高，如服务、品种、环境、卫生等，社区餐饮也将上一个新档次。

（7）餐饮食品会更加流行。所谓餐饮食品就是把全国各地的名菜、名点变成食品，做成真空包装或冷冻冷藏，能在商场超市里卖，能在家里长期保存，随吃随取。人们在家里足不出户就可以吃到全国各地的名菜、名点。

（8）中式快餐在标准化、规范化、产业化上会有所突破。随着城市生活节奏的加快，居民收入水平的提高，社会上对快餐的需求量日趋增大，质优、价廉、高效率的快餐店必将受到广大居民的欢迎。我国各地已有许多饭店和各类餐饮企业，通过经营快餐业务而使自身获得了良好的经济效益。同时，会有更多中式快餐达到质量标准，实行连锁经营，并逐步走出国门。

(9) 在餐饮管理上逐步与世界接轨。国际间的饮食文化交流会越来越多，越来越频繁。

（三）服务个性化趋势

餐饮客人需求的多样化，使得餐饮服务具有个性化的特征。餐饮服务要针对不同顾客的不同需求区别对待。

餐饮业是一个竞争激烈、排他性较弱的行业。现代餐饮在饮食产品逐步时尚化的情况下，服务特色的创立是现代餐饮企业在竞争中制胜的法宝之一。服务的个性化程度已是评价优秀餐饮企业的标准之一。以个性化为基本特征的服务优化理念的贯彻，还体现在餐饮企业管理上，应该制定新的餐饮评价标准体系。标准内容除了考核企业毛利率、营业额、利润率等指标外，还应该有顾客回头率、顾客满意度、餐桌上座率、品种更换周期等参数，从而引导企业的员工和经营管理者以满足顾客需求为目标导向，从管理的角度去塑造餐饮企业良好的口碑。

（四）企业品牌化、经营连锁化趋势

随着餐饮市场竞争的加剧，餐饮企业的利润率均有不同程度的下降，价格趋向低廉。餐饮企业要求生存、谋发展，必须向品牌化、连锁化方向发展，并借此提升餐饮企业档次，占领较大的市场份额。

（五）绿色餐饮将更为人们所重视

随着人们对环境污染、生态平衡、自身健康等问题的关心程度日益提高，无公害、无污染的绿色食品、保健食品越来越受到广大消费者的欢迎。许多餐饮企业适应这种趋势，纷纷推出了自己的保健绿色食谱，并增加保健设施，营造保健环境。

近几年，国内外的许多有识之士，对健康的概念提出了全新的解释。许多餐饮企业据此推出了一系列的促销措施，例如推销健康食谱、引进健康信息（如提供与健康、运动相关的杂志，或附设健康俱乐部、瑜伽教室，或放映外国运动影片，举办健康食谱讲习班等）、提供健康设施（如设置“按摩器”、“健身器”、“氧气供应”等）、提供健康环境（如禁烟餐厅）等，以此适应人们观念上的变化及其要求。

（六）管理信息化趋势

21 世纪的餐饮企业将十分注重自动化、网络信息化的科技应用，主要包括以下几方面：

(1) 企业系统管理的信息化与对外宣传的网络化。通过企业系统管理的信息化和对外宣传的网络化，使企业的总部与各分公司、企业的配销中心以及客户资源连接在一起，使企业的分店或营销网络，快速延伸至全国甚至全球，极大地节省了企业的人力与时间，同时减少运作中产生的错误、强化了企业的产品质量与服务品质。

(2) 企业管理信息化。这将涵盖企业的会计、财务、订货、库存管理、销售分析等方面。借由企业的信息化随时收集营业数据，制作统计分析报表，可严密监督餐厅的正常运营，并为经营管理决策及时提供参考。

(3) 餐厅作业信息化。利用自动点菜电脑系统，帮助顾客点菜，在时间、人力的节省和降低错误等方面将收益不少。

四、我国餐饮业的发展任务

（一）提高餐饮规范化水平

建立健全餐饮业标准体系，加大餐饮业行业标准的推广实施力度，全面提升行业标准化水平，建立餐饮业标准化培训、推广、示范中心。

建立健全餐饮企业信用体系，引导企业开展规范经营、诚信经营。严格餐饮企业采购环节管理，建立食品和原材料的采购追溯制度。

规范餐饮市场秩序，重点加强卫生、质量等方面的规范化管理。建立健全企业、消费者、政府部门和新闻媒体"四位一体"的监督管理体系，促进餐饮业健康有序发展。

（二）加快餐饮现代化步伐

大力推广现代管理模式，加快发展连锁经营、网络营销、集中采购、统一配送等现代流通方式；加快发展加盟连锁和特许连锁，积极引进世界知名的餐饮连锁公司，促进我国传统餐饮业的改造。大力发展特色餐饮、快餐送餐、餐饮食品等多种业态的连锁经营，培育一批跨区域、全国性的餐饮连锁示范企业。

加强餐饮工业化生产研发，把技术开发、技术创新与技术引进有机结合起来，不断提高中餐工业化水平。研制先进生产线，实现中式菜点成品和半成品工业化生产。积极发展中式快餐，走工厂化、标准化、连锁化、规模化和因地制宜的道路。鼓励发展便民利民的新型加工食品，引导大型餐饮企业建立中心厨房。积极运用现代科学技术手段，鼓励引进先进的食品加工、制作和包装技术；加快餐饮业信息化步伐，推广建立餐饮呼叫中心，构建移动餐饮服务平台，提供快捷的电话订餐查询和订餐服务，在餐饮数据库、行业资讯、美食搜索、在线订餐、电子商务等方面提供现代化餐饮服务。

（三）提升餐饮品牌化水平

鼓励创立餐饮品牌，实现企业发展多元化、系列化、功能化。以餐饮品牌带动相关产品或品种的开发与销售，以品牌信誉吸引外商投资，扩大生产规模，提高生产技术和经营管理水平，扩展经营领域。培育一批拥有自主知识产权和知名品牌、具有国际竞争力的大型餐饮企业集团。保护并弘扬老字号餐饮品牌，积极引导老字号开拓创新，融入现代消费理念，提升老字号整体形象。鼓励支持老字号餐饮企业开拓特许经营业务，进一步提高企业的知名度。

（四）推进餐饮产业化国际化进程

积极实施餐饮产业聚集战略，加强纵向与横向的餐饮协作，鼓励资本运作，推进餐饮业集约化生产，通过大力发展餐饮业连锁经营、特许加盟店等形式，加快我国餐饮企业集团化、规模化步伐。把中国餐饮文化的优良传统与世界先进的餐饮文化结合起来，吸收国外先进的经营理念、先进技术，建设有中国特色的现代化餐饮，提升中餐国际竞争力。重点引导有实力、品牌效应好的中餐企业到国外开办餐馆，占领国际餐饮市场。

（五）着力发展大众化餐饮

大众化餐饮是指面向广大普通消费者，以消费便利快捷、营养卫生安全、价格经济实惠等为主要特点的现代餐饮服务形式。要以规划、标准和政策支持为保障，以实施早餐工程为突破口，以餐饮龙头企业为依托，以店铺式连锁经营为主体，送餐和流动销售为补充，加快推进大众化餐饮的规模化发展。

（六）建设餐饮产业化基地

鼓励建立餐饮产业化基地。餐饮龙头企业通过整合现有资源积极发展直营网点，或通过特许加盟方式开展规模化经营，实行统一生产、加工和配送，有条件的还可将业务延伸到餐饮原辅料种植基地建设。着力建设一批餐饮原辅料基地：

（1）长江中上游山野菜蔬基地。主要包括贵州、四川、重庆、湖南、湖北、江西等地。

（2）长江中下游河鲜基地。主要包括湖北、安徽、浙江、江苏、上海等地。

（3）黄河流域牲畜基地。主要包括内蒙古、甘肃、河北、山西、陕西、河南、山东等地。

（4）岭南地区家禽基地。主要包括广东、广西、海南、福建等地。

（5）西北清真食品原料基地。主要包括甘肃、青海、宁夏、新疆等地。

（七）大力发展节约型餐饮

在食品生产、流通、消费的各个环节，自觉以节能、节水、节材、节地和资源综合利用等为重点。加快推广厨房现场管理法；建立食堂、饭店等餐饮场所“绿色餐饮”文明规范；实施“绿色照明”工程，推广使用节能型设备，提倡用清洁能源代替污染能源；采用环保技术、进行清洁生产减少废弃物；大力开展餐厨垃圾的回收利用，发展节约型餐饮；减少使用一次性餐具和用具；对废品、废水包括泔水严加控制管理，防止污染；禁止使用保护动物、保护植物为原料，尽可能使用绿色原料，创办绿色餐厅；积极提倡分餐制。

（八）加强人才基地建设

产学结合、校企结合，着力培养符合社会需求的高素质餐饮人才。积极发展烹饪中等职业教育和烹饪高等教育；加强餐饮培训工作，提高培训质量，规范职业资格认证。推广餐饮业职业经理人制度，开展餐饮业职业经理人认定和技能大赛等活动。鼓励建立餐饮人才培养基地。

项目3 餐 厅 类 型

餐饮企业的分类方法有很多，如根据服务方式的不同可分为传统餐桌服务型餐厅、自助餐厅、快餐厅及其他服务方式的餐厅；根据经营品种的不同可分为中式餐厅、西式餐厅、特色品种餐厅、酒吧、各类饮料店等；根据经营的组织形式可分为独立经营餐厅、连锁经营餐厅、宾馆和饭店的附属餐厅等。

根据目前我国餐饮企业的现状，本书将餐饮企业分为传统经营型、自助式经营型与现代创新经营型三大类型。

一、传统经营型

1. 餐桌服务式餐厅

餐桌服务式餐厅在我国餐饮企业中占有相当大的比例，这类餐厅即是通常所说的“正餐厅”，实际中餐厅名称后一般常带有“酒家”、“酒楼”、“饭庄”等字样。这类餐厅经营品种丰富，能经营一种以上的地方风味菜肴，并且通过菜品的创新与组合来吸引更多的顾客。此类餐厅比较注重店堂与门面的装修，餐厅整体布局较合理，突出某一风格，力求给顾客提供较高文化品位的就餐环境。这类餐厅不仅接待散客，通常还承办会议、商务应酬、婚寿等团体宴席。

2. 特色餐厅

特色餐厅通常又称为主题式餐厅。这类餐厅主要是通过餐厅整体装饰布置、特色食品、服务程序、娱乐安排等来谋求某种特定的主题风格，从而使餐厅具有丰富的社会文化及人文内涵，以一种特殊的就餐氛围来吸引顾客。主题式餐厅强调使顾客获得整体感受，而不仅限于餐饮。常见的特色餐厅包括球迷餐厅、文化餐厅、摇滚西餐厅、经营各类宫廷菜肴的仿膳餐厅、素餐馆等，其客源市场相对较小。这类餐厅提供的餐饮品种有限，但都富有特色，其经营规模适中，提供餐桌服务，但服务程序较普通餐桌服务型餐厅的服务更具特色。特色餐厅的经营具高利润与高风险性。由于特色餐厅满足了那些追新求异的特殊消费者，价格一般较餐桌服务型餐厅高，因此有较高的利润；但餐厅需保持其独特性、新颖性，其投入也会较大，而且顾客喜好变动较大，规律不好把握，因此又具有较大的风险。

【案例】

深圳武侠文化主题餐厅

深圳的武侠文化主题餐厅，有的潜心钻研无门无派的江湖菜，有的则玩起全套武侠COSPLAY。在吃这件事情上不分门派，九阴白骨爪可以和玉女心经同上一桌。“一盘热腾腾的糯米肉丸上桌，小二殷勤道：大侠，此乃‘大力丸’，请趁热练。”前年一部《武林外传》勾起了全民戏说武侠的热情，绕梁不绝的《射雕英雄传》主题曲中，在满桌“刀光剑影”里“练”上一顿饭，恐怕没什么比这样的武侠白日梦更让人血脉贲张的了。武侠噱头是真，集结各地方菜和发挥创意地去做菜也是认真的。于是在各种场合，你常常会听到诸如“大侠里面请”、“来一份欧阳锋辣田鸡”、“先看《赤壁》后吃诸葛烤鱼”这样的对话，衬着西装革履、奔驰、LV的背景，显得尤为戏剧。

在这里吃饭称为“练功”，店小二口中的“上兵器”就是上筷子，拿“小李飞刀”就是上勺子，牙签则成了“暴雨梅花针”。饭菜上桌之后，店小二会加上一句“小心暗箭伤人”。各个包间和饭桌旁都挂着各大派系的牌匾。店里的服务员都自称为“店小二”，店主自称“庄主”，卫生间称为“老虎门”，厨房称为“武林禁地”。进入饭庄让人有种进入江湖的感觉。

这里的菜名更是金庸味、武侠味十足，“大力丸”是风波庄每桌必上之菜，也就是糯米肉圆，一人一个，不会多给。如想多要，庄主会断然拒绝，“练多了会走火入魔。”接下来还有“降龙十八掌”、“洪七公叫花鸭”、“黯然销魂饭”等。这其中，如果顾客要吃的菜没有，小二会说：“这功夫早已隐退江湖。”当顾客酒足饭饱之后，门口设有一个专门的铜盆洗手，称为“金盆洗手”。

木头牌楼尖角飞檐，风波庄形如古时客栈，长条板凳，四方木桌，一面酒旗。按武林各大门派命名的房间，东邪、西毒、北丐、少林或者魔教，正合了门上精短对联“人在江湖，身不由己”。墙上挂着大侠小侠们下雨天必穿的蓑衣，闯江湖必备的刀剑，夺盟主必看的秘籍；毛笔长卷上，不是九阴真经就是北冥神功，一派天下大同、五岳归一的和平之态。时空穿越还不够，身份也要跟着穿越，店小二一口一个大侠、女侠，轻易就让人入了戏，忍不住要抱拳还礼。风波庄江湖守则第一条是要有游戏精神。

“现在人们对吃的要求已经不仅仅停留在食物本身，人们开始‘吃环境’、‘吃个性’、‘吃特色’。我们的餐厅就是要让顾客在吃里尝出武侠味，品出金庸味。”

3. 风味餐厅

风味餐厅一般有风味菜肴餐厅和地方风味小吃餐厅两大类，主要是通过提供由特殊原料或独特烹饪方法制作的具有独特风味的菜品来满足顾客的需要，其菜品风味或服务颇具地域性或民族性的特点。例如，按餐厅经营的原料来分，有海鲜餐厅、蛇餐厅、药膳餐厅等；按我国地方菜系来分，有川菜馆、粤菜馆、湘菜馆、上海菜馆等；按某一国家的菜品来分，有意大利餐厅、日本料理、越南菜馆、泰国菜馆等。

4. 酒吧、茶馆与咖啡厅

(1) 酒吧。酒吧主要是供人们消遣、交往的场所，一般都比较注重店堂内外的装修与摆设，努力创造出一种美观、舒适、高雅的异国情调。酒吧经营品种主要包括酒水与不含酒精饮料，偶尔也出售少量的其他食品。酒吧既可以独立经营，也可附设在酒店、大型餐厅内。有些大酒店或餐厅为满足不同顾客的需求，在不同地方附设1~3个酒吧。酒吧经营规模较小，一般都只设几十个座位。

（2）茶馆。中国的饮茶之风从唐朝开始盛行，当时就出现了大量经营茶水的茶社、茶肆、茶饮店、茶铺，这类茶水服务机构在明代开始被称为茶馆，一直沿用至今。

从茶馆的功能来看，人们进茶馆已不是为了解渴，它更主要的功能是满足人们消遣、娱乐和社交的需要。从这一点上看，它与酒吧有异曲同工之妙，有人甚至作了这样的比喻："酒吧是西方人的'茶馆'，茶馆是东方人的'酒吧'。"

从经营的品种与提供的服务项目上看，茶馆可分为"清茶馆"和"茶餐厅"两大类。清茶馆是最具传统特色的茶馆，其经营品种主要是各类茶水及各种干货小食品，许多大型的茶馆还同时提供说书、戏曲表演等娱乐服务项目。茶餐厅则是茶、酒、饭、菜兼营的餐厅。

（3）咖啡厅。咖啡厅可分为两大类：一类附属于酒店宾馆，主要经营一些大众化的西餐菜肴和部分西式快餐食品，并提供简单的餐桌服务，其实质是一种简化了的餐桌服务式西餐厅，通常又称为"coffee shop"；另一类被称为咖啡屋，经营以咖啡为主的各类饮料、水果及小食品，其功能和特点与酒吧类似，主要是供人们休闲、聚会的场所。这类咖啡厅较受年轻白领阶层的青睐，目前在一些大中城市这类餐饮企业有连锁经营的趋势。

二、自助式经营型

自助式餐厅与自助餐是有区别的。自助式餐厅是一种类型的餐厅，而自助餐是一种服务方式或宴席形式，各类餐厅都可搞自助餐。自助式餐厅一般都具有以下一些特点：

（1）一般不提供餐桌服务，而是由顾客自己将食物端至桌前。

（2）多数情况下，食品饮料均在柜台上陈列，由顾客自取，有的餐厅要求顾客用餐后将托盘等餐具放在指定位置。

（3）有的自助餐厅连最后的加工都由顾客自己完成。

（4）新的自助式餐厅要求顾客的参与度与自助程度越来越高。

自助式餐厅可分作中、西快餐厅、自助式火锅餐厅以及超市餐厅三大类。

1. 中、西快餐厅

现代快餐是一个科学的生产服务体系，它应包含以下几方面的内容：①采用节省时间的设备；②利用节省人力的机械；③运用自我服务设施降低劳务成本；④相对固定的经营品种。

我国现阶段快餐企业主要包括两大类：一类是以手工操作、现场加工和单店经营的传统快餐企业；另一类是以标准化、工厂化和连锁经营为主要特征的现代快餐企业，这类企业除"麦当劳"、"肯德基"、"必胜客"等西式快餐企业外，还有"真功夫"、"大娘水饺"、"丽华快餐"、"面点王"等中式快餐企业。2009 年中国快餐企业 10 强名单见表 1－6。

2. 自助式火锅餐厅

火锅是中国传统的餐饮形式之一，也是一种典型的中式自助餐饮。目前的自助式火锅餐厅结合现代餐饮设备、器具，已形成了具有现代特色的自助式餐厅。其主要特征是：就餐形式体现自助特色，客人自主选择原料，自调蘸味料，自行烹制加热，充分满足顾客对口味的个性化要求；一般提供添加汤料、更换燃料等少量的有限餐桌服务；顾客在自助式火锅餐厅的就餐时间较长，因此餐厅座位周转率较低，这也是自助式火锅餐厅与其他中、西式餐厅的区别之一。

3. 超市餐厅

超市餐厅是根据现代餐饮市场和新型消费需求，借鉴商业零售业中"超级市场"的模式而创造出的新型自助式餐厅。这种"超级餐饮"的经营模式将传统自助餐同现代商业零售市场的原理有机结合起来，以“千品汇一、超市自选、廉价销售、连锁经营”为主要特色，打破传统餐厅前堂后灶的封闭式布局，厨房与就餐区之间用透明玻璃间隔，使顾客对厨房设备和烹调过程一目了然。

超市餐厅是一种较新颖的自助式餐厅，其基本特征有：餐厅采取了透明化、开架式布局，餐厅分选料区、食街区、操作区和就餐区；原料新鲜、明码实价；开放式布局更透明，环境更卫生。

表 1-6　2009 年中国快餐企业 10 强名单

1	肯德基（创于 1952 年的美国，世界最大的炸鸡快餐连锁企业，中国百胜餐饮集团）
2	麦当劳［创于 1954 年的美国，全球最大的快餐服务集团，麦当劳（中国）有限公司］
3	真功夫（中国驰名商标，十大快餐-连锁快餐品牌，行业影响力品牌，真功夫餐饮连锁机构）
4	丽华快餐（中国驰名商标，十大快餐-连锁快餐品牌，行业影响力品牌，丽华快餐有限公司）
5	德克士（顶新集团旗下，十大快餐-连锁快餐品牌，天津德克士食品开发有限公司）
6	必胜客（全球最大的比萨专卖连锁企业，十大快餐-连锁快餐品牌，百胜餐饮集团旗下品牌）
7	面点王（中国驰名商标，十大快餐-连锁快餐品牌，行业影响力品牌，面点王饮食连锁有限公司）
8	大娘水饺（中国驰名商标，十大快餐-连锁快餐品牌，行业影响力品牌，大娘水饺餐饮有限公司）
9	味千拉面（中国驰名商标，创于 1968 年，行业影响力品牌，上海领先餐饮管理有限公司）
10	马兰拉面（中国驰名商标，北京市著名商标，十大快餐-连锁快餐品牌，马兰拉面快餐连锁公司）

三、现代创新经营型

1. 吧台式餐厅

吧台式餐厅的特点就是利用酒吧吧台的形式来经营餐饮。餐厅中传统的桌椅被吧台和吧凳所取代，餐厅内的工作台一般沿墙边摆设，呈直线形或半圆形，服务员站在柜台后面，各种生熟菜品的样品均置于玻璃柜台内，旁边墙上还张贴简单的菜单，直观性很强。顾客可以通过玻璃柜台选择自己喜爱的菜品，点完菜后，顾客坐在柜台外的吧椅上等候现场烹制。此类吧台餐厅既可附设于大商场内，又可设于美食广场内。人们逛完商场，信步而至，坐在吧凳上慢慢品尝自己钟爱的小吃和饮料，更显悠闲自在。吧台式餐厅的出现，可以说在某种程度上满足了在生活质量不断提高的今天，人们对高雅就餐方式的需求。

2. 休闲娱乐型餐厅

休闲娱乐型餐厅就是将各种休闲娱乐活动融入餐饮经营中的餐饮经营形式。目前，餐饮经营者们更深刻地认识到了休闲娱乐活动与餐饮经营相结合给企业带来的巨大经济效益和社会效益，不断开发与创新，从而赋予休闲娱乐餐饮更为丰富的内容，形成了全新的现代休闲娱乐餐饮形式。

3. 送餐与外卖式餐厅

随着餐饮业的不断发展，大众化餐饮已成为我国目前餐饮市场的主流。为适应餐饮市场发展的新形势，送餐与外卖式快餐走出了只为高消费者服务的误区，开辟了大众化餐饮的新领域，存在着广阔的发展前景。现在不仅有专门的送餐外卖餐厅，而且这种经营方式已被许多传统餐厅所接受。

【案例】

麦乐送与宅急送：快餐战火从店铺烧到外卖

“麦当劳、肯德基的外卖传单竟派发到了住宅小区里！”

快餐巨头之间的战争从未停止，而且也不可能停止，这一次，为节省餐厅运营成本，中西式快餐巨头纷纷试水“无店铺”经营模式，战火从店铺烧到了外卖。继肯德基推出“优惠网”，增设网上宅急送订餐业务之后，麦当劳在广州、深圳、北京同时启动了24h“麦乐送”外卖业务。快餐业“黑马”真功夫则紧随其后。

“麦乐送”送餐服务采用外包形式，也就是说，即使是在餐厅营业高峰时段或遇特殊天气情况，致使麦乐送的订餐量明显增加时，也能保证食品在30min内送达消费者，同时也不影响普通餐厅所提供的正常堂食服务。“目前，在广州、深圳市场的‘麦乐送’业务在普通餐厅的覆盖面达到80%。而全国业已有八成的麦当劳餐厅实现24h营业。”麦当劳中国首席执行官曾启山透露。“麦乐送”外卖服务已经被麦当劳视为在中国实现长期发展战略的又一强劲增长点。一般而言，只有销量占到总销售额的20%～30%，才可视为企业利润新增长点。

与麦当劳强化“快捷”竞争力有所不同，肯德基的“宅急送”外送服务虽沿用其原有的工作系统，但外卖业务的竞争优势来自于现有店面的规模。据统计，肯德基的店面已经扩张到2300多家，餐厅势力圈是麦当劳的2倍，“宅急送”外卖业务的覆盖面更是已经渗透至我国一些二、三线城市。

在两大洋快餐巨头对撼外卖服务时，中式快餐“真功夫”也在该领域小试牛刀。为分得一杯“外卖”羹，真功夫还在外卖业务上做了不少细节上的新尝试。

“外卖”业务的尝试，与快餐巨头的发展现状息息相关，近年来，快餐巨头平均每个月都有新的促销降价活动推出，激烈的价格战致其餐厅销售利润出现一定程度的收缩。而外卖业务则是依托原有的店铺运营系统，既可更大半径辐射有需要的客户，又不占用原有普通餐厅的餐位资源，在目前的经济背景和市场现状下，必然成为快餐业火拼的新领域。

4. 无店铺式经营餐厅

随着餐饮市场竞争的加剧，继外卖送餐式餐厅、超市餐厅之后，又出现了无店铺式经营餐厅。所谓无店铺经营就是指企业不提供固定就餐场所，而是根据标准化菜单或顾客指定菜单，由厨师上门为顾客进行现场烹制和服务，有人称这是“餐饮企业向家庭的延伸”。随着无店铺式经营餐厅的出现，这种经营形式逐渐被许多其他餐饮企业采纳，有许多传统餐厅也模仿提供此类餐厅的服务方式。

5. 绿色食品与“绿色餐厅”

（1）绿色食品（Green Food）。随着人们生态与环境意识、健康与安全意识的增强，“崇尚自然、追求健康”，已成为当今餐饮消费的主题，人们对“健康、安全食品”的呼声越来越强烈，在此情形下，绿色食品应运而生，一经推出，立即成为市场关注的热点。绿色食品是遵循可持续发展原则，按照特定生产方式生产，经专门机构认定，允许使用绿色食品标志商标的无污染的安全、优质、富含营养的食品，即通过开发无污染食品，保护资源与环境，实现可持续发展。

（2）“绿色餐厅”。所谓“绿色餐厅”，就是指以“环保、健康、安全、可持续发展”的绿色经营理念为指导，以绿色食品为主要原料，产品的生产、服务与销售均符合绿色食品生产操作规程、包装储运标准及环境质量标准，而且将可持续发展经营思想贯彻于整个生产服务过程，如使用、回收利用无污染的绿色餐具等的餐饮企业。绿色餐厅比其他餐厅在原料采购与设备方面投入更多，菜品附加值也更高。目前这类餐厅在我国虽然数量较少，但有着广阔的发展前景，尤其在经济较发达地区，更有着良好的潜在客源市场。

【案例】

大连市的创建“绿色餐饮店”活动评选标准

一、必备条件

①自觉遵守国家各项法律法规，项目经过环保部门审批验收。

②就餐环境整洁舒适，顾客满意率、美誉度较高，无环境安全隐患和污染事故。

③积极参与创建“绿色餐饮店”活动，领导重视，专人负责，有措施、有成效，制定环境管理方针，明确目的，建立长效机制。

二、考核内容

考核内容见表1－7。

表1－7　“绿色餐饮店”考核评分表

（一）环境保护与污染控制（满分：50分，每项：5分）		自评分	考评分
1	隔油池等污水处理设施正常使用，水污染物排放达到环保要求		
2	油烟净化器等废气处理设施完备，厨房废气污染物排放符合环保要求		
3	炉灶使用清洁燃料，烟气排放符合国家排放标准		
4	经营时，边界环境噪声符合区划噪声标准，声环境质量良好		
5	店内各种设备设施噪声不干扰顾客及相邻居民，符合规定标准		
6	废弃物处理符合国家有关法律法规的规定，垃圾实现有组织处置		
7	室内外装饰装修材料符合环保要求		
8	室内一氧化碳、总悬浮颗粒物、挥发性有机物、放射性等有害物质符合环保要求		
9	通风系统完善，有保证餐厅内空气清洁卫生的措施		
10	做到社会效益、经济效益和环境效益和谐统一，及时解决各种环境问题，无严重环境问题投诉和记录，依法按时缴纳排污费		
（二）采用节能、环保的设备和用品（满分：25分，每项：5分）			
1	采用高效、节能的环保降耗措施，节水、节电、节气、节煤等		
2	使用环保型冰箱、空调、各种消毒设备及环保型灭火器等		
3	使用无磷洗涤用品，餐具用品卫生整洁，及时消毒后使用		
4	餐厅及外卖等不使用不可降解或有害的泡沫塑料餐盒和塑料袋		
5	提倡不使用一次性方便筷子等餐具		
（三）提供绿色环保服务（满分：25分，每项：5分）			
1	在服务过程中，能积极引导顾客进行绿色消费，理性消费，杜绝浪费		
2	积极提供绿色食品、有机食品、不出售国家禁止销售的野生动物食品		
3	餐厅设有无烟区		
4	关注环境保护，积极参加环保公益活动		
5	有倡导绿色环保的宣传警句、文字提示和本店特色的绿色餐饮文化		
合计得分：			

项目4　餐饮经营管理的内容

一、餐饮经营管理的内容

餐饮经营与管理的目的是实施餐饮企业制定的经营方针和计划，满足宾客对于餐饮服务的各种需求，获取利润，激发职工工作兴趣。具体任务一般包括以下八个方面。

（一）掌握市场需求，确立经营方针和经营目标

企业开展经营活动前，必须明确企业面向的市场领域、顾客类型、顾客收入水平、顾客偏好以及自身拥有的资源与顾客需求的适应度，这是企业开展各项经营活动的前提条件。在此基础上，运用科学方法对调查资料进行研究，将客观外部环境与企业产、供、销活动结合起来，确定企业的目标市场，确定企业经营目标、方针和策略。

餐饮企业经营管理人员必须根据国家方针政策，结合行业与企业的实际情况，确定自己的经营思想与经营方针。经营目标包括市场目标、销售目标、质量目标和效益目标。确定经营目标是餐饮企业经营的重要环节，也是餐饮管理的重要职责。它要求企业管理人员以餐厅上座率、座位周转率、接待顾客人次、平均消费、市场份额等为基础，对企业收入、成本、费用和利润做全面合理的预算。

（二）开发餐饮新品种，创造经营特色

一个餐饮企业其餐饮产品要具有吸引宾客并与其他饭店、餐馆竞争的能力，最重要的是必须具有自己的特色。如果自己的餐饮产品毫无独特之处，那么其附近甚至较远的饭店、餐馆便能轻而易举地吸引走它的宾客。在实际经营中，人们常常可以看到，饭店的风味餐厅或主题餐厅之所以比一般餐厅更受宾客欢迎，全在于风味餐厅或主题餐厅的独特风味或独特情调。所以，餐饮企业应该努力挖掘潜力，积极继承传统，研究开发新品种、新项目，独树一帜，从而形成自己的经营特色。

（三）建立健全各项管理制度，获取良好经济与社会效益

为搞好餐饮企业管理工作，企业必须建立健全各项管理制度、标准与规程，以便对整个生产与经营过程进行督导和控制，如制定标准成本、生产操作规程、产品质量标准、服务规范、劳动定额等，从而加强成本与质量控制，树立产品与企业的整体形象，使企业取得良好的经济与社会效益。

（四）保持并不断提高食品质量和服务质量

能否保持并不断提高食品质量是餐饮业经营管理成败的关键之一。因此，餐饮管理部门可以考虑以岗位责任制为中心，建立相应的规章制度，制定各岗位的操作规程和质量标准，严格检查制度。仓库应抓好采购、验收、储藏、发放过程中的原料质量检查，以保证原料符合食品加工烹调的要求；厨房应抓好原料粗加工、细加工和烹调的质量技术，督促厨师严格按照菜谱要求操作，并努力改进加工烹调技术，不断提高食品质量；餐厅服务应坚持按照服务规程进行，不断改善服务细节，提高餐饮产品的外围质量。

（五）控制餐饮成本，增加赢利

餐饮成本控制是降低食品成本、增加企业赢利的必要措施，是餐饮管理的重要内容。成本控制涉及一系列的业务环节，因此，餐饮企业应做好营销量预测，并据此制定厨房生产计划和餐厅接待计划，根据劳动定额指标合理组织人力和安排职工工作时间，在保证食品质量和服务质量的前提下，最经济地使用人力，以降低人工费用，提高赢利。餐饮企业应根据制定的标准成本率确定合理的食品销售价格；控制食品原料采购价格；加强原料验收、储藏、发放管理以避免和降低原料损耗浪费；抓好原料粗加工关，控制原料加工损耗率；厨房要严格按照标准菜谱要求操作，并做好成本核算和成本分析，以在保证食品质量、数量符合标准的前提下，尽量减少损耗、降低成本，使企业增加赢利。

（六）加强餐饮推销，增加营业收入

餐饮推销是餐饮企业营销活动的重要组成部分。餐饮部经理应在企业营销计划的指导下，研究宾客的需求，选择推销目标，制定外部和内部推销计划，开展促销活动，积极招徕各种宴会，抓好节假日和特种餐饮的宣传推销，以争取更多的宾客和提高宾客平均消费额。

（七）确保食品卫生和饮食安全

餐饮卫生安全质量是餐饮服务质量的重要指标。餐饮企业的餐饮设施是为广大宾客服务的公共场所，负有相当的社会责任，因而餐饮卫生和安全是否符合标准直接影响到企业的声誉和经济利益。因此，必须加强食品卫生和饮食安全管理，强化预防措施，确保食品卫生、环境卫生和职工个人卫生都符合标准要求，以杜绝食品污染、食物中毒等事故发生。

（八）组织职工培训，提高行业素质和技术水平

餐饮企业应根据自身发展的具体情况，制定职工发展计划和培训计划，对职工进行思想品德、职业道德和科学文化的教育，并开展有针对性的技术培训，以不断提高职工的行业素质和业务水平，形成稳定、训练有素的职工队伍。事实上，加强对员工的培训教育是企业克服服务质量水平不稳定，保持和不断提高服务质量水平的唯一有效途径。

二、餐饮业的经营理念

随着我国国民经济的不断发展，人民生活水平的日益提高，餐饮业也得到了很大的发展。餐饮业的不断发展，行业进入者的日益增加，竞争愈演愈烈。对于大部分业者来说，怎样在激烈竞争的市场中争得一席之地，如何在经营中取胜，经营理念的设定成为关键。因此，树立现代先进的经营理念，已成为餐饮业者急需认真关注的主要问题。

（一）树立“顾客第一，顾客满意”的经营思想

如今，餐饮行业已经进入买方市场阶段，企业之间的竞争已从原来的价格竞争，发展到现在的质量竞争、品牌竞争，甚至是文化竞争。当今的消费者已经从原来的只求温饱的阶段，发展到现在的求新、求异、求个性的时代，讲究吃特色、吃氛围、吃环境、吃文化。因此，餐饮业者只有改变原来那些陈旧的经营理念，正确认识顾客的地位、顾客的重要性，树立“顾客第一，顾客满意”的经营思想，才能赢得顾客的青睐，争取到越来越多的回头客和忠实的顾客群体，使自己的生意长盛不衰。

（二）树立以人为本的经营理念，注重餐饮人才的培养和保护

如今，企业的竞争，关键是人才的竞争。谁占领了人才制高点，谁就能在激烈的市场竞争中赢得胜利。餐饮业者若想让企业得到长足的发展，就必须树立以人为本的人力资本观念，加快餐饮业人才的教育培训，不断提高餐饮从业人员的综合素质。首先，必须高度重视人力资本，培养一批技术创新人才和职业经理人才，使之与现代化餐饮企业制度相适应。其次，必须提高各级从业人员的文化素质和专业技术素质。

（三）突出服务个性，挖掘产品特色

餐饮服务的个性化和餐饮产品的特色化是餐饮业发展的趋势和消费者结构变化所提出的

要求。随着社会经济的不断发展和人们生活水平的不断提高，餐饮服务的消费结构也发生了很大的变化，开始出现了主要消费群体、老人消费群体、儿童消费群体和妇女消费群体等。不同消费群体的出现对餐饮业也提出了新的要求，使得餐饮服务的个性化和产品的特色化成为必然要求。

（四）提升文化品位，增加餐饮产品的文化附加值

人们对物质的需求是有限的，而对文化的需求却是无限的。当今，提高餐饮企业的饮食文化品位，已成为餐饮市场竞争的一个重要领域，一种发展趋势。饮食文化是一个广泛的概念，人们吃什么、怎么吃、吃的目的、吃的效果、吃的观念、吃的情趣、吃的礼仪……都属于饮食文化范畴。它贯穿于餐饮企业经营和餐饮活动的全过程，体现在各个方面、各个环节之中。饮食文化品位上去了，可以提高企业的知名度，增加客源。

饮食文化说起来似乎是无形的，实际是有形的，而且是有价的。文化品位的提高，可以相应地甚至超额地提高产品和服务的附加值，为企业带来更大的效益。比如，同样是吃一碗沙茶面，如果顾客是在一个富有闽南地方特色的用餐环境中，所吃的面是盛在一个比较个性的大碗里，餐厅的背景音乐是具有浓厚闽南特色的乐曲，相信客人在此种氛围里的用餐效果与在一般餐厅中是截然不同的。

本章小结

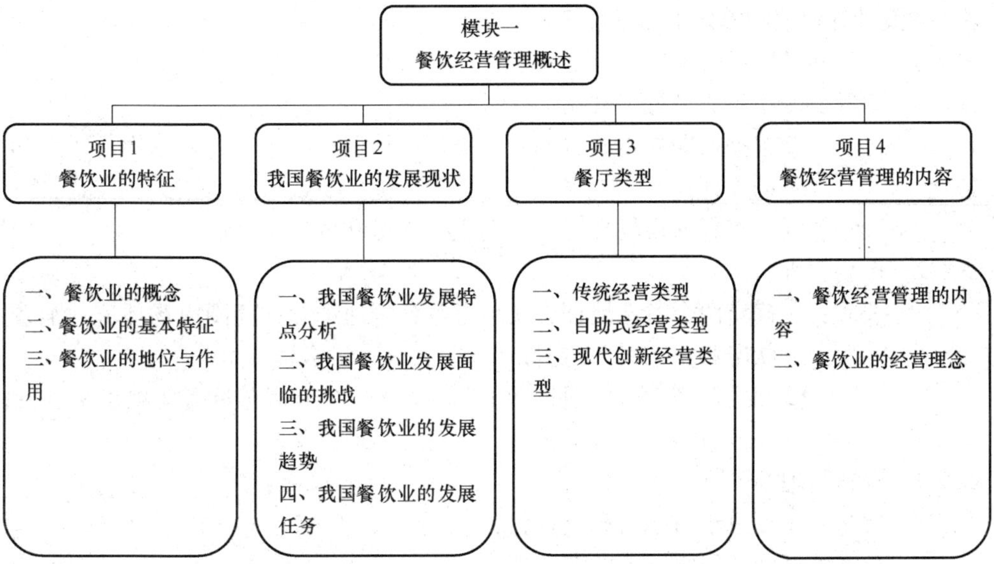

思考题

1. 什么是餐饮业？餐饮业有哪些基本特征？
2. 餐厅的类型主要有哪些？
3. 餐饮经营管理的内容是什么？
4. 我国餐饮业发展存在的问题有哪些？

模块二 餐 厅 选 址

学习目标：

1. 掌握市场调查的基本内容和方法
2. 了解餐饮市场细分和目标定位的原则和方法
3. 掌握餐饮企业选址的原则和基本方法
4. 了解餐饮企业筹建的基本工作内容

模块内容：

项目 1 商圈分析

项目 2 市场调查

项目 3 目标定位

项目 4 餐厅筹建

模块任务：

各实训小组通过实地考察和发放调查问卷，设计本实训小组模拟经营的餐厅选址的可行性方案，并设计开业前的筹建工作进度表。

任务 1 设计问卷

要求：①小组成员分工合作；

②根据前期初步确定的餐厅类型设计调查问卷，注意结构、题型和内容的设计；

③调查餐饮市场环境、消费主体状况和竞争对手情况。

任务 2 市场调查

要求：①确定两个备选地址，实地考察备选地址餐饮商圈市场环境、消费主体状况和竞争对手情况；

②问卷调查，可以通过网上问卷调查、实地发放问卷等渠道来进行；

③发放 50～100 份问卷。

任务 3 资料整理

要求：①汇总小组成员调查资料；

②注意回收问卷的有效性。

任务 4 分析结论

要求：①统计分析数据；

②得出相关结论——定位、选址。

任务 5 完成选址报告

要求：①按时完成餐厅选址可行性方案报告和 PPT 汇报材料；

②可行性方案报告规范、完整。

任务 6 完成筹建工作进度表

要求：①列出餐厅筹建的具体工作；

②列出餐厅筹建工作的进度表。

任务评价：评价计分方法见表 2－1。

表 2-1　　　　　　　　模块二　餐厅选址评价表（总分 100）

组别	姓名 学号	市场调查 满分 30 分	分析结论 满分 30 分	选址定位 满分 30 分	餐厅筹建 满分 10 分	总分

【引导案例】

肯德基选址策略

地点是饭店经营的首要因素，餐饮连锁经营也是如此。连锁店的正确选址，不仅是其成功的先决条件，也是实现连锁经营标准化、简单化、专业化的前提条件和基础。因此，肯德基对快餐店选址是非常重视的，选址决策一般是两级审批制，通过两个委员会的同意，一个是地方公司，另一个是总部。其选址成功率几乎是百分之百，是肯德基的核心竞争力之一。肯德基选址按以下几个步骤进行。

一、商圈的划分与选择

1. 划分商圈

肯德基计划进入某城市，就先通过有关部门或专业调查公司收集这个地区的资料。有些资料是免费的，有些资料需要花钱去买。把资料收集齐了，就开始规划商圈。

商圈规划采取的是记分的方法，例如，这个地区有一个大型商场，商场营业额在 1000 万元算一分，5000 万元算 5 分，有一条公交线路加多少分，有一条地铁线路加多少分。这些分值标准是多年平均下来的一个较准确经验值。

通过打分把商圈分成好几大类，以北京为例，有市级商业型（西单、王府井等）、区级商业型、定点（目标）消费型，还有社区型、社区商务两用型、旅游型等。

2. 选择商圈

即确定目前重点在哪个商圈开店，主要目标是哪些。在商圈选择的标准上，一方面要考虑餐馆自身的市场定位，另一方面要考虑商圈的稳定度和成熟度。餐馆的市场定位不同，吸引的顾客群不一样，商圈的选择也就不同。

例如马兰拉面和肯德基的市场定位不同，顾客群不一样，是两个“相交”的圆，有人吃肯德基快餐也吃马兰拉面，有人可能从来不吃肯德基快餐专吃马兰拉面，也有的反之。马兰拉面的选址也当然与肯德基不同。而肯德基与麦当劳市场定位相似，顾客群基本上重合，所以在商圈选择方面也是一样的。可以看到，有些地方同一条街的两边，一边是麦当劳另一边是肯德基。

商圈的成熟度和稳定度也非常重要。肯德基一定要等到商圈成熟稳定后才进入，保证开一家成功一家。

二、聚客点的测算与选择

1. 要确定这个商圈内，最主要的聚客点在哪儿

例如，北京西单是很成熟的商圈，但不可能西单任何位置都是聚客点，肯定有最主要的聚集客人的位置。肯德基开店的原则是：努力争取在最聚客的地方和其附近开店。

过去古语说“一步差三市”。开店地址差一步就有可能差三成的买卖。这跟人流动线（人流活动的线路）有关，可能有人走到这之前拐弯，则这个地方就是客人到不了的地方，差不了一个小胡同，但生意差很多。这些在选址时都要考虑进去。

人流动线是怎么样的，在这个区域里，人从地铁出来后是往哪个方向走等。这些都派人去掐表，去测量，有一套完整的数据之后才能据此确定地址。

比如，在店门前人流量的测定，是在计划开店的地点掐表记录经过的人流，测算单位时间内多少人经过该位置。除了该位置所在人行道上的人流外，还要测马路中间和马路对面的人流量。马路中间的只算骑自行车的，开车的不算。是否算马路对面的人流量要看马路宽度，路较窄就算，路宽超过一定标准，一般就是隔离带，顾客就不可能再过来消费，就不算对面的人流量。

肯德基选址人员将采集来的人流数据输入专用的计算机软件，就可以测算出，在此地投资额不能超过多少，超过多少这家店就不能开。

2. 选址时一定要考虑人流的主要动线会不会被竞争对手截住

因为人们现在对品牌的忠诚度还没到说“我就吃肯德基看见麦当劳就烦”这种地步。只要你在我跟前，我今儿挺累的，我干吗非再走那么100m去吃别的，我先进你这儿了。除非这里边人特别多，找不着座了我才往前挪挪。

人流是有一个主要动线的，如果竞争对手的聚客点比肯德基选址更好的情况下那就有影响。如果是两个一样，就无所谓。例如北京北太平庄十字路口有一家肯德基店，如果往西100m，竞争业者再开一家西式快餐店就不妥当了，因为主要客流是从东边过来的，大量客流被肯德基截住了，再在那边开店，开店效益就不会好。

肯德基与麦当劳市场定位相似，顾客群基本上重合，所以我们经常看到一条街道一边是麦当劳，一边是肯德基，这就是肯德基采取的跟进策略。因为麦当劳在选择店址前已做过大量细致的市场调查，挨着它开店不仅可省去考察场地的时间和精力，还可以节省许多选址成本。当然肯德基除了跟进策略外，它自己对店址的选择也很有优秀之处，可以值得借鉴。

【案例分析】

优越的地理位置在很大程度上决定了餐饮企业经营的成败，对于那些提供标准化餐饮的快餐连锁企业这一点尤为重要，因为顾客光顾这类餐厅的主要原因是方便、快捷。所以良好的地段总是能使经营者获得“地利”，抢占赢得竞争的先机。肯德基与麦当劳在选址前要做大量细致的市场调查，包括对商圈的人流量、交通、配套设施、人流动线、竞争对手等内容。正确选址是餐饮企业成功的前提条件和基础。

项目1 商圈分析

一、商圈的分析

商圈（Trading Area）也称交易区域、经营区域，是指以餐饮企业所在地为中心，沿着一定的方向和距离扩展，吸引顾客的辐射范围。即潜在的或现实的顾客所分布的地区，也就是市场的地理范围。

（一）商圈的界定

1. 步行时间界定法

步行时间界定法是西方国家界定经营区域时经常采用的方法。这种方法的具体做法是，首先在地图上标出餐厅选址的地理位置，然后以餐厅所在的位置为中心，按步行的距离来圈定经营区域的范围。一般这样的距离是以3～4个街区为半径的范围。即一个餐厅的核心经营区就是围绕该餐厅的5min步行范围，5～8min步行距离属于中间经营地带，10min步行区以外的属于外层经营地带。按距离来表示，这3个不同的经营地带分别相当于400m、600m和800m的距离。经验表明，一家餐厅的业务量约有70%分布在5min步行距离范围内，即400m半径的范围内；20%在5～8min步行距离范围内，即400～600m半径范围内；而其余的业务量在600m以外的距离范围内。见表2－2。

表2－2　　步行时间界定商圈表

	步行时间/min	距离/m	业务量
核心经营区（主要商圈）	5	400	70%
中间经营地带（次要商圈）	5～8	600	20%
外层经营地带（边缘商圈）	10	800	其余

一般来说，用餐的顾客往往遵循就近的原则，而不愿意走很多路去用餐，尤其是步行可以到达的餐馆，行走距离往往会限制在某一范围，见图2－1。

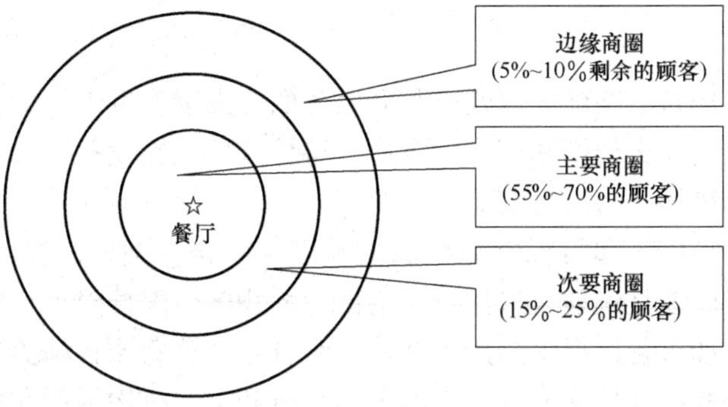

注：商圈基本上是没有形状的，然而为了方便计划，一般事前规划可用圆形或地形图来为商圈推算。

图2－1　餐厅商圈构成图

2. 行车时间界定法

对于驾车和乘坐交通工具前来用餐的顾客，可以用行车时间界定法来确定餐厅的经营地域。它是以顾客从工作单位或家里到餐厅的行车或乘车时间多少来确定经营地理范围的方法。一般认为，以30min的经济行车时间所能走过的路程为半径，可以划出餐厅的整个经营区，而30min的行车时间往往被看做是餐厅经营区域的经济行车极限。

（二）影响商圈大小的因素

商圈的大小除了用以上方法来确定外，在具体进行信息分析时还应该考虑各种因素对它的影响。

1. 企业的规模

企业的规模与对顾客的吸引力、经营的辐射范围成正比。一般来说，企业的规模越大，接待能力越强，它的影响面往往就越广，商圈也就越大。

2. 企业的特色

企业越具有自身的经营特色，和其他企业相比就越有明显的差异性和产品的垄断性。它对市场的吸引力就越强，经营的辐射面会变得越广，商圈也就越大。

3. 竞争状况

选址地点附近竞争者的存在显然会影响未来餐厅市场区域的大小。如果附近的竞争者处在某些交通更为便利的地方，或者位于客源产出地附近，或者其产品和服务更有特色，都会影响到本企业市场向外辐射的能力，从而影响餐厅商圈的大小。

4. 选址所在的地理位置

餐厅所处的地理位置同样会影响商圈的大小。位于商业繁华中心的餐厅比较为僻静的餐厅商圈要小。这主要是由于商业中心的交通比较拥挤，停车也不方便。一般来讲，传统的餐厅地址选择和现代的餐厅地理位置选择有一些不同。传统的餐厅选择地理位置的主要条件为：繁华的商业中心、人口比较集中的居民区、交通便利的地段、人均消费水平较高的地区、风景名胜地区的周边地区等，但这些地区是经营餐饮业的商家的必争之地，过度竞争的结果造成地价或房屋租金昂贵、店家之间竞争激烈、各种交通工具过分集中而使泊车位难寻。而现代的餐厅选择位置的附加条件为：大型机构或单位的周边地区、竞争相对较弱的地区、停车场宽阔的地段。这些标准弥补了传统选址标准所带来的问题。

二、餐厅选址原则

1. 市场原则

餐厅地址选择、经营思路确立以及产品和服务的开发都是以市场为依据的。因此，考虑在何处兴建餐厅，建造什么规模和档次的餐厅，选择哪些设施设备，提供怎样的餐饮内容和服务，都应该以目标市场作为出发点。

第一，地址的选择应该和目标客源所属的地区相吻合。例如，餐厅主要以经营快餐为主，较为理想的区域应该是流动人口比较多的商业购物区、院校附近、居民住宅区、主要交通干道附近等场所；如果餐厅提供的用餐环境较为雅致，菜肴比较精美，讲究精致服务和用具，此类餐厅则最好开在高档住宅区、大的贸易商行和金融机构等所在地区，主要针对的客源市场是商务宴请、正规的社交活动以及一些高收入者。

第二，餐厅的选址要方便顾客，尽可能在地理位置上接近目标市场所在位置，并且有便利的交通能够到达。

2. 投资回报原则

餐厅选址要考虑到投资的回收以及预期的利润。餐厅投资、经营的最终目的是为了取得预期利润，并尽可能在较短的时间内收回投资。因此，餐厅的选址要充分评估地价、租金、基础设施费用、劳动力成本、原材料供应、各种税费的有关规定等成本费用因素，并且预测餐厅可能的销售收入，以及在经营过程中将会或有可能碰到的问题。

3. 方便性原则

选址的方便性原则：第一，表现在选址地点要尽可能靠近顾客所在的地方或者方便顾客前来的地点，换句话说就是餐厅要有比较强的可进入性。第二，方便性原则也体现在餐厅为顾客所提供的附属设施上，从目前情况看此类设施最主要的就是停车场，这是目前提高餐厅竞争力的一项有力措施。第三，餐厅选址应该保证有足够的交通工具为顾客服务，餐厅周围有便捷的道路通行，没有过多的交通限制和交通障碍物，能够使顾客或者其所使用的交通工具方便地抵达餐厅。

4. 稳定性原则

稳定性原则首先表现在市场的稳定性方面。其次，稳定性表现在所选场地的“安全性”，重点是要考虑所选的地点在预期的营业期内不能因为城市的扩建、改造而受到影响。

同时，餐厅的选址也要注意场地周围环境可能发生的变化，注意它们是否会影响餐厅日后的经营。

5. 可见度原则

餐厅是一种社会服务性机构，它直接面对顾客，因此需要处在一个比较明显的位置上，以便引起顾客的注意，吸引顾客。如果顾客从任何一个角度都能注意到餐厅的规模和外观，那么就说这家餐厅的选址具有较高的可见度。一般来说，餐厅最好能直接面对街道或者位于顾客能直接看到的位置。如果餐厅不是非常一目了然或者处在某些建筑物内部，那么就应该设立一些明显的标志，比如通过建筑的装饰、霓虹灯等来弥补可见度不足的缺陷。

三、餐厅经营区域的选择

（1）机场、车站、码头等交通枢纽和中转站。这个区域内客流量非常大，但在这个区域内就餐的多数为旅客，到餐厅用餐一般仅仅为满足生理上的需要，所以方便、快捷的中、西式快餐厅最受欢迎。

（2）公司、机关集中区域。这个区域内的客人主要是公司白领和高级管理人员，他们的经济实力丰厚，而且也有商业应酬的需要。所以在这个区域内的餐厅应有一定的档次，能够提供优质的菜肴和服务。

（3）学府区。在这个区域周边有大中专院校，有大批的老师和学生有就餐、聚会、社交的需求。这个区域的餐厅的客源以年轻人为主，餐厅设计经营时要注意满足他们追求特色、时尚餐饮的需求。

（4）商业中心。现代都市中的大型购物中心 SHOPPING MALL（集美食、娱乐、购物于一体的超大规模的购物中心）、步行街等商业中心发展越来越快，外出娱乐购物的同时，享受美食也逐渐成为人们休闲的一种重要方式。设计新颖的特色餐厅、风味餐厅通常是人们的首选。

（5）住宅区。目前，随着人们生活水平的不断提高，到餐馆就餐已成为日常生活的一部分，尤其是周末及各个节假日，更多的家庭都选择到周边的餐厅聚餐。在住宅区域内的餐厅应该清洁卫生、价廉物美，注重培养回头客。选择住宅区，一般区内的户数须达到 1000 户左右，如以一户 4 人来计算，则人数将达 4000 人左右。

（6）旅游区。旅游区也是客流密集的地方，这个区域内的餐厅既要满足游客简单快捷的就餐需求，又要满足客人品尝特色美食、休闲观光的需求。

项目2 市场调查

市场调查（Marketing Research）就是指运用科学的方法，有目的、有系统地搜集、记录、整理有关市场营销信息和资料，分析市场情况，了解市场的现状及其发展趋势，为市场预测和营销决策提供客观、正确的资料。

一、市场调查的方法

餐饮市场调查的方法主要有观察法、访问法和问卷法。

1. 观察法

是社会调查和市场调查研究的最基本的方法。它是由调查人员根据调查研究的对象，利用眼睛、耳朵等感官以直接观察的方式对其进行考察并搜集资料。

2. 访问法

可以分为结构式访问、无结构式访问和集体访问。

结构式访问是实现设计好的、有一定结构的访问问卷的访问。调查人员要按照事先设计好的调查表或访问提纲进行访问，要以相同的提问方式和记录方式进行访问。提问的语气和态度也要尽可能地保持一致。

无结构式访问是没有统一问卷，由调查人员与被访问者自由交谈的访问。它可以根据调查的内容，进行广泛的交流。如对商品的价格进行交谈，了解被调查者对价格的看法。

集体访问是通过集体座谈的方式听取被访问者的想法，收集信息资料。可以分为专家集体访问和消费者集体访问。

3. 问卷法

是通过设计调查问卷，让被调查者填写调查表的方式获得所调查对象的信息。在调查中将调查的资料设计成问卷后，让接受调查对象将自己的意见或答案填入问卷中。在一般进行的实地调查中，以问答卷采用最广。采用问卷进行调查是国际通行的一种调查方式，也是我国近年来推行最快、应用最广的一种调查手段。

二、餐饮企业选址调查的内容

（一）宏观市场环境调查

餐饮企业宏观市场环境调查，主要是就餐饮企业选址区域的总体经济状况、餐饮业现状、消费习惯、人文环境等方面的全面考察，以确定企业在这个区域内经营的盈利性。

1. 区域经济发展状况和趋势

经济发展状况主要是指该地区的总体经济状况，如国民生产总值、失业率、物价指数、人均收入、人均消费支出、经济发展态势、经济发展的规划和增长率等，由此来判断该地区经济繁荣程度及稳定程度。餐饮市场的消费基础依赖于地区经济发展和经济的稳定性，所以要做好相关调查，尽量避免由于经济波动对餐饮企业所带来的冲击。

2. 区域文化背景

文化决定了一个社会的生活方式，是影响人们欲望和行为的基本因素，每个人都会自觉或不自觉地接受他所生活的环境中的价值观、信仰、道德规范和风俗习惯。由于固有的文化传统，顾客往往会形成一定的产品偏好，特别是在饮食方面，有时候很难改变，当引入不同文化背景的餐饮产品时，有时会遇到来自顾客习惯方面的阻力。餐饮业投资要考虑当地居民的受教育程度、固有的习惯、宗教信仰、社会风尚、社会价值观和文化氛围等因素构成的区域文化背景。这些因素不仅对人们的餐饮消费行为和消费方式有直接影响，而且决定了居民的消费结构。

3. 区域内居民的人文特征

所谓居民的人文特征主要是指顾客的性别构成、年龄构成、婚姻状况、家庭规模大小、收入、受教育程度、主要职业、可能的工资收入、工作时间、民族传统和风俗习惯等。

4. 区域餐饮业总体情况

（1）餐饮业情况调查

①本地区餐饮业的总体规模。

②本地区餐饮企业的类别、风味特点以及经营时间。

③各类别餐饮企业的市场成长性。

④各种类型、各种档次餐厅的价格。

⑤本地区餐饮企业的分布格局。

⑥各餐厅的营业情况。

⑦有无市场供需缺口可以进入。

（2）客源情况调查

①客源总量。

②各类餐厅接待能力与客源数量的比较。

③主要餐饮消费者的来源情况。

④消费能力与需求强度。

⑤餐饮习惯。

⑥餐饮使用方式。

5. 交通状况调查

交通状况的调查主要包括区域内道路格局、交通流量和交通工具。道路状况是餐厅可进入性的一个重要评价指标，表明了到餐厅就餐的方便程度。

6. 经营条件和成本费用信息

（1）土地和建筑物费用。地价和租金的费用是餐饮投资中的一项较大支出，对这项费用的调查要了解土地的地价和租金总体价格情况，并了解不同区域、不同街道、不同地段的地价和租金情况。有些餐馆在建筑物内租用场地进行营业，则要弄清楚这些场地是否已经进行过内装修，租金是否包含了设备的使用费用，租用这些场地是否有其他附加的条件等。

（2）原材料和设备供应情况。食品原料的供应是保证餐饮企业正常运转的基础，也是保证产品质量的必要条件。对于食品原料供应情况的调查，主要是了解该区域食品原料供应的种类、等级、数量以及价格情况，企业能否采购到所需要的食品原料，价格能否符合成本控制要求。对于原材料供应情况的调查，当然也应包括当地的商业习惯调查，包括付款方式、交货方式等。设备供应情况则主要是了解餐饮设备采购的来源、餐饮设备购置价格、餐饮设备的品质以及供货单位的信用程度。对餐饮设备供应情况的了解，最主要的是要调查设备的售后服务情况，以免给日后的经营带来困难和麻烦。

（3）人力资源条件。餐饮业是一个以手工劳动为主的劳动力密集型行业，它所需要的技术带有经验性和模糊性，因此符合餐饮企业要求的人才供应是餐厅正常开业和经营的基础。餐饮企业人力资源条件调查主要是负责了解符合企业标准的劳动力供需情况、管理人员的素质和聘用的难易、当地的劳动立法和内容、雇用人员的待遇标准以及当地社区工作的一些习惯做法等。

（4）基础设施情况。对于餐饮企业来说，最基本的基础设施是要做到通水、通电、通路、通信，没有这些基本的经营要素，就无法在该地点投资建造餐厅。燃料供应是餐厅开业的前提，因此，所选择的地点最好能够有管道煤气或天然气供应，并且有排水设施。另外，对于餐饮企业来说，员工的住宿条件也是应考虑的基础设施之一。

（5）税收和产业政策。税收和产业政策直接影响到餐饮企业的收益以及发展，因此选址调查应包括对当地政府所颁布的各种法律、政策、条例、措施等情况的了解，尽可能选择能够享受优惠条件的地区。这种经济上的优惠条件从狭义上看，一般是指税收方面的优惠，也就是税收减免，从广义上看，还应该包括贷款的便捷、土地和房屋租金的减免、各种费用的减少、加速固定资产折旧等，此外，也包括了选址地区各部门办事人员的工作态度和责任心。

（二）商圈调查

1. 商圈内聚客点位置及类型情况调查

统计商圈内所有的聚客点及所处位置和规模，并确定最主要的聚客点（见表2-3）。

表2-3　商圈聚客点统计表

聚客点类型	名称	规模	位置
百货公司			
超级市场			
电影院			
书城			
政府之行政机关			
展览会场			
学校、文教机关、培训班			
公园			
表演、竞技、比赛场所			
菜市场			
证券公司			
人才市场			
住宅区			
车站、码头、机场等交通枢纽			
写字楼、金融机构			
食街			

2. 商圈人流量调查

一般区域内人流数量以达到30人次/min以上为标准，45人次/min以上较好，60人次/min以上为极佳（见表2-4）。

3. 营业场所的面积及租金调查

营业场所的面积及租金调查见表2-5。

4. 商圈内交通状况调查

商圈内交通状况调查见表2-6。

（三）竞争对手调查

1. 竞争对手的确认

严格来说，拟建餐厅市场区域内的所有同行企业都是该餐厅的竞争对手，这些竞争对手可分为三类：直接竞争对手、间接竞争对手和潜在竞争对手。

直接竞争对手，是指与拟建餐厅提供相同或类似的菜单和服务项目的现有餐厅。这类餐厅是调研人员调查研究的重点。调研人员应详细了解这些餐厅的规模、装修特色、菜单内容、价格、服务特色和经营状况，最好能到这类餐厅亲自品尝一下，并记录其菜单内容和服务员的态度等，找出其生意的繁忙时间段和清淡时间段。根据其平均就餐人数和菜单价格，估计出大致的营业额和利润额。间接竞争对手，是指提供与拟建餐厅不同的菜单和服务项目，具有不同目标市场的现有餐厅。调研人员应对市场区域内这类餐厅作一般了解，主要是了解这类餐厅的数量、规模、经营特色和分布情况。潜在竞争对手是指那些打算或很可能在拟建餐厅附近开设类似餐厅的企业或个人。

表 2－4　　　　　　　　　　　　　　**商圈人流量抽样统计表**

抽样时间：　　　年　　月　　日　星期　　　　　　（15min/次）

区域	甲商圈			乙商圈		
时间段	A	B	C	A	B	C
07：00～09：00						
09：00～11：00						
11：00～13：00						
13：00～15：00						
15：00～17：00						
17：00～19：00						
19：00～21：00						
21：00～24：00						
总计						

注：1. A. 行人 B. 汽车 C. 自行车、电动车、摩托车；

2. 只统计有购买能力的人群。

表 2－5　　　　　　　　　　　　　　**营业场所面积及租金调查表**

项目	甲址	乙址
面积/m^2		
每月租金		
押金		
装修		

表 2－6　　　　　　　　　　　　　　**商圈内交通状况调查表**

项目		甲商圈	乙商圈
交通功能	交通枢纽、转运站		
	城市交通主干道		
	交通过道		
塞车状况	严重拥堵		
	普通		
	交通顺畅		
公交、地铁	重要公交中转站		
	公交车站		
	无公交车站		
停车状况	方便		
	普通		
	不便		
备　注			

2. 竞争对手基本信息内容

调研人员应根据本企业自身特点，结合当地实际情况，确定合理的市场区域。在此区域内，详细了解竞争对手，尤其是直接竞争对手的情况，对市场竞争状况进行仔细的分析与研究，才能合理确定餐厅的目标市场，并做出科学的经营决策。

竞争对手基本信息内容主要包括：①地点、名称、经营类型；②经营范围与主要顾客群体；③规模，包括面积、座位数、职工人数；④菜单价格与大概座位周转率；⑤店面与内部装修状况；⑥产品与服务特色；⑦设施与设备状况（如使用了哪些现代化先进设备等）；⑧其他（餐厅历史、知名度、举办各类活动等）。最好能将这些资料汇总列在一张表上，以便于分析比较。例如，某餐饮企业竞争对手调查表设计见表2-7。

表2-7　　竞争对手调查表

餐厅名称	地点	营业时间	餐厅环境	座位数（面积）	座位周转率	经营范围和特色产品	经营类型	人均消费额	主要顾客群体
A									
B									
C									

三、调查问卷的设计

（一）问卷的结构设计

一份完整的调查问卷通常包括标题、问卷说明、被调查者基本情况、调查内容、编码号、调查者情况等内容。

1. 问卷的标题

问卷的标题是概括说明调查研究主题，使被调查者对所要回答什么方面的问题有一个大致的了解。确定标题应简明扼要，易于引起回答者的兴趣。例如"××主题餐厅调查问卷"，而不要简单采用"问卷调查"这样的标题，它容易引起回答者因不必要的怀疑而拒答。

2. 问卷说明

问卷说明旨在向被调查者说明调查的目的、意义。有些问卷还有填表须知、交表时间、地点及其他事项说明等。问卷说明一般放在问卷开头，通过它可以使被调查者了解调查目的，消除顾虑，并按一定的要求填写问卷。问卷说明既可采取比较简洁、开门见山的方式，也可在问卷说明中进行一定的宣传，以引起调查对象对问卷的重视。

3. 被调查者基本情况

这是指被调查者的一些主要特征，被调查者分为个人和单位两种。被调查者如果是个人，他（她）的基本资料包括性别、年龄、民族、家庭人口、婚姻状况、文化程度、职业、单位、收入、所在地区等项目。如果被调查者是企事业单位，它的背景材料则包括行业类别、资金、经营产品种类、餐饮消费支出、主要宴请客户等情况。通过这些项目，便于对调查资料进行统计分组、分析。在实际调查中，列入哪些项目、列入多少项目，应根据调查目的、调查要求而定，并非多多益善。

4. 调查主题内容

调查的主题内容是调查者所要了解的基本内容，也是调查问卷中最重要的部分。它主要是以提问的形式提供给被调查者，这部分内容设计得好坏直接影响整个调查的价值。主题内容主要包括以下几方面：①对人们的行为进行调查。包括对被调查者本人行为进行了解或通过被调查者了解他人的行为。②对人们的行为后果进行调查。③对人们的态度、意见、感觉、偏好等进行调查。

5. 编码

编码是将问卷中的调查项目变成数字的工作过程，大多数市场调查问卷均需加以编码，以便分类整理，易于进行计算机处理和统计分析。所以，在问卷设计时，应确定每一个调查项目的编号和为相应的编码做准备。通常是在每一个调查项目的最左边按顺序编号。如：①您的姓名；②您的职业；……而在调查项目的最右边，根据每一调查项目允许选择的数目，在其下方划上相应的若干短线，以便编码时填上相应的数字代号。

6. 调查人备注

在调查表的最后，附上调查员的姓名、访问日期、时间等，以明确调查人员完成任务的性质。如有必要，还可写上被调查者的姓名、单位或家庭住址、电话等，以便于审核和进一步追踪调查。但对于一些涉及被调查者隐私的问卷，上述内容则不宜列入。

（二）问卷的问题设计

问卷中的问题是核心部分，设计问卷时，必须对问题的类别和题型做仔细考虑，以避免整个问卷产生很大的偏差，导致市场调查的失败，因为不同的提问类型所要获取的资料是不同的。因此，问卷设计除了对问题和调查目的有清晰的了解外，还要善于根据具体情况选择适当提问类型来设计问卷。常见的提问类型主要有：

（1）事实性问题。事实性问题要求被调查者根据自己和周围发生的情况进行回答。事实性问题只要求被调查者依据已有事实回答问题，不必提出主观看法，并且被调查者和调查人员能够检验其真实性。比如："您通常一周外出用餐几次？"此类问题的主要意图是要获取有关事实性资料，因此问题设计要简单明了，能够让被调查者理解和回答。

（2）知识性问题。此类问题的目的是向被调查者了解对某件事的理解程度。例如："您是否知道 COSPLAY（一般指利用服装、饰品、道具以及化妆来扮演动漫作品、游戏中的角色）？"通常，可以在问卷中把同一类的知识性问题一并提出来，以了解调查对象对某类餐饮产品的掌握情况。用这种方法，可以了解和确认被调查者对餐饮、酒水和各种餐饮服务形式的了解程度。

（3）观点问题。它是关于被调查者的态度、评价、意见等问题，但不追究其原因。例如："您是否喜欢目前普遍流行的家常菜？""你是否喜欢酒店自酿啤酒？""您觉得西式快餐好还是中式快餐好？"

（4）评价问题。评价问题的目的是要被调查对象根据问卷所给出的评价尺度对餐饮产品和服务的效率、特性、行为或餐饮企业作出评价。例如："您觉得我们餐厅这几种特色菜味道如何？"（很好、好、一般、不好、难吃）；"您认为餐厅的价格水平如何？"（很贵、中等、便宜）；"你如何评价本餐厅的服务效率？"（高、中、低）。

（5）动机问题。动机问题设计的目的是为了了解被调查者产生某种行为的原因和动机。例如，"您为什么选择到本餐厅用餐？""您为什么选择消费餐厅的特色菜肴？"人的行为动机可以分为有意识和无意识，对于有意识动机，有时被调查者会因为某种原因不愿真实回答；而后者，由于被调查人员自己也不十分清楚，也会造成回答困难。这是在设计这类问题时要注意的。

（6）行为问题。是为了了解被调查者的行为特征而设计的，它的目的就是要掌握市场的行为特征。例如："您平时午餐都吃快餐吗？""您是不是习惯在餐厅吃饭时自带酒水？"

（7）间接问题。间接问题主要用来调查那些不易直接回答，而必须用间接提问方式获得答案的问题。这主要是由于被调查者因为对所需回答的问题产生顾虑，不敢或不愿真实地表达意见的问题。这种顾虑主要来自有忌讳和涉及名誉的问题。因此间接问题适合于在某种场合中不愿正面回答提问和没有直接回答能力的调查对象。这时，如果采用间接回答方式，使被调查者认为很多意见已被其他调查者提出来了，他所要做的只不过是对这些意见加以评价罢了，这样，就能排除调查者和被调查者之间的某些障碍，使被调查者有可能对已得到的结论提出自己不带掩饰的意见。例如：“为什么有的客人把价格看得比菜肴的口味更重要？”

以上是对各种问题提问的分类，在实际调查时，各种类型的提问往往是综合使用的。这主要取决于所要获得的信息的性质。问卷设计人员可以根据具体情况选择不同的提问方式，以便最有效地获取市场调查信息。

（三）问卷的题型设计

问卷设计，可以根据调查的具体情况采用不同的题型设计。问卷的题型主要包括：

（1）是非题。是非题也称为二项式问题，它所提出的问题只用“是”或“否”，“有”或“无”等肯定或否定的答案来回答。这样的答案相互间是对立的或排斥的，被调查者的回答只能在两者中选择一个，不能有更多的选择。

【例1】

您喜欢吃牛肉面吗？　是□　否□

您对本餐厅的菜品满意吗？　是□　否□

您在本餐厅用餐是否得到了您所希望的服务？　是□　否□

（2）多项选择题。多项选择题对所提出的问题往往有两个以上的答案，被调查者可以在这几个限定的答案中任选一个或多个答案。设计这些问题时，要注意：①答案应尽可能包括所有的情况，防止重复和遗漏；②各个答案的排列次序，因为被调查者往往容易选择第一个答案，从而使调查结果发生失真；③答案数量应控制在10个以内，以避免过多的答案使被调查者产生厌倦情绪。

【例2】

请问您在选择餐馆时主要考虑下面哪些因素？

①餐厅档次□　②餐厅口碑□　③停车场地□

④位置便利□　⑤用餐环境□　⑥卫生状况□

⑦菜肴口味□　⑧餐饮价格□　⑨服务质量□

在此之前的12个月内您光临本餐厅的次数是？（不包括本次）

0次　□　　1～10次　□　　10次以上　□

（3）排序题。排序题是列出若干项目，由回答者按重要性决定先后顺序，排序方法主要有两种：一种是对全部答案排序；另一种是只对其中的某些答案排序，究竟采用何种方法，应由调查者来决定。具体排列顺序，则由回答者根据自己所喜欢的事物和认识事物的程度等进行排序。

【例3】

您选择餐厅消费的主要因素是（请将所给答案按重要顺序1，2，3，4，5填写在□中）

菜肴口味□　餐饮价格□　服务质量□　卫生状况□　就餐环境□

排序题的数目一般不宜过多，应控制在10个以内；排序取到第几位，取决于调查的目的。一般性调查可以作全部排序，重点调查则可只取几位。

（4）评判题。评判题是要求被调查者表示对某个问题的态度和认识程度的问题。这种题型适合做专题性的深入调查，用于测试顾客对各种问题的见解和意见。评判题在餐饮市场调查中应用也比较广泛。

【例4】

您对本餐厅的服务质量：

非常满意　□　比较满意　□　基本满意　□　不满意　□　很不满意　□

(5) 回想题。此类题型在问卷设计时往往明确提示回想范围，被调查者根据他的记忆回答所提的问题。回想题一般多用于调查品牌、餐馆的名称、餐饮广告等影响程度。

【例 5】

请举出您最近在电视广告中看到过的餐饮广告。

①________②________③________④________

(6) 开放式问题。开放式问题设计时不提供任何备选答案，让被调查者根据提问自由回答，充分发表意见，借以获得较为广泛的信息资料。在问卷设计中，此类题型只能占很小部分，设计时应谨慎使用。

【例 6】

您最满意本餐厅哪些方面？您觉得本餐厅应该在哪些方面加以改善？

(四) 问卷设计应注意的几个问题

对问卷设计总的要求是：问卷中的问句表达要简明、生动，注意概念的准确性，避免提似是而非的问题，具体应注意以下几点：

(1) 问卷的问题应与调查内容有关。问卷中不要列入无关问题，而且要保证重点，避免面面俱到。

(2) 问题应简单易懂。拟定的问题要使被调查人容易理解其含义。

①用词的准确性和清晰性。问题显得是否准确、清晰是能否取得准确答案的关键。应尽量避免使用生僻、暧昧和模棱两可的字，比如"也许"、"有时"、"偶尔"等词。

【例 7】

您经常在外用餐吗？

从不外出用餐□　　偶尔外出用餐□

有时外出用餐□　　经常外出用餐□

这个问题的设计，对各种实际目的来说是没有什么价值的。因为在备选答案中，"偶尔"，"有时"和"经常"是很难区分清确切含义的。对有些人来说经常可能意味着至少每月有一次在外用餐，而对另一些人来说可能认为自己一年中有过几次外出用餐就可称为经常了。对这个问题的改进可以考虑：

在过去的 12 个月中，您是否经常外出用餐？

根本没有□　　1～2 次□　　3～5 次□　　5 次以上□　　记不清□

这样的问题设计就为被调查者提供了一个一致的参考框架。他们不会再在他们的回答上添加个人对问题的理解。在这个问题的备选答案中最后一条也是可行的。事实上，如果一个人在以往的 12 个月中确实做了有限几次或少于 2 次的外出用餐，它是不容易忘记的。但如果一个人频繁的外出用餐，就很可能选择"记不清"。

②问卷结构还要单纯、口语化，尽量避免用长而复杂的句子。

所涉及的问题要尽量客观，尽量按个人经验或思想有关的事实来询问，避免过于概括和笼统。

【例 8】

"请问您每天从几点到几点用晚餐？"与"请说出您昨天用晚餐的时间？"

显然，后者的问法比前者要容易回答。

(3) 问题的设计使被调查对象能够回答并且愿意回答。不要询问对方不了解、难以回忆、技术专业性太强的事，尽量避免涉及私人生活或窘迫性的问题。如"贵餐馆目前经营的原料是从哪个渠道进的货？"由于原料的种类众多，进货渠道各不相同，所以被访对象往往很难一下子表达清楚。应改为"贵餐馆目前经营的海鲜是从哪个渠道进的货？"对于有些有关私人的或有关自尊心和面子而不愿意回答或不愿真实回答的问题，如个人收入、文化程度、社会地位和妇女的年龄等，可采用笼统的询问方法。

【例9】

对“您今年多大年纪，收入多少”这样的问题，有些人很不愿意回答。

应该为“您每月收入属于下列哪一段?”

A. 1000～3000元　　B. 3000～5000元　　C. 5000～7000元

D. 7000～9000元　　E. 10000元以上

(4) 设计的问题要有明确界限。要使问题确定界限，最好一个问题一个要点，调查对象就不至于在回答问题时混淆不清，也不会给统计分析答案带来困难和麻烦，因此应当把要询问的内容尽量分解，分成几个问题。

【例10】

“您为什么不喝豆浆而换喝牛奶?”这个问题包含了三层意思：

①“您为什么不喝豆浆?”

②“什么原因使您更换流食?”

③“您为什么改喝牛奶而不改换其他流食?”

由于对问题的理解不同，答案也会很复杂。所以对于一些复杂的问题，应该使其具体化和单一化，以利于调查对象作出具体、准确的回答。

(5) 问题的语气和内容要适合调查对象中各阶层的被调查者。比如：“您对××餐馆是怎样认为的?”就比“请阁下对××餐馆发表您的高见?”显得更简单、更容易使人理解。不管调查对象的背景如何，提问中都要避免使用长句和复句和过于专业化的术语。只有适合调查者总体中的各种人群，回答率才能提高。

(6) 问题应保持中性。问题的设计不能暗示出调查人员的观点和见解，应力求使回答者避免跟着这种倾向回答。

【例11】

“许多人都认为××快餐店的食品好，您的印象如何?”

很好□　　一般□　　不好□

这样的问题就是引导性提问。引导性提问会促使被调查对象不加思考地同意所引导问题中暗示的结论，也会使被调查对象产生心理上的顺向反应，自然而然地同意权威或者是大部分人的意见。

(7) 问题的数量适中。问题的多少应视调查主题以及被调查对象对调查主题的关心程度、询问场所、调查人员业务技术熟练程度等多种因素综合确定。

项目3　目 标 定 位

由于顾客的需求多种多样，而本企业的资源有限，无法满足所有顾客的需要，所以餐饮企业经营管理人员必须根据掌握的资料对当地餐饮市场进行市场细分，并最终确定本企业目标市场。据一些调查资料显示，许多餐饮企业经营失败的原因就是没有明确本企业的细分市场，无的放矢。今天，餐饮市场竞争日趋激烈，餐饮经营者想取得经营成功，就更有必要进行市场细分，并结合企业自身条件，找准适合的或新的目标市场。

一、餐饮市场细分的标准

餐饮经营管理人员可结合当地实际情况，使用多种因素来进行市场细分，如按照地理特征、人口统计特征、消费行为特征、就餐动机等因素来细分市场。

（一）按地理特征细分

按照地理特征因素细分市场，是指按不同的地理单位（如不同国家、国内不同地区、城市、区、县及标准都市统计区等），将消费市场划分为若干个亚市场。例如，按照本市区划分，可将顾客群分为外地客人和当地客人，还可将当地客人再分为住宅区客人、商业区客人、工业区客人等。但是，仅按照地理因素来划分市场显然是不够的，因为这种划分过于简单。因此，餐饮企业还要按照其他因素来划分市场。

（二）按人口统计特征因素细分

这种因素是餐饮市场细分最常用的标准，它是根据人口的不同特征，如年龄、性别、职业、收入、受教育程度、婚姻状况等，将市场划分成若干个亚市场。消费者的各种要求、偏好、外出就餐频率等与人口特征有着密切的关系（见表2－8）。

表2－8　按人口统计特征因素标准细分市场

	主要变量	营销要点
性别	男女构成	了解男女构成及消费需求特点
年龄	婴儿、儿童、少年、青年、成年、老年	掌握年龄结构、比重及各档次年龄的消费特征
收入	白领和蓝领；高收入、中高收入和低收入者	掌握不同收入层次的消费特征和购买行为
家庭生命周期	单身阶段、备婚阶段、新婚阶段、育儿阶段、空巢阶段、鳏寡阶段	研究各家庭处在哪一阶段、不同阶段消费需求的数量和结构
职业	工人、农民、军人、学生、干部、教育工作者、文艺工作者	了解不同职业的消费差异
文化程度	文盲、小学、中学、大学等	了解不同文化层次人群购买种类、行为、习惯及结构
民族	汉族、满族、回族、蒙古族等	了解不同民族的文化、宗教、风俗及不同的消费习惯

（1）按年龄标准细分。年龄是市场细分中最常用的标准之一，人们在不同年龄阶段，由于经济状况、身体条件、兴趣爱好等都会发生相应的变化，他们的餐饮消费需求也往往有很大的差异。因此，可根据儿童、少年、青年、中年、老年等年龄标准来细分餐饮市场。按年龄标准来细分市场具有一定的现实意义，因为各年龄阶段的人一般都会根据自己的收入状况以及对生活的态度等支配自己的购买行为。以麦当劳为例，其在中国的目标市场主要是儿童和青少年。

（2）按性别细分。男性消费者在餐饮消费时与女性消费者相比，在消费行为和动机方面会有较大差别，如男性消费者在餐饮消费时，其消费决策往往比较直接果断，而女性则较喜欢反复比较价格、就餐环境等。因而，消费者性别也是影响餐饮经营的重要因素。

（3）按家庭结构标准细分。家庭结构直接影响家庭负担和消费行为。一般来说，家庭成员越少或需要负担的未成年人口和老年人口越少，则家庭外出就餐的机会就越大。如年轻的两口之家或三口之家在外用餐的频率就明显较高。

（4）按受教育程度细分。受教育程度不同，会使消费者在志趣、生活方式、价值观念、消费需求等方面产生较明显的差别，从而导致其餐饮消费行为和习惯的差异。如即使同属某一收入水平的阶层，受过高等教育的消费者与未受过中等及以上教育的消费者相比，前者往往对餐厅的卫生条件、就餐气氛、环境布置等有较高要求。

（5）按职业细分。消费者职业不同引起消费差异的主要原因是：不同职业收入不同以及职业特征不同。例如，在正常工作日，公司职员午餐一般因时间关系，只能以快餐为主。

（6）按收入水平细分。收入水平是餐饮市场细分的又一重要依据。收入水平高低直接决定着消费需求的多寡，而且决定着消费层次的高低。高收入者在餐饮消费时主要考虑菜品的质量与服务，对价格考虑较少；而低收入者则往往考虑菜品是否经济实惠、物美价廉，所以常常权衡再三才决定购买。

（三）顾客就餐心理细分

人们常常发现，在地理环境和人口状态相同的条件下，消费者之间存在着截然不同的消费习惯和特点，这往往是消费者的不同消费心理的差异所导致的。尤其是在比较富裕的社会中，顾客已不限于满足基本生活需要，因而消费心理对市场需求的影响更大。所以，消费心理也就成为市场细分的又一重要标准。

（1）生活方式。生活方式是人们对消费、工作和娱乐的特定习惯。由于人们生活方式不同，消费倾向及需求的产品也不一样，例如可以将顾客划分为便利型消费者、求廉型消费者、享受型消费者、求新型消费者、健康型消费者、信誉型消费者等。

（2）性格。不同性格顾客在消费需求上有不同的特点（见表2－9）。

（四）消费行为特征细分市场

行为因素是与产品最直接有关的市场细分因素，它是根据购买者对产品特性的知识、态度、使用与反应等行为将市场细分为不同的群体。行为因素包括时机、追求利益、使用者地位、产品使用率、忠诚程度、购买准备阶段、态度等。如可以按品牌忠诚度将顾客划分为专一品牌忠诚者、几种品牌忠诚者、转移忠诚者、犹豫不定者等（见表2－10）。

表2－9　不同性格消费者类型

性格	消费需求特点
习惯型	偏爱、信任某些熟悉的品牌，消费时注意力集中，定向性强，反复购买
理智型	不易受广告等外来因素影响，消费时头脑冷静，注重对产品的了解和比较
冲动型	容易受到促销的刺激而消费，对产品评价以直观为主，消费前并没有明确目标
想象型	感情丰富，善于联想，重视餐厅就餐环境，以自己的丰富想象去联想产品的意义
时髦型	易受相关群体、流行时尚的影响，以标新立异、赶时髦为荣，消费注重引人注意，或显示身份和个性
节俭型	对价格敏感，精打细算、讨价还价

表2－10　顾客忠诚程度细分

忠诚程度类型	购买特征
专一品牌忠诚者	始终消费同一品牌
几种品牌忠诚者	同时喜欢几种品牌，交替消费
转移忠诚者	不固定忠于某一品牌，一段时间忠于A，一段时间忠于B
犹豫不定者	从来不忠于任何品牌

【案例】

麦当劳的市场细分

麦当劳公司主要根据三大要素进行市场细分，即地理要素、人口要素和心理要素。

（一）地理要素细分市场

麦当劳有国内市场也有国际市场，而各个国家有各自不同的饮食习惯和文化背景，所以麦当劳要在世界市场保持霸主地位就必须对市场进行细致的地理细分。麦当劳进行地理细分的主要目标在于分析各区域的差异。

地理细分要求把市场细分为不同的地理单位进行经营活动，例如，美国东部人爱喝清淡的咖啡，西部人爱喝较浓的咖啡。麦当劳连锁店作为一个跨国家和地区的企业，其服务范围遍及世界各地，它每年都需要花大量的资金来进行认真的严格的市场调研，研究各地的人群组合、文化、习俗，再书写详细的市场细分报告，每个国家甚至每个地区都要有一种适合当地生活方式的市场策略。

（二）人口要素细分与定位

1. 人口要素细分

人口因素是细分消费者群的最流行的依据。主要根据年龄、性别、家庭人口、家庭生命周期、收入、职业、教育、宗教、种族、国籍等相关变量，把市场分割成群体。麦当劳主要从年龄及生命周期阶段对人口市场进行细分，其中，将不到开车年龄的划定为少年市场，将20～40岁的年轻人界定为青年市场，理解他们的生活方式，知道他们时间有限，要求吃得又快又好；而对于年老者市场，麦当劳公司对其宣传中将经济实惠作为重点。

2. 不同市场特征与定位

麦当劳针对上述细分市场采用不同的广告宣传方式，如对青少年市场做的广告是以摇摆舞曲音乐，冒险性和快速画面穿插为特点；而对老年人市场的广告宣传则突出柔和并富有情调。实际上，儿童在餐饮方面极有可能成为家庭非常重要的影响因素。因为对父母而言，让小孩快乐、负担得起、方便选买、省时间、不必煮饭、省麻烦、有好吃的食物、自觉是个好父母，这些因素将使成年父母顺从孩子的意愿。可见儿童这个市场是非常重要的，它占领了麦当劳很大的市场份额。

但是，近年来由于新的竞争者加入，这就迫使麦当劳必须另外开拓市场。除了儿童市场，能开拓的目标市场就是老年人市场和成年人市场。老年人消费量不大，对麦当劳来说，这个市场并不具有很大的吸引力。而成年人市场则不一样，这个市场很有开发潜力。然而，成年人对麦当劳的忠诚度并不高。针对这种情况，麦当劳已经采取很多的措施，包括以成年人细分市场为目标市场进行促销活动，每六个月组织一次促销性游戏。同时，麦当劳还是第一家为黑人和南美人设置专门营销机构的大型零售店。

（三）心理要素细分

通常，按人们的生活方式划分，快餐业有两个潜在的细分市场：方便型和休闲型。但随着人们生活水平不断提高，快餐业细分市场必须追随市场变化而及时调整，尤其在近代出现的一种新型细分市场渐浮出水面，并迅速地扩张，这就是常被称为的健康型细分市场。根据有关资料反映，此细分市场有抢占市场潮流的趋势。

首先，健康型细分市场出现有其必然性，无论是积极的需求还是消极的应对，都共同促进了健康型细分市场的拓宽和发展。其中，积极的需求因素在于人们对经济发展高度期望以及卫生健康意识的不断提高，更多的人追求高生活质量，卫生机构不断完善以不断满足此类增长的需求；消极应对是鉴于目前环境不断恶化，加之医疗保险费用、污染导致的疾病升级、工作精神压力增大等。其次，健康型细分市场具有很强的结构吸引力，有着广大的具有购买力的消费群，例如在美国，处于中间阶层或以上的人（大都有足够的购买力）占了全国人口的将近一半；欧洲市民上街游行，提倡食用绿色食物。最后，健康型细分市场符合企业目标和资源要求。

二、确定目标市场

（一）确定目标市场的原则

经营管理人员依据不同的标准将市场细分为若干个子市场后，就要结合企业自身特点最终确定本企业的目标市场。为了找准本企业的目标市场，经营管理人员可用以下几条原则对可能成为目标市场的子市场进行衡量和评估。

（1）可衡量性。这是指一个市场或子市场应当能用某种数量指标和数量单位（如市场需求量、消费者购买力等）来描述和衡量。例如，用市场需求量来对当地 18～25 岁的青年这一子市场进行定量分析。假如，某餐饮企业估计某商圈内 18～25 岁的青年在餐厅用餐的人数每年为 50000 人，每人每年在餐厅用餐的频率为 60 次，每人每次的平均消费为 15 元，那么当地 18～25 岁的青年对餐厅的年需求量为 4500 万元，即用餐人数乘以用餐频率，再乘以平均消费就等于市场需求量。用公式表示为：

某市场年需求量 = 该市场中每年客人人数 × 每年就餐频率 × 平均消费额

对于这一子市场的市场占有率、增长率及本餐饮企业在这一市场上的销售量、营业额等，经营管理人员都可用各种数量指标及数量单位进行衡量。

（2）可进入性。可进入性即可达性，指餐饮企业进入细分后的子市场的可能性和可行性。市场细分的目的是使企业能利用自身拥有的资源与力量进入目标市场，如果细分后子市场的消费者不能有效地了解和认同企业产品的特点，或餐厅不能通过广告和其他促销手段在一定时间内将消费者吸引至本餐饮企业，则说明企业不能到达该细分市场，企业应该放弃该市场。反之，则说明将该子市场作为自己的目标市场是可行的。

（3）充足性。充足性是指子市场必须具有足够的规模和潜力，值得餐饮企业开发和经营，并能带来可观的利润。企业确定目标市场的目的在于通过向目标市场提供恰当的产品而获得利润。这就要求目标市场应有适当的规模和一定的潜在需求，保证餐饮企业不仅能在短期内赢利，还能使企业有持续发展的可能。

（二）确定目标市场应考虑的因素

餐饮企业在确定目标市场时，还应结合自身条件并综合考虑其他因素。

（1）企业实力。企业实力是企业拥有物质资源、人力资源、生产能力、销售能力和管理能力的综合体现。不同实力的企业在确定目标市场时所采取的策略不同，如果企业实力雄厚，则可选择较多的子市场。反之，则最好集中在一个或少数几个子市场。

（2）产品特点。企业产品的特点、产品生命周期都是企业确定目标市场时应考虑的因素。对于质量稳定、知名度高的产品，如采用特许连锁经营的麦当劳、肯德基等企业经营的西式快餐产品，企业可采取无差异策略，即选择多个子市场为目标市场。不同产品的生命周期长短各异，在生命周期各个阶段也会面临不同的市场情况。因此，这些都是经营管理者应考虑的因素。

（3）市场状况。如果消费者的需要、偏好及其他特点比较接近，或者说市场类似程度较高，企业在确定目标市场时，就可以采取无差异性策略，占领较多的子市场。反之，就应采用差异性或密集性策略。

（4）竞争状况。当市场中竞争者较少，且竞争不激烈时，企业在确定目标市场时就可采用无差异性策略；市场竞争激烈时，一般应选择差异性或密集性策略。

（5）供应商状况。企业在选择目标市场时，还应考虑产品的原料供应问题，如果计划提供给目标市场的产品，其原料供应困难或供应渠道不畅通，则会增加企业的经营风险。

三、市场定位

餐饮企业在确定了目标市场后，还要针对自身产品与服务特点，结合市场情况进行准确的市场定位。所谓市场定位，就是指餐饮企业根据竞争者现有产品在市场上所处的位置，以顾客的需求和利益为出发点，充分考虑本企业的优势与特点，确定本企业在目标市场中的地位，塑造出本企业产品与众不同的、给人以鲜明印象的、符合顾客需求的市场形象。

虽然餐饮企业进行市场定位的依据很多，但对于新建或筹建期的餐厅来说，进行市场定位的主要依据为餐厅的设施、服务、所属地理位置以及竞争对手的情况和顾客偏好等。

（一）新建餐厅市场定位的步骤

（1）确定目标市场，深入研究目标市场顾客的需求、愿望及利益偏好等。

（2）充分考虑竞争对手的优劣势，发挥自身的竞争优势，突出餐厅自身与众不同的特色。企业必须从掌握环境条件入手，正确地分析划分市场，在充分了解部分对手状况和消费者特点的前提下设定本企业销售和服务的对象。同时，企业应该将既定的市场营销战略加以展开，确定市场营销组合，把产品、价格、销售渠道和促销方法等纳入统一的规划实施，以最大限度地有效利用人员、时间和资金，使市场营销活动达到最佳效果。

（3）设计餐厅的市场形象。企业形象是一个完整的理念系统，它不仅包括企业在社会和公众心目中的形象和声誉，而且还包括产品、商标的形象和声誉。

（4）通过各种营销手段和宣传媒体向目标市场顾客有效而准确地传播餐厅的各种信息，使餐厅形象深入顾客心中，从而确立本企业的竞争地位。

（二）市场定位策略选择

（1）竞争性定位策略。也称迎头定位策略，是指企业根据自身实力，为了占据较好的市场位置，不惜与市场上占支配地位的、实力较强的竞争者发生冲突，从而达到使自己的产品进入与竞争者相同的市场位置的目的。

（2）拾遗补缺定位策略。也称避强定位策略，是指企业尽力避免与实力较强的竞争者发生直接竞争，而将自己的产品定位于另一个市场区域内，使自己产品的某些属性或特征与较强的竞争者有比较明显的区别。

（3）突出特色定位策略。它是指企业通过分析市场中现有的产品定位状况，发掘新的具有鲜明特色的市场位置。

【案例】

星巴克和哈根达斯的品牌渗透策略

都是在20世纪90年代中后期登陆中国大陆市场，都是定位在曾经“稀少”的中高端人群，起初“曲高和寡”，也都是在中国市场，星巴克与哈根达斯获得了前所未有的“高歌猛进”。它们的成功之处，就在于它们是“面对”着消费者，而不是“背对”着消费者。

100多年前，星巴克是美国一本家喻户晓的小说里主人公的名字。1971年，3个美国人开始把它变成一家咖啡店的招牌。1987年，霍华德·舒尔茨和他的律师，也就是比尔·盖茨的父亲以380万美元买下星巴克公司，开始了真正意义上的“星巴克之旅”。

1921年，在美国纽约的一个家庭，如今风靡世界的哈根达斯开始了这个品牌的“婴儿期”。1961年，哈根达斯冰淇淋的创始人鲁本·马特斯正式将自己生产的冰淇淋命名为“Haagen Dazs”，一个出自北欧语系的品牌名称从此开始了它的“哈根达斯一刻”。

如今，星巴克咖啡已经成为世界连锁咖啡的第一品牌，哈根达斯冰淇淋也成为全球最具人气的顶级冰淇淋品牌。星巴克咖啡已经在全球38个国家开设了13000家店，哈根达斯冰淇淋也在全球55个国家拥有700多家专卖店和几万个零售点。虽然传统意义上"根红苗正"的咖啡与冰淇淋并非起源于美国，但星巴克咖啡与哈根达斯冰淇淋目前已经俨然是这些品类最"正宗"的代名词。

其实，与许多跨国公司的"中国之旅"相似，虽说如今的星巴克与哈根达斯面对中国市场是"豪情满怀"，但最初进入的时候，他们依然是忐忑的、谨慎的。1995年，星巴克开始向北京及周边城市的饭店、驻华使馆和跨国公司供应星巴克咖啡豆和咖啡粉，算是将产品顺利送进了中国市场。

哈根达斯1995年决定进入中国市场时，也引得了一片"唏嘘声"。1liqpt（品脱，1liqpt = 0.47L）9美元的冰淇淋，一个月吃两回就抵得上当时中国人月均食品支出的数额。这在即使经济已经发展较快的沿海城市，也有很多人认为是不可能办成的事情。有人甚至断言，这个"冰淇淋中的劳斯莱斯"可能更适合成为一种观赏品。

事实上，中国市场的不可捉摸性还是在这两个品牌上得到了显现。截止到2006年10月1日，星巴克在中国大陆19个城市开设了190多家咖啡店。短短几年时间，中国区已经成为星巴克全球业务中的一个亮点。香港星巴克分店开业第一个月就创下了全球最快赢利纪录。上海统一星巴克发展也堪称"奇迹"，在两年内就获得了3200万元的利润。

哈根达斯目前已在中国15个城市开设了51家专卖店，1000多个零售点，销售额年增长40%以上。在一个茶的国度里，咖啡连锁一路畅行；在一个平均生活水平还不高的社会里，高端冰淇淋品牌广受欢迎。是中国人的消费习惯很容易改变，还是中国人可支配收入要超出统计数据？原本计划把中国市场作为"孵化期"对待的这些品牌，不得不重新调整自己的"对华政策"。

首先是区域扩张，星巴克和哈根达斯的"中国路线图"惊人地相似：在大范围的扩张上，是由中国政治、文化中心为"介入点"，同时开始选择直辖市、重点的省会城市、计划单列市、重点旅游城市等为"发散点"；在小范围的选择上，也都是选择城市最繁华的路段，一部分城市甚至出现星巴克与哈根达斯互为邻居的有趣场面。说明它们在对中国市场的基本看法上趋于一致，对于扩张所选择的理由应该趋同。这种选择甚至延伸出一种"怪现象"，似乎没有星巴克、哈根达斯的城市，就成了经济欠发达、奢侈品消费无土壤的"代名词"，以至于一些城市的市长利用一些机会还呼吁星巴克、哈根达斯的入住，而一些商圈、广场更是用这两个品牌的入住而进行大肆宣扬。

其次是投入的力度，2003年，星巴克总部将其在上海统一星巴克的股份增持到了50%；2005年，星巴克又将在美心星巴克的股份从5%提升到了51%；2006年10月24日，星巴克对外宣布成功收购北京美大咖啡90%股权。如此迫不及待地增加持股比例，主要是因为星巴克对中国市场快速发展产生的丰厚利益"十分眼红"。以上海两年3200万元的利润为例，按原有持股比例，星巴克只能获得160万元左右的利润。

目前世界第一大冰淇淋消费国美国年人均消费冰淇淋是23kg，澳大利亚为17kg，日本为11kg，而中国人均消费量仅为1.2kg，中国潜力巨大的冰淇淋市场吸引了资本的追捧和关注。如今的哈根达斯在中国的战略定位，已经不仅仅是卖冰淇淋了。2001年11月，哈根达斯原母公司品食乐公司正式宣布和美国通用磨坊食品有限公司合并。如今这个全球最大食品公司之一的通用磨坊食品有限公司更加希望能够利用哈根达斯的高端品牌形象，为集团下属的其他食品品牌的中国发展"推波助澜"。

最后是产品中国化，虽然因为一些限制，星巴克在中国的店铺中并没有像其他全球星巴克连锁那样销售星巴克音乐碟片，但星巴克利用自己独特的消费环境与目标人群，为顾客提供精美的商品和礼品。商品种类从各种咖啡的冲泡器具，到多种式样的咖啡杯。虽然这些副产品的销售在星巴克整体营业额中所占比例还比较小，但是近年来一直呈上升趋势。在中秋节等中国特色的节庆时，还推出“星巴克月饼”等。

与此相同的是，哈根达斯也不失时机地推出自己的月饼系列，同时还推出了中华美食冰淇淋，包括冰淇淋制作的年糕、叉烧包、小笼包和春卷等。其中用法国原装冰淇淋制作的年糕也都分别取了别具中国特色的名称，努力将高端的产品品质与中国本土文化进行融合。

项目4 餐厅筹建

通过市场调查分析，企业明确了市场定位和经营类型，确定餐厅经营场所后，就要考虑餐厅的筹建工作了。筹建期是指从做出投资决策到正式开业前的准备时期。筹建期的长短将会对餐饮企业投资项目产生较大影响，因为筹建期越长，前期费用就越高，同时还可能错过较好的经营机会。因此，一旦做出投资决策就应尽快转入筹建工作。

一、餐厅筹建计划

筹建工作千头万绪，为使筹建工作有条不紊，必须事先制订一个详细的计划，将各项筹建工作分清主次，分阶段进行。在所有筹建工作中较重要的工作有以下几项。

（一）费用估算

1. 土地和建筑物的费用估算

如果是自建餐厅，则需要在地价基础上估算出土建的费用和装修费用；如果是租赁经营场地，则需要在租金的基础上估算出内外装修的费用。土建费用高低主要取决于餐厅的规模、结构，内外装修费用的高低主要取决于餐厅的档次规格。这些信息可从房地产经纪人、不动产评估机构、建筑师、建筑承包商以及刚建好的同类型餐饮企业处获得。

2. 家具和经营设备的费用估算

家具和经营设备应分为办公家具和设备、厨房生产设备、服务区家具和设备。

3. 业务用品和用具费用估算

业务用品用具主要包括餐具、台布、制服等，这些费用的信息可从当地供应商处获得。

4. 其他费用估算

除了以上几项主要费用外，还有一些其他费用也应做出估算，如筹建期人员费用、培训费用、广告宣传费用、差旅费、各项手续审批费用以及开业后维持正常营业的营业资本。

（二）办理各项报批手续

1. 餐饮企业登记注册应具备的条件

餐饮企业登记注册包括餐饮企业法人登记和餐饮企业营业登记。

（1）餐饮企业法人登记。餐饮企业法人登记是一种具有双重法律效力的登记。就是说通过该项登记，餐饮企业既取得了法人资格，又取得了经营资格。因此，领取了《企业法人营业执照》，就标志着该企业是独立的法人，能够以自己的名义从事餐饮业经营活动，并承担民事责任。

依据《企业法人登记管理条例施行细则》第十五条规定，申请企业法人的企业应具备的条件：有符合规定的名称和章程；有国家授予的企业经营管理财产或者企业所有财产，并能够以其财产独立承担民事责任；有与生产经营规模相适应的经营管理机构、财务核算机构、劳动组织以及法律或者章程规定必须建立的其他机构；有必要的并与经营范围相适应的经营场所和设施；有与生产经营规模和业务相适应的从业人员，其中专职人员不得少于8人；有健全的财会制度，能够实行独立核算，自负盈亏，独立编制资金平衡表或者资金负债表；有符合规定数额并与经营范围相适应的注册资金，一般企业法人的注册资金数额不得少于三万元人民币；有符合国家法律、法规和政策规定的经营范围；法律、法规规定的其他条件。

（2）餐饮企业的营业登记。从事餐饮经营活动但又不具备法人条件的企业或经营单位，应当申请营业登记。例如，事业单位下属的餐饮企业、餐饮企业法人所属的分支机构、合伙型联营餐饮企业等，可以申请营业登记。

依据《企业法人登记管理条例施行细则》第十七条的规定，申请餐饮企业营业登记应具备的条件：有符合规定的名称、有固定的经营场所和设施、有相应的管理机构和负责人、有经营活动所需要的资金和从业人员、有符合规定的经营范围、有相应的财务核算制度、不具备法人条件的联营企业还应有联合签署的协议。

2. 餐饮企业开业需办理的证件

餐饮企业要办理营业执照，除了具备上述的条件外，还需要办理各种有关的证件（表2-11）。

表2-11　　餐饮企业开业需办的证件

证件名称	批准主管部门	主要依据	备　注
税务登记许可证	税务局		办照后再办理
企业法人代码	技术监督局		
外汇登记证	外汇管理局		以内宾为主的可以不办
外汇兑换许可证	外汇管理局		以内宾为主的可以不办
烟草专卖许可证	烟草专卖局		办照后再办理
电梯使用许可证	劳动厅（局）		有电梯的企业必须办理
环保排污批准证书	环保局	污水处理方案及平面图和工艺流程图，水质排放达到标准	与市政排污管道连接工程由市政施工
消防验收许可证	消防队		
消防安全许可证	消防队		
锅炉使用许可证	劳动厅（局）		
文化许可证	文化		夜总会、音乐厅、迪厅等
卫生许可证	卫生防疫站	餐厅与厨房的设计图并现场审查	
食品许可证	卫生防疫站		
从业人员健康证	卫生防疫站		到指定医院体检
排烟合格证	环保局		
物价许可证	物价局		办照后再办理该证

应指出的是，为了减轻餐饮企业开业前的负担，企业部分许可证或审批手续可以由施工

安装单位申请办理，但具体事项要在合同中加以明确。例如，电梯使用许可证、环保排污批准证书、消防系统竣工验收审批手续、锅炉使用许可证等，都可以由施工单位进行办理。

另外，如果是外商投资所建的餐饮企业，还应办理中华人民共和国外商投资企业（台港澳侨）批准证书（外经贸局/工商局认证）、外商投资企业税务证（税务局认证）。

3. 餐饮企业法人开业登记程序

当新建成的餐饮企业具备了上述条件后，要向工商行政管理部门申请营业执照，准备开业。申请营业执照的基本程序：申请、受理审核、发照和领照、公告。

（1）申请。餐饮企业应当在主管部门或者审批机关批准后30日内，向登记机关提出申请。无主管机关的企业可以直接向登记机关提出申请，并接受审查。

餐饮企业申请开业登记时，要领取并认真、如实填写《企业开业登记申请书》和《企业法定代表人登记表》，并提供下列文件、证件。

需要提供的文件、证件包括：组建负责人签署的《企业法人申请开业登记注册书》，主管部门或者审批机构的批准文件，组织章程，资金信用证明、验资证明或资金担保，企业主要负责人的身份证明和履历，住所和经营场所使用证明，其他有关文件、证明。

如是外商投资的餐饮企业，应提交的文件、证件包括：由董事长、副董事长签署的《外商投资企业申请登记书》，合同、章程以及审批机关的批准文件和批准证书，项目建议书、可行性研究报告及其批准文件，投资者的资信证明，董事会名单以及董事会成员、总经理、副总经理的委派（任职）文件和上述中方人员的身份证明，其他有关文件、证件。

对于公司制餐饮企业来讲，提交的文件与非公司制餐饮企业法人略有区别，其证件包括：公司董事长签署的《公司设立登记申请书》，全体股东指定代表或者共同委托代理人的证明，公司章程，具有法定资格的验资机构出具的验资证明，股东的法人资格证明或者自然人身份证明，载明公司董事、监事、经理的姓名、住所的文件以及有关委派、选举或者聘用的证明，公司法定代表人任职文件和身份证明，企业名称预先核准通知书，公司住所证明，其他有关文件、证件。

（2）受理和审核。登记机关在接到餐饮企业开业登记申请后，经过全面审查、核实，在受理申请后的30日内，作出核准登记或者不予核准登记的决定。对于决定核准登记的餐饮企业，向其发出《企业法人登记核准决定书》；对于决定不予核准登记的餐饮企业，对其发出《企业法人登记核驳决定书》。

《企业法人登记核准决定书》的内容主要包括：申请单位的基本情况、受理情况、核准登记的决定、领取营业执照的时限和办理其他手续的要求。

《企业法人登记核驳决定书》的主要内容应包括：申请单位的基本情况、受理情况、核驳决定、理由及依据、申诉和诉讼期限。

（3）发照和领照。被核准开业登记的企业，应在通知书指定的时间内到登记机关领取营业执照。在领取营业执照阶段，企业要办理的手续包括：办理企业法人的法定代表人的签字备案手续；按规定交纳开业登记费；领取《企业法人营业执照》或者《中华人民共和国企业法人营业执照》的正本和副本，其中“营业执照”前带有中华人民共和国字样的是发给外资或三资企业的；在规定的核准后的期限内，持营业执照副本办理其他开业手续，如税务登记、开立银行账户、刻章等；按规定将有关登记手续报送登记主管部门备案，如印模、银行账户、雇工合同副本等。

（4）公告。开业登记由登记主管机关统一组织发布，刊登时间应在核准登记后的近期。公告的内容主要是名称、住所、法定代表人、经济性质或企业类别、注册资金或注册资本、经营范围、经营方式、注册号、核准登记日期等。

餐饮企业的注册开业的手续和所需文件，在各地略有差异。要掌握这方面的内容，应认真学习我国颁发的《公司法》、《中华人民共和国个人独资企业法》、《外商投资商业企业试点办法》等有关法律、法规和文件，并要到当地工商部门熟知当地办理营业执照的手续、程序和收费标准。

（三）制定餐饮企业章程

餐饮企业章程是企业的纲领性文件，是餐饮企业经营管理活动和组织结构、组织制度的基本准则，也是企业全体成员必须遵守的行为总则，其主要内容包括：

（1）总则。总则是章程中提纲挈领的部分，其从企业的全局出发，确定了企业最基本的情况。一般包括企业章程的法律依据、企业名称、地址以及投资者或法人的概况。

（2）经营宗旨。是企业经营管理的目标，即企业经营管理所要达到的目的。

例如，“创一流管理、一流服务、一流社会效益和经济效益”。

（3）企业类型。企业类型是指经济性质，如国有、民营、合资、独资等。

（4）注册资本及其来源（参阅《公司法》）。

（5）经营范围及经营方式。

（6）组织机构及其职责。

（7）法定代表人产生程序及职权范围。

（8）财务管理制度和利润分配形式。

（9）劳动用工制度。

（10）工会组织。

（11）章程修改程序。

（12）终止程序。

（13）其他需说明的事项。

根据《公司法》，公司企业章程除上述内容外，还需载明：股东的姓名及住所、股东权利和义务、股东出资方式及出资额、股东转让出资的条件等。

起草企业章程要有法律依据，主要是《公司法》，层次要清楚，语言要简练，不能有含糊之词。企业章程一旦确定，则有法律的约束作用。

（四）餐饮企业组织机构设置、人员招聘与培训

这项工作应在开业前的相当一段时间内进行。首先，根据拟建餐厅的规模档次、经营类型来确定组织机构；其次，根据企业规模、经营特点及实际管理的需要定岗定编，进而明确各岗位的工作职责、作业标准及程序、各岗位权限等，并在此基础上确定各岗位所需人员数量与要求；然后拟订并实施人员招聘及上岗前培训计划，同时还应根据企业的总体发展战略，制定企业未来的整体人力资源规划，为企业开业后的正常运转做好充分的人力资源准备。

（五）完成各项土建及装修工程

对于新建餐饮企业来说，土建及装修工程能否按期完工、工程的质量高低等直接影响企业能否正常开业及开业后能否正常运转；同时由于土建及装修工程占用资金量大，并决定一个企业的外观形象，因而这项工作较复杂、工作量较大，应由企业主要负责人直接督导。

（六）设备用品的采购与配备

这项工作应与装修工程同步进行，因为有些设备的安装调试要与装修工程紧密衔接与配合。由于餐饮企业设备及用品的种类和数量较多，且比较分散，因此应先对欲采购的设备与用品进行分类，制订采购标准与采购计划，选择合理的采购方式，以降低采购成本，有效利用资金，避免浪费与不必要的损失；根据各个部门的工作需要，合理配备各种设备与用品，提高设备与用品的利用率，并制定相关的维护保养及使用领用制度，保证餐饮企业的正常运转。

（七）建立各种规章制度及运作程序

这项工作主要是为了保证开业前后各项工作的正常进行，如总经理负责制、员工民主制度、员工手册、会议制度、员工医疗制度等。

（八）开业前的营销计划

由于市场营销活动在餐厅正常开业之前就要开始，而且营销计划为餐饮企业经营活动确定了总的框架。因此，开业前必须制订详细的营销计划。

（九）开业前资金筹措管理与运作

应根据投资计划及时足量地筹措所需资金，合理安排和督导资金的使用，这项工作应由财务管理人员来具体完成。

（十）开业典礼的准备与策划

开业典礼属于餐饮企业的专题公关活动，它是餐饮企业筹备工作结束，对外营业开始的标志。对于企业来说，开业庆典是意义非常重大的事件，关系到企业开业以后的声誉、营业状况和在顾客心目中的形象，因此，越来越多的企业管理人员已经认识到开业典礼的作用，在筹备时投入了较多的时间和精力。

总之，筹建工作较繁杂，餐饮经营管理人员应加以细致周密的策划和安排，才能保证餐饮企业的正常开业；同时应该认识到，筹建期的许多工作并不是随着筹建的结束而结束，而是随着企业的正式营业而继续开展的，如人员培训、招聘、营销计划等。

二、餐厅的营业预测

在预测餐厅营业收入时，必须预测以下数据：

（1）餐厅的座位数，包括大厅的座位数和包厢的座位数。

（2）餐厅每天的营业时间和全年的营业天数。其中每天的营业时间主要是要了解每天供应的餐别，是仅供应晚餐，还是供应午餐和晚餐，或者是三餐都供应，并提供夜宵。

（3）顾客人均消费额。人均消费额是指营业收入除以顾客总人数所得到的数额，它表明了顾客实际的消费情况。人均消费额不仅在相当程度上反映了餐厅的档次以及市场的接受程度，而且是餐饮企业定价和进行销售额预测时极为重要的一个数据。餐饮的人均消费额包括各餐总的人均消费额、各餐分别的人均消费额。

（4）餐厅的座位周转率。餐厅的座位周转率反映了餐厅的利用率。座位周转率等于接待顾客的总人数除以餐厅总的座位数。座位周转率的高低取决于顾客购买餐饮产品的数量、服务的复杂程度、开餐时间的长短。此外，也取决于出菜的速度、顾客点菜的速度、餐厅布局的合理性、顾客的类别、餐别等因素。

餐厅的销售额预测可以按以下公式进行：

餐厅年销售额＝餐厅座位数×每日开餐次数×平均座位周转率×年营业时间（天）×顾客人均消费额

本章小结

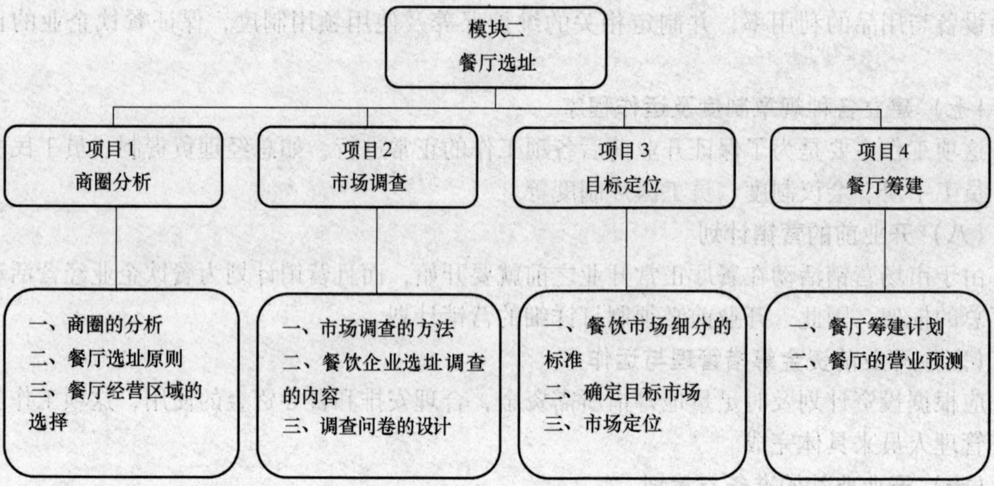

思考题

1. 什么是商圈？如何对餐饮企业的商圈进行分析？
2. 餐厅选址的原则是什么？
3. 餐饮企业选址调查的内容主要有哪些？
4. 餐饮市场细分的标准有哪些？

模块三　厨房设计与管理

学习目标：

1. 掌握厨房设计布局的总体要求
2. 掌握厨房环境设计的要求
3. 熟悉各类厨房的设计要求
4. 熟悉餐饮企业常见设备设施

模块内容：

项目 1　厨房总体设计

项目 2　厨房环境设计

项目 3　各类厨房设计

模块任务：

各实训小组根据所确定的餐厅类型和餐厅营业场所，进行厨房设计并绘制厨房平面示意图。

任务 1　厨房类型确定

要求：①小组成员分工合作；

②根据前期确定的餐厅类型和餐厅营业场所确定厨房类型；

③根据前期确定的餐厅类型和餐厅营业场所确定厨房面积。

任务 2　厨房布局、环境、设备设计

要求：①厨房主要区域设计；

②厨房环境设计；

③厨房布局设计；

④厨房设备选择和布置。

任务 3　完成厨房设计报告和平面图绘制

要求：①按时完成厨房设计报告和 PPT 汇报材料；

②绘制厨房布局平面图。

任务评价：评价计分方法见表 3－1。

表 3－1　模块三　厨房设计与管理评价表（总分 100）

组别	姓名 学号	厨房布局 满分 25 分	厨房设备 满分 25 分	厨房环境 满分 25 分	报告及平面图 满分 25 分	总分

【引导案例】

珠江餐厅厨房设计

珠江餐厅有500个餐位，在日常经营中，餐位平均周转率为150%，平均供应品种100个。当营业达到高峰时，容易出现上菜速度慢、出错台号、食品质量不稳定等现象。

通过高峰期间的观察，发现造成上述现象的原因，除了入厨单与出菜的环节脱节、烹调人员和备餐间人员责任心不强之外，就是厨房部的布局不合理。厨房部如图3－1所示，在营业的高峰期间，简直就像一个杂乱无章的“农贸市场”。在A门口，运送原料进厨房的、送点菜单入厨房的、送已消毒的碗碟入厨房的、由厨房送成品出来的、运脏碗碟出来的、运原料到冷库的等，彼此交汇形成多种工作流向，使A门口成为拥挤无比的“瓶颈”。在A门口旁边，恰好有上什的工作台，使进出厨房的流向不能马上疏通，打荷员工取味料时要到A门口旁边的味料档（即味料储存）去取，这样，上什工作台与砧板工作台之间又形成一个“瓶颈”位置。到水台和菜部的通道狭窄，给输送原料带来诸多不便，砧板师傅时常要与送料人员互相避让。忙碌的时候，在“瓶颈”位置，人员肩擦肩地来往，不时有因来不及礼让而打翻原料、碗碟和成品的事情发生。更糟的是，整个厨房抽风设备不完善，上什的蒸汽未能及时抽出，造成厨房里蒸汽弥漫，人在其中，特别容易感到烦躁和疲劳。

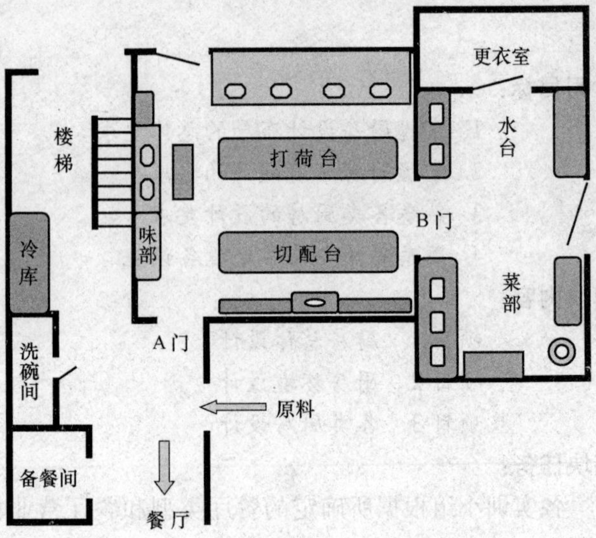

图3－1　珠江餐厅厨房布局平面图

【案例分析】

厨房布局的不合理造成人流和物流杂乱无章。通过调整厨房布局，如图3－2所示，主要是加热空间（打荷台）与切配台调换位置，使物流方向重新安排，原料不用经过A门，而只经C门到水台、菜部，再到B门，然后到砧板。这样，A门主要是成品的出口和碗碟流向的通道。从整体上看，各流向较原来有条理，略显不足的是，出品的A门未能与碗碟分流处理，这是空间的限制所导致的。

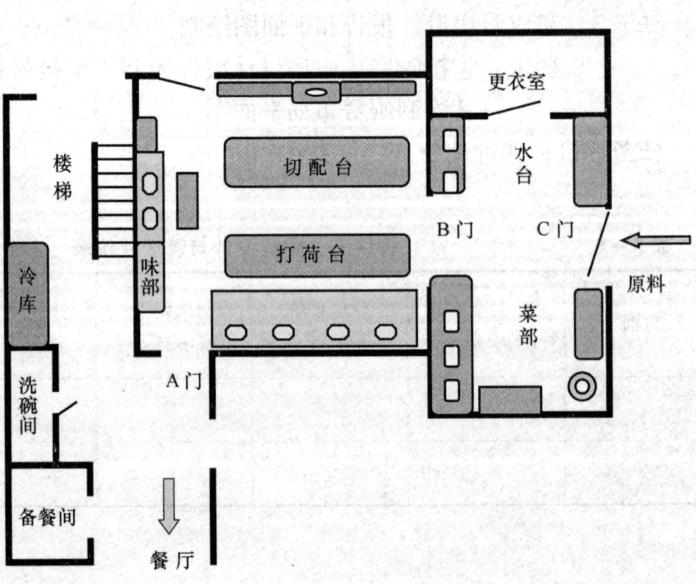

图3－2　珠江餐厅厨房布局调整后平面图

项目1 厨房总体设计

餐饮生产的工作流程、生产质量和劳动效率，在很大程度上受到设计布局的影响。厨房设计布局的科学与否，不仅直接关系到员工的劳动量和工作方式，同时还影响到厨房内部以及厨房与餐厅的联系是否方便，建设投资是否合理和确有成效。因此，厨房的设计布局是餐饮生产管理不可忽视的基础工作。

一、厨房的种类

由于餐厅经营的规模档次不同、烹制方法不同、常用炊具种类不同等，厨房可以按照餐饮风味类别、厨房生产功能、厨房规模等进行分类。

（一）按餐饮风味类别划分

（1）中餐厨房。川菜厨房、鲁菜厨房、苏菜厨房、粤菜厨房、宫廷菜厨房、官府菜厨房、清真厨房和素菜厨房等。

（2）西餐厨房。法国菜厨房、美国菜厨房、俄国菜厨房、意大利菜厨房等。

（3）其他风味菜厨房。日本料理厨房、韩国烧烤厨房、泰国菜厨房等。

（二）按生产功能划分

厨房生产功能，即厨房主要从事的工作或承担的任务，其生产功能是与对应营业的餐厅功能和厨房总体工作分工相吻合的。

（1）加工厨房。加工厨房主要承担各类烹饪原料的初步加工、干货原料涨发、原料的刀工处理和半成品原料的保藏等工作（为正式烹调提供净料）。

（2）烹调厨房。烹调厨房是厨房的核心地带，也是设备设施最集中的区域，承担着菜肴制作的关键环节。

（3）冷菜厨房。冷菜厨房是冷菜加工制作、切配、装盘、发放冷菜的场所。冷菜厨房一般可分为冷菜烹制厨房（加工制作卤水、烧烤或腌制、拌制冷菜等）和冷菜装盘出品厨房。

（4）面点厨房。面点厨房是加工制作面食、点心及饭粥类食品的场所。有些面点厨房还包括甜品和巧克力小饼等制作。

（5）烧烤厨房。烧烤厨房是专门用于加工制作烧烤类菜肴的场所。由于加工制作与冷菜、热菜程序、时间、成品特点不同，该厨房一般与其他厨房分离（室内温度高），其成品一般多转入冷菜明档或冷菜装盘出品厨房。

（6）零点厨房。零点厨房是指为客人们自行选择、点食而服务的厨房。零点厨房主要承担零散菜点的烹制工作（为散客服务）。

（7）宴会厨房。宴会厨房是指为宴会厅服务、主要生产烹制宴会菜肴的场所（为赴宴宾客服务）。

（8）咖啡厅厨房。咖啡厅厨房即西餐快餐厨房，是负责生产制作各类西式菜点的场所。

（9）快餐厨房。快餐厨房是加工制作快餐食品的场所。快餐食品是相对于餐厅正餐或宴会大餐食品而言的。成品多、较简单、经济、生产流程的畅达和高效节省是其显著特征。

（三）按厨房规模划分

（1）大型厨房。大型厨房是由多个不同功能的厨房组合而成。各厨房分工明确、协调一致，共同承担大规模的生产出品工作。一般餐位在1500个以上的综合型饭店，经营面积在1200m^2，餐位在800个以上的餐馆、酒楼，设大型厨房。

（2）中型厨房。中型厨房是指能同时生产、提供500个餐位左右宾客用餐的厨房。

（3）小型厨房。小型厨房多指生产、服务在200～300个餐位宾客同时用餐的厨房。

（4）超小型厨房。超小型厨房是指生产功能单一，服务能力十分有限的厨房。这种厨房多与其他厨房配套完成生产出品任务。

二、厨房布局的基本原则

厨房布局就是根据厨房的建筑规模、格局、形状、生产流程及厨房内各部门之间的相互关系，确定厨房内各生产部门的具体位置，同时把根据食品生产需要所选定的设备用具最为合理地组合成操作点并分布在厨房内的过程。厨房的布局过程是复杂的，受着许多因素的制约和影响，因此，在对具体厨房进行布局时，必须有生产者、管理者、设备专家、设计师共同参与研究决定，并由整体到具体逐步实施其布局。整体布局是指餐饮生产系统的整个设计规划。总的来说，厨房布局要遵循以下四个原则。

1. 形随流程

形随流程，就是必须按照烹调工艺流程的特点进行烹调布局。把烹调工艺流程放到餐饮运作中去看，它就是一个以仓库为起点、以备餐间（即餐厅）为终点的原料移动。厨房部门是属于流水线作业，其布局形状就应该在有限的空间里，按各工序在流程中的顺序位置来组合排列，通过设备布置和工作流向的联系使其成为有序的、合理的作业整体。

2. 路随设备

所谓路，是指员工的工作流向。根据现代生产管理要求，工作流向设计的合理之处一方面表现在空间限制中能实现的最方便或最短的工作距离，即尽量减少员工在工作流向中所花费的工作量；另一方面表现在此流向与彼流向之间能够协调进行而不产生彼此相阻。因此，这个布局原则的主要问题是处理好设备布置与工作流向之间的关系。

从实践角度看，这两者的关系是：工作流向影响着设备的布局，这是因为工作流向与原料流向（即工艺流程）是相辅相成的；当设备布局确定之后，设备的摆设又规定了工作流向。

3. 合理分流

从规范化设计去要求，原料流向在同一个空间平面里应该是一个原料入口，一个成品出口。原料在空间里的移动是以工艺流程为准，并且是以设备的布置为条件（即功能空间的分配），因此原料的移动应尽量不重复。

此外，合理分流中还有碗碟流向值得注意。收碗碟与出成品在空间里进行分处理，设不同的出入口，同时，作为辅助空间的洗碗间应独立在烹调空间之外。

总而言之，合理设计各种流向能把员工的工作量和物料损耗降到最低的限度，这是进行有效的烹调管理的客观条件之一。

4. 尽地而为

尽地而用和量地而用。餐厅的每平方米空间，都有直接或间接的经济效益。烹调空间虽不像餐厅那样直接供顾客使用，但它担负着烹制食品的重任，直接影响到餐饮的正常运作。因此，必须量地而用、尽地而用。空间过大，会造成各功能空间脱节，增加无形的损耗，使员工疲劳不堪；空间过小，会造成工作流向拥挤而最终影响出品速度和食品质量。

三、厨房主要区域设计

一个综合型、功能较全的厨房，根据其产品和工作流程，可以有机地分成三个区域，即：原料接收、储藏及加工区域，烹调作业区域和备餐洗涤区域。这三个区域是不同规模餐饮生产所必需的，布局时应形成相对独立而功能清楚的格局，保证厨房有一个通畅的生产流程。

（1）第一区域。原料接收、储藏及加工区域，即原料验货处、原料仓库、鲜活原料活养、原料宰杀、蔬菜择洗、干货原料涨发、初加工后原料的切割、浆腌等区域。这个区域的布局，应靠近原料入口，备有干货库、冷藏库，相应的办公室和适当规模的加工间。仓库面积应为餐饮总面积的10% ~20%。加工间布局在这个区域是比较方便的，可以根据加工的范围和程度，确定其面积大小。同时应设计宽敞的通道和场所，以保证大量原材料入场验收和加工产生的大量废弃垃圾及时清运出店。

（2）第二区域。烹调作业区域的布局。这个区域也是厨房设备配备最为集中的区域，主要包括四个部分，即：

①热菜配菜区：将加工好的原料，进行主配料配伍；

②热菜烹调区：将配制好的菜肴主配料进行炒、烧、煎、煮、炸、烤等熟制处理；

③冷菜间：冷菜、水果盘制作；

④点心间：饭点制作，要配有足够的蒸、煮、烤、炸设备。

这个区域是形成产品风味、质量的集中生产区域，因此，不妨设置可透视监控厨房的管理者办公室。冷菜间、点心间、办公室应单独隔开，配菜间与炉灶间可以不作分隔。

（3）第三区域。备餐洗涤区域的布局，应包括备餐间、餐具洗涤间和适当的餐具贮藏间。备餐间是厨房和餐厅间的过渡空间，厨房出品的调料、进食用具等都在此配齐，备餐间服务人员进出频繁，要设计足够的面积和宽敞的通道。小型厨房可以用工作台等作简单分隔。以上三个区域和部门的布局可参见图3－3。

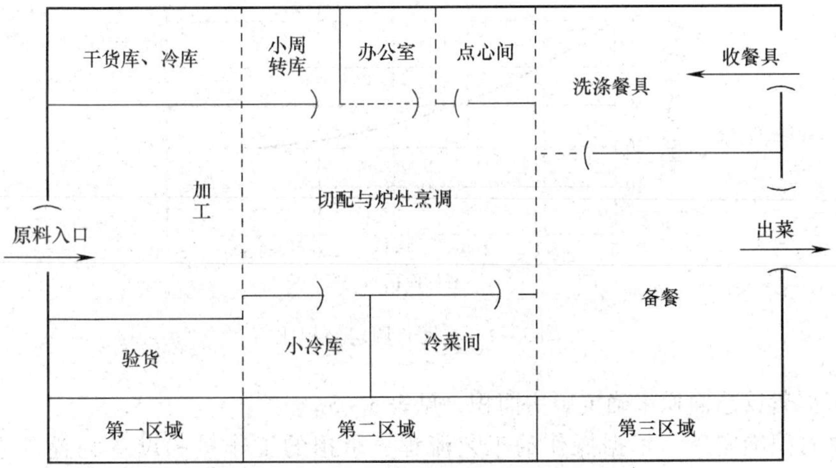

图3－3　厨房区域设计示意图

四、厨房面积的确定

餐厅经营的类型和特点，食品生产和加工的复杂程度，生产的方法和使用设备的不同，建筑结构的不同等许多因素都会影响厨房生产区域的面积。在通常情况下，餐饮食品生产的面积应为全部餐饮区空间的25%～50%，不能低于10%。《餐饮企业经营规范》3.2.3条规定，总面积在$30m^2$以上，厨房面积应达到营业面积的1/3。确定厨房面积的方法一般有三种：

（1）以餐厅就餐人数为参数来确定，见表3－2。使用这种方法，通常就餐规模越大，就餐的人均所需厨房面积就越小，就餐人数越少，每位就餐客人所需要的平均生产面积要大些，这主要是因为小型厨房的辅助间和过道等所占的面积不可能按比例缩得太小。

表3－2　就餐人数与厨房面积需要量关系表

厨房供餐人数/人	平均每位用餐者所需的厨房面积/m^2
100	0.697
250	0.48
500	0.46
750	0.37
1000	0.348
1500	0.309
2000	0.279

（2）按餐厅或其他餐饮面积作为依据，来确定厨房的面积比例。厨房面积一般应占餐厅面积的40%～50%。据统计，饭店餐厅面积在$500m^2$以内时，厨房面积是餐厅面积的40%～50%，餐厅面积增大时，厨房面积比例亦逐渐下降，见图3－4。

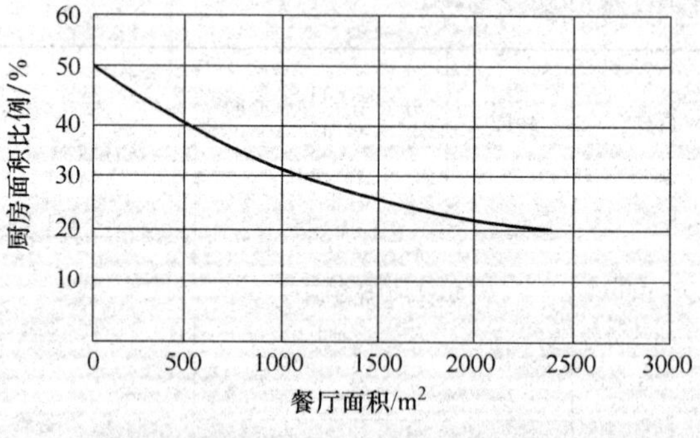

图3－4　餐厅、厨房面积比

（3）根据餐饮总面积来确定厨房面积，见表3－3。

厨房总面积确定后，根据操作的工艺流程、承担的工作量和设备配置，进一步将总面积按照一定的比例进行分配，确定各烹调空间大小。一般在大型厨房里，加热与切配空间比为1∶1，辅助空间与加热和切配空间比为（1～1.5）∶2。烹调空间面积比例参考数据见表3－4。

表 3-3　厨房各区域面积所占比例表

各部门名称	所占面积百分比/%
餐饮总面积	100
餐厅	50
客用设施	7.5
厨房	21
仓库	8
清洗	7.5
员工设施	4
办公室	2

表 3-4　烹调空间面积比例

烹调区域	所占面积百分比/%
炉灶区	32
点心区	15
加工区	23
配菜区	10
冷菜区	8
烧烤区	10
办公室	2

五、厨房布局类型

厨房布局应依据厨房结构、面积、高度以及设备的具体情况来进行。布局必须有利于菜肴的制作、工作效率的提高，尽量缩短厨师在厨房的行走动线、设备的使用等。厨房的布局类型主要有以下几种：

1. 直线形布局

直线形布局适用于高度分工合作、场地面积较大、相对集中的大型餐馆和饭店的厨房。所有炉灶、炸锅、蒸炉、烤箱等加热设备均做直线形布局。通常是依墙排列，置于一个长方形的通风排气罩下，集中供应制作，集中吸排油烟。每位厨师按分工专门负责某一类菜肴的加工烹制，所需设备工具均分布在左右和附近，因而能减少取用工具的行走距离。与之相应，厨房的切配、打荷、出菜台也直线排放，整个厨房整洁清爽，流程合理、畅达。但这种布局相对餐厅出菜，可能走的距离较远。因此，这种厨房布局可以服务两头餐厅区域，两边分别出菜，这样可缩短餐厅跑菜距离，保证出菜速度。

2. 相背形布局

相背形布局是把所有主要烹调设备背靠背地组合在厨房内，置于同一通风排气罩之下，厨师相对而站，进行操作。工作台安装在厨师背后，其他公用设备可分布在附近地方。相背形布局适用于方块形厨房，厨房分工可能不很明细。这种布局由于设备比较集中，只使用一个通风排气罩而比较经济，但另一方面却存在着厨师操作时必须多次转身取工具、原料，以及必须多走路才能使用其他设备的缺点。

3. L形布局

L形布局通常将设备沿墙壁设置成一个犄角形。当厨房面积、形状不便于设备做相背形或直线形布局时，往往采取L形布局，通常是把煤气灶、烤炉、扒炉、烤板、炸锅、炒锅等常用设备组合在一边，把另一些较大的如蒸锅、汤锅等设备组合在另一边，两边相连成一犄角，集中加热抽烟。这样厨师也能便利地使用每一组设备，加热和切配加工之处也有了相应的集中和分工。这种布局方式在一般酒楼或包饼房、面点生产间等厨房得到广泛应用。

4. U形布局

厨房设备较多而所需生产人员不多，出品较集中的厨房部门，可按U形布局，如点心间、冷菜间，将工作台、冰柜以及加热设备沿四周摆放，留一出口供人员、原料进出，甚至连出品亦可开窗从窗口接递。这样的布局，人在中间操作，取料操作方便，节省跑路距离，设备靠墙排放，既平稳又可充分利用墙壁和空间，显得更加经济和整洁。

项目2　厨房环境设计

厨房环境设计的好坏直接影响厨房员工的工作情绪和身心健康。优美舒适的工作环境有利于调动员工的工作热情，提高生产率。反之，则会使员工心情压抑、情绪低落，影响工作速度和质量。厨房环境设计一般包括以下几方面。

一、厨房高度和天花板

厨房高度应为3.7~4.3m，这样便于清扫，保持空气流通，对厨房安装吸排油烟罩也较合适。厨房过高，会使建筑、装修、清扫、维修费用增大；过低，使人产生压抑感，同时透气性差，气味大，散热差。天花板的平面应力求平整，不应有裂缝和凹凸，不应有暴露的管道，因为这些地方最容易积污积尘，甚至滋生虫蝇，影响食品生产的安全卫生。天花板的材料应采用光滑材料，不宜使用普通涂料，因厨房空气湿度高，以免受潮脱落而污染食品，同时应采用抗滴水油漆。

二、墙壁和地面

厨房墙壁应该平整光洁，无裂缝凹陷，经久耐用和易于清洁，以免藏污纳垢和滋生虫害。由于厨房墙壁和天花板一样，处在湿度较大的环境，为了便于清洁和防止霉变，也为了整洁美观，厨房墙面应从墙脚至天花板满铺瓷砖。

厨房地面通常要求耐磨，能承受重压，耐高温、耐腐蚀、不吸水、不吸油、防滑、易清扫。一般采用无釉防滑地砖、硬质丙烯酸砖等材料。选择具有一定弹性的材料铺地，对减轻厨师的劳动强度是很有益的。地面颜色要求鲜明，以促使人们保持地面清洁。另外，要求地面平整而不积污垢，并有适当倾斜度，冲洗后地面不应积水。

三、门　　窗

厨房的门要既达到通风和采光的效果，又便于货物和职工的进出。首先，厨房的门窗最好选用铝合金或塑钢来进行制作，既轻便坚固，又便于搞卫生。此外，应设置纱门窗，以防苍蝇、蚊子等小昆虫的侵入。厨房与餐厅连接的门通常设置两道，以达到卫生和隔音的效果；每道门左右各一扇，进出分设，并装有自动装置，可做180°旋转开闭；每扇门上配有小型的透明玻璃窗，以避免进出厨房餐厅人流、物流的碰撞；每扇门宽度不能小于0.9m，高度不低于2.2m。

四、厨房通风

厨房作业时，会产生大量对人体健康有害的气体，例如油烟、二氧化碳、一氧化碳、水蒸气、食品原材料粗加工产生的污秽气等。另外，空气中氧气的含量会逐渐减少。通常，新鲜的空气中氧气的含量为21%，氧气的含量降至14%以下时，就会给人体作业带来危害。要保证厨房空气的流通清新、不污染餐厅，仅靠自然通风是不够的，必须借助机械通风系统及排烟装置。厨房内通风、排风系统包括排烟罩、抽风机（离心风机、轴流风机等）、排烟风管、送新风管及空调系统，见图3－5。

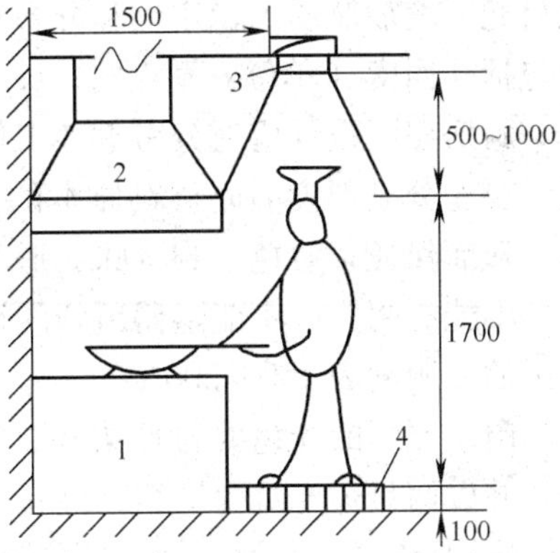

图3－5　厨房通风示意图

1—炉灶　2—排油烟罩　3—送风口

1. 机械通风系统

机械通风系统可保持厨房为负压区，使餐厅和其他设施中的空气徐徐流入厨房，以保证不污染餐厅等其他部门的空气而且保持厨房空气清新。尤其在夏季，可减轻厨房高温。进入厨房的新风应做预热或预冷处理（冬季应在22～26℃，秋季24～28℃，冷菜间不超过20℃），通过管道直接送至厨房，并在每个工作区域上方设置矩形送风口，可对其风速和温度的高低进行调节；烹调炉灶连接送风装置，为厨师烹调时送风。一般厨房补风量宜为排风量的70%左右，形成的负压值不应大于5Pa。

一般每小时通风系统换气40～60次可使厨房保持良好通风条件。换气量可用以下的方法来计算：

$$q = V \times n$$

式中　q——换气量，m^3/h

V——厨房体积，m^3

n——每小时所需换气次数，次/h

【例】

某烹调厨房长15m、宽8m、高3.75m，该厨房空气体积则为$450m^3$，每小时换气55次，这一烹调厨房的通风系统须每小时换气量达到多少时，才能保证厨房内的良好通风条件？

每小时通气量为：$q = V \times n = 450 \times 55 = 24750$（$m^3/h$）。

这一烹调厨房的通风系统须每小时排出并输入$24750m^3$空气，才能保证厨房内的良好通风条件。

2. 排油烟罩

大部分烹调厨房即使装有机械通风系统仍不足以排出厨房烹调时所产生的油烟、蒸汽，因而还必须为炉灶、炸锅、汤锅等设备安装排油烟罩或排汽罩，将这些加热设备工作中产生的废气排出室外。排油烟罩的种类很多，以运水烟罩较为先进和方便。运水烟罩主要由净化系统和抽气系统组成。净化系统，是通过电脑控制柜产生高压水雾，利用雾化水循环，再添加除油剂，对炉灶中产生的油烟加以过滤，使油烟在通过高压水雾时分离，油渍通过水循环系统排至下水道，排出室外的是净化后的空气。抽气系统，是油烟通过净化系统后，由抽气风机将净化后的空气排出室外，使排出的气体不带油渍，较好地解决了空气污染等问题。

五、厨房照明

厨房照明与厨房的工作效率、工作质量和安全生产有着直接的关系。充足的照明，避免炫目光，增加照明的稳定性和分布覆盖的均匀性、协调性，是厨房照明的总体要求。照明质量包括：照度（单位：勒克司，lx）、光色、反射率、阴影及灯具设备等。

厨房照明设计应充分考虑各工作区域不同照明质量的标准和要求。烹调作业区照明的设计，要充分显现食品原材料原本的色泽，使厨师准确无误地对菜肴烹制的每一环节进行控制，从而保证菜肴色、香、味、形等方面的质量。因此，烹调作业区的照明应从厨房正面射出，不能有阴影，不能阻碍厨师的视线，其照明度也相对较高，为200～400lx，厨房加工作业区的照明度为150～200lx。

厨房照明的光色要自然柔和，通常选用白色荧光灯照明，其光色稳定、均匀，没有阴影，并以两只荧光灯为一组，可有效地防止炫目光。

厨房所有的照明灯具都必须装防护网罩或用透明塑料板隔挡，以防止水蒸气、油烟对灯具的腐蚀，提高照明的安全性和美观性，便于厨房的清洁卫生。

六、厨房排水

厨房排水系统的设计，必须满足厨房加工生产、清洁卫生的最大排水量和排污通畅的需要。排水系统的设计应作为厨房整体规划的一部分。事先统筹安排、设计好厨房各区域排水沟的布局、排水流向、除污装置。厨房的排水沟有明沟和暗沟两种形式。明沟为大部分厨房所采用，其布局简单流畅，便于排水排污、清洁冲洗，能够防止堵塞。明沟设计应注意：

（1）排水线路以直线为主，尽量避免交叉和弯曲。

（2）应尽量采用不锈钢板铺设，沟底与沟的两侧做5cm圆弧处理，沟底呈倾斜形。

（3）明沟的宽度在30～38cm，深度在15～20cm。明沟的盖板宜采用防锈铸铁板或不锈钢板，呈细格栅形，盖板应与明沟吻合良好，并使厨房的地面保持平整。排水沟口应设有金属网、隔油池、防逆流设施、垃圾粉碎装置等。

（4）排水沟如果靠近墙壁，应至少距离墙壁1.5m。

七、厨房消防

厨房内部存在着较多的火灾隐患，如厨房内的燃气（油）管道，燃气（油）的泄漏，炉灶燃烧时产生的高温，烟罩内长期积累的油污等。如果平时管理不善或不注意保养、检查，容易引发火灾。

因此，平时除了应加强员工的消防安全意识，防患于未然外，在厨房间还必须装置必要的消防设施，如烟感报警器、喷淋装置、二氧化碳灭火器等；对于使用煤气的单位，在厨房内还应装置煤气泄漏报警器。

（1）烟感报警器，是通过探头来感测厨房内部烟气的浓度，当烟气达到一定浓度时，会通过消防预警系统发出火灾警报。

（2）喷淋装置，是通过探头来感测厨房内空气的温度，当空气超过设定温度时，玻璃感温装置会自动爆裂而喷水，以达到灭火的目的。

（3）二氧化碳灭火器，利用其内储的碳酸类物质释放时，遇高温分解的二氧化碳来隔离空气，使火焰因缺氧而熄灭，适用于油性物体及导电体的灭火。

（4）煤气泄漏报警器，是用来探测室内煤气的浓度，当达到设定浓度时，会报警并自动切断煤气供应管路。

八、设备摆放与作业空间

厨房设备的配置与作业空间之间的关系是相辅相成的。作业空间的范围和尺度必须符合人体工程学的基本要求，才能使厨房作业系统的各道工序实施顺利，各种设备发挥最大使用效率。厨师操作正常和最大伸展幅度见图3－6。

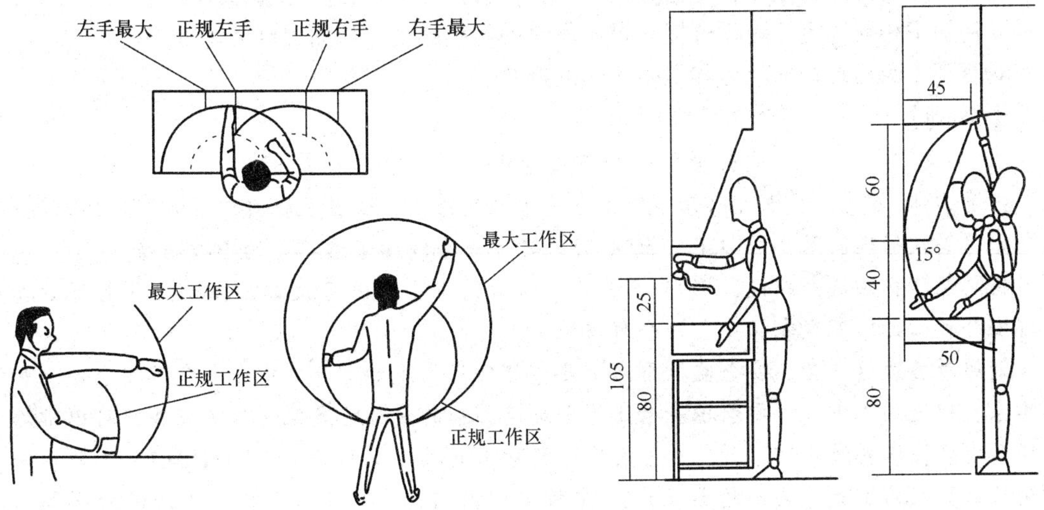

图3－6　厨师操作正常和最大伸展幅度图

（1）安置厨房设备离墙要留有30cm的空间，距地面20cm，以便维修和清洁。

（2）一般厨师操作时双手左右正常伸展幅度为115cm，最大伸展幅度为175cm。因此，工作台大小，设备的安放位置要考虑操作人员人体伸展幅度，既不要超出人体伸展范围以外，又要保证每位厨房操作人员拥有足够的工作空间，厨房工作人员占地面积不得小于每人1.5m^2。

（3）设备高度以方便操作、便利清洁为宜，一般工作台高为86cm，炉灶高度则在81cm左右，以便利架锅烹炒；而切配工作台则需76cm高。其他设备，如蒸箱、醒发箱、烤箱，以及烟罩等高度都应充分考虑方便、安全、减轻劳动强度等因素。

（4）厨房内各处通道应有一定的宽度，主通道一般应有1.8m宽，如果通道两侧有操作点或大型机械设备，则宽度至少应增至2.5m才能避免造成拥挤和发生事故。

项目3　各类厨房设计

一、加工厨房设计

加工厨房，又称主厨房或中心厨房，是相对于其他分点厨房或各不同功能厨房而言的。加工厨房将饭店各点厨房所需原料的申领、宰杀、洗涤、加工集中于此，按统一的规格标准进行生产运作，再分别供各点厨房加以烹调制作。这样做的优点在于：

①集中了原料的申订、领用，减少了分散订领原料的麻烦和人力上的浪费。

②有利于统一加工制作的规格及标准，保证整个饭店厨房出品的质量。

③便于测试原料加工出净情况，同时采用凭据领取半成品原料，可以根据领取的份数和餐厅销售的份数比较，从而加强了损耗和原材料成本的控制。

④将各点所需原料集中在一起分割、加工，更便于原材料的综合使用。

⑤初加工相对固定专一，可提高员工操作的熟练程度，从而提高劳动效率。

⑥有利于厨房垃圾的清运和卫生工作的进行。

【案例】

“老娘舅”三千万投资建一个“中心厨房”

投资3000万元，至少可以开一家上万平方米的饭店，快餐至少可以开30家门店，但湖州老娘舅餐饮管理有限公司却花了3000万元建了一个消费者看不见的中心厨房。

据总经理杨国民介绍说，3000万元建一个后厨平台，厨房放心了，才能让老百姓真正吃得安全放心，以实现食品安全的全程监控。

老娘舅餐饮这一食品安全监控平台主要包括现代物流配送加工中心和食品安全检测和控制体系。配送加工中心主要承担着老娘舅全部连锁店的食品物流配送加工任务，可以称作为老娘舅中式快餐的统一“后厨”。它完全按照欧盟食品安全标准和国际HACCP（食品安全控制认证）标准兴建，占地约1万m^2，是目前国内同行中规模最大、最先进的配送加工中心。作为食品安全监控统一平台，这里更有着极为严苛的卫生标准。每位员工进入中心，都必须经过层层消毒，原料从基地运至仓储区再被输入加工区，进行清洗和分割，然后进入调理区，进行分装、杀菌再通过专用车配送入各餐厅。为了做到食品安全，加工中心内的人流和物流都是严格分开的。

（一）加工厨房的设计要求

为了充分发挥加工厨房的积极作用，在对加工厨房进行设计时，应考虑以下几个方面：

（1）应设计在靠近原料入口并便于垃圾清运的地方。所有进入厨房的烹调原料，尤其是各种鲜活原料，大都需要经过加工处理。因此，加工厨房靠近原料入口处，不仅可以节省货物的搬运劳动，可以减少搬运过程中烹饪原料的污染，还可以避免原料的损耗和丢失。另外，加工厨房每天产生大量的废弃物及垃圾，所以加工厨房应尽可能设置在建筑物的背后交通方便的地方。

（2）应有加工厨房所需的全部生产原料存放与操作的足够空间与设备。加工厨房集中了餐厅所有原料的加工拣择、宰杀、洗涤、分档、切割、腌制以及干货涨发等工作，因此，其工作量和场地面积占用都是比较大的。为了保持加工厨房良好的工作环境，减少加工原料互相之间的污染，提高各种原料的加工效率，加工厨房必须配备足够的设备和具有足够的空间。

（3）加工厨房与各出品厨房要有方便的货物运输通道。加工厨房承担各烹调出品厨房所有加工任务，有的是距离开餐前较早时间就被各烹调厨房领取使用的半成品或成品；有些加工原料为了确保其新鲜度，在开餐期间，甚至于客人点菜后，才能进行加工，要求在最短的时间内高质量、高标准地完成加工工作。因此，加工厨房与各出品厨房要有方便、顺畅的通道或相应的运输手段，以此来提高工作效率、保证出品速度。

（4）不同性质原料的加工场所要合理分隔以保证互不污染。不同性质的烹饪原料，经过初步加工后变为净料，但不严格分类摆放，也会产生污染，如水产品与鲜果蔬类原料摆放在一起，就容易污染上腥味和血水；涨发干货原料的水带有腥膻异味、触及或污染给其他原料，将会给烹调或出品留下难以收拾的隐患。因此，不同性质原料的加工，摆放要分隔，以保证互不污染。

（5）加工厨房要有足够的冷藏设施和相应的加热设备。加工厨房加工的原料，不仅品种多，而且数量大，并且各烹调厨房要货时间也不一定十分准确和固定。为了保证原料的新鲜度，便于贮存、周转和烹调厨房的随时需要，首先，加工厨房要有足够的冷藏设施来保证上述方面的需求。其次，加工厨房承担着干货原料涨发和鲜活原料的宰杀等工作，因此加工厨房还必须配备明火加热设备，以保证加工的需求。

（二）加工厨房常用设备

加工厨房的设备以切割器械和搅拌器械为主。常用设备列表见表 3－5。

表 3－5　　加工厨房常用设备表

设备名称	用途及说明	图片
1. 锯骨机	西式厨房用来切割带骨的大块肉类原料	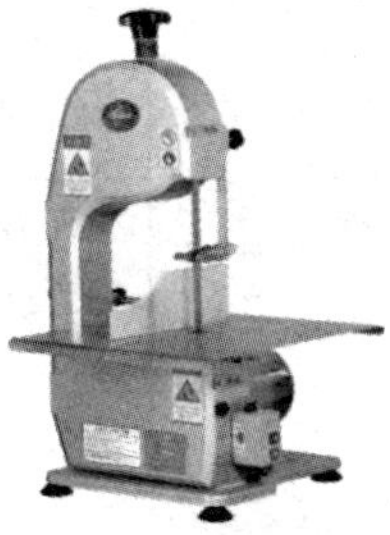
2. 切片机	主要用于大批量加工各类肉片，可根据原料成形的需要调节切片厚度，一般加工原料需冷冻	
3. 绞肉机	主要用于加工肉馅，一般厨房均配备此设备	

续表

设备名称	用途及说明	图片
4. 去皮机	主要负责对球茎类蔬菜、水果，如土豆、红薯等的清洗去皮	
5. 不锈钢操作台	一般有单层或双层的操作台	
6. 不锈钢洗刷台	一般有单槽、双槽、三槽洗刷台及带砧板台等类型的洗刷台	
7. 储物架	用于放置厨房各类操作用具及原料	
8. 平台雪柜	上面为工作台，下面为雪柜，主要用于加工切配及保存少量常用原料及制品	
9. 高身雪柜	储存少量冷冻原料及制品	
10. 组合式冷库	大中型餐厅厨房，用来储藏冷冻食品原材料	

（三）加工厨房布局

加工厨房的设计与布局，根据卫生防疫部门的要求，不同性质的原料在加工时应将其适当隔离，如图3－7所示。

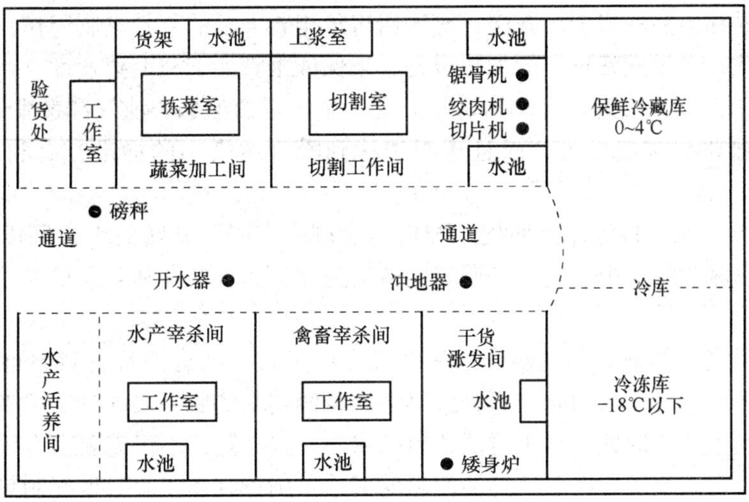

图3－7　加工厨房布局及主要设备配置图

（1）验货、领料处。即负责对采购回来的原料进行验收记账，开具验收单，并负责制作当日验收报表和到库领取厨房加工的原料。

（2）蔬菜加工处。蔬菜加工处负责蔬菜的整个初步加工，加工时必须放在择菜台操作或洗涤。因此，择菜台要适当宽大一些，水池要多一些，还必须配有较多的货架。

（3）切割处。切割处又称精加工间，主要负责原料的切与配等工作。由于机械设备较多（锯骨机、绞肉机、切片机等），切割台较大，砧板、具柜较多。因此，切割处必须宽敞，要有利于摆放设备和生产操作。

（4）水产宰杀处。水产加工由于腥味浓重，血水多，废弃料多，很容易污染环境，因此，水产加工应与其他原料的加工隔离，避免影响其他原料。

（5）禽畜宰杀处。禽畜宰杀时有大量的羽毛及内脏，不仅会造成空气污染，而且还会产生较多的废弃物，同时还需要大量的洗涤、浸泡。因此，禽畜宰杀处最好与其他加工处分隔开。

（6）干货涨发处。干货涨发技术性强、工序复杂、用水量大，有些还需反复煮闷。因此，干货涨发处必须具备加热设备（矮身炉、蒸气夹层锅）和水池。

（7）冷藏库。冷藏库既要冷冻贮藏部分待加工的原料，又要冷藏暂存一些已加工好的原料，因此，冷藏保鲜部分要明显大于冷冻部分。冷藏原料通常不超过两天，做到先进先用，保持原料的新鲜度和质量标准。

二、烹调厨房设计

（一）烹调厨房的设计要求

烹调厨房是决定菜肴质量的最主要厨房。烹调厨房设计与设备配备的好坏，对菜肴的出品速度、质量有着直接影响。因此，烹调厨房的设计尤为重要。烹调厨房的设计要求：

（1）烹调厨房与相应餐厅要在同一楼层。为了保证烹调厨房的出品及上菜迅速，使消费者能及时品尝到色、香、味、形、质、营俱佳的菜点，烹调厨房必须与餐厅相连，保证传菜的效率、安全和菜肴的质量。

（2）烹调厨房必须有足够的冷藏和加热设备。烹调厨房由于室内温度较高（28 ~ 32℃），对原料的保质储存带来困难。首先，烹调厨房必须配备较多的冷藏设备，来保证半成品原料的质量和出品的安全。其次，烹调厨房承担着大量的菜肴烹制工作，且消费者就餐时间有限，因此，必须配备较多的加热设备，来保证菜肴加工和上菜速度。

（3）抽排烟气效果要好。烹调厨房每天会产生大量的油烟、浊气和散发的蒸气。因此，不仅需要安装排烟、排气设备，而且还必须达到噪声污染小的标准，有利于职工的身心健康。

（4）配份与烹调原料传递要便捷。配份与烹调应在同一开阔的工作间内，这不仅有利于生产，也可以减少传递中的失误和职工的劳动强度，而且也有利于配份人员与烹调人员的交流。

（5）要设置急杀活鲜、刺身制作的场地及专门设备。随着消费者对原料鲜活程度要求的日益提高，客人所订、点的海、河鲜等鲜活原料经其鉴认后，大部分消费者都希望能在最短的时间内烹制上菜。因此，对于鲜活原料的宰杀、洗涤等，不仅需要有专用场地和专用设备，而且还需有专人负责，以保证鲜活原料的宰杀、刺身制作和及时地配制热菜半成品，使其在最短的时间内提供给消费者。

（二）烹调厨房常用设备

（1）中式烹调厨房常用设备。见表3－6。

表3－6　　中式烹调厨房常用设备

设备名称	用途及说明	图片
1. 中式煤气炒炉	炒炉是中式烹调最为常用的炉具，该煤气炉火力猛、温度高，特别适合炒、溜、炸、烹、爆等传统的烹调方法。 中式煤气炒炉的炉面及外壳均为不锈钢，炉胆用特级耐火砖隔热，配有强力鼓风炉头及独立炉掣，炉面配热水池、供水龙头及排水阀，其功能全面、操作方便。 中式煤气炒炉因各菜式烹制要求的不同，其构造与款式上又有一定的差别，一般有广式炒炉、淮扬式炒炉、潮州式炒炉，特强式炒炉等。根据炉头数的多少，又有单头、双头、三头炒炉等	
2. 汤炉	汤炉又称矮汤炉，由于汤锅较高，为了便于操作，汤炉比炒炉要矮，是专门炖煮汤料的炉具。 汤炉的隔板呈米字形，以利于放置汤桶、平锅等。可调节炉火圈的煤气供量阀以控制火力大小。汤炉通常有单头、双头、四头之分	
3. 煲仔炉	又称平头炉，形似汤炉，隔板较汤炉小。其火力旺盛、稳定，主要用于炖制沙锅、煲仔等菜肴。 根据炉头的多少，可分为双头、四头、六头、八头、十二头等	

续表

设备名称	用途及说明	图片
4. 运水烟罩	新型环保排油烟设备，可极大降低油烟向空气中的排放量	
5. 打荷台（柜）	上面为工作台，下面为贮物柜	
6. 灶前调料车	用于放置烹调用的各种调料	

（2）西式烹调厨房设备。见表3－7。

表3－7　　　　西式烹调厨房设备

设备名称	用途及说明	图片
1. 电扒炉	西餐厨房主要烹调加热设备，用于各式扒类菜肴制作，温度可调节	
2. 双缸电炸炉	西餐厨房炸制品烹调用炉，温度可调节	
3. 西式摇摆汤罐	用于煮制各种汤及保温	
4. 电烤炉	主要用于烤制西点及部分鱼肉类菜肴	

（三）烹调厨房的布局

中式烹调厨房的布局如图 3－8 所示。

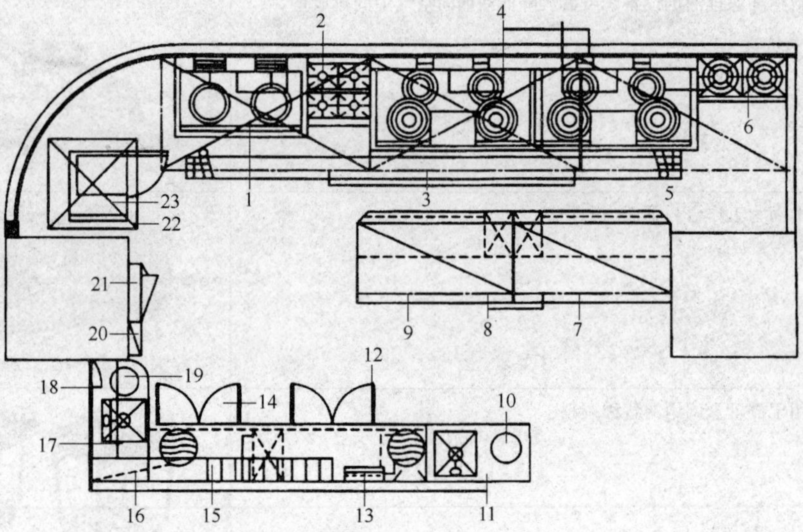

图 3－8　中式烹调厨房布局及设备配置图

1—双头蒸炉　2—煲仔炉连烤箱　3—运水烟罩　4—双头双尾炒炉　5—明沟垫板　6—双头矮身炉　7—移动工作台　8—保温出菜台　9—移动工作台　10—活动垃圾桶　11—工作台　12、14—冷柜工作台　13—灭蝇灯　15—低温配料槽　16、18—双层吊架　17—单星盘工作台　19—活动垃圾桶　20—消防系统　21—运水烟罩控制箱　22—烟罩　23—蒸柜

三、面点厨房设计

（一）面点厨房设计要求

面点厨房设计，既要考虑到与烹调厨房的衔接问题，集中加热，节省投资，便于安全管理等，又要考虑到面点用料的特殊性，制作的复杂性和成品的精致性，更应考虑到生产与销售量的关系问题。因此，面点厨房的设计要求：

（1）面点厨房要求单独分离或相对独立。面点间设计不仅要有较大空间，更希望能够单独成室（间），独立作业。这样面点制作的器具、设备能相对集中，有利于加工生产；有利于缩短职工走动距离，减轻劳动强度；有利于监控，把握质量，提高效率；同时也解决了烹调厨房水、油、气和其他工用具对面点原料、场地的干扰和污染问题。

（2）要配有足够的蒸、煮、炸、烤等设备。面点的品种由蒸、煮、炸、烤等烹调方法熟制而成，这些烹调方法最能保持成品的造型和花纹，最能创造精细、精美的效果。同时，面点间还承担着餐厅米饭、粥等其他产品的蒸、煮等工作。

（3）抽排油烟、蒸汽效果要好。面点间由于烤、蒸、煮、炸、烙的产品较多，就容易产生油烟和蒸汽。因此，面点间不仅要单独分隔，而且还必须配备足够功率的排油烟、蒸汽设备。

（二）面点厨房设备

面点厨房设备见表 3－8。

表 3-8　　　　　　　　　　　　　　面点厨房设备

设备名称	用途及说明	图片
1. 和面机	和面机既可用于和面，又可作搅拌器使用，用于混合各种配方的面料、馅饼料等。和面机具有结构简单、效率高、操作简便的特点，是点心厨房必备的机械设备之一	
2. 压面机	面点厨房用来把面团压至纯滑、均匀，或压面条用	
3. 多功能搅拌机	多功能搅拌机可以更换多种搅拌头，适用于搅拌多种原料，如搅拌蛋、拌馅，也可用于搅打西点奶油，具有多种用途	
4. 面包发醒箱	面点厨房加工面包及发酵制品用	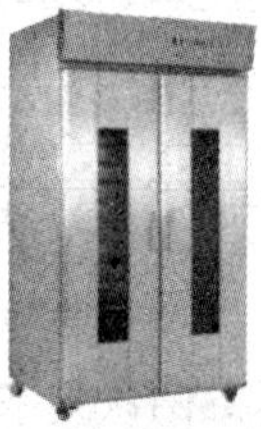
5. 万用蒸柜	一般厨房用来加工“蒸菜”或加工米、面制品	
6. 中式双头蒸炉	中式厨房面点部用来加工蒸制品	
7. 蛋糕保鲜柜	用于餐厅糕点的保鲜和展示	

（三）面点厨房布局

面点厨房布局如图3-9所示。

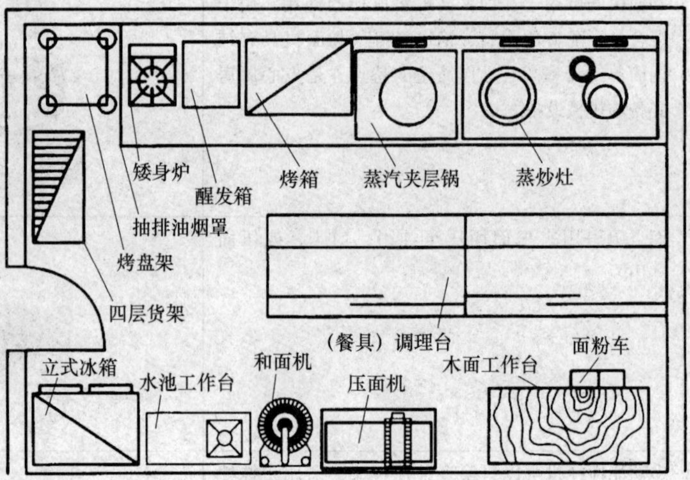

图3-9 面点厨房设计及设备配置图

四、冷菜厨房

（一）冷菜厨房设计要求

冷菜厨房主要是负责冷菜及烧烤、卤水成品等加工、切配、装盘、出品的场所。因此，冷菜厨房设计布局，除了方便操作，便于出品之外，更为重要的条件是卫生方面的安全可靠性。冷菜的制作应遵循“专人、专室、专用工具、专消毒、专冷藏”的“五专”制度。其设计要求：

（1）具备两次更衣条件。根据《食品卫生法》和国家旅游局行业管理规范，为确保冷菜间内食品及操作卫生，要求冷菜间员工进入生产操作区内必须两次更衣，以保证达到安全卫生的要求。因此，在对冷菜间设计时，应设计两道门（并随时保持关闭）作为防护措施。员工在进入第一道门后，进入预进间，经过洗手、消毒、穿着洁净的工作服，方可进入第二道门，从事冷菜的切配、装盘等工作。

（2）设计成低温、消毒，可防鼠虫的环境。进入冷菜间的成品都是可以直接食用或直接销售的食品。这些食品由于含水量较高，在常温下存放极容易腐败变质。首先，冷菜间在设计时要有单独的制冷设备，使冷菜间的室内温度保持在24℃以下，冷菜成品在短时间内不易变质，也可避免细菌滋生和繁殖，适当延长成品销售时间。其次，冷菜间还必须设计装置紫外线消毒灯和门窗的纱窗，既有利于室内消毒，又有利于空气流通和防止鼠虫等侵袭。同时，冷菜间水源供给管应采用铜管连接，供应可生饮用的水源；为防止蚊蝇滋生，冷菜间内排水系统不应设置明沟，地面须保持清洁干净。

（3）设计配备足够的独立冷藏设备。虽然冷菜间的温度控制在24℃以下，但冷菜成品较长时间存放并不安全，必须有足够的冷藏设备，如冰箱、恒温箱等。这样既可存放冷菜成品，又可存放提前预制的冷盘或消毒过的净生原料，从而使客人能在最短时间内获得安全卫生的食品。

（4）紧靠备餐间，并提供出菜便捷的条件。无论是零点，还是宴会，冷菜是餐饮的开路先锋，缩短冷菜间与餐厅的距离是确保冷菜上菜速度的重要条件。为此，冷菜间设计应尽量靠近餐厅，紧邻配餐间的地方。为了确保冷菜间的安全卫生，冷菜间出品应设计专门的窗口和平台，避免非工作人员进入冷菜间。

（二）冷菜厨房设备

冷菜厨房设备除了冰柜、操作台等厨房常用设备外，有的还配备烤鸭炉、烤猪炉，见表3－9。

表3－9　　冷菜厨房设备表

设备名称	用途及说明	图片
1. 烤鸭炉	中式餐厅经营烤鸭用炉	
2. 烤猪炉	中式粤菜厨房烤乳猪用炉	

（三）冷菜厨房布局

冷菜厨房布局见图3－10。

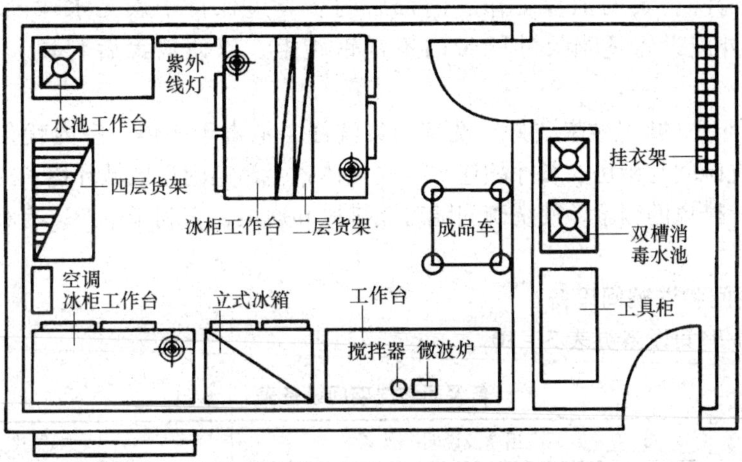

图3－10　冷菜厨房设计及设备配置图

五、厨房相关设施设计

厨房相关设施，主要指为了保证厨房生产顺利进行，而与之配套，关系密切的备餐间、洗碗间等。

（一）备餐间设计

备餐间是配备开餐用品、创造顺利开餐条件的场所。备餐间的作用有：一是配套完善厨房出品；二是有效控制出品次序；三是创造快捷服务条件；四是集散销售信息；五是分隔生产与消费区域，创造良好就餐环境。备餐间设计要求：

（1）备餐间应处于餐厅和厨房的过渡地带。备餐间是餐厅和厨房联系的桥梁，应设计在餐厅和厨房过渡的地带。这个位置是厨房出品的必经之地，既要方便备餐人员收菜单、传递菜单等工作；又要紧靠餐厅，缩短服务员跑菜距离，方便起菜、传菜、停菜等信息沟通。因此，备餐间在布局设计时应尽可能与跑菜线路平行，减轻服务员劳动强度，提高服务效率。

（2）备餐间有足够空间和设备。尽管厨房的面积十分紧张，但在设计时应尽量考虑到备餐间的重要性，并划出相对完整足够宽敞的空间，以配备备餐间所需设备和用具，在此基础上进行科学、合理的布局。否则，备餐间布局不合理、不顺畅，也很难达到备餐间真正的功能。

（二）洗碗间设计

洗碗间承担餐厅餐具的洗涤、消毒；承担厨房出品所需各类餐具、用具的洗涤和厨房地面等清洁卫生工作；承担厨房的垃圾处理工作。为此，洗碗间作为厨房相关设施的一部分，统一设计布局，以求餐饮生产管理更加完整和系统化。

在餐饮经营中，如果洗碗间的设计与配备合理，可有效提高工作效率，减少餐具破损，保证餐具洗涤及卫生质量。在设计时具体要求有三方面：

（1）洗碗间应靠近餐厅、厨房，并力求与餐厅在同一平面。首先，洗碗间的位置，以紧靠餐厅和厨房，方便传递脏的餐具和厨房用具为佳。这不仅可以减轻传送餐具员工的劳动强度，提高劳动效率，还可以减少传递过程中的污染机会和餐具的破损率。

（2）洗碗间应有可靠的消毒设备。洗碗间不仅承担着清洗餐具、厨房用具的责任，同时负责所有清洗餐具的消毒工作。消毒后的餐具应保持干燥无水珠，才能供餐厅和厨房使用。另外应设置适当尺寸的带门不锈钢碗柜，以便消毒后餐具入柜备用，防止污染。

（3）洗碗间通、排风效果要好。洗碗间集洗涤与消毒于一体，室内就会产生水汽、热气、蒸汽。而洗碗间与厨房、餐厅相连，这些气体就会污染附近区域环境。因此，设计时必须考虑到通风、排风的因素，使洗碗间随时能排风和通风，有利于生产，有利于创造良好的就餐环境。

（三）备餐间和洗碗间设备

备餐间和洗碗间设备见表 3－10。

表 3－10　　备餐间和洗碗间设备表

设备名称	用途及说明	图片
1. 茶水台	用于备餐间摆放茶壶、茶叶，并配有电开水炉，为客人冲泡茶水	

续表

设备名称	用途及说明	图片
2. 冰粒机	常用于西餐厅备餐间或餐厅吧台，用来冻制兑饮料的冰粒	
3. 储物柜	用于存放洗净的餐具等	
4. 消毒碗柜	用于餐具的杀菌消毒	
5. 毛巾消毒柜	用于餐厅毛巾加热、制冷、保温和保湿	
6. 洗碗机	用于大中型餐厅餐具、杯具等的洗涤、消毒	

本章小结

- 模块三 厨房设计与管理
  - 项目1 厨房总体设计
    - 一、厨房的种类
    - 二、厨房布局的基本原则
    - 三、厨房主要区域设计
    - 四、厨房面积的确定
    - 五、厨房布局类型
  - 项目2 厨房环境设计
    - 一、厨房高度和天花板
    - 二、墙壁和地面
    - 三、门窗
    - 四、厨房通风
    - 五、厨房照明
    - 六、厨房排水
    - 七、厨房消防
    - 八、设备摆放与作业空间
  - 项目3 各类厨房设计
    - 一、加工厨房设计
    - 二、烹调厨房设计
    - 三、面点厨房设计
    - 四、冷菜厨房
    - 五、厨房相关设施设计

思考题

1. 怎样确定厨房的面积？
2. 厨房环境设计主要包括哪些方面？
3. 加工厨房设计有哪些要求？
4. 中式烹调厨房主要配备哪些设备？

模块四　厨房日常管理

学习目标：

1. 掌握厨房组织结构与人员配备
2. 掌握厨房产品质量控制制度和方法
3. 了解餐饮企业原料采购与验收管理的制度与程序
4. 了解餐饮企业原料贮存与发放管理的制度与程序

模块内容：

项目1　厨房组织结构与人员配备

项目2　厨房生产计划管理

项目3　产品质量控制

项目4　原料采购与验收管理

项目5　原料储存与发放管理

模块任务：

各实训小组根据前期确定的餐厅和厨房类型，设计模拟餐厅厨房组织结构、人员配备及产品质量控制、原料采购与验收、原料贮存与发放管理的相关制度。

任务1　厨房组织结构与人员配备

要求：①根据前期确定的餐厅和厨房类型，设计本实训小组模拟餐厅厨房组织结构；

②制定厨房各岗位工作职责；

③设计厨房各岗位的人员配置；

④绘制厨房组织结构图。

任务2　产品质量控制

要求：①制定厨房产品质量控制的制度；

②设计标准菜谱。

任务3　原料采购与验收管理

要求：①制定厨房采购的制度；

②制定原料验收的程序。

任务4　原料贮存与发放管理

要求：①设计餐厅库房；

②制定餐厅原料贮存管理制度；

③制定餐厅原料发放管理制度。

任务评价：评价计分方法见表4－1。

表4－1　　模块四　厨房日常管理评价表（总分100）

组别	姓名 学号	组织结构 满分20分	人员配备 满分20分	质量控制 满分20分	采购验收 满分20分	贮存发放 满分20分	总分

【引导案例】

行政总厨谈厨房管理

上海某集团业务部高级技师王先生曾担任一大饭店的行政总厨近十年，具有丰富的实践经验。他认为，厨房管理工作主要包括技术管理、人才管理和综合管理三个主要方面。下面就是他对这三方面工作的理解和实践体会。

一、技术管理

（1）培训。饭店都有培训部，但厨房还是应该自己抓培训。根据我们饭店餐饮师傅的力量，我们抓住继承师傅帮菜的重头戏做文章，趁几位淮扬菜名师高手还在之机，请他们给年轻厨师做拿手的菜点，还聘了一位退休林师傅专搞宴会，以推动淮扬菜在上海大厦扎根。通过培训，把传统菜系继承下来。

（2）定级考核。饭店培训部抓二、三、四级厨师的考核；公司主要组织一级、特级厨师的考核，行政总厨也参与这项工作。考核内容以继承师傅传统为主，考核厨师是否掌握了师傅的名菜名点，占比例70%，另外30%搞社会创新菜肴。

（3）饭菜质量管理。这是主要的、根本的东西。饭菜质量问题每时每刻都要讲，不讲情面，有问题必须指出来。发现灶上不符合质量标准的饭菜决不能拿出去。行政总厨手下还要有一个技术级别比较高、较有威信的师傅配合把好质量关。

（4）开展多种业务活动。一是搞创新菜；二是参加食品节、美食节，拿出代表饭店、集团的菜肴；还有各种烹饪比赛也是行政总厨应该考虑安排的。

二、人才管理

（1）日常定岗定位。我们饭店餐厅分为宴会厅、点菜厅、海鲜厅、中宾餐厅，还有小灶、客饭。分配师傅时一般比较重视宴会厅和点菜厅，对小灶、客饭有时容易忽视，应予以注意。点菜厅还应对客人介绍菜点。

（2）分阶段变换岗位。厨师在厨房做的时间长了，因种种原因少数人不适合在原来岗位工作，就应该趁适当机会调动岗位。

（3）等级上灶。头灶、二灶，烧鱼、蒸锅、烧汤（沙锅），都应按等级明确分工。

（4）挂牌操作。一般对外介绍有几个一级厨师、几个特级厨师，叫什么名字，低级别的师傅就不挂牌，要挂有责任心有特色的师傅。

（5）师徒带岗上灶。把新进的厨师分配给师傅，在顶岗上灶的实践中，师傅逐步教会新厨师掌握厨艺。

三、综合管理

1. 清洁卫生安全管理

（1）一手清制度。厨师一定要手脚干净利索，灶面、案板、台子都要干干净净，灶头工作结束后即冲洗干净。这是我们过去的好传统，应该发扬，现在出现了厨师只管烧菜、不搞卫生的现象，这是不正常的。

（2）抓住冷盘间的“四白”：白大褂、白帽子、白鞋子和白口罩。进冷盆间手要洗干净、消毒。

（3）饭菜烧熟煮透。这个特别重要，看起来大家都明白，可是毛病往往出在这里。

（4）煤气安全。煤气毛病大多出在油锅操作上，开油锅时人一定不能走开。

2. 成本核算

行政总厨要懂成本核算，只要核算出营业额和食品领料数以及燃料、调料费用，两者一比较，就可以大致估算出盈利的情况。我们是十天或月底做一小结。

3. 财产管理

餐具管理要特别注意。有时带餐具到外面比赛或到兄弟单位表演，拿去多少餐具行政总厨都要心中有数，还要叮嘱厨师留意，如数带回。特别是现在餐具日趋高档、贵重，如银器，少了一件就损失很大。还有厨房设备设施，该添置的就要添置，该维修的就要维修。

4. 协调管理

包括班组与班组的协调、厨房与餐厅的协调。以出菜为先，烧菜为主，菜谱是死的，而人是活的，如菜谱上写有炒菜心、炒菠菜、炒豆苗等，但实际情况往往是有这个没那个，碰到餐厅客人点的菜没有，餐厅和厨房就要配合好，灵活变通，推荐相关菜肴。还有，厨房之间、厨师之间有时会出现一头忙、一头闲的情况，行政总厨要善于调剂忙闲，如在两个厨房之间、案板与炉灶之间进行适当的人员调剂，以闲支忙；有时碰到忙时没有人员补充，行政总厨应向厨师打招呼，鼓励他们努力做好工作。

【案例分析】

厨房日常管理是餐饮企业业务管理的中心环节之一，其管理过程涉及生产计划的确定、生产流程的安排、生产原料的供应及储存管理、原料加工、烹调制作、质量控制、安全管理、成本控制以及生产协调等各个方面。厨房日常管理的目的，就是要随时保证满足消费者对菜点的一切需要，保持始终如一的产品形象与质量，确保安全卫生，并能创造最佳的经济效益和社会效益。

厨房日常管理的根本任务就是充分发挥和调动厨房生产部门各方面的积极因素和力量，制订科学的生产计划，对厨房生产各个环节作出合理的安排和控制，进行高效有序的生产，满足就餐客人的需要。

1. 设置合理的人员配置方案、有效利用人力资源

厨房人员的配置，首先是合理设置厨房的机构，保证厨房所有工作和任务都能得到落实。其次，明确厨房各岗位、各工种的职能，确定各岗位职责，明确分工。并在分工的基础上协调关系，科学、合理地配备员工。有效利用人力资源，直接关系到厨房的生产形式和完成制作菜点任务的能力；也关系到厨房的工作效率、出品的质量、信息的沟通和各项工作的落实。从而实现厨房生产的专业化、标准化、规范化、制度化和人员配备的合理化。

2. 制定基本的管理制度

餐饮企业厨房生产管理的基本制度一般包括以下几方面：厨房工作纪律、出品制度、员工休假制度、交接班及值班制度、卫生检查制度、设施设备使用维护制度、业务技术考核制度等。这些管理制度既是维护餐饮生产秩序所必需的基本制度，实际上又是厨房员工的行为规范和准则，它说明什么可以做、如何去做，这样可以得到什么奖励，什么不可以做以及这样做将得到什么惩罚。管理制度一旦制定公布，就对所有厨房工作人员产生效力，餐饮生产管理人员更应严于律己，带头执行，以确保制度的严肃性和公平性。

3. 制定工作规范和质量标准

为保证各项业务生产高效有序，统一厨房的业务处理程序，维持一致的加工、制作标准，餐饮企业管理者必须制定明确的工作规范和质量标准，并加以督导，以确保高质高效的餐饮出品。产品质量是饭店餐饮市场开发和市场巩固的前提和基础。企业还应根据自身资源特点顺应现代饮食潮流或餐饮业未来发展趋势，努力发挥自身优势，改进生产流程，提高烹饪技艺，不断开发和研制创新品种，形成具有一定特色的菜点风格，以此来吸引就餐者，提高餐饮企业的知名度。

4. 加强标准化管理，控制生产成本

构成产品成本最重要的因素是原料成本和人工成本。在日趋理性的消费市场环境下，控制产品成本是获取预期利润的必要条件。因此，厨房生产一方面要在菜点制作过程中，坚持标准化、规范化生产，严格按标准菜谱进行操作。并实行层层管理监督，使产品质量达到预期的标准。在满足就餐者要求的情况下，来保证获得合理利润。另一方面，厨房消耗的主料、配料、调料和燃料多少，决定了单位产品的实际成本。能否获得利润，取决于在生产过程中能否科学、合理地使用原料和扩大原料的使用率。这样就可以有效地降低成本，来获得稳定的利润。同时，厨房员工属于技术人员，人员成本往往比较高。因此，人员的合理配备，量才使用，人尽其能，充分挖掘潜力，调动员工积极性尤为重要。工作效率的提高，降低了人工成本，使产品成本有所降低，就能为企业获取更高的利润。

5. 稳定厨房员工队伍，提高其综合素质

厨房是一个劳动密集型的场所，生产人员多，工序复杂，且因手工操作，生产随意性较大，容易造成产品的不稳定。其次，生产人员所固有的经验和模糊性，使产品质量混乱或不稳定。因此，必须加强生产人员的技术提高和培养，明确自己的职责和任务，保证各项工作按标准程序进行操作，减少人为因素所带来的质量波动。再次，目前生产人员流动很大，人员之间往往缺少协调，也容易造成菜点质量的不稳定。同时，还要注意提高厨师素质，加大培养力度，使其综合素质有所提高。并提供员工发展空间，以此来稳定厨师队伍，提高厨师的整体水平。

项目1　厨房组织结构与人员配备

一、厨房组织结构的设置

要使厨房生产活动正常运转，首先要建立起合理的厨房生产组织结构。餐厅类型不同，厨房结构也不同。厨房的结构设置要充分体现餐饮经营的职能，所以，要根据餐饮的规模、等级和经营特色，厨房的布局状况等情况设置厨房组织结构。厨房组织结构应能充分体现厨房的生产功能，有合理的体制和生产部门，有明确的岗位分工，有清楚的协调网络。在一定组织结构下，对人员进行科学的劳动组合，使每项生产任务都有具体的人直接负责。

（一）现代大型厨房组织结构

大型厨房通常设立一个集中加工的主厨房（又称加工厨房），负责所有经营产品的原料加工和配份。这种加工有别于普通的初加工，它是将原料加工成可以直接烹调的半成品，并按产品的规格配份，然后进行冷藏，随时供各烹调厨房领用。各个烹调厨房根据自己厨房的供应品种，向主厨房订取半成品，再由主厨房集中向采购部申订原料。这样，既节省了各分厨房的劳动力，又能使产品统一标准，同时又加强了原料的成本控制。

大型厨房系统中，最高的管理部门是厨师长办公室，主管所有厨房的生产，负责生产规划、工作计划、生产流程、产品标准的制定，负责日常生产的安全和监督，新产品的开发、试验和运用，还负责对下属管理人员的评估、考核和调遣，对总务决策处理等。厨师长办公室由总厨师长（或称行政总厨）负责全面工作，下面可以设两个副总厨师长，一个负责管理中餐各厨房，一个负责管理西餐各厨房；也可以不设副总厨师长，总厨师长直接领导各厨房厨师长，厨房厨师长分别负责各厨房的工作（见图4-1）。

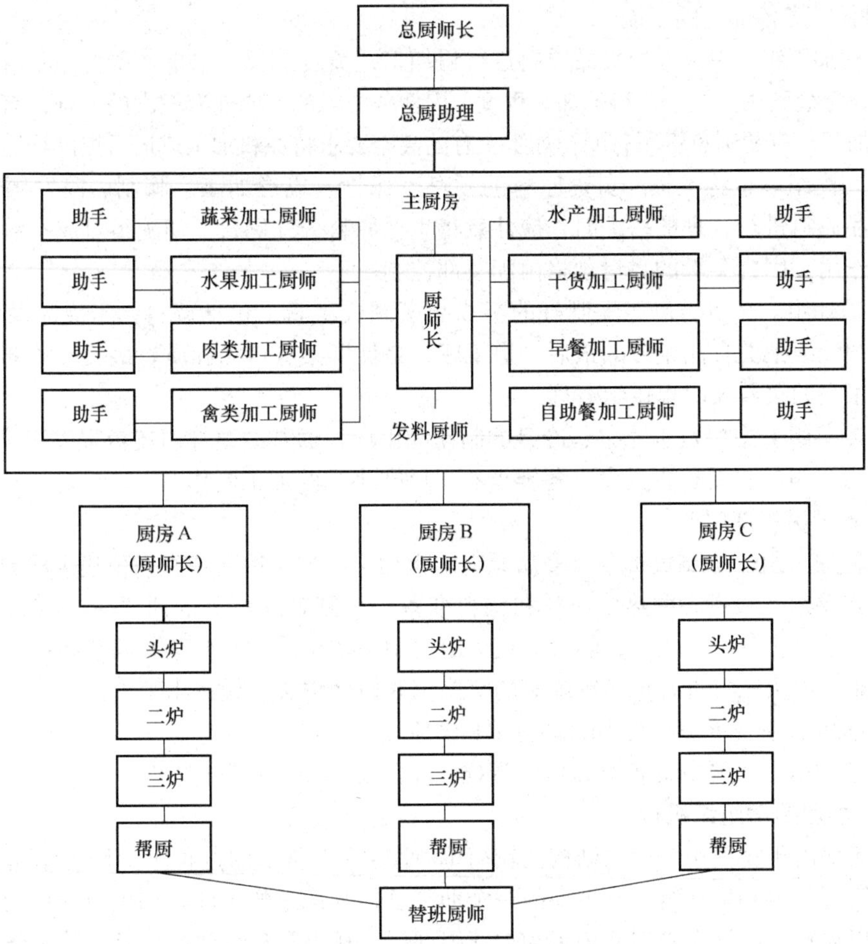

图4－1　现代大型厨房的组织结构

（二）中型厨房组织结构

中型厨房通常分中式菜和西式菜两部分，因此，通常有一个中餐厨房和一个西餐厨房，每个厨房相对独立，但都兼有多种生产功能（见图4－2）。

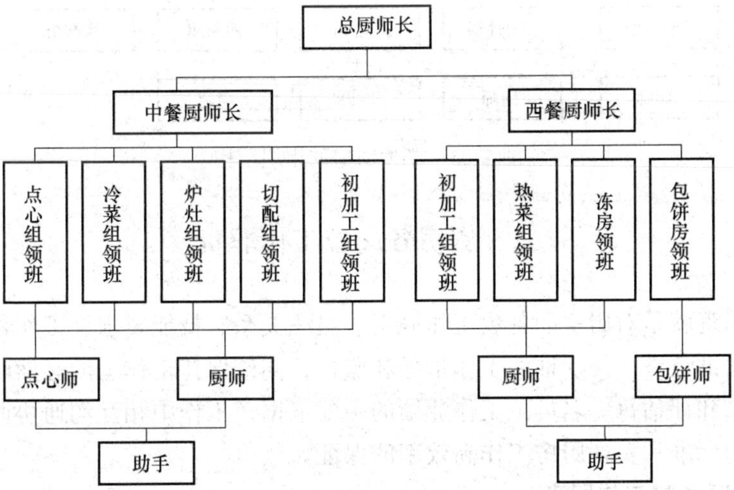

图4－2　中型厨房的组织结构

1. 中餐厨房各部门的职能

（1）初加工组。对烹饪的食品原料进行粗加工，负责蔬菜、水果、禽类等原料的削洗加工、挑选、分级利用。至于原料的加工程度，因任务要求的不同而有较大的差别，有的只负责蔬菜的初加工，有的则负责所有的初加工，有的甚至要求将原料加工成形后提供给配菜部门。

（2）切配组。也称案板，负责原料的领存、保管、成形加工、腌制、浸发等工作。在对主辅食品原料进行合理的搭配时，应注意将生熟原料分开保管。切配组对成本的控制起着决定性的作用，因为菜肴的数量规格由配菜部控制。

（3）炉灶组。负责将已经配制好的半成品烹制成菜肴，包括调料、半成品及汤汁的准备工作。炉灶组把关食品生产的最后一道工序，是保证菜肴口味和质量最关键的部门。炉灶组应将加工完的菜肴及时提供给餐厅。

（4）冷菜组。主要负责凉菜、冷盘的制作和供应，通常冷菜部门还负责供应早餐菜肴。

（5）点心组。主要负责主食、各类点心、风味小吃的加工制作。

2. 西餐厨房各部门职能

（1）初加工组。主要负责菜点食品原料的粗加工，加工后向切配岗位提供净料。

（2）热菜组。负责各种热菜原料和调料准备，烹制餐厅所需的西式菜。较大的西餐厨房对炉头还进一步分工。例如，炉头一负责厨房中一切出品和宴会菜肴的烹制；炉头二负责扒肉的扒制；炉头三负责各种汤等配菜的烹制，并协助炉头一做好出菜工作。

（3）冻房。主要承担冷菜小吃的制作和供应。

（4）包饼房。主要负责各类面包、蛋糕、甜品等的制作与供应。

（三）小型厨房组织机构

小型厨房由于规模小，所以结构比较简单。图 4 – 3 所示的这种小型厨房结构中，厨师长可以兼管配菜组和炉灶组，再由他的一个助手承担其他组的工作。如果厨师长的行政事务太多，可以委托一名助手管理配菜组和炉灶组部门，秘书管理行政事务及其他工作，并对厨房生产进行监督和指导。配菜组必须设立一个冷菜岗，负责冷菜的切配装盘。冷菜的烹调可以交由炉灶组负责。西菜组可以设立点心岗和西菜岗，如果生产量小可以由一个岗位承担这两项任务。其他组的岗位根据生产量决定。

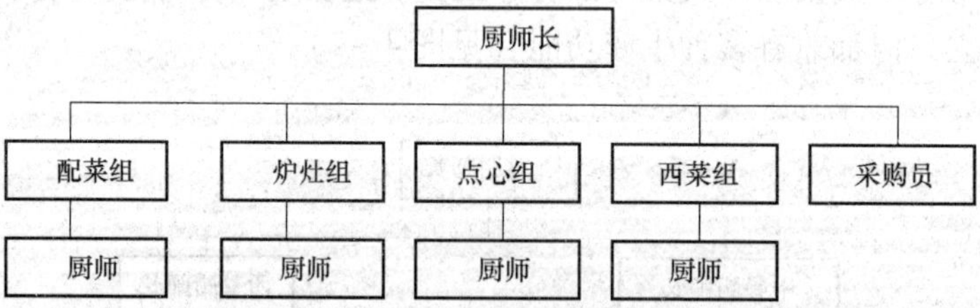

图 4 – 3　小型厨房的组织结构

二、厨房各岗位工作职责

制定岗位职责就是对厨房的各项工作职责、组织关系、技能要求、工作程序、工作职责的权限，知道向谁负责，接受谁的工作指导和监督，同谁保持工作上的必然联系。同时，岗位职责还是衡量和评估每一名员工工作业绩的主要依据，工作中相互沟通协调的凭据，更是聘用岗位人选的标准和实现厨房工作高效率的保证。

（一）总厨师长的工作职责

1. 工作计划

（1）根据餐厅的经营目标、方针和下达的征税指标，负责各餐厅的菜单筹划更换，负责产品规格的制定。

（2）对大型的、重要的宴会、酒会、冷餐会亲自制订菜单，亲自制订进货计划和生产安排，并进行检查和督导，保证获得信誉和盈利。

（3）根据市场情况，做好食品节和食品周的计划。同时根据厨房的技术情况、市场货源情况、库存情况做好特选菜和推销菜的筹划。

（4）根据销售和预测，做好日常生产量的下达计划，严格控制库存和剩余食品。

（5）制定厨房生产运行程序的工作和工作规范。

（6）根据产品要求，组织制定原料的质量规范并对采购部门提出上述要求。

（7）制定新产品开发、试验和运用方面的计划，树立本店的餐饮风格。

（8）根据生产要求，制定厨房设备、工具、用具的更换添置计划。

（9）负责菜肴的规格制度，组织制定标准菜谱或分别制定各流程的生产规格，并以此来检查生产规范。

（10）制订厨师的业务培训计划。

2. 组织管理

（1）总厨师长组织和指导若干个厨房的各项工作，要求各厨房严格按照经营风格和规定的成本生产优质菜点，满足客人的一切需要。

（2）监督、检查、协调各厨房和厨师长工作，负责对他们进行考核和评估，并根据工作业绩进行奖惩。

（3）根据各厨房的生产特点编制工作时间表，定期检查下属的出勤情况和审核加班费、告假单。

（4）根据每位厨师的业务能力和技术特长，有权决定各岗位的人员安排和工作调换。

（5）明确厨房各项规章制度和直属下级的岗位职责，制定各项工作的控制指标和检查表。

3. 生产管理

（1）检查开餐前的各项准备工作。

（2）检查食品制备方法和操作规范。

（3）检查各份菜肴的数量规格。

（4）对已烹调的菜肴品尝试味。

（5）检查装盘规格和盘饰要求。

（6）检查生产过程中的卫生情况。

（7）检查出菜肴速度和温度。

（8）指导厨师长和厨师做精细的烹调。

（9）对食品原料的利用、贮藏进行检查控制，保证菜肴符合成本核算。

4. 其他方面工作

（1）定期征求餐厅对菜点质量和菜点品种、上菜速度等方面的意见，及时反馈给各厨房，并具体落实解决。

（2）抓好厨房与餐厅的协调工作，重视并协调处理好客人对菜点质量的投诉。

（3）抓好厨房环境、周边环境和生产过程的卫生与安全教育工作，防止意外事故和食物中毒事件的发生。

（4）检查并监督厨房所有设备、物资、用具的管理和使用。

（5）做好各项技术资料的收集、记录或登记工作，掌握厨师个人特长。

（6）签署有关工作方面的报告和申请，特别是每季度的工作报告。

（二）厨师长的工作职责

（1）接受总厨师长的指令，向其汇报本部门工作。

（2）制定领班的工作职责，负责对领班的考核评估。并根据工作业绩提出奖惩意见，报总厨师长审批。

（3）负责本厨房的日常生产和管理，指导和协调班组工作和班组之间的工作。

（4）根据厨师技术水平，提出岗位人员的安排和调动方面的建议；根据厨房生产要求，编制工作班次表。

（5）对本厨房的工作进行策划，并根据生产任务、菜单和销售情况，预先提出每天所需品种、数量及规格要求，并填写或签署请购单。

（6）参与菜单、产品规格、原料采购规格的制定，参与新产品的开发和研究。

（7）指挥和协调各班组做好开餐之前的各项准备工作，并亲自督促检查，以保证菜点的质量和出菜速度。

（8）督导厨房员工的仪表和卫生，提醒下属遵守《员工手则》。

（9）签署有关的领料单、各班组的考勤表、告假单或申请单。

（三）领班的工作职责

（1）接受厨师长的工作指令，负责本班组的工作指挥与检查，并履行相应的岗位职责。

（2）制定各岗位的工作职责，考核本班组的工作实绩和出勤情况，提交奖惩建议。

（3）检查、协调和督促下属员工按质、按量、按时完成各项生产任务。

（4）指挥本班组人员做好各项结束工作，妥善保管好剩余原料和部分半成品，并及时做好卫生清洁工作。

（5）定期向厨师长汇报本班组的工作情况。

（6）根据班组情况，合理安排好员工的休息和休假（长休假单需要事先交厨师长审批）。

（四）厨师的工作职责

（1）厨师或所有工作人员，要接受领班的工作指令，明确当天的工作任务与要求，特别是当天的供应菜单，及时做好开餐前的各项准备工作。

（2）按规定要求着装上班，保持个人的清洁卫生和操作岗位的安全与卫生。

（3）严格按照操作规程和菜点质量标准进行操作，提倡节约、杜绝浪费，将损耗控制在最低范畴。

（4）操作中如发现下列情况，应及时向领班或厨师长汇报：

①所需原料短缺或原料质量不符合标准；

②前一道操作工序不符合要求；

③操作的设备有异常现象。

（5）负责做好结束后的收尾工作，如剩余原料入库、清洁卫生工作、消防安全工作以及设备保养和正常维修等工作。

三、厨房人员配备

厨房人员配备是否恰当合适，不仅直接影响到劳动力成本的开支，而且对餐饮生产效率、产品质量以及餐饮生产管理的成败有着不可忽视的影响。

（一）影响厨房人员配备的因素

在实际工作中，影响厨房人员编制的因素较多，最为重要的因素有以下几方面：

（1）餐厅档次高低和规模大小。餐厅档次越高、规模越大、风味菜越多、菜点品种越多，必然用人越多；反之用人较少。

（2）餐厅知名度高低和座位利用率高低。餐厅知名度高，交通便利，菜点变化率高，就餐顾客就多，餐厅座位利用率高，因而用人也多；反之用人较少。

（3）员工技术熟练程度高低和厨房设备先进程度高低。专业技术人员操作技能高、菜点出品率快；厨房设备先进、布局合理、劳动效率高，生产时间就少，同样条件下，用人可能少一些。炉灶数量多、厨房生产的产品多，则用人会多一些，反之用人就少，从而影响厨房人员编制的确定。

（4）其他因素。季节波动性决定了餐厅经营的淡、旺季，也直接影响到厨房人员编制确定。一般厨房人员编制的确定以季节为基础。旺季人员不足时，可以利用短期合同工或利用淡季安排员工休假、旺季不休假来调节。淡季人员富余时可多安排休假或开展员工培训，从而减少人员编制；科学合理安排班次、严格控制出勤率，也影响厨房人员编制的确定。

（二）厨房人员配备的方法

厨房生产人员配备数量的确定常见有以下几种方法。在核算生产人员数量时，既可以用一种方法测算，也可以用几种方法综合测定。

1. 按比例确定

厨房各岗位人员的配备数量与用餐人数的比例称为厨房员工配备比例。理想的员工配备比例不仅能使厨房人员紧凑，提高厨房工作效率，而且还可以降低厨房的总成本。同时，在考虑厨房各岗位人员的配备数量时，还应考虑厨房生产量、接待量和菜点制作的复杂性，从而确定员工搭配比例。

一个使用常规设备，每日供应三餐的厨房，用餐人数与生产人员配备数的比例一般为1∶（13～15）。由于该比例是按实际生产量所需的厨师人数而定的，其人员当然就不包括两班制或多班制人员，因此实际测算时要略放宽或增加人数。

例如，某餐厅用餐人数为348人，厨房人员配备共计27人（348÷13=27），即厨师长1人、炉灶厨师4人、砧板厨师4人、打荷厨师4人、厨房厨工4人、冷菜厨师2人、冷菜厨工2人、面点厨师2人、面点厨工2人、杂工2人。

2. 按工作量确定

厨房用人包括厨师、加工人员和勤杂人员三种。其人员的配置方法主要以劳动定额为基础，重点考虑炉灶厨师。其他加工人员可以作为炉灶厨师的助手。

其人员确定的方法如下：

（1）核定劳动定额。选择厨师和加工人员，确定在正常生产情况下，平均一个上灶厨师需要几名加工人员，才能满足生产业务的需要。由此核定劳动定额：

$$Q = O_x/(A+B)$$

式中　Q——劳动定额

O_x——测定炉灶台数

A——测定炉灶厨师数

B——为炉灶厨师服务的其他人员数

（2）核定人员配备。在劳动定额确定的基础上，影响员工编制的还有厨房劳动班次、计划出勤率和每周工作天数等三个因素，并根据国家规定每周工作5天工作制的要求来核定人员编制，其人员编制的计算公式：

$$n = \frac{Q_y \cdot F}{Q \cdot f} \times \frac{7}{5}$$

式中　Q_y——厨师炉灶台数

F——计划班次

f——计划出勤率

n——定员人数

Q——劳动定额

【例】某饭店餐位350个，旺季餐位利用率为95%，每80个餐位配1名炉灶厨师，每位炉灶厨师管理1台炉灶，并配有加工、勤杂人员4人，厨房一班制，计划出勤率98%。测定炉灶台数为4台，计算厨房的平均劳动定额及厨房的定员人数。

解：(1) 核定劳动定额：

$$O_x = 4;\ A = 4;\ B = 4 \times 4$$

厨师的劳动定额为： $Q = 4/[4 + (4 \times 4)] = 0.2$（台/人）

(2) 核定人员配备：

$$Q_y = 350 \times 95\% \div 80;\ F = 1;\ Q = 0.2;\ f = 98\%$$

厨房的定员人数为：$n = [(350 \times 95\% \div 80) \times 1/0.2 \times 98\%] \times (7 \div 5) = 29.7$（人）

$n \approx 30$（人）

项目2 厨房生产计划管理

一、厨房业务流程

明确厨房业务基本流程是掌握厨房管理的必要前提。所谓厨房业务基本流程，是指食品加工过程中各个工种之间的配合，即产品的加工生产是由厨房几个部门分别进行的，它们分别承担了不同的职能，并按生产流程互相衔接成一个整体。因此，厨房业务流程的设计要根据厨房生产加工的自然属性，在科学合理分工的基础上，进行生产流程的合理组织，并与厨房的布局相结合，有机地同厨房各种炉灶设备、机械设备、冷藏设备和切配、橱柜、各种炊具等相配套，从而保证各工序之间、各工种之间的衔接和协调，以此来提高工作效率。

(一) 厨房业务流程图

厨房业务流程是由烹调技术决定的，不同性质的烹调技术就有不同类型的工艺流程，只有熟悉这些工艺流程，才能开展业务流程的正常工作。

厨房生产流程示意图（以中式厨房为例），见图4-4。设计过程以采购为起点，逐步进入各部门，最终成为产品，被送入餐厅销售。所以，厨房的生产流程，实际上在时间和空间上表现为流水线的特征，即按照一定的工艺程序连续不断地进行着重复的生产（加工—切配—烹制—成品）。

(二) 厨房业务流程的特点

由于中式菜点繁多，烹制工艺复杂，绝大多数菜点是单向移动，也有个别菜点是双向移动或多次重复。所以，合理的厨房生产流程必须符合以下几个特点：

(1) 生产路线要避免交叉和出现回流。厨房设备布局要根据生产流程安排。

(2) 生产流程畅通，能减轻员工劳动强度。

(3) 有效控制烹饪原料在生产中的囤积。

(4) 缩短员工和烹饪原料的流动距离。

(5) 充分利用厨房设备，提高工作效率。

(6) 有利于安全生产和保持卫生。

(7) 各部门都有产品制作标准和质量控制措施。

(8) 生产成本得以有效控制。

(三) 厨房业务流程的任务

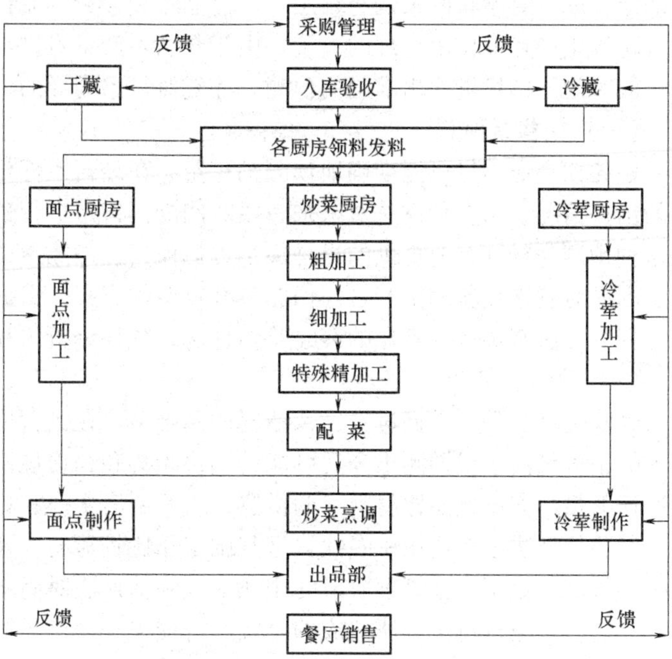

图 4－4 厨房生产流程示意图

厨房业务流程在运行中最为重要的任务，是解决工序的工种安排和技术力量的组织。在运行中要重点解决好三个问题。

1. 合理进行各个工序的分工

合理分工，是考虑不同的工序配备相应的技术人员。采购、贮存要配备这一方面的专业人员。粗加工一般配备熟悉厨房工作的熟练工，而细加工和炉灶烹制人员则要配备技术水平较高的厨师担当，以此来保证菜点质量和上菜速度。分工的程度，根据餐厅规模、大小和就餐人数来确定。一般大中型饭店，厨房分工明确，职责具体。反之，中小型饭店，一般分工不宜过细，具体分工则可根据厨房大小、生产能力和任务饱满度来确定。对自身拥有名菜名点的饭店，此类菜点的制作要由指定的名厨来进行，以确保产品质量或名菜名点的风味特点。

2. 工序之间应有的高度协调和衔接

厨房业务流程中的各工序是以分工为基础的。要使各工序发挥最大的效益，协调无疑是最重要的，如中式厨房制作一道菜点，需要经过若干道工序才能成为产品。如果中间一道工序出现差错，就可能导致生产速度和产品质量出现问题。而中式厨房的特点是品种多、工艺复杂、开餐时间短、出菜要求快。所以，从领发料到粗加工、细加工、精加工和配菜烹调，要做到一环扣一环、环环不脱节、环环保质量。并在各环节中强化工序间的配合，以此来提高劳动效益或提高生产效率，更好地为就餐者服务。

3. 正确处理厨房生产和餐厅销售的协调关系

厨房业务流程的安排一定要注重和餐厅的配合。这种配合的标准不仅是厨房能按餐厅的要求制作菜肴，完成餐厅有关客人的指令。同时，厨房推出的新产品，还需要与餐厅及时沟通，使餐厅了解该菜点的风味特点，便于推销宣传。厨房必须建立点菜单传递制度，搞好与备餐间的业务联系，保证客人点菜的先后次序和出菜速度。厨房还可以根据餐厅的点菜单了解当天各菜点的销售情况，有利于今后各菜点供应量的预测，使厨房生产走上有序轨道。

二、销售量预测与生产计划

制订生产计划最首要也是最困难的任务就是确定餐饮生产量，即品种与数量。生产量一经确定，就可对原料的采购与领用、产品品种和数量、原料加工与烹调工艺、工作时间与人员安排等生产环节作出合理的决策。由于餐饮生产量直接与销售量相关，餐饮企业必须对未来一段时间的销售量作出准确的预测，才能制订出周详的生产计划。

（一）销售量预测

各餐饮企业为尽可能准确地预测销售量，在经营条件相对稳定的条件下，一般都根据以前的销售情况，用多种方法对未来一段时间的销售量进行预测，并据此来制订生产计划。尽管这种预测为餐饮企业提供的只是一个近似值，但却能帮助餐饮企业制订相对合理的生产计划，因而对餐饮企业的生产管理仍然具有重要的意义。根据餐饮企业销售量的预测来制订生产计划的方法有很多，常见的有经验估计法、统计分析法和喜好程度法三种。

1. 经验估计法

经验估计法是在掌握过去经营情况的基础上，在经营情况没有很大变化的条件下，根据过去的销售量摸索或预测出今后可能的销售趋势和销售规律，并根据这些趋势和规律来确定生产任务量，安排食品原材料采购供应，组织厨房生产和花色品种的供应。

经验估计法主要适用于餐饮管理基础工作比较薄弱，缺乏统计报表和有关详细数据，产品生产管理尚处于经验管理阶段的企业。经验估计法对尚未实现科学化管理的企业仍有一定的效果，可避免盲目生产所造成的直接经济损失。

2. 统计分析法

统计分析法是餐饮企业根据顾客预订统计资料为基础，对未来短期内的餐饮生产量作出适当安排。这种方法主要适用于经营宴席、旅游团体和会议用餐的餐饮企业，企业有详细的预订资料。企业可用该方法对未来短期内用餐客人数量、标准、餐别、时间、花色品种要求及其他特殊要求作出统计，然后根据统计整理资料，按照时间和餐饮类别分类归档，最后形成每天、每餐次的生产量在厨房挂牌公布，同时对工作程序和人员班次作出适当安排，组织餐饮产品生产。预订统计法的优点是在预计稳定的前提下，统计工作简单快捷，能准确预测未来短期内的生产量，从而使餐饮生产有条不紊地进行。其缺点是一旦预订情况发生变化，容易打乱餐饮生产安排。采用预订统计法制订生产计划，要将生产计划形成生产任务统计表在厨房公布。表4－2为一家中餐厨房生产任务表，可供参考。

表4－2　厨房生产任务表

预订团体	人数	标准/（元/人）	早餐		午餐		晚餐	
			时间	每桌生产任务	时间	每桌生产任务	时间	每桌生产任务
中旅1团	40	50	7：00	4小菜、2蒸点、1粥	11：30	8菜、1汤		
国旅2团	20	80	7：20	4小菜、2蒸点、1粥	12：00	8菜、1汤	18：00	8菜、1汤
××公司订货会	100	100			11：30	6围碟、10热菜、1汤、主食、水果	18：00	6围碟、10热菜、1汤、主食、水果

3. 喜爱程度法

喜爱程度法是以菜单设计为基础，预测就餐人次或全部产品生产任务量，再根据客人对不同菜点的喜爱程度，确定厨房生产各种菜点的具体任务量。这种方法主要用于以零点为主的各种类型餐厅。其工作步骤如下：

（1）预测就餐人次、就餐标准或可能点及的菜点，做好开业前的准备工作。

（2）根据餐厅接待资料，分析客情变化规律，结合未来短时间内的节假日、周末、天气变化，以及各种美食节活动等因素，预测上座率、就餐人数、就餐标准或可能点及的菜点，做好接待前的各种准备。

（3）以历史统计资料为基础，分析经营产品销售的喜爱程度，确定生产任务量，组织原料采购，安排厨房生产。其计算公式为：

$$r=(d/n)\times 100\% \qquad x=q\cdot r$$

式中 r——喜爱程度系数

d——某种菜点销售份数

n——接待人数

x——某种菜点预计生产份数

q——预计接待人数

（二）生产任务的安排

餐饮生产任务即生产量一经确定，餐饮生产管理人员就可对原料购买与领用、加工与烹调等生产环节作出安排，组织餐饮生产。在此过程中，餐饮管理人员常以生产卡或生产任务书的形式下达生产任务，并对各岗位工作量作出安排。生产卡或生产任务书可由负责生产的餐饮经理编制，生产卡或生产任务书一般应反映以下一些内容。

1. 菜品准备总数

尽管通过预测可了解未来某一时间菜品的大致销售量，但餐厅仍不能将全部菜品提前做好，等待顾客前来购买，因为绝大部分菜品是不耐储存的，只能根据销售量的预测值，提前准备原料或半成品，即便是标准化生产程度较高的西式快餐厅，也只能以半成品的准备为主。因此生产卡或生产任务书上一般只注明菜品原料或半成品的准备数量。当然在许多食堂性质的内部餐厅、自助式餐厅及快餐厅中，一般将菜品在开餐前提前制好，等待顾客购买。其中“调整预测值”是根据天气和其他因素变化对预测数的修正值。

2. 生产方式和份额

为了保证菜品的质量，生产卡上也应标明每种菜品的生产方法和每份标准份额，因为即使是同一菜品，不同餐别和档次要求的菜品份额也各不相同，甚至盛装的餐具也不相同，同时还要说明菜品应使用哪一种生产方法。

3. 厨房库存量与待购买或领用量

在注明原料、半成品或成品准备总数的基础上，还要注明厨房库存原料、半成品或成品数，以及应领用或购买的数量。

4. 预计结存量

由于管理人员在预测销售量时，总是要计划一定的余量以保证供应，因而会出现结存的产品、半成品或原料。预计结存量应抄在第二天的生产卡上，以便充分利用。一些高档餐厅为保证质量，规定剩余菜肴一律不能再用，只允许使用部分半成品。因此，生产管理人员在安排生产时，一般都尽量不安排生产多余的成品菜肴，而只是安排准备足量的原料和半成品，除非该类菜品能保存较长时间而质量不受影响。

餐饮企业最理想的情况是每天生产的产品全部卖完，恰好满足所有就餐顾客的需要，但这在实际生产过程中几乎是不可能的。因此使用生产卡或生产任务书的主要用途是确定每天及各餐中各菜品的生产指标和计划，防止过量生产造成浪费，增加成本，尽可能减少未出售的半成品或成品。表 4－3 为某餐厅的生产卡。

表4－3　　　　　　　　　　　厨房生产卡

日期：×年×月×日　　星期：×　　部门：××厨房　　餐别：□午餐　　□晚餐

菜品名称	销售预测值	调整预测值	标准分量/g	生产方法	生产量/份	预计结存量/份
鸡蓉鱼翅羹	29	33	350	标准菜谱××	33	2
西芹花枝片	67	72	400	标准菜谱××	72	3
酥炸鲮鱼	20	20	250	标准菜谱××	20	2
总计	116	125	1000		125	7

项目3　产品质量控制

餐饮产品质量主要来自两个方面，即食品菜肴本身的质量和外围质量。前者即有形餐饮产品方面，指提供给客人的食品应该无毒、无害、卫生营养、芳香可口且易于消化；食品的色、香、味、形俱佳，温度、质地适口，客人用餐之后能获得满足。后者即无形餐饮产品方面，主要指产品的服务、销售态度要好，服务工作热情、及时、周到而有效率，就餐环境要舒适，能满足客人猎奇、享乐的心理需求，体现其身份和地位。

一、餐饮产品质量控制方法

受多种因素影响，餐饮产品的质量变动较大，厨房生产管理正是要确保各类出品质量的可靠性和稳定性。应采取有效的措施和控制方法来保证餐饮产品的质量。

（一）阶段控制法

从餐饮企业经营的特点来看，餐饮产品质量控制贯穿于经营运作的全过程，因此可以将餐饮产品质量控制分为三个阶段，即食品原料阶段的控制、产品生产阶段控制和产品消费阶段控制。加强对每一阶段的质量检查控制，便可保证餐饮生产全过程的质量。

1. 食品原料阶段的控制

产品原料阶段的质量控制主要涉及原料的采购、验收及储存管理。原料采购应严格按标准采购规格书的标准来操作，对于没有制定采购规格的一般原料，也应以方便生产为前提，选购质量上乘、规格分量适当的产品，不得购残次品。同时验收要全面仔细、严格把关，对没有制定规格书的原料或新产品以及对质量把握不清楚的，要随时邀请专业人员认真检查评估，把不合格原料杜绝在餐饮企业之外。各类原料的储存保管应严格区分原料性质，分类分区储存保管，建立相应的检查制度，配备相应的储存和检查设备及设施，防止不合格原料出库，流向生产环节。

2. 食品生产阶段的控制

产品生产阶段的控制着重检查原料申领的数量与质量、产品加工、配份与制作是否严格按照标准菜谱（配方）及各岗位操作程序执行，产品在生产各个阶段是否达到规定的指标，如初加工和切割是否符合规格、原料上浆挂糊是否符合规定的用料标准等。

3. 食品消费阶段的控制

菜肴由厨房烹制完成后，便传递到餐厅服务客人。这里有两个环节容易出差错，须加以控制，其一是备餐服务，其二是餐厅上菜服务。

备餐要为菜肴配齐相应的作料和餐用具。备餐间有必要对有关菜肴的作料和用品的配带情况作出规定，以督促提醒服务员上菜时注意带齐。

服务员上菜服务要及时规范，主动报告菜名；对于食用方法独特的菜肴，应向客人作适当介绍或展示。要按照上菜次序，把握上菜节奏，循序渐进地上菜。分菜要注意菜肴的整体美和分散后的组合效果，始终注意保持餐饮产品在宾客食用前的形象美观。

以上所述，强调了餐饮产品在各阶段应制定一定的规格标准，以控制其生产行为和操作过程。而生产结果和目标的控制，还有赖于各个阶段和环节的全方位检查。建立、实行严格的检查制度，是餐饮产品阶段控制的有效保证。

（二）岗位职责控制法

所谓岗位职责控制，就是利用岗位分工，强化岗位职能，并施以检查督导，从而对提高餐饮产品的质量有较好的控制效果。实施岗位控制应注意：

（1）所有工作均应有所落实。餐饮生产要达到一定的标准要求，各项工作必须全面分工落实，这是岗位职责控制法的前提。餐饮生产既包括炒菜和切配等，也少不了容易被忽视的打荷、领料、食品雕刻等。厨房所有工作明确划分、合理安排、毫无遗漏地分配至各加工生产岗位，才能保证餐饮生产运转过程顺利进行，生产各环节的质量才有人负责，检查和改进工作也才有可能。厨房岗位职责明确后，要强化各司其职、各尽其能的意识，员工在各自的岗位上保质保量及时完成各项任务，同时分工协作，其质量控制便有了保障。

（2）岗位责任应有主次。厨房的所有工作不仅要由相应的岗位分担，而且厨房各岗位承担的工作责任也不应是均衡一致的。将一些价格昂贵、原料高档或为高规格、重要宾客提供的菜肴的制作以及技术难度较大的工作列入头炉、头砧等重要岗位的职责，这样在充分发挥厨师技术潜能的同时，进一步明确责任，可有效地减少和防止质量事故的发生。对厨房菜肴口味以及生产上工作构成较大影响的工作内容，也应规定给各工种主要岗位完成，如配兑调味汁、调制点心馅料、涨发高档干货原料等。打荷在根据订单（或宴会菜单）安排烹制出菜时，可标注每道菜品烹制厨师的姓名或工号，以备待查。

（三）重点控制法

重点控制法是针对餐饮生产与出品的某个时期、某些阶段或环节出现的质量或秩序问题，或对重点客情、重要任务以及重大餐饮活动而进行的更加详细、全面、专注的督导管理，以及时提高和保证某些方面或活动的生产与出品质量的一种方法。

1. 重点岗位、环节控制

通过对餐饮生产及产品质量的检查和考核，找出影响或妨碍生产秩序和产品质量的环节或岗位，并以此为重点，加强控制，提高工作效率和出品质量。餐饮生产管理者应加强对炉灶烹调岗位的指导、培训和出品质量的把关检查，以提高烹调速度，防止和杜绝不合格菜肴送出厨房。对餐饮生产和产品质量的检查，可采取管理者自查的方式，也可凭借宾客意见征求表或向就餐客人征询意见等，另外还可聘请质量检查员以及有关行家、专家检查。进而通过分析，找出影响质量问题的主要症结所在，加以重点控制，以改进工作、提高出品质量。

2. 重点客情、重要任务控制

根据厨房业务活动性质，区别对待一般正常生产任务和重点客情、重要生产任务，加强对后者的控制，对厨房社会效益和经济效益的影响可发挥较大作用。

3. 重大活动控制

重大餐饮活动，不仅影响范围广，而且为饭店创造良好的赢利，同样消耗的食品原料成本也高。加强对重大活动菜点生产制作的组织和控制，不仅可以有效地节约成本开支，为饭店创造应有的经济效益，而且通过成功地组办大规模的餐饮活动，向社会宣传饭店、厨房的实力，进而通过就餐客人的口碑，扩大饭店及厨房的影响。

【案例】

厨师按级上灶制

上海某大饭店为提高菜品质量、调动厨房员工的工作积极性，实行了一种特色的厨师工作管理办法——厨师按级上灶制。

他们将所有灶位分为头灶、二灶、三灶、四灶……每个灶位由相应级别的厨师上灶。头灶、二灶两个灶位上灶厨师的级别必须在二级以上，主要烹饪传统中菜、风味特色菜、宴会菜以及客人特殊要求的菜点。其中，头灶必须是厨房内级别最高的厨师。如果头灶厨师因故不能上灶，则由厨房厨师长代之，其他厨师不能替代。确保这些灶位制作名、特、优菜肴。三灶、四灶，分别由三级、四级厨师上灶。这两个灶位的厨师主要负责中、低档次的鱼、肉类菜肴的制作。因为三、四级厨师已有一定的烹饪实践经验，出手也较快，能做到在较短的时间里出菜。五灶以下灶位可为一般厨师上岗学习灶位。这些灶位的厨师主要负责蔬菜、普通点心和炒米饭等。其目的是锻炼低级别厨师的手势，掌握火候等技术，逐步达到熟练的程度。

以上为厨师按级上灶的主要做法。为使这一做法顺利实施并收到效果，还应采取以下相应的配套措施：①明确厨房划菜人员的职责；②菜点出厨房，由厨师长把质量关；③对各灶位提出不同要求，充分发挥各灶位厨师的技术特长，并最大限度地发挥厨师的技能，是实行厨师按级上灶制度的基础；④严格奖罚制度。实行严格的奖罚制度，是实行厨师按级上灶制度的关键。厨房工作的所有内容按岗位责任落实到人。

按级上灶制实行后，收到了预期的效果。主要表现如下：①菜肴质量有了明显的提高；②出菜速度加快；③厨房确立了以厨师长为中心的管理机制；④调动了厨师钻研业务的积极性。

二、餐饮生产过程标准化管理

不同的产品在生产过程的各个阶段，有着不同的工序、标准与要求。针对不同生产阶段的特点，制定合理的操作标准与操作程序，健全相应责任制度，及时灵活地对生产过程中出现的问题加以协调督导，是对餐饮生产过程进行有效管理的主要工作。

（一）备料加工阶段的管理

对于不同的产品来说，备料加工阶段有着不同的工序：

对于菜肴来说，备料加工阶段主要包括原料选择及初步加工。初步加工是指对冰冻原料解冻，对鲜活原料进行宰杀、摘除、洗涤、初步整理、分档取料及干货涨发；

对于面点制品来说，备料加工阶段包括面团制备和馅心准备两个工序。面团制备包括和面、揉面、醒面、搓条和下剂等步骤；

对于饮料产品来说，备料加工阶段主要包括各种基本调配饮料的准备。

备料加工阶段是整个餐饮生产过程的开始和基础，这一阶段加工质量的高低及出品时效不仅直接影响下一阶段的生产，而且还与餐饮产品的成本控制密切相关。

1. 制定加工质量标准

备料加工阶段的加工质量标准主要包括解冻质量标准、加工数量标准及卫生指标。解冻质量标准应说明原料解冻的条件和程度。加工数量标准主要涉及原料的净料率及涨发率。净料率是指初加工后符合烹调要求的原料重量的比值，净料率越高，原料利用率越高，菜肴单位成本就越低；涨发率则是经涨发后原料的重量与未涨发前原料重量之比，涨发率越高，原料恢复到新鲜状态的程度越高，质感越好，从而间接提高原料的利用率。另外，加工数量标准还包括初加工阶段原料的总体加工数量。总体加工数量应以生产计划为依据，以满足生产为前提，留有适当的储存周转量，同时避免加工过多而造成质量降低或浪费。

2. 标准加工程序

餐饮企业应根据生产加工条件，对各类原料制定标准加工程序。

（1）禽类原料加工程序

加工要求：放尽禽血，煺净羽毛，洗涤干净，剖口正确，物尽其用。

加工工序：①准备用具；②宰杀（杀口适当）；③煺毛（水温 70 ~ 80℃）；④整理内脏（剖口正确）；⑤分档取料；⑥盛装备用。

（2）肉类原料加工程序

加工要求：分档正确，整理干净，物尽其用。

加工工序：①准备用具；②分档取料；③整理洗涤；④分类存放。

（3）水产类原料加工程序

加工要求：除尽污秽杂质，按用途加工，及时盛装，避免污染。

加工工序：①准备用具盛器；②宰杀；③去污秽杂质；④整理洗涤；⑤保鲜包装；⑥分类存放。

（4）蔬菜类原料加工程序

加工要求：按规格整理，洗涤得当，确保卫生，合理放置。

加工工序：①准备用具盛器；②摘除整理；③剔削清洗；④盛装备用。

（5）油发原料涨发程序

涨发要求：熟悉原料性质特点，正确掌握油温，完全发透。

涨发程序：①准备用具盛器；②原料洗净；③温油浸透；④热油涨发；⑤去油脂；⑥漂洗备用。

由于不同餐饮企业的生产加工条件不同，选用的原料档次与质量不同，因此各餐饮企业的初加工质量标准和加工程序也各不相同，每个餐饮企业应有自己的质量标准。

（二）配份阶段的管理

配份阶段主要包括原料切割成形、配菜及饮料取量等工序。这一阶段是决定餐饮产品用料及其成本的关键。因此，配份阶段的管理既是保证产品质量的需要，同时也是保证餐饮企业经营赢利的需要。

1. 配份数量的控制

配份数量的控制具有双重意义，一方面可以保证每份菜肴的数量合乎规格，另一方面它又是产品成本控制的核心。由于原料经初步加工、切配成形到搭配组合，其单位成本已经较高，配菜时若疏忽大意，则差之毫厘，谬之千里，因此对配份的数量控制至关重要。在这一阶段对每一菜品的配份数量制定标准，严格称重，论个计数，以确保菜品的分量合乎要求。

2. 配份质量管理

配份质量首先体现在原料切配成形上。原料切配的形态是否标准是配份质量高低的标志之一，同一份菜肴主料、辅料和料头的形态应有统一的标准规格。如丝的长短粗细、片的长宽厚薄应有明确的规格，否则无法保证菜品质量的稳定性。其次，相同的菜品其原料搭配与比例必须相同，否则产品质量难以保证，成本无法控制，还会招来顾客的投诉。同时，还要制定相关配菜工作程序，健全出菜制度，防止和杜绝配错菜、配重菜和配漏菜等现象的出现。

（三）烹调阶段的管理

烹调阶段是餐饮产品最终完成阶段，它包含了原料初步熟处理、调味、上浆挂糊、炉灶烹制、饮料调制及成品盛装等工序。这也是餐饮生产过程中最复杂并最终决定产品质量的阶段。

（1）对生产人员的操作规范加以督导控制。烹调或调制过程，应按规定的原料比例投料，不可随心所欲，任意发挥。

（2）对一次烹制的数量、出品速度及出品顺序也应作出相应的规定。

（3）对成品的盛装、装饰要制定明确的标准，如冷盘的大小、烧烤菜的容器等，都要有明确的规定。

（4）对不合格的产品或餐厅退回的产品应分析原因，采取相应的措施，避免类似情况再次发生，同时要将处理结果记在当天的出品记录表上。

三、标准菜谱

餐饮企业对菜单上的菜品和饮品制定标准菜谱，对产品的分量、份数配料与用量、生产程序及单位产品的成本作出明确规定，以保证菜单上的产品质量达到规定的要求，并使其质量具有一定的稳定性；同时有效地控制餐饮生产成本，最终对整个餐饮生产进行标准化管理。

（一）标准菜谱的内容

标准菜谱应包括以下四种标准：标准份额（Standard Portion）、标准配料量（Standard Ingredient）、标准制作（Standard Procedure）和标准成本（Standard Cost）。以上四种标准就是餐饮生产标准化管理中常说的“4S”标准。它们既是食品质量和成本控制的工具，同时也反映了一个餐饮企业的风格特色。

1. 标准份额

（1）标准份额的概念。标准份额是菜单每份菜品以一定价格销售给顾客的规定的数量。其单位既可是重量单位，也可是体积单位，视不同的菜品而定。但每份菜品每次出售给顾客的数量必须保持一致，达到规定的标准份额。制定标准份额有以下两个主要作用：

①做到公平买卖，减少顾客不满。坚持招待标准份额，使餐饮企业每次提供给顾客的菜品、饮料数量相同，可消除顾客间相互比较时觉得自己数量少而感到吃亏的顾虑，减少顾客不满或投诉，做到公平买卖。

②有利于成本控制。每份菜品、饮料的份额发生变化，将会引起产品成本的变化，一份200g菜肴的成本是一份100g菜肴成本的2倍，假设100g的菜肴成本为6元，那么200g一份的菜肴的成本是12元。份额不标准，难以进行成本控制，也容易引起成本超额，从而导致利润波动。

（2）标准份额的控制。控制好标准份额，使一道菜肴的份额始终如一，主要从以下几个方面入手：

①使用份额控制工具：给厨房和餐厅员工提供准确的份额工具十分重要。每次切配和装盘时，厨房员工必须使用规定的度量工具、量勺、量杯等份额工具。例如，在使用汤料和沙司料时，为便于掌握用量，可采用一定规格的长柄勺、汤勺、球勺等。

②必须使厨房员工和餐厅服务员了解每客菜肴的标准份额：可以在厨房里张贴各种标准菜谱所规定的每客菜肴份额以便查阅，也可以使用各种菜肴的彩色照片，使员工掌握如何装盘及装盘后的外观。

③定期检查：定期检查可保证所使用的份额工具的准确性。所使用的烧锅、菜盆等炊具和餐具，也应注意其大小是否与用料数量相称。

④必须严格监督厨师遵循标准菜谱分配菜肴的份额：倘若发现有人随意分配菜肴，则应提出警告或作出处罚。厨师长必须反复强调使用标准菜谱里规定的餐具、餐勺来分餐装盘，以便控制每客菜肴的标准份额。

2. 标准配料量

标准份额规定了每份菜品的总体分量，标准配料量则是指每份菜品中各种主料、辅料及调料的种类比例及数量。标准配料量影响成品的质量指标如口感、味道、颜色、形态、营养等，又影响菜品的成本，不同的原料组合搭配，其成品的质量是有很大差别的。同时由于各种原料的价格也各不相同，各种配料分量的变化，也必然引起整份菜品、饮料成本的变化。因此必须对每种菜品的配料种类及分量制定标准。

3. 标准制作程序

标准菜谱和酒水配方还应规定菜品、饮料的制作方法以及操作步骤、规程，要详细、具体地规定需要什么标准工具、炊具，原料的加工切配方法与规格，投料数量与次序，制作温度时间，成品盛装器具与装饰标准，出品特殊要求等。规程制定得越详细具体，餐饮生产的可控程度就越高，产品质量受人为因素影响就越小，质量稳定性就越强。

4. 标准成本

标准成本是指每份菜品、饮料的原料耗用额。理论上讲，每份菜品、饮料的标准成本应是各种原料的单价乘以用量相加而得。它既是控制成本的工具，也是定价的基础。但实际上制定每份菜品的标准成本并不容易，它必须结合标准份额、标准配料量及标准制作程序的制定而确定。各餐饮企业首先要编制本企业菜品饮料的标准份额、标准配料量及标准制作程序，经过多次试验或实践，不断改进，直至产品符合企业要求，受到顾客欢迎，然后将标准份额、配料量及制作程序固定下来，再根据标准配料量及制作程序反复制作同一菜品几次或同时制作多份同一菜品，汇总该菜品的总成本额，除以烹制份数，即可得出每份菜的标准成本。其计算公式如下：

$$每份菜的标准成本=\frac{\sum(各种配料净料单价\times各配料用量)}{制作份数}$$

当然根据现代经营管理理论，餐饮企业在进行新产品开发时，也可先制定出新产品的单位标准成本指标，再根据成本指标设计制作方法、配料及份额。由于配料单价可能会因市场变化而波动，因此在制定标准单位成本时，又引入了标准成本率的指标。它是标准成本额与菜品售价的比率。企业可根据标准单位成本与成本率对菜品饮料的价格进行定价。其计算公式如下：

$$标准成本率=\frac{标准成本额}{售价}$$

（二）标准菜谱的形式

为便于生产管理，许多餐饮企业都将标准份额、标准配料、标准制作程序及标准成本记录在一张张卡片上，同时还可配上成品图或彩色照片，制成标准菜谱（配方）卡，如表4－4所示。

表4－4　　标准菜谱（配方）卡

食品名称			生产厨房	总分量	每份规格	日期
菜肴图片（照片）						
	原料名称	规格	数量	单位	单位成本	合计
主料						
辅料						
调料						
合计						
售价						
毛利率						

菜肴的准备及加工步骤	特点及质量标准
1. ……	
2. ……	
3. ……	

【案例】

好望角大酒店加强菜肴出品质量控制的举措

好望角大酒店是福建一家提供闽菜的餐饮企业，以其优质服务和可口菜品赢得了众多顾客的光顾。在竞争激烈的福建餐饮市场，保持稳定可靠的菜肴出品质量是取胜的关键。该酒店主要采取了三方面措施来抓好这一关键环节。

（一）制定标准菜谱

酒店对菜单上的所有菜肴都制定出了标准菜谱，列出这些菜肴在生产过程中所需要的各种原料、辅料和调料的名称、数量、操作程序、每客份额和装盘器具、围边装饰的配菜等。具体来说，包括五个基本内容：①标准烹调程序；②标准份额；③标准配料量；④标准的装盘形式；⑤每份菜的标准成本。

掌握和使用好标准菜谱，使无论是哪位厨师在何时，为谁制作某一菜肴，该菜肴的分量、成本和味道以及装盘器具、围边装饰的配菜都保持一致，保证顾客以同样的价格得到同样的享受。如果出品的标准不同，则产品所涉及的原料消耗的成本也不同，难以进行成本控制，这样往往会导致成本超额。由于餐厅销售的价格并不会因为菜肴出品的标准控制不准而发生变化，由此会引起餐厅利润的波动以及菜肴质量的不稳定。因而，制定标准菜谱尤显重要。由此看来，酒店管理者认为，按照已制定好的标准菜谱进行制作，对外有利于经营，对内有利于成本控制，一举两得，事半功倍。这是餐饮管理者加强品质管理必须把握好的第一个关键步骤。

酒店在标准菜谱上规定了菜品标准烹调方法和操作步骤。标准烹调程序十分详细，具体地规定了食品烹调需要什么炊具、工具，原料加工搭配的方法，加料的数量次序和时间，烹调的方法，烹调的温度和时间，同时还规定了盛菜的器具、菜品的摆盘和装饰。这些一般由每个厨房自己编制，但不是通过一次烹饪就立即做出规定，而必须进行多次试验和实践，并不断地改进和完善，直至生产出的菜肴产品色、香、味、形、器俱佳，并得到顾客欢迎和接受为止，这时各项标准才能确定下来，并制作统一的文字说明和成品彩图的卡片供生产人员使用。

完整的标准菜谱制定出之后，厨房管理人员还要加强监督检查，保证在实际工作中，每位厨师都能照标准菜谱加工烹制，不盲目配料，减少原料的浪费和丢失。

（二）实行厨师编号上岗

各项标准制定后，厨师必须严格按规定操作。关于烹制过程中的时间、温度、火候的把握，虽然有了文字说明，但在实际操作中还要靠厨师们长期摸索自己掌握，还有原料质量的差异等因素，要保证生产出来的菜品尽可能保持一致。因此，酒店对厨师实行了编号上岗，以增强厨师的责任心，接受顾客监督。每位厨师对自己加工烹制好的菜品必须附上自己的号码标签，以示对菜品质量的担保和对顾客的负责。顾客也可根据对某位厨师的信任和喜好指定厨师为其制作，遇到对菜肴不满意时，也可按编号投诉厨师，加强厨师与顾客间的沟通。

（三）定期评估厨师的工作实绩

厨师实行编号上岗，使每道菜肴有了质量的保证。在此基础上，酒店定期评估厨师的工作实绩。评估的方法是：分析一定时期内（例如一周或一月之内），每位厨师的销售额、制作量、顾客的反映及点名制作的数量等。

另外，餐厅服务人员也提供了考评的信息来源。从餐厅服务员那里了解顾客对每位厨师出品的满意程度及意见等，不仅能增强厨师的责任感，也能使顾客产生亲近感，容易体会到做“上帝”的感觉。

对于工作实绩较差的厨师，酒店则及时予以培训、指导和提醒，并采取一定的经济制裁手段。必要时，管理者还会调动他们的工作，以确保厨房菜肴质量得到有效的控制。好望角酒店的品质管理措施出台后，收到了较为理想的效果。

项目4　原料采购与验收管理

餐饮企业原料采购与验收管理，是保证为餐饮企业提供适当数量、质量符合一定规格标准且价格合理的生产原料的一项重要工作。餐饮企业采购的目标主要有以下几方面：①取得合格适用的生产原料；②获得企业满意的采购价格；③及时获得原料；④采购渠道畅通。餐饮企业原料采购管理水平的高低，对于企业生产的正常进行有重要影响。优质的原料是菜品质量和企业独特产品风味的重要保证之一，如果原料采购的数量、质量和价格不合理，将使餐饮成本大幅提高。同时，科学合理和有效的采购验收管理，可以对成本控制、资金的合理利用产生重要的影响。

一、制定原料采购制度

（一）明确岗位职责

由于不同的企业在规模、经营方式、经营特色上各有不同，其组织结构和管理方法也不尽相同。采购工作的归属主要有以下几种类型：

（1）酒店餐饮部原料物品采购组织形式。主要有三种：一是酒店采购部负责所有餐饮原料的采购，采购部属财务部管辖；二是酒店餐饮部负责所有餐饮原料的采购；三是酒店餐饮部和采购部共同管理原料的采购。

（2）餐饮企业的原料物品采购组织形式。独立餐饮企业往往采用采购人员直接采购的形式，以适应餐饮业务的需要。对于连锁并下属多家直营店的餐饮企业，往往采用配送中心的组织形式来实现原料的供应。这种形式能更加有效地控制成本、控制质量并保证原料的正常供应。

（二）制定食品原料的质量标准

餐饮企业要生产优质且质量稳定的菜品，就必须使用规格合乎要求、质量稳定的原料，就要求管理人员对原料采购质量进行严格把关。制定并实施原料“标准采购规格”是进行采购质量控制的有效措施之一。

“标准采购规格”是餐饮企业根据菜单及厨房生产的要求，对所要采购原料的质量制定的具体标准，其内容包括：原料的名称，原料的产地，原料的等级，原料的大小，每单位重量、体积或个数，色泽，新鲜度，加工类型和包装，原料的发货时间等。表4-5为餐饮企业采购规格示例。

表4-5　标准采购规格

原料名称	产地	等级	质量规格	发货时间
牛腰肉	香港	商业部牛肉一级标准	带骨切块，5~6kg/块，25cm宽；油层1~1.5cm；冷冻运输；中度脂肪条纹，肉色微深红；无不良气味，无变质与熔冻现象；每块牛腰肉应用塑料袋包装	订货后三天交货
葡萄柚	海南岛		每个直径9~10cm；色泽淡黄，圆形或椭圆形，肉含12~14瓣果肉；表面无可见斑点或挤压伤痕；酸甜适中、无明显苦味	订货后次日交货

(三) 完善食品原料采购程序

食品原料采购程序如图4－5所示。

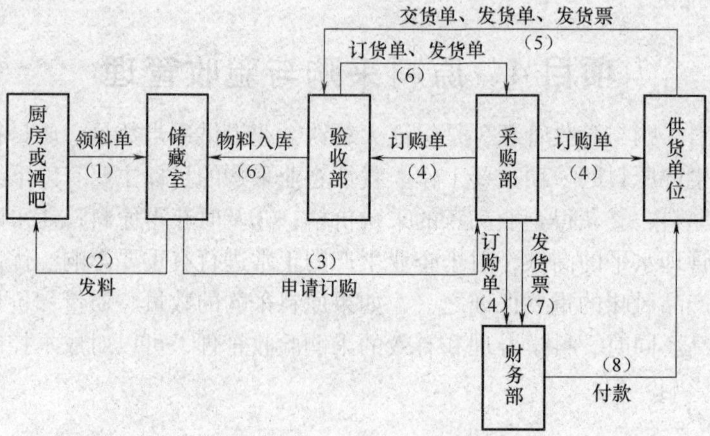

图4－5 食品原料采购程序

(1) 厨房或酒吧根据需求填写“领料单”，并提交仓管部。

(2) 原料仓库根据领料单将食品原料发放给使用部门。

(3) 当存货降至订购点时，库房向采购部送“请购单”，申请订购。请购单必须说明要采购的品名、规格、数量及建议供货单位。

(4) 采购部使用“订购单”向供货单位订购所需原料，然后给验收部和财务部各送一份“订购单”副本。“订购单”一式三联，交验收部是可以按单验收，交财务部可按价付款。

(5) 供货单位收到订购单后发货，连同交货单、发货单、发货票送至验收部。

(6) 验收部门根据“订购单”验收后入库，并将发货票和其他凭证签字盖章后送到采购部。

(7) 采购部对发货票认同后，送至财务部，采购部的任务已经完成。

(8) 财务部审核后，向供应单位付款。

(四) 制定相应的监管制度

采购过程是一个相互监督的过程，大多数餐饮企业都实施“三方制”作业，即由采购人员、后厨人员和企业管理人员三方共同参与采购。采购过程中三方各负其责，采购人员负责寻价、观察价格走势、切准采购时机，后厨判断原料质量的优劣及可用性，企业管理人员从成本控制和菜点定价两方面为采购管理提供科学决策。

二、原料采购的控制

(一) 原料采购的方法

1. 公开市场采购

公开市场采购又称竞争价格采购，适用于采购次数频繁，往往需要每天采购的食品原料，如餐厅厨房大部分鲜活原料的采购。餐饮企业将所需原料的名称及规格标准等要求，通过直接接触、电话或其他方式告之供货单位并询价，一般每种原料应取得不低于三个供货商的报价，再根据市场调查的价格，选择质量、价格较合适的供货商供货。其优点是可以获得较低的采购价格，其主要缺点是工作量大。因此，一些餐饮企业通常是确定一批供货商之后，相隔一段时间（一般15～20d）再进行询价、报价，重新确定供货商，以使原料规格、价格及供货商保持相对稳定，减少采购工作量。

2. 分类采购

有些大型餐饮企业营业所需的原料品种名目繁多，必须向众多的供货商采购，这就意味着企业每天必须花费大量的人力和时间处理票据和验收进货。为了减轻采购、验收工作，餐饮企业可采用分类采购的方法。分类采购即将需采购的原料分为几个大类，将同一类的原料向同一个供货商购买。如餐厅向一个供应商购买所有调味品或罐头制品，由于每次只需向一个供货商开出订单，接收一次送货，处理一张发票，但采用分类采购方法购买的部分原料的质量与价格可能并非是同类产品中最好的。

3. 无选择采购

餐饮企业在经营过程中有时候会遇到这样的情况：厨房需要采购的某种原材料在市场上奇缺，或者仅一家单位供货，在这种情况下，不论供货商如何索价，只能采取无选择采购。比如遇到特别高规格的宴会或重要活动时，需要紧急采购的原材料就是如此。使用此法，往往使酒店对该原材料的成本失去控制。因此，只有在不得已的情况下才使用。

4. 招标采购

招标采购是现行采购常见的一种方式。这是一种由使用方提出品种、规格等要求，再由卖方投报价格，并择期公开开标，公开比价，以符合规定的最低价者得标的一种买卖契约行为。此类型的采购具有自由公平竞争的优点，可以使买者以合理的价格购得理想物料，并可杜绝衔私、防止弊端，不过手续较烦琐费时，不适于紧急采购与特殊规格货品的采购。

5. 集中采购

大型餐饮企业或集团通常建立地区性的采购机构，为该企业或集团下属的本地区各厨房或企业集中采购各种原料。其具体做法是各厨房或企业将各自所需的原料及数量提前上报总部采购部门进行汇总，再向供货商订货，订货后可根据具体情况由供货商分别运送到各个厨房或下属企业，也可由采购部门统一验收，再行分送。集中采购的最大优点就是采购数量大，企业对采购价格有较大的谈判优势，往往可以享受较优惠的价格，同时提高了采购的效率。目前许多大型企业如餐饮连锁企业都采用集中采购的方式。集中采购也有不足之处，如不利于下属各企业按照自己的特殊需要进行采购，或不得不放弃当地可能出现的更廉价的原料。

6. 实地采购

实地采购是餐饮企业根据所需的原料及数量，直接到市场上进行选购。本地市场的实地采购，可以把库存降到最低，而且可以多方加以比较选择。因此，本地市场的实地采购尤其适合于中餐馆的大部分鲜活类原料采购。

实地采购的另一种形式，是到产地直接进行采购。到产地直接进行采购，虽然要支出更多的采购费用，但由于产地进货减少了许多环节，原料价格大大低于本地市场，因此产地直接采购对于大型的餐饮企业、连锁企业是非常适合的。

除了以上几种采购形式外，餐饮企业还可将原料分为鲜活易坏性原料和干货非易坏性原料，分别采用日常采购和长期订货等方式进行采购。

（二）原料采购的价格控制

餐饮企业采购工作的目标之一就是在质量符合要求的情况下，以尽可能低的价格购回所需的原料。

1. 及时掌握原料市场行情

由于原料的价格随市场的供求变化而波动，因此餐饮企业应经常对原料市场进行调查，找出原料价格变化的规律，及时把握市场行情，以便作出合理的采购决策。

2. 减少中间环节

餐饮企业在采购原料时，尽可能减少原料供应的中间环节，直接从制造商、种植者等处采购原料，以降低原料成本。近年来，也有不少餐饮企业从经营特色和节约成本出发，自行物色、定点，建立无公害、绿色蔬菜生产基地、禽畜饲养基地，既保证了原料质量，又省却了中间流通环节。

3. 控制大宗及贵重原料的采购决策权

贵重和大宗原料的价格对餐饮成本有着决定性的影响，因此餐饮企业一般都规定由生产部门提出使用申请，采购部门提供各供货商价格，最后由餐饮企业决策层研究后决定。

4. 规定采购限价

在市场调查的基础上，餐饮企业可对部分采购周期短，随进随用的新鲜原料提出采购限价，即规定在一定的幅度范围内，按限价进行采购。

5. 指定供应商

为便于原料价格的控制，许多餐饮企业对部分原料指定供应商，规定采购部门只能从指定的供应商那里采购这些原料，因为餐饮企业与这些供应商事先已达成了采购协议，规定了采购价格。

6. 提高采购与存货控制的技术水平

餐饮企业可根据采购的特点、市场行情和生产需要，建立采购和存货控制的模型，综合运用各种控制方法，使采购方案更优化，从而降低原料采购成本。

（三）原料采购的数量控制

餐饮原料采购不仅要符合价格、质量要求，也要满足经营所需的数量要求。各类原料的采购频率和采购数量取决于原料的使用生命期和日需要量。如果采购的原料数量不足，会造成菜品断档，影响企业声誉。同样，超量采购易造成原料剩余和许多隐含的不利因素。为使原料的供给既充足又无过多的剩余，管理者要指导采购员合理控制原料的采购量。

1. 鲜活原材料采购的数量控制

鲜货类食品原料的不可久存的特点决定了餐饮企业必须遵循先行消耗库存原料，然后才能进货的原则。因此，采购的第一步工作便是掌握食品原料的现有库存量，并根据营业量预报，决定下一期营业所需的原料数量，然后算出采购数量。采购鲜货类原料通常有两种方法：

（1）日常采购法。日常采购法使用于采购消耗量变化大，有效保存期较短，因而必须经常采购的鲜活原料。

每次采购的数量用公式表示为：

$$应采购数量 = 需使用数量 - 现有数量$$

①需使用数量，是指在进货间隔期内，对某种原材料的需要量。它要根据客情预测，由行政总厨或餐饮部经理决定。在确定该数字时，还要综合考虑特殊餐饮活动、节假日客源变化、天气情况等加以适当调整。

②现有数量，是指某种原材料的库存数量，它通过实地盘存加以确定。

③应采购数量，是指需使用量与现存量之差。因为鲜活原材料采购次数频繁，有的几乎每天进行，而且往往在当地采购，所以一般不必考虑保险储备量。

日常采购原材料往往可以用餐饮企业自行设计的“市场订货单”（表4-6）表示。表中的原材料名称可以事先打印好以免每次重复填写的麻烦，其余几栏则要在每次订货时根据需使用数量和现有存量的实际情况填写。

表 4-6　　餐饮企业市场订货单

原料名称	需使用量	现有数量	需采购量	市场报价		
				甲	乙	丙

（2）长期订货法。在鲜活类食品原材料中，某些品种的原材料每日的消耗量变化不大，而且其本身的单位价值不是很高。对这些原材料没有必要每天填写采购单，因而餐饮企业往往采用长期订货法。

长期订货法一般可采用两种形式：

一是餐饮企业与某一供应商签订合约，由供应商以固定的价格每天或每隔数天向餐饮企业供应规定数量的某种或某几种原材料，直到餐饮企业或供应商感到有必要改变已有供应合约时再重新协商。

二是要求供应商每天或每隔数天把餐饮企业的某种或某几种原材料补充到一定数量。这就要求餐饮企业对有关原材料逐一确定最高储备量，由餐饮企业或供应商盘点进货日的现存量，以最高储备量减去现存量得出当日需购数量。餐饮企业应填写采购定量卡，采购定量卡示例见表 4-7。

表 4-7　　采购定量卡

原料名称	最高储备量	现存量	需采购量
鸡蛋	5 箱	2 箱	3 箱
鲜奶	100kg	20kg	80kg
……			

长期订货法也可用于某些消耗量较大、价值低、占地面积大而又需要经常补充的其他原料和物资，如餐巾纸、啤酒、饮料等。

2. 干货及可冷冻储存原材料采购的数量控制

干货原材料属于不容易变质的食品原材料，它包括粮食、香料、调味品和罐头食品等。可冷冻储存的原材料包括各种肉类、水产品原材料。许多餐饮企业为减少采购工作的成本，求得供应商的量大折扣优惠，往往以较大批量进货，但这样也可能造成原材料积压和资金占用过多。因此，这类原材料的采购数量也必须进行控制。在保证原材料不间断供应的前提下，尽量降低实际库存量，这样对减少库房占用、节约仓库劳动力都有好处。确定干货及可冷冻储存的原材料的采购数量一般有两种方法，即定期采购法和定量采购法。

（1）定期采购法。定期采购法是干货原材料采购中最常用的一种方法，是在事先决定采购周期的基础上，按照既定的标准采购量扣除采购日实际库存量后的差额作为实际采购量的一种采购方法。其特点是定期不定量。采购周期的长短根据生产部门的需求和企业存货占用资金的情况而决定。每到某种原材料的采购日，仓库保管员应对该原材料的库存进行盘点，然后确定本次采购的数量。其计算方法如下：

实际采购量 = 标准采购量 - 实际库存量

标准采购量 = 日需要量 × 采购期天数 + 最低储存量

最低储存量 = 日需要量 × 发货期天数 + 保险储量

①日需要量，指该原材料平均每日消耗量，一般根据以往的经验数据得出。

②实际库存量，为订货日仓库实物盘存得到的数字。

③最低储存量，是指每一订货期末餐饮企业必须储存的足以维持到下一次送货日的原材料储备量。决定最低储存量，一方面要考虑订购期天数，即发出订货单至原材料入库所需的天数，和原材料的日均消耗量，另一方面还要考虑各种意外原因可能造成的送货延误，要有一个保险储量。保险储量的多少视原材料的供应情况而定，一般餐饮企业把保险储量定为订购期内需用量的50%。

【例1】

某餐厅平均每日需用番茄酱30瓶，该餐厅对此类调味品原料每两周采购一次。根据经营情况，番茄酱应有100瓶的保险储量，调味品原料的发货天数为3d。如果采购日当天还有库存番茄酱250瓶，试计算当日实际采购量。

①最低储存量＝日需要量×发货期天数＋保险储量＝30×3＋100＝190（瓶）

②标准采购量＝日需要量×采购期天数＋最低储存量＝30×15＋190＝640（瓶）

③实际采购量＝标准采购量－实际库存量＝640－250＝390（瓶）

采用定期采购法的优点是同类或同一供应商供应的原料可定期在同一天采购，这样可减少采购次数和人工时数。同时每种原料确定标准采购量后，不会过量储存，采购数量容易决策。但当某种原料实际用量大大超过预计数时，这种方法不易发现原料短缺。

（2）定量采购法。定量采购法也称永续盘存卡订货法或订货点采购法。它是通过查阅永续盘存卡上原材料的结存量，对达到或接近订货点储量的原材料进行采购的方法。其特点是定量不定期。使用定量采购法的前提是对每种原材料都建立一份永续盘存卡（表4－8），登记各种原材料进货和发货的详细信息。这种方法的关键是确定再订货点储量。原料再订货点储量也是原料最低储量，当库存原料减少到订货点储量时，必须采购补充。订货点储量的计算公式为：

订货点储量＝日需要量×发货天数＋保险储量

表4－8　　永续盘存卡

食品原料永续盘存卡　　编号：1234

品名：玉米罐头　　最高储存量：250　　货架号：F3
规格：500mL　　订货点量：90　　货位号：020
单位：听

日期		进货				发货			结存	
月	日	订单号	数量	单价	金额	领料单号	数量	金额	数量	金额
3	1	345678	200	10	2000	1056	20	200	245（承前）	2450
	2					……	……	……	……	……
	3					……	……	……	……	……
	4					1112	25	250	220	2200
	5									

【例2】

某餐饮企业采购玉米罐头，该罐头日均消耗量为15听，发货天数为4d，保险储量定为订购期内需用量的50%。请确定定量采购方式下的再订货点储量。

订货点储量＝日需要量×发货天数＋保险储量＝15×4＋15×4×50%＝90（听）

采用定量采购法的优点是能有效防止原料储存量不足或过量储存，而且在确定采购日期与数量时不必逐项检查原料实际库存量，只需检查永续盘存卡即可，节省了时间，采购管理较方便。但采用这种方法，要求建立较完善的货品永续盘存卡制度和检查制度，定量采购一般是不定期进行的，采购运输的工作量较大。一般为大型餐饮企业所采用。

实际上许多餐饮企业在对耐储存原料进行库存管理时，常将定量采购和定期采购两种方法结合使用，对各项库存原料建立永续盘存卡，对各项原料既规定定期采购日期，又注明再订货点储量。

三、餐饮原料验收程序

供应商所供应的原料，并不能保证与餐饮企业所需订购的原料的要求相符，因此必须规定相应的验收程序和要求，对原料的数量、质量和价格进行盘点、检查和核对。

（一）根据订货单检查进货

验收员要核实到货的品种、数量是否与订货单相符。凡未办订货手续的原材料不予受理。这样可避免不需要的食品原材料进入仓库。

（二）根据发货票检查进货

凡发货票与实物名称、型号规格、数量、质量不相符的不予验收；发货票上的数量与实物数量不符，但名称、型号、规格、质量相符的可按实际数量验收；如果实物数量超过订货数量较多时，超额部分做退货处理。

（三）验收货品

（1）数量验收。验收员要检查实物与订货单和发货票上的数量是否一致，确保数量正确。在清点数量时要注意：以重量计量的原料，必须逐件过磅。凡是可数的原料，必须逐一点数，记录正确的重量或数量。如果是密封的容器，应逐个检查是否有启封的痕迹，并逐个过秤，以防短缺。如果是袋装货品，应通过点数或称重，检查袋上印刷的重量是否与实际一致。

（2）质量验收。检查原料质量是否符合采购规格标准，抽样检查箱装、盒装的原料，检查原料是否足量，质量是否一致。

（3）价格验收。检查发票原料价格是否与订货单记录的报价一致或是否与采购订货单所列价格一致。

（四）填写验收单

在验证无误的送货发票上盖上验收章，填写验收单。验收单的内容包括收货日期、验收员签字、经手人或采购员签字等项目。验收单一式四份，一份留存验收处，一份送仓库，一份送成本控制，一份送财务部。验收单见表4－9。

表4－9　××餐厅验收单

供货单位：　　　　　　　　　　　　日期：　　年　　月　　日

供货单位地址电话：　　　　　　　　编号：

订单编号	项目及规格	单位	数量	单价	合计

验收员：　　　　送货员：　　　　贮藏室管理员：

（五）原料分送

验收合格的原料可分为两大类：

一类是直接发送到厨房立即投入生产的原料，一般称为“直接采购原料”或“直拨原料”，这类原料成本在验收时直接记入餐饮成本。

另一类是验收后发送到库房的原料，一般称为“库房采购原料”或“入库原料”，这类原料只是在领用时才记入餐饮成本。

"直接采购原料"多属鲜活易腐原料，常常需要每日采购、立即使用，因此应即时分发厨房或通知厨房领回。"入库原料"应在包装上注明进货日期、价格、供货单位等信息，有时也可用货物标牌，以便盘存和领发料。"入库原料"应按库存要求合理放置，这类原料一般包括罐头、干货、调味品等不易腐坏的原料。货物标牌见图 4 -6。

进货日期________________

供货单位________________

品　　名________________

单　　价________________

数　　量________________

编　　号________________

图 4 -6　货物标牌

（六）填写有关报表

验收员验收原料后，还要填写"验收日报表"或"进货日报表"，并连同发票及有关单据一起及时送交财务部，进行登记核算。食品验收日报表见表 4 -10。

表 4 -10　　食品验收日报表

日期________________　　　　编号________________

货品名称	供应商	发票号	数量	单价	金额	直接采购原料				入库原料					
						中厨房		西厨房		一号库		二号库		三号库	
						数量	金额	数量	金额	数量	金额	数量	金额	数量	金额
合计															

（七）退货的处理

表 4 -11　　退货通知单

供货单位________发票号码________开据发票日期________验收日期________编号________

货品名称	单位	数量	单价	总价	验货结果与拒收理由

送货员签字________________　　　　验收员签字________________

如果送来的食品原料不符合采购的要求，应请示厨师长或餐饮部经理。若决定退货的，应填写"退货单"，见表 4 -11。"退货单"应注明所退货物名称、退货原因及其他信息，要求送货员签名确认。"退货单"一式三联，一联留验收处，一联交送货员带回供货单位，一联交财务部。

项目5 原料储存与发放管理

一、原料储存的管理

（一）库房的分类

餐饮食品原料根据其易腐性能的不同、使用的时间不同、处于不同的加工阶段等因素的考虑，往往需要不同的储存条件和设备。为此餐饮企业应设置不同类别的库房。通常库房的类别有以下几种（见表4-12）。

表4-12 餐厅库房分类表

分类标准	类型
按地点分类	1. 中心库房 2. 各厨房储存处
按储存条件分类	1. 普通库房 2. 阴凉储存库 3. 冷藏库 4. 冷冻库
按用途分类	1. 食品库 2. 饮料和酒库 3. 非食用物资库

（二）库房的温度、湿度和光线

所有的原料都有一定的有效储存期。原料的质量会随着时间的延长而自然下降直至变质。因而，库房温度、湿度对维持食品原料的质量有着极大的影响，储存温度和湿度过高或过低都会加速食品原料的质变过程。因此，各类库房都应安装温度计、湿度计，并且要经常检查温度和湿度是否符合储存要求。库房还应有良好的通风条件，有利于保持适宜的温度和湿度。按照标准，食品干藏库房的空气应每小时交换4次，必要的通风设备须妥善安装。库房如设有玻璃门窗，应尽量使用毛玻璃，以免阳光直接照射而使得某些原料的温度高于周围室温。库房内的照明一般应以110lx为宜，具体环境如库房高度、货架高度及其遮光范围都是影响库房照明的因素。储存食品原料的温度和湿度要求见表4-13。

表4-13 储存原料的温度和湿度要求

库房种类	储存原料种类	适用温度	适用湿度
干藏库	干货原料	10~22℃	50%~60%
	米面类	10~22℃	
	烈酒类	10~22℃	
	果酒	10~22℃	
	啤酒	10~22℃	
	矿泉水	10~22℃	
冷藏库	肉类	0~2℃	85%~95%
	水产品	0~2℃	
	家禽	0~2℃	
	乳制品	0~2℃	
	黄油和鸡蛋	0~2℃	
	新鲜水果和蔬菜	2~3℃	
	熟食	2~3℃	
冷冻库	所有需冷冻储存的原料	-18~24℃	

（三）储存区位置

储存区最好设在与验收处和使用部门都较近的地方，并有可让货车或小推车自如通行的通道，以确保货物的存放和领发料方便快捷。同时还要保证储存区的安全。一般说来，餐饮企业在设置储存区时应满足以下要求：①确保储存发料迅速；②减小劳动强度和工作量；③有利于储存区安全管理。

（四）货架与盛放

所有的货物都应放在货架上，而不能直接堆放在地上。货架底层离地应有20cm，以便于空气流通和清扫。货架、货物不宜紧贴墙壁，至少离墙5～10cm。货架与货架之间要留出足够的间隔使人员和运料小车能够通行，主要通道不窄于0.9m。货架低层应存放体积大、重量重的货物，货架高层宜放置用量较小、使用频率低且体积质量都较小的货品。货架上下两层之间的距离应保证货品能被自如地搬动和开启。货架应用防锈防腐的材料制作。

食品原料的储存除适宜的温度条件之外，盛装容器也非常重要。食品原料不能直接接触货架，必须要有密封性外包装或放于密封性盛器中。对于那些装在非密封性包装物中购回的原料，应根据实用的原则转移到密封、防潮的容器中。盛器之间应有一定的空隙，以免因靠得太紧而生细菌或害虫。所有的盛器应能够防锈、耐酸碱、防潮和防虫。库房内应有空调或换气装置，安装灭蚊和灭蝇灯。

（五）货物存放

为保证货物入库和领发料方便快捷，提高储存管理的效率，库房内货物存放位置一定要合理，一般应满足以下几点要求。

1. 存放位置固定

同类货品应放在同一位置，且位置相对固定，以免因货品乱放而被遗忘，导致原料变质、丢失或过量采购，而且给盘点带来麻烦。若条件许可，不同类的原材料应尽可能储存在不同的区域。如鸡蛋最好不要和鱼、奶制品及其他带气味的食品一起储存。因为鸡蛋是多孔物质，容易吸收其他物质的气味。鱼类、酒类也最好单独、分类存放。

在对原材料进行分类排放时，为便于存料发料、盘点清仓，可采用“四号定位”和“五五摆放”的方法。“四号定位”就是用四个号码来表示原材料在库房中的位置。这四个号码是：库号、架号、层号、位号。任何原材料都要对号入位，并在该原材料的货牌上注明与账页一致的编号。例如：鱿鱼干在账页上的编号是1－4－2－8，即可知鱿鱼干是存放在“第一号仓库、第四号货架、第二层、第八号货位”上。“五五摆放”法是根据分类后的原材料形状，以五为计算单位进行摆放，做到“五五成堆、五五成排、五五成行、五五成串、五五成捆、五五成层”。这种摆放方法能使码放的原材料整齐美观，也便于清点发放，充分利用库容。五五摆放法适用于储存包装较规范的箱、罐、瓶、盒装原材料。

面积较大的库房，库房内应有一张标明各类物资及原料储存位置的平面图，便于管理员查找。

2. 保证原料循环使用

应注意保证先入库的原料先使用，这种库存原料的循环使用方法称作“先进先出法”。因此应将新到的原料放在先入库原料的后面，以保证以前先入库的原料能先被领用。可以用货物标牌来区分不同批次购入原料，即在货物标牌上注明进货时间、单价及供应商等情况，供管理员发料时参考，同时在盘点时也可根据各类原料的进货时间，提醒生产部门及时使用。

3. 根据领用频率确定存放位置

在安排货品存放位置、对库房进行整体布局时，要考虑原料被使用或领用的频率，通常将最常被领用的原料放在尽可能接近出入口之处或方便拿取的地方。为减少劳动强度和节省搬运时间，重的、体积大的原料应放在低矮处并接近通道和出入口。

（六）货品库存卡制度

为便于对库存原料的保管、盘存和补充，有必要对每种存货建立库存卡。库存卡制度要求对每种原料的入库和领发料正确地做好数量、金额的记录，记载各种原料准确的结存量。库存卡一般采用永续活页方式记录，填完一张再补一张；库存卡按种类归类，并以货物存放的固定顺序作为库存卡的编排顺序，以便查找。库存卡的内容主要包括：货物进货信息、货物发货信息、结存量信息、采购信息、货品位置信息五部分。

（七）日常管理制度

1. “四禁”制度

“四禁”制度的主要内容包括：禁止无关人员入库；禁止在库内为个人存放物品；禁止在库房饮酒；禁止危险品入库。

2. “四不”制度

“四不”制度是指采购人员不得购买腐坏变质的食品原料，库房人员不收腐坏变质原料，生产人员不用腐坏变质原料制作食品，销售人员不售腐坏变质食品。

3. “四隔离”制度

“四隔离”制度是指在食品原料保管、储存过程中坚持生、熟隔离，成品与半成品隔离，食品与非食品隔离，食品与天然冰隔离，以预防食品污染和食物中毒。

4. “三先一不”原则

“三先一不”原则是指在食品原料出库管理中坚持先进先出、易腐易变质的先出、有效期短的先出、腐坏变质的不出，并及时报损处理。

5. “三防”制度

库房日常管理应做好防火、防盗、防毒工作。进入库房的人员不得携带火种、易燃易爆物品、背包、手提袋等，并应办理有关入库手续；库房范围及库房办公室不得会客，其他部门工作人员不得在库房围聚闲聊；每月定期检查防火、防盗、防毒等设施，以确保库房安全。

二、原料的发放管理

餐饮原料的发放管理，是为了保证厨房和酒吧的原料供应，同时控制厨房的原料使用量，正确统计食品和饮料的成本。原料进货分直接进料和库房进料。

直接进料，指那些验收以后不经仓库贮存，而直接发放至厨房作为当日消耗，其价值按进料价格记入当日食品成本的原料。对于直接采购回厨房的原料一般不需再填领料单，但必须有专人根据采购清单进行验收，由厨房主管人员对原料的使用进行具体安排。

库房进料指那些在验收后送至仓库贮存备用，其价值不能直接进入餐饮成本，当被领用并发放到各个厨房后，价值才计入餐饮成本中的原料。因此，对每一次库房进料的发放必须有正确的记录，才能正确计算每一天的食品成本。为便于发料管理，可使用“库房食品饮料发料日报表”来记录每天库房向各厨房、酒吧等生产部门发出的原料，以便查对。

由此可知，餐饮企业每天的食品成本主要由两部分组成：一是当日进货日报表中直接进料的成本，二是当日库房发出的库房发料的成本。为了更精确地计算当日成本，成本控制员还应从上述两部分成本中扣除厨房当日用料剩余成本。

为搞好库房管理和餐饮成本控制，库房发料管理应遵循下列要求。

1. 定时领发料

为使库房管理人员有充分的时间整理库房，检查各种原料的库存情况，应规定每天的领料和发料时间，其他时间除紧急情况外一般不予领料，从而使领发料时间相对固定。有些企业规定领料部门提前一天送交领料单，以便库房有充分的时间准备原料，能节省领料人员等待的时间；同时提前送交领料单，还能促使生产管理人员对次日的客流量做出预测，从而更合理地计划次日的生产。定时领发料亦有利于库存管理，减少原料的丢失。

2. 凭领料单发放

领料单（见表4－14）是库房发出原料的原始凭证，它具有控制库房库存、便于核算各厨房餐饮生产成本、控制领料品种数量的作用，它是库房管理和餐饮生产成本控制的重要工具。领料单必须由申领部门主管核准签字，库房才能发料；发料后发料人和领料人都必须在领料单上签字。领料单应一式三份，一联随发出的原料交回领料部门，一联转交财务部门，一联由库房留存以汇总每日的领料总额。

表4－14　领料单示例

领料部门：　　　　　　　　　　　　　　　　日期：年　月　日

仓库类别：　□干藏库　　□冷藏库　　□冷冻库

品名	货号	申领数量	实发数量	单价（元）	食品金额	饮料金额
合计						

审批人：________　　领料人：________　　发料人：________

3. 正确计价

发料之后，库房管理人员应在领料单上列出各项原料的单价，算出各项原料的金额，并汇总领取食品饮料的总金额。如果采取实际购价计算法计价，则原料购回入库时应贴上标牌，标明每批数量和单价，领料时按标牌上的价格计算领料总额；如果库房不采用标牌制度，则可以根据货品库存卡上标的价格，采用先进先出法或最近进价法等计价。

4. 原料内部调拨及处理

大中型餐饮企业往往设有多个餐厅、酒吧，通常会有多个厨房。由于业务需要，有时厨房与厨房之间、厨房与酒吧之间、酒吧与餐厅之间会发生食品饮料等原料的相互调拨。为了更准确地核算各部门的成本，正确反映各部门的经营情况，餐饮企业可以使用“原料调拨单”来记录所有的原料调拨业务。在统计各餐厅、酒吧的成本时，要减去各部门调出的原料金额，加上调入的原料金额。“原料调拨单”要一式三份或四份，调入与调出部门各一份，另一份送财务，有的企业还要求另一份送库房，以使得库房、使用部门及财务部门取得一致的记录。

三、原料库存盘点

对库存原料定期盘存点数是餐饮企业进行原料采保管理的一项重要措施，其目的是全面清点库房及厨房的库存物资，检查原料账面记录数与实际储存数是否相符，从而使餐饮企业能核算当期期末库存额和餐饮成本消耗，为编制每月的“资金平衡表”和“经营情况表”提供依据。

1. 库存的盘点方式

（1）原材料库存的盘点方式。库存盘点按目的和要求不同，可分为日常盘点、定期盘点和临时盘点三种方式。

①日常盘点：它是一种经常性随时盘点，是保证库存原材料账货相符的基本方法。日常盘点主要是原材料验收入库后和发放申领后，核对账、卡、货的库存量。保管员在进行养护时或对原材料堆放整理与倒垛过程中，核对库存量，对发现的异常情况进行核查等。

②定期盘点：它是每月对库存原材料的全面盘点工作。盘点前应明确要求，做好充分准备工作。盘点时，要对每一种库存物品进行实地点数。为加快盘点速度，可以由一名员工清点货架上原料的数量，另一名核对货物库存卡并将实际库存数量填入“盘点清单”上。为防止遗漏，要按分区分类货位编号对每种原材料进行清点，以货对卡，以卡对账，使货、卡、账相符。对不相符的，逐批做好记录。对以小包装计数的原材料，应逐个清点。对有定量包装的原材料，没有开封包装的，可只清点件数计量；对已开封包装的，应进行计量后记录核对。库存原材料盘点完成后，由仓库账务员及时填送仓库库存汇总表（见表4－15）。盘点完毕，以实际库存数代替账面数字，计算出各种原料的价值和库存原料总额，作为月末原料库存额。月末库存额自然转结到下月初的库存额上。月份实际库存额与账面库存额的差额计入资金平衡表的流动资产占用项“待处理流动资产损失”，数量不大的金额直接计入餐饮成本。

表4－15　　餐饮部仓库月末（旬）库存汇总表　　年　月

品名	单位	上期库存数	本期库存数	本期发料数	本期结存			备注
					数量	单价	金额	

制表：　　仓库：　　成本核算员：

③临时盘点：临时盘点一般用于以下情况：因保管员工作调动，进行工作交接而盘点；仓库收发业务发生差错或责任事故而盘点；财务部与餐饮部为检查工作或其他因素而临时性盘点。临时盘点根据需要可对部分原材料进行盘点或全面盘点，其盘点作业同定期盘点。

（2）库外存货盘点。每天厨房各加工间的厨房冷库（冰箱）内都或多或少存留着原材料、半成品和成品，餐厅和酒吧存留着未销售完的酒水和食品，这些未及时消耗的存留，称之库外存货。库外存货是未耗用成本，月末应盘点统计，以利于计算毛利率的准确性。对吧台的整瓶、整罐存货应要求酒水员另做账本，每日销账，保证账物统一。但对零散酒水和厨房的库外存货，则难以准确计量，通常是每旬或每月进行一次全面盘点。

（3）活养、冰鲜原材料盘点。无论活养还是冰鲜的原材料，如果销售时是按整只出货的，盘点则必须按实有剩余只数清点，按不同的种类分别进行登记列表，经盘点养殖员签字后报仓库保管员备查。如果销售时是按称重的方式出货的原材料，盘点时则必须将剩余的原材料逐一进行称重，并将所称得的重量进行登记。有些餐厅把活养、冰鲜原材料归属于库存原材料，有些餐厅则归属于库外存货。因活养、冰鲜原材料存在死亡变质的因素，故大多数餐厅不计入库存，但养殖员必须每天将盘点表报行政总厨和成本核算员备查。

2. 库存短缺率的控制

通过盘点，可知道库存原料的结存数量，再按照规定的计价方法即可计算出当期期末库存原料的实际库存额。为检查库房管理工作的有效性，进一步加强库房管理工作，需将实际库存额与账面库存额作比较。在理想条件下，二者金额应该相同，但通常两者之间会有差异。通常将当期实际库存额与账面库存额的差异称为库存短缺，将库存短缺额与当期发料总额的比值称为库存短缺率，以反映库存短缺的相对大小。其具体计算方法如下：

期末账面库存额 = 期初库存额 + 本期库房采购额 - 本期库房发料总额

库存短缺额 = 账面库存额 - 实际库存额

库存短缺率 = （库存短缺额 ÷ 本期发料总额）× 100%

其中，期初库存额由上期期末库存额结转而来，本期库房采购额由本期验收日报表的库房采购原料的总额汇总而来，本期库房发料总额从本期领料单上的领料总额汇总而来。根据国际惯例，库存短缺率一般不应超过 1%，如果超过 1%，餐饮企业必须认真分析，查明原因。

【例 3】

某餐厅经过月末库房库存实物盘点，实际库存额为 58000 元。账面库存额的计算数据：上月末库房库存额 85000 元，本月库房采购额 235000 元，本月库房发料总额 260000 元。请分析该餐厅的库存短缺情况。

月末账面库存额 = 85000 + 235000 - 260000 = 60000（元）

库房库存短缺额 = 60000 - 58000 = 2000（元）

库房库存短缺率 =（2000/260000）× 100% = 0.77%

根据计算分析，该餐厅当月的库存短缺率基本正常。

库存账面额和实际库存额多数情况下都会有差异，这种差异有多种原因，因下列情况引起的差异属于正常差异：

（1）领料单统计的发料额与月末实物盘点的库存额不是完全按照实际进价计价，从而带来误差；

（2）日常收发原料时因计量而引起的差异；

（3）原料在储存过程中的自然损耗；

（4）因各种自然灾害而引起的非常损失。

如因未履行正常的领发料手续，或管理不善导致原料腐败变质、丢失、被盗等而造成的差异，属于非正常差异。当库存短缺率超过 1% 时，管理人员有责任调查原因和被追查责任，采取改进措施。因此，通过库存盘点、统计库存额并分析库存差异，是控制餐饮企业成本的重要手段之一。

本章小结

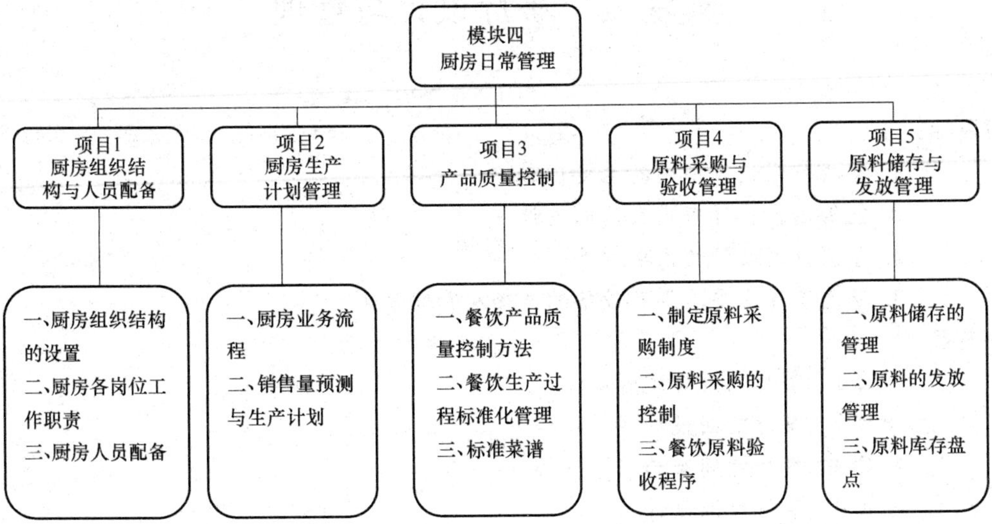

思考题

1. 厨房日常管理主要包括哪些工作？
2. 厨房如何进行人员配备？
3. 餐饮产品质量控制方法主要有哪些？
4. 什么是标准菜谱？
5. 如何进行原料采购与验收管理？
6. 如何进行原料储存与发放管理？

模块五　餐厅设计与管理

学习目标：

1. 掌握餐厅设计规划的主要内容
2. 能够进行餐厅布局及店面设计
3. 掌握氛围设计的主要方法
4. 熟悉餐厅主要设备及设备的选择及管理方法

模块内容：

项目1　餐厅的设计规划

项目2　餐厅店面设计

项目3　餐厅空间布局

项目4　餐厅氛围设计

项目5　餐厅设备管理

模块任务：

各实训小组根据模拟经营餐厅类型、选址、市场定位，进行餐厅店面设计并绘制餐厅平面示意图。

任务1　餐厅面积及餐位的设计

要求：①小组成员分工合作；

②根据餐厅类型、选址、市场定位确定餐厅面积及餐位数。

任务2　餐厅布局及店面设计

要求：①餐厅主要空间设计；

②餐厅装修设计；

③餐厅门面设计。

任务3　餐厅氛围设计

要求：①餐厅主题的确定；

②餐厅色彩设计；

③餐厅照明设计；

④餐厅装饰设计。

任务4　餐厅设备管理

要求：①餐厅家具的设计；

②餐厅餐具的设计。

任务5　完成餐厅设计报告和平面图绘制

要求：①按时完成餐厅设计报告和PPT汇报材料；

②绘制餐厅平面图。

任务评价：评价计分方法见表5－1。

表 5－1　　　　　　　　模块五　餐厅设计与管理评价表（总分 100）

组别	姓名 学号	布局设计 满分 20 分	店面设计 满分 20 分	氛围设计 满分 20 分	设备管理 满分 20 分	报告及平面 图满分 20 分	总分

【引导案例】

Wendy's 的店堂布局

Wendy's（温迪快餐）是美国三大快餐集团之一（另两家为麦当劳和汉堡王 Burger King），在全世界范围内拥有数千家连锁店，提供以汉堡包、三明治、炸薯条为主的快餐食品与服务。我们以 Wendy's 在美国威斯康星州的分店为例来考察其地段和店堂布局。

这家分店位于交通十分繁忙的美国一条主干公路边。20 世纪 90 年代初，该店所在位置还是一个小型农场，后被 Wendy's 收购，并在此建起了这家分店。

该店总体形状为长方形，占地面积约 8000m^2，主要使用的建筑材料是砖、木板与玻璃。该店面向公路，两侧十分开阔，后面有近 70 个停车位。该店侧面还设有一个驶入式外卖窗口，为汽车驾驶者提供方便（他们不用下车就可通过该窗口买到食品和饮料）。

店内总共设有 98 个座位，其中包括 15 个四座位桌、2 个三座位桌、9 个双人座位桌和 14 个单人座位桌。就餐大厅的家具以橡木制成，饰有十分漂亮的图案。天花板为扇形，上面悬吊着许多绿色植物。就餐大厅中设有服务柜台，提供餐巾、吸管等小物品，还设有装垃圾的不锈钢罐。大厅边上还设有自动饮料服务器，顾客可根据需要自行得到饮料，无需排队购买。就餐大厅约占整个快餐厅一半不到的面积。顾客必须在等候服务区（由几列栏杆组成的通道）排成单行队，依次等候到服务台前购买食品。服务台后面便是厨房区，所有食品加工设备及设施均摆放在此。从厨房还可以直接看到前面的服务台。厨房区再靠后便是仓库储藏区（包括冷冻室、冷藏室与干藏区）和管理员办公室、员工休息室及员工培训室。仓库区有一个后门，专供接收食品原料用。

其整体布局如图 5－1 所示。

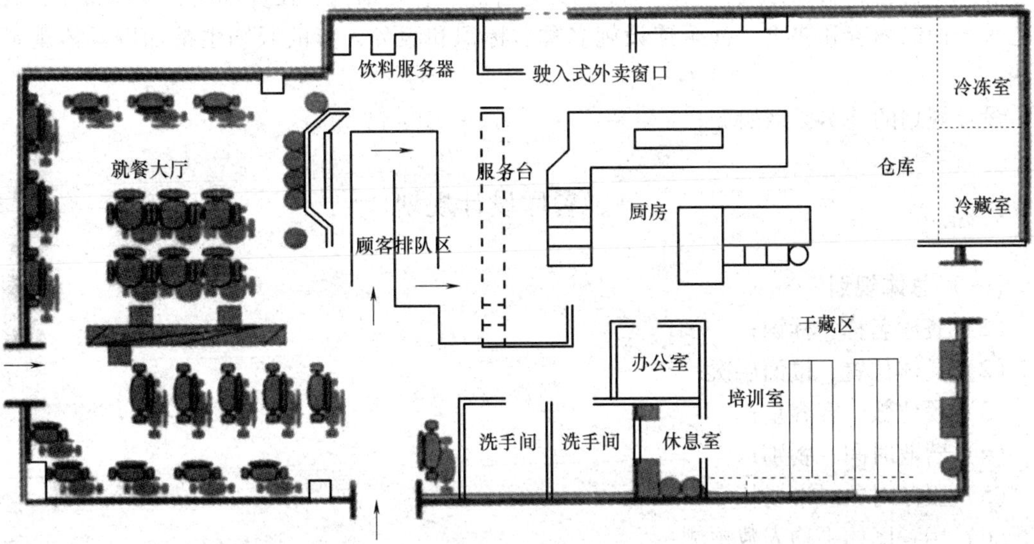

图 5－1　Wendy's 快餐厅店堂布局图

【案例分析】

餐厅的美观舒适与否，在一定程度上关系到整个企业的经营成败。在设计中要强调餐厅建筑的实体空间之外的功能空间、物流人流空间、明暗空间、色彩空间、视觉形态空间和心理文化空间的完美个性展示和总体风格的和谐统一。在设计中，既要讲究美观性、合理性，又要体现餐饮服务的功能性和卫生、消防的安全性。餐厅的设计与管理主要受到经费预算、面积大小、营业性质、目标顾客及饮食风格等因素的影响，而且必须具有前瞻性。

Wendy's的店堂布局体现了美式快餐经营管理的几大基本特点。其一，就餐区面积相对较小（前后台面积之比为1:1），后台面积相对较大。这与其大量的外卖（包括对汽车驾驶者的外卖）是有关的。其二，后台设置专门的员工休息室与培训室，体现了管理方对员工素质提高和生活条件的关注，也表明了严格区分客用区和员工区的管理观念。其三，驶入式外卖窗口的设置，说明此类顾客在Wendy's的客源市场中占有相当大的比例（约占50%），这也代表了未来快餐业必须重视此类顾客的基本趋势。其四，Wendy's采用单队列排队等候而不是分散多队排队，使顾客进入餐厅后无需为考虑加入哪一队而烦恼，体现出服务的公平性，而实质上也提高了工作效率。其五，自动饮料服务器的设置节省了劳动力成本，也加快了服务速度。饮料服务器搬出厨房，也减小了厨房操作的复杂性，使其更具效率。

项目1　餐厅的设计规划

由于餐饮设施的服务对象、餐饮内容、规格水平不尽相同，其设计和装饰必须分别进行，使之各有相应的风格和特色。因此，为了使建筑设计和布局装饰符合业务运行要求，餐饮经营者有必要在计划初期就对每一个餐饮设施作出详细周密的规划。

以下是美国马里奥特饭店公司（Marriott International Hotels，又译为万豪国际酒店）在餐饮设施方面的规划提纲。该公司在饭店建设计划初期，就根据市场研究结果以及经营计划，对饭店的餐饮设施逐一作出规划，详细说明每一个设施的类型、规模、规格水平、餐饮内容、风格特色、服务方式、操作程序、宾客特点、餐位结构、投资规模、设计布局、装饰特色等方面的内容和要求，甚至连设施名称、标识和服务人员的服饰也都加以具体规定和说明。

设计规划的基本提纲如下。

一、餐厅设计规划

（一）总体规划

（1）餐厅名称、标识；

（2）具体位置、楼面层次；

（3）餐位数、客容量；

（4）营业时间、餐别；

（5）服务对象、市场特点；

（6）用餐团体平均人数预测；

（7）宾客总数预测（淡季、旺季）；

（8）宾客平均消费额预测（餐、日、月）；

（9）经营收支预测；
（10）投资规模；
（11）人员配备计划。

（二）餐饮服务

（1）餐饮内容；
（2）菜单种类；
（3）服务形式；
（4）规格水平；
（5）食品、酒类陈列；
（6）烹调表演；
（7）娱乐内容、形式。

（三）餐厅设计布局

（1）与其他有关设施的连接；
（2）餐厅内客流线；
（3）餐厅内物流线；
（4）迎宾员柜台位置；
（5）收款员柜台位置；
（6）餐桌种类、餐位结构；
（7）自助餐设施；
（8）落菜台数量、位置；
（9）食品、酒类陈列柜数量、位置；
（10）烹调表演位置；
（11）地面升、降处理；
（12）餐厅娱乐区位置；
（13）厨房与餐厅连接处理；
（14）服务酒吧位置；
（15）客用卫生间、衣帽间位置。

（四）餐厅内部装饰

（1）总体风格情调；
（2）主题特色；
（3）环境布置；
（4）墙面装潢；
（5）地面处理；
（6）桌椅式样；
（7）窗户装饰；
（8）灯光照明；
（9）色彩基调；
（10）桌面陈设；
（11）艺术品陈列；
（12）室内花木；
（13）音响装置。

（五）专用设施
（1）烹调表演设备；
（2）服务推车；
（3）餐厅电脑终端；
（4）点菜传真设备。
（六）餐厅服务员制服
（1）式样；
（2）色彩。

二、酒吧设施规划

（一）总体规划
（1）酒吧名称、标识；
（2）具体位置、楼面层次；
（3）座位数、客容量；
（4）营业时间、服务对象、市场特点；
（5）宾客总数预测（淡季、旺季）；
（6）宾客平均消费额预测；
（7）经营收支预测；
（8）投资规模；
（9）人员配备计划。
（二）酒吧服务
（1）规格特色；
（2）服务水平；
（3）娱乐内容、形式。
（三）酒吧设计布局
（1）酒吧内客流线；
（2）酒吧内物流线；
（3）吧台造型、位置；
（4）迎宾员柜台位置；
（5）酒吧贮藏室；
（6）点心小吃柜台位置；
（7）座位种类、结构；
（8）酒类陈列；
（9）酒吧舞台；
（10）舞池。
（四）酒吧内部装饰
（1）装饰主题；
（2）风格特色；
（3）墙面装饰；
（4）地面处理，
（5）桌椅造型；

（6）窗户装饰；
（7）灯光照明；
（8）色调设计；
（9）艺术品陈列；
（10）室内花木。

（五）专用设备

（1）酒类饮料遥控装置；
（2）酒吧电脑终端；
（3）音响装置；
（4）舞台照明；
（5）舞池灯光。

（六）酒吧招待员制服

（1）式样；
（2）色彩。

项目 2　餐厅店面设计

一、餐厅店面装修的原则

1. 天棚装修的原则

现代的餐厅、酒吧、咖啡厅等的室内一般都吊顶棚，在装修时一般应遵循以下原则：

（1）要考虑合理的高度。吊顶棚时应综合考虑照明、通风、空调、防火、管线的布置以及外观环境的设计等因素。餐厅顶棚要高一些，使顾客有一种舒适感，否则让人产生一种压抑感。

（2）要选用阻燃材料。装修天棚的材料应具备防火性能好、不易燃、不生浓烟、防止火势蔓延的功能。

（3）天棚的装修可视不同情况采取合适的安装方法，如明架板式、暗架板式、明暗架式或明格式等方法。

2. 地面装修的原则

地面装修是餐厅装修中重要的一环。餐厅的地面应能反映餐厅的档次、环境气氛，并能影响顾客的就餐情绪。

（1）地面装修应选用防滑、防潮、防火的材料。一般餐厅都选用水磨石、地砖地板等，中、高档的餐厅一般都选用复合地板、木地板、大理石、地毯等。

（2）地面装修与室内环境相协调。无论采用何种材料，其质感色彩都要与整个环境相协调，对墙面、室内家具陈设等均应作全面的考虑，因为地面与墙面一样也是室内陈设的衬景。

3. 墙面装修的原则

（1）墙面装修要衬托出环境气氛。餐厅墙面常使用面墙涂料和贴面材料。无论选用什么材料，都应从质感、色彩出发，与整体设计相协调。

（2）材料的合理选用。材料的选取除与整体环境气氛相协调之外，要保证耐水、防污、清洁和易清洗。

4. 壁饰、陈设的原则

壁饰、陈设应突出餐厅的主题。壁面装饰和餐厅内的陈设，形式和内容多样，而突出主题则是一条不变的原则。例如：经营农家风味的餐厅，其墙饰物多为农家常备的物品；若是船文化餐厅则少不了与航海有关的饰品。壁面装饰物及陈设品一般是：装饰画、壁挂、工艺品、盆景、织物及各种象征性的实物等。

5. 绿色环保的装修原则

绿色环保是现代餐饮的要求，在餐厅装修设计时应充分考虑到以下因素：

（1）无污染材料的使用。无污染材料的使用是绿色环保和健康的需求。无论是装修材料、涂料、餐用具等都应符合卫生、环保的要求。餐厅在为顾客赢得健康的同时，也赢得顾客对本企业的好感。

（2）有效绿化。有效绿化可以协调人与建筑、环境的关系。绿色植物是现代都市提高城市生活环境质量必不可少的构成要素。绿色植物可以净化空气和调节湿度，有助于消除疲劳、愉悦身心。绿化可以有效组织空间形式，如餐厅门廊、顶棚和墙壁悬吊绿色藤类植物可增加空间的开阔感。同时，可以借助绿色植物的可观赏性起到指示方向、部分隔断和柔化空间等作用。

（3）天然采光。天然采光既可以节约能源，也可以起到美化空间的作用。顶棚采光可以打破餐厅的封闭结构，增加开阔感；侧墙采光可以把室外景观引入，得以延伸空间；不同程度的光影调节可以使餐厅增加层次感和朦胧感，丰富色彩。

二、餐厅门面设计

餐厅门面的设计和装修的好坏直接关系着对顾客吸引力的大小，是餐厅特色转化为外在形象的直接展示。其设计既要考虑人们普遍的价值观、审美观，又要体现出一定的文化内涵，以满足不同层次的人群对饮食文化的各种需求。

门面是由餐厅的大门、门头、外窗、外墙、招牌和夜间照明系统等部分组成的。餐厅的门面设计要醒目、有特色，使消费者容易区别、辨认。

（一）门头和外墙的装修设计

门头和外墙的色调要考虑自然光，尤其是在阳光和室内灯光照射下以及装饰材料不同带来的差异，可选用同色系的色调，也可选用不同色系的色调，一般以强度明亮为好，这样能使餐厅显得清洁、干净、簇新。色调暗淡易使建筑物显得破旧。

门头的结构要结合餐厅原有的建筑结构进行设计，这样可大大减少装修费用。经营中式正餐的餐厅，常见的结构有中国传统飞檐、斗拱，一般使用普通建筑瓦，高档的使用琉璃瓦。传统风格有很好的效果，但一定要注意选择相应风格的门，最好配合木框门。采用弧形门头大方、现代，门也较好配，但不易制作灯箱。因简单易行而被大量采用的是平面头，因为可以直接使用餐厅招牌，大方、醒目、费用低廉，效果不错。

（二）餐厅的招牌制作

招牌是一个企业的形象标志，好的招牌好比生活中的名牌产品，它对人们的心理有一种潜移默化的作用。人们在很多时候都喜欢挑选那些很有名声、颇具吸引力的品牌产品。餐厅有一个颇具吸引力的招牌，将会顾客盈门。要制作一个别具一格的招牌，应遵循如下原则。

1. 符合餐厅的经营内容或经营特色

餐厅的招牌应和经营内容、经营特色相协调，不应表里冲突。例如，宫廷餐馆的招牌应突出宫廷的建筑特色，民族风情餐馆的招牌则应突出民族的风格特色。

2. 符合市容、市貌监管条例

制作的招牌不能影响市容市貌，应配合城镇规划建设，与周围的环境、建筑物相协调。

3. 招牌应具有一种独特的广告烘托效应

招牌的制作应鲜明、独特，具有一定的文化内涵。能吸引人的注意力，能烘托餐厅的饮食氛围，并具有一定的广告作用。

（三）考虑适量使用玻璃窗

餐厅是一种服务公众的场所，需要与公众沟通，沟通最简单的方法是透过大玻璃窗进行一种视觉的交流。公众通过玻璃窗可以看到餐厅内部的设计和卫生状况以及就餐人数等；经营者通过玻璃窗也可以观察公众对餐厅的态度，以便及时调整营销策略。

但需要注意的是，玻璃窗在外观建筑中所占比重应适量，这是因为安装玻璃窗有以下缺陷：玻璃的保温性能不好，冬冷夏热；玻璃的安全性能不好，容易破碎；玻璃反射灯光的性能不好，在夜间，射灯打在玻璃上的光大部分被吸收，起不到烘托环境的作用。

（四）要考虑灯光的作用

由于餐厅的营业时间一半在白天，另一半在夜晚，所以，门面设计不但要考虑白天的效果，也要考虑夜间的效果，运用大量光源进行装饰是必不可少的。目前餐厅门面设计与装修经常使用的灯光方式有：

（1）透光材料灯箱。使用透光板等专用的透光材料做面板，按照平面设计进行制作，使用金属材料做框架，用日光灯作光源。

（2）字形灯箱。使用有机玻璃做面板，按照餐厅的招牌字形每个字制作一个灯箱。有机玻璃常用的颜色为白色、红色和橙色，特别是红、橙色使用得较多，因为这两种颜色不但日间比较美观，对人有刺激食欲的作用，而且其光波穿透力强、传播远，在夜间的效果最佳。

（3）霓虹灯。使用霓虹灯管作光源，将其制作成各种文字、图案，并可通过控制器按一定的规律变化，是夜间照明效果最好的形式。

（4）射灯。射灯照明分为店招照明和门面照明两种。店招照明目前一般使用喷绘技术制作底板，日间和夜间效果基本一致，夜间照明通过射灯照射显示，并可通过在射灯光源前加装色片，制造与日间不同的效果。喷绘技术可以制作丰富多彩的餐厅招牌，但制作费用目前较高。

（五）美化餐厅的外部环境

餐厅的外部环境是否清洁、整齐、富有特色，将直接影响到企业的形象。所以许多餐厅在店外放置美观的花木，以达到美化餐厅外部环境的效果。

项目3　餐厅空间布局

一、餐厅空间的构成和布局要求

（一）餐厅空间的构成

餐厅是顾客购买和享受餐饮产品的空间。从这一点去看，餐厅空间可分为三种：就餐空间、公共空间和服务空间。

1. 就餐空间

就餐空间是餐厅空间的主要构成部分，也是空间比例最大的部分。就餐空间又可分为大厅和厅房（包间），主要是由餐台、餐椅和通道组成。

2. 公共空间

公共空间是指餐厅里可供顾客活动或观赏的空间，如门面、门口与就餐区的过渡空间、电话间、衣帽间、洗手间，还包括一些水池假山等装饰、休闲空间。

3. 服务空间

服务空间是指餐厅为顾客提供服务而必备的空间，如收款台、营业部、服务通道等。值得注意的是，在一些餐饮与娱乐相结合的餐厅，服务空间还应包括表演区域，如舞台、“天桥”及相应的化妆间。

餐厅空间的划分是随着规模和档次的不同而变化的，规模越大，档次越高，空间的划分就越分明；规模越小，档次越低，空间的划分就越模糊。合理的餐厅空间布局应该是这三个功能空间之间的协调。

（二）餐厅布局的要求

餐厅的空间形状千差万别，但无论是长方形、正方形、有柱或没有柱的空间，如果要进行餐厅布局，就需要遵循以下原则。

1. 有方向感

所谓方向感就是在餐厅的空间里，通过背景墙、装饰物、通道等形成有序的空间排列，它体现了一种有序的形式美。任何一个餐厅的空间都应该有方向感，这是餐厅空间布局的首要原则。如果顾客走进餐厅，空间没有体现出明显的方向感，顾客不知道哪里是主台，感到茫然不知所措，便会给顾客心理上造成不踏实的感觉。

在餐厅里，通常是以入口为始点，选择正对着餐厅入口的墙面做图案来表现其空间的方向感，也有选择虽然不是正对着餐厅入口但墙壁面积较大的一面做壁画，以表现餐厅的方向感。在一些需要兼顾其他功能的餐厅里，舞台的设置就是方向感的体现。另外，在一些异形或多柱而且没有较宽阔的墙面的餐厅，可以通过装饰物的点缀来表现其空间的方向感。

餐厅的空间方向既定，顾客通道、服务通道也就相应地确定，也就确定了餐厅布局的“秩序”，哪里是中心位置，哪里是边角位置，引客入座时就有了参考坐标。

2. 有秩序感

秩序是餐厅空间布局的一个重要因素。中餐多用圆桌，但圆桌没有角，难以产生方向感，所以中餐厅的秩序感主要表现在整齐划一、大小归类、成行成列上。方桌成列，圆桌成排，也可以在某一自然形成的空间里，突出方桌或圆桌为主，或方桌与圆桌混合排列。餐椅的摆放也应全部相对整齐，餐桌上的餐具摆放也应体现出相应的规律，这样就能在餐厅空间里表现出强烈的秩序感。特别是在开餐前，餐桌和餐椅及餐具的摆放应该符合有秩序感这个要求，这也是体现餐饮企业管理水平的一个细节方面。

3. 疏密有度

餐厅在布局时要考虑疏密有度。如餐厅的入口处、餐厅的主要通道等地方，人流比较集中，应该宽阔畅通；而就餐区的餐桌椅，自助餐台等的摆放，就应该考虑集中有序。餐厅的平面布局中有了疏与密，也就有了舒缓与紧张、宽敞与紧凑的变化，表现了形式上的韵律美感。

二、餐厅的通道设计与动线安排

餐厅通道的设计布置应体现流畅、便利、安全，切忌杂乱。要求从视觉上给人以统一的意念，要求其平面变化达到完整与灵活相结合的布局效果。餐厅动线是指客人、服务员、食品与器物在厅内流动的方向和路线。

（1）客人动线，应以从大门到座位之间的通道畅通无阻为基本要求。一般来说，餐厅中客人动线采用直线为好，避免迂回绕道。客人的流通通道要尽可能宽畅。

在餐厅内部，客人的行走路线必须加以控制。在许多高级餐厅中，顾客是由餐厅主管或领位员引领入座的，但也有顾客自己进入餐厅寻找座位，这就要设计一个客流路线引导顾客，既方便顾客进入与离开，另一方面也避免打扰其他顾客。不能让顾客在餐桌间像入迷宫般地左穿右插，与其他顾客冲撞。如果能用标记将不明显的通道清楚地指示给顾客，顾客流量或流向可以得到控制。例如：固定的或可移动的屏风、植物花卉陈列、装饰用的柱子与栏杆以及隔板等都是控制顾客流向的常用之物。

（2）餐厅服务的空间流向主要表现为：收款处、酒水柜、营业部、备餐间、工作柜等"工作点"的联结。在大部分的餐厅，收款处和酒水柜都是合二为一，设在餐厅的入口处，这样是为了能够综观全局。营业部是接待顾客订席和写菜单的地方，也是点菜入单的重要"工作点"，所以营业部一般设在餐厅的入口处。备餐间是餐厅与烹调部门的"中转站"，所有的上菜都是通过备餐间来进行的。

在餐厅服务里，餐具的空间流向是这样一个循环：使用—收拾—清洗消毒—送到工作柜存入—使用，大部分的瓷器餐具都是按照这个循环来进行的。

餐厅中服务人员的动线长度对工作效率有直接的影响，所以原则上越短越好。在服务人员动线安排中，注意一个方向的作业动线不要太集中，尽可能除去不必要的曲折。如果设置一个"区域服务台"（工作柜），那么既可存放餐具，又有助于服务人员缩短行走路线。一般而言，4 张大台、10 张小台就能配置一个工作柜。但是，配置多少工作柜实际上是根据餐厅空间的分配而定。在有柱子或靠墙的位置，就可以摆置工作柜，而不太在乎工作柜在餐厅中的比例是多少。

理论上客人动线和服务人员的动线，不应该有太多的重复或交叉，但实际上并不是很多餐厅布局都能做到，尤其是在一些中小型规模的餐厅里，主要就是由于空间的限制。餐厅动线如图 5－2 所示。

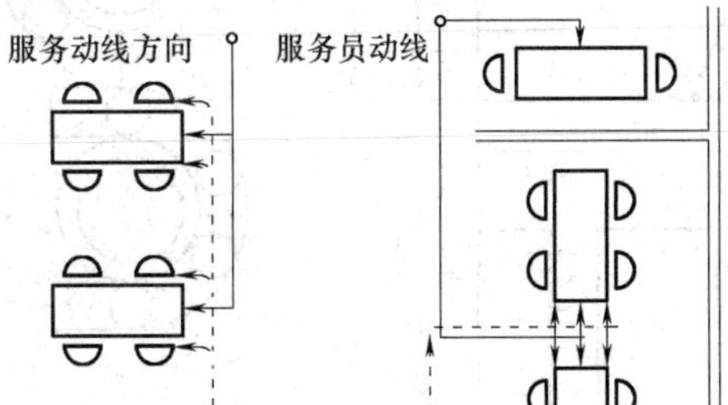

图 5－2　餐厅动线

三、餐位设计与布局

1. 餐位面积

餐位的设计与摆放，决定着餐厅的客流量，将直接影响餐厅的营业收入。但是，在餐厅面积一定的条件下，不是摆放得越多越好，而要摆得合理，既不显得拥挤，又不会因为餐位少而影响收入。每个餐位所需的面积根据不同类型、不同档次、不同服务方式的餐厅而有所不同。高档或豪华餐厅每餐位的面积约为 1.8m²，中档餐厅每餐位的面积约为 1.5m²，中档以下的餐厅每餐位的面积为 1.2m² 左右为宜。餐位面积对照表如表 5－2 所示。

表 5－2　　餐位面积对照表

餐厅类别	餐位面积/（m^2/餐位）
咖啡厅	1.4～1.6
自助餐厅	1.2～1.7
豪华餐厅	1.5～1.9
普通餐厅	1.0～1.4
风味餐厅	1.4～1.8
快餐厅	1.1～1.4
宴会厅	1.1～1.3（舞池、乐队位置除外）
酒吧	1.2～1.4

表 5－2 是餐位面积的基本标准。目前，每个餐位的面积有逐步扩大的趋势，尤其是豪华餐厅。餐厅中座席的配置一般有：单人座、双人座、四人座、六人座、火车式、圆桌式、沙发式、方形、长方形等多种形式，以满足各类客人的不同需求。分格形餐位如图 5－3 所示，靠墙火车餐位如图 5－4 所示。

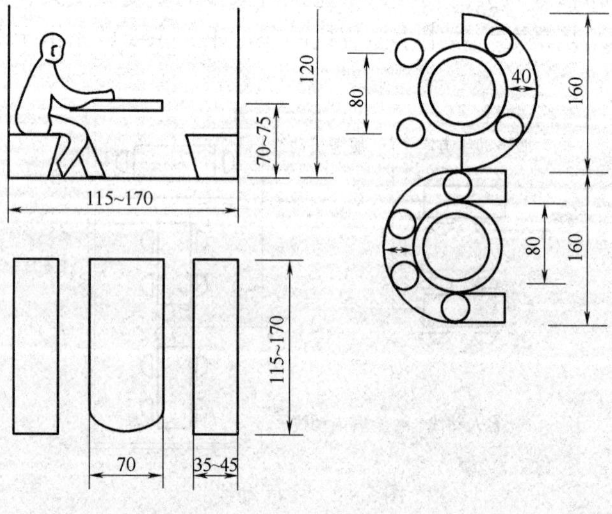

图 5－3　分格形餐位示意（单位：cm）

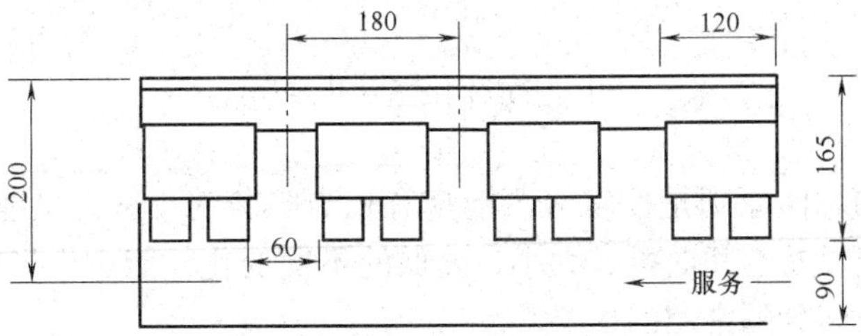

图 5-4　靠墙火车餐位示意（单位：cm）

2. 餐位的布局与空间距离

餐厅的布局最主要的是餐台的布局。按一个 10 人（直径 180cm）餐台计算所需的最小空间距离是：

$$餐台最小空间距离 = 餐台直径 + (餐位深度 \times 2) + (单向通道 \times 2)$$
$$= 180cm + (45cm \times 2) + (45cm \times 2)$$
$$= 360cm$$

也就是说，一个 10 人台的餐厅最小空间距离是 360cm。如果大于 360cm 的宽度当然最好，但如果少于 360cm 的宽度，就要考虑摆 160cm 直径的 8 人台或更小直径的餐台了。餐厅内空间距离见表 5-3。餐厅内空间距离示意见图 5-5。

表 5-3　　餐厅内空间距离表

餐厅区域	要求	距离/cm
走廊	1 人舒适地行走	95
	2 人舒适地行走	110 ~ 135
	3 人舒适地行走	180
通道	直接通道	45
	侧转通道	20
	入座空间距离	20 ~ 30
	顾客座位与餐桌距离	40 ~ 45
座位	舒适地入座	60
	在紧凑条件下简单餐食	55
	拥挤站立餐台	45

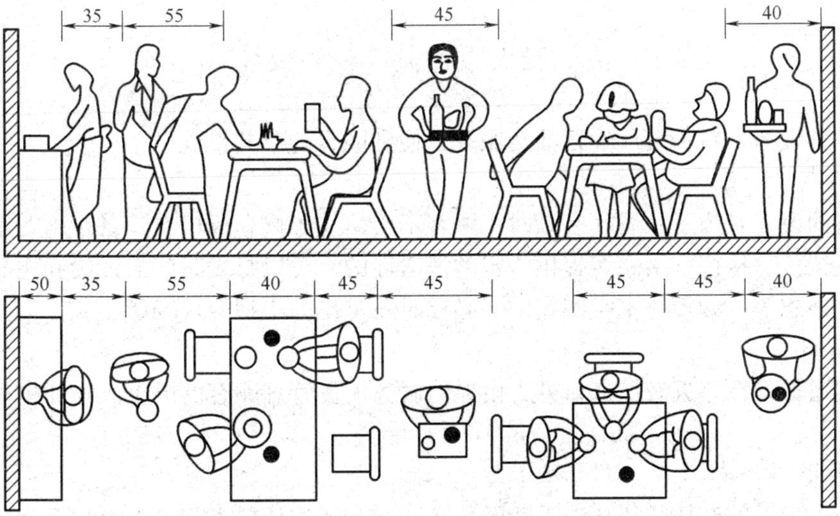

图 5-5　餐厅内空间距离示意图（单位：cm）

四、餐厅的空间分隔

餐厅空间分隔的总体原则是使客人既能享有相当隐蔽的小区，又能感受整个餐厅的气氛。由于陈设的简繁以及空间曲折、大小、高低的不同变化，能产生形态繁多的空间分隔。下面介绍几种餐厅空间分隔常用的形式。

（1）软隔断分隔，就是用垂珠帘、帷幔、折叠垂吊帘等把餐厅进行分隔，软隔断富丽、高档，一般在有空调的餐厅中使用。

（2）通透隔断空间，通常指用屏风式博古架、花窗墙等分隔空间，这种隔断方法易于表现传统文化气息，一般用于大厅的隔断。

（3）列柱、翼墙是满足特定空间的要求而虚设的，列柱、翼墙有稳定、厚重的感觉。

（4）用灯具对餐厅空间进行分隔，有一种隔而不断的感觉，达到一种特殊效果。灯具的布置起到了空间分区的作用，对于西餐厅和酒吧来说，是室内环境设计的常用手法。灯具分区的特点是，既保持了大的整体空间的气魄，又在顾客的心理上形成分隔，而且空气流通良好，视野宽广。

（5）矮墙分隔空间，使就餐者在心理上产生一种自我受到保护的感觉。人们既享受了大空间的共融性，又保持了一定心理的隐秘性，矮墙分隔同样具有灯具分隔的多种优点。

（6）升降高程划分，就是将餐厅室内的地面标高以局部提高或局部下降，用台阶作为联系的通路。一般升高层用得较多，通过突出地面，暗示出两个空间区域。

（7）用植物划分，不仅可以限定两个功能不同的空间，还可以阻挡视线，围合成具有相对独立性的私密空间。植物本身就成为一种充满生机的“屏”，隔而不断，使空间保持其完整性和开敞性。植物还可以调节室内空气，调节温湿度，改善小气候，增加视觉和听觉的舒适度。同时，由于人们对回归大自然的向往，对植物也有一种偏爱。

（8）装饰物的放置也可以暗示一个空间的结束，另一个空间的开始。此时，它与半部通透的隔断或柱子具有相同的作用，不会阻碍人们的视线，却阻碍人们的行动，从而给室内带来了丰富的空间层次。

按照空间构成的原理，多种类型的物体都可以在分隔空间时加以利用，如花架、水池以及铺地材质的变化等都能起到分隔空间的作用。

五、辅助性营业设施的设计

餐厅中常设有一些为餐厅经营活动服务、便利顾客的公共设施。

1. 接待室

接待室的设立是为了在餐厅客满时，顾客不必站立等候，可以在设备设施齐全、安静舒适的休息室待位。接待室给顾客提供一定的消遣性的、可以打发时间的设施和用品，如电视机、报纸、杂志等。如接待室空间宽敞，必要时还可作为小型会议场所。

2. 衣帽间

衣帽间通常设在靠近餐厅进口处，由专门服务人员管理顾客的厚重衣物和帽子、手杖等用品。

3. 洗手间

评价一个餐厅的好坏往往从洗手间的装潢开始。因为任何人都可以由洗手间的整洁程度来判断该餐厅对整体卫生的重视程度，所以洗手间的设置应引起特别注意。洗手间的设置应做到：

（1）洗手间应与餐厅设在同一层楼，避免顾客上下楼不便。

（2）洗手间的标记要清晰、醒目（中英对照）。

（3）洗手间切忌与厨房连在一起，也不宜设在餐厅中间或正对大门的地方，以免顾客产生不良的联想，影响顾客的食欲。

（4）洗手间的空间要能容纳 3 人以上。

（5）洗手间应设在排水方便的地方。

（6）附设酒吧的餐饮企业应有专用的洗手间。

项目 4　餐厅氛围设计

一、餐厅氛围的基本概念

餐厅的氛围是指餐厅的环境给客人带来的某种强烈感觉的精神表现或景象。氛围可以是一种精神表现，例如浪漫的氛围、时尚的氛围、温馨的氛围等，也可以是一种景象，例如瑞士风情餐厅、田园风情餐厅、电影主题餐厅等。餐厅的氛围营造主要包括两个主要部分：

一种为有形氛围，主要指餐厅的建筑、设计、装潢等有形的方面所营造出的精神或景象，例如餐厅的位置、外观、色彩、内部装潢、构造和空间布局等方面。

另一种是无形的氛围，是与餐厅有形氛围相辅相成的餐饮服务流程、特色服务、服务人员的态度、礼节、能力以及让顾客满意的程度等。

有形的氛围要依靠设计人员和餐饮企业管理者的设计与创意，而无形的氛围的形成主要依赖于全体工作人员的共同努力。

二、餐厅氛围的作用

餐厅有形氛围是餐厅整体设计的重要组成部分，有形氛围设计的优劣对顾客有很大的影响，从而直接关系到餐厅经营的成败。

（1）餐厅有形氛围与餐厅的其他设计工作共同组成一个有机的整体，反映餐厅经营的主题思想。

（2）餐厅氛围的主要作用在于影响消费者的心境。所谓心境就是指顾客对组成餐厅氛围的各种因素的反映。优良的餐厅氛围能给顾客留下深刻的印象，从而增强顾客的惠顾动机。

（3）餐厅氛围设计是占有目标市场的良好手段。顾客的职业、种族、风俗习惯、社会背景、收入水平和就餐时间以及偏好等因素都直接影响餐厅的经营。餐厅氛围设计既要考虑到消费者的共性，又要考虑到目标市场消费者的特性，针对目标市场特点进行氛围设计，是占有目标市场的重要条件。

（4）餐厅的氛围能影响消费者的行为，从而加速或延缓顾客就餐的时间。

总之，餐厅的氛围对餐厅经营的影响是直接的。要想进行优良的氛围设计，就要考虑到“舒适”这一标准。由于“舒适”的含义是抽象的，况且不同的顾客对“舒适”又有不同的标准，因此，要想达到“舒适”就必须深入了解顾客的心理因素。这些心理因素通常是指顾客对餐厅的光线、色调、音响、气味、温度等方面的感知。优良的餐厅氛围是这些因素的最佳组合。

三、餐厅氛围的构成

餐厅的氛围是由内部氛围和外部氛围所组成的一个整体。餐厅的内部氛围就是指以上影响消费者心理的各种因素。内部氛围的设计要比外部氛围的设计具体得多，其作用也大得多。成功的内部氛围设计完全能够控制顾客的情绪和心境。内部氛围的设计是餐厅氛围设计的核心部分。要想达到良好的内部氛围设计，通常要考虑如下几项基本内容。

（一）选择合适的餐厅主题

餐厅主题是餐饮服务内容的集中反映，它包括：确定餐厅的类型或性质，即是作为中餐厅，还是西餐厅，是作为风味餐厅，还是自助餐厅；反映餐饮服务特色和品位；表明餐厅销售内容和服务方式；体现餐厅的服务规格和水准。

餐厅主题的规划，必须以餐饮市场需求分析和市场竞争分析为基础，根据经营方针和经营计划，寻求餐厅的设施设备和布局的功能效果。只有餐厅规划主题后，才能围绕餐厅主题进行内部布局、装饰设施、配置设备，并通过色彩、灯光的运用，烘托餐厅主题以使之更加突出和鲜明。

中餐厅的题材极为丰富，从目前我国知名餐饮企业的中餐厅来看，其色彩多采用暖色，以红色、咖啡色和金黄色居多，灯饰常以宫灯为标志，内部装饰有国画和条幅，并选择中国民族音乐营造轻松和谐的氛围，有条件的餐厅还采用亭阁、竹园、喷泉、假山、溪流等布景手段。西餐厅规划的主题，多以欧洲文化艺术为背景，其灯光、墙面、地面、天花板、家具以暖色为主，光线要求柔和，晚餐多采用烛光进行局部照明，餐桌以长形小桌为主，以便根据顾客数拼接。餐厅中央或入口处布置漂亮的展示台，用以突出餐厅的主题特色。为了保证顾客在进入餐厅后能够身心愉悦，应在靠近入口处留出足够的空间，使顾客们有机会逐渐适应并融入整个氛围中来。

（二）光线

光线是餐厅氛围设计应该考虑的最关键因素之一，因为光线系统能够决定餐厅的格调。

1. 光线的种类

餐厅使用的光线的种类很多，如烛光、白炽光、荧光以及彩光等。不同的光线有不同的作用。

（1）烛光是餐厅传统的光线。这种光线的红色焰光能使顾客和食物都显得漂亮。它比较适用于朋友集会、恋人会餐、节日盛会等。

（2）白炽光也是餐厅使用的一种重要光线，这种光最容易控制，食品在这种光线下看上去最自然。而且，调暗光线能增加顾客的舒适感，从而延长顾客的逗留时间。然而，白炽光的成本较高，一般适用在较为豪华的餐室。

（3）荧光是餐厅使用最多的光线。这种光线经济、大方，但缺乏美感。因为荧光中蓝色和绿色强于红色和橙色而居于主导地位，从而使人的皮肤看上去显得苍白、食品呈现灰色。

（4）彩光是光线设计时应该考虑到的另一因素。彩色的光线会影响人的面部和衣着。红色光对家具、设施和绝大多数的食品都是有利的。绿色和蓝色光通常不适于照射顾客。桃红色、乳白色和琥珀色光线可用来增加热情友好的氛围。

此外，不论光线的种类如何，光线的强度对顾客的就餐时间也有影响。昏暗的光线会增加顾客的就餐时间，而明亮的光线则会加快顾客的就餐。

2. 照明方式

（1）直接照明。90% ~100% 的光线直接照射到物体表面，光线强烈，非常清晰。这种照明方式具有强烈的明暗对比，并能造成有趣生动的光影效果，可突出物体在整个环境中的主导地位，但是由于亮度较高，应防止眩光的产生。直接照明用于餐桌上方、吧台、通道等区域射灯的照明。

（2）半直接照明。半直接照明方式是半透明材料制成的灯罩罩住光源上部，60% ~90% 的光线集中射向物体表面，10% ~40% 被罩光线又经半透明灯罩扩散而向上漫射，其光线比较柔和。如餐厅常采用的照明灯是半透明灯罩的吊灯。这种灯具常用于较低房间的一般照明。由于漫射光线能照亮平顶，使房间顶部高度增加，因而能产生较高的空间感。

（3）间接照明。间接照明方式是将光源遮蔽而产生的间接光的照明方式，其中 90% ~100% 的光通量通过天棚或墙面反射作用于物体表面，10% 以下的光线则直接照射物体表面。通常有两种处理方法，一是将不透明的灯罩装在灯泡的下部，光线射向平顶或其他物体上反射成间接光线；一种是把灯泡设在灯槽内，光线从平顶反射到室内成间接光线。这种照明方式单独使用时，需注意不透明灯罩下部的浓重阴影。通常和其他照明方式配合使用，才能取得特殊的艺术效果。

（4）半间接照明。半间接照明方式恰和半直接照明相反，把半透明的灯罩装在光源下部，60% 以上的光线射向平顶，形成间接光源，10% ~40% 部分光线经灯罩向下扩散。这种方式能产生比较特殊的照明效果，使较低矮的房间有增高的感觉。也适用于餐厅中的小空间部分，如门厅、过道等。

（5）漫射照明方式。漫射照明方式是利用灯具的折射功能来控制眩光，将光线向四周扩散漫射。这种照明大体上有两种形式，一种是光线从灯罩上口射出经平顶反射，两侧从半透明灯罩扩散，下部从格栅扩散。另一种是用半透明灯罩把光线全部封闭而产生漫射。这类照明光量较差，光线均匀，光线性能柔和，视觉舒适，如餐厅采用球形灯的照明。图 5 -6 是几种照明方式示意图。

3. 餐厅不同服务区域的照明设计

餐厅照明设计是一个相对整合的过程，要正确处理明与暗、光与影、实与虚等关系，设计舒适的光环境，调动用餐者的审美心理，从而达到饮食之美与环境之美的统一。

（1）餐厅室内设计多会取“正中人和”的传统手法，将餐桌摆放在餐厅中的中心位置，方正的造型会与周围环境融合。一般会运用重点照明来提升整体气氛。甚至可以考虑用光来划分每个区域。而对于较小的餐桌，灯光处理就比较暗了，一般会采用点光源，光从上至下投射到餐桌上，光源一般选用显色的较好，色温 2700K 左右为佳，这样使食物看起来非常诱人，促进食欲。在较少眩光的情况下，突出主题桌面，相对两侧的活动区域，照度值相对减少，利于柔和光环境的营造。另外，相关的标准也给出了参考，国际照明委员会《室内工作场所照明》中建议，餐桌桌面照度以 200lx 为宜。我国《建筑照明设计标准》中规定，中餐厅 0. 75m 水平面处照度不可低于 200lx。

（2）运用功能照明与装饰照明相结合的手法来处理整体光环境。功能性照明主要体现在，选用显色性好的光源来表现菜品可口。装饰性照明主要用来衬托环境气氛。对于室内摆件、壁画等装饰品，照明多采用点光源局部照明来突出物品的装饰性。

（3）入口处、等待区域及服务通道的照明。入口处的照明不宜过高，但一定要与内部的指引性照明相结合。与入口相连的等待区域，亮度应该比用餐区域的整体亮度高一些。这

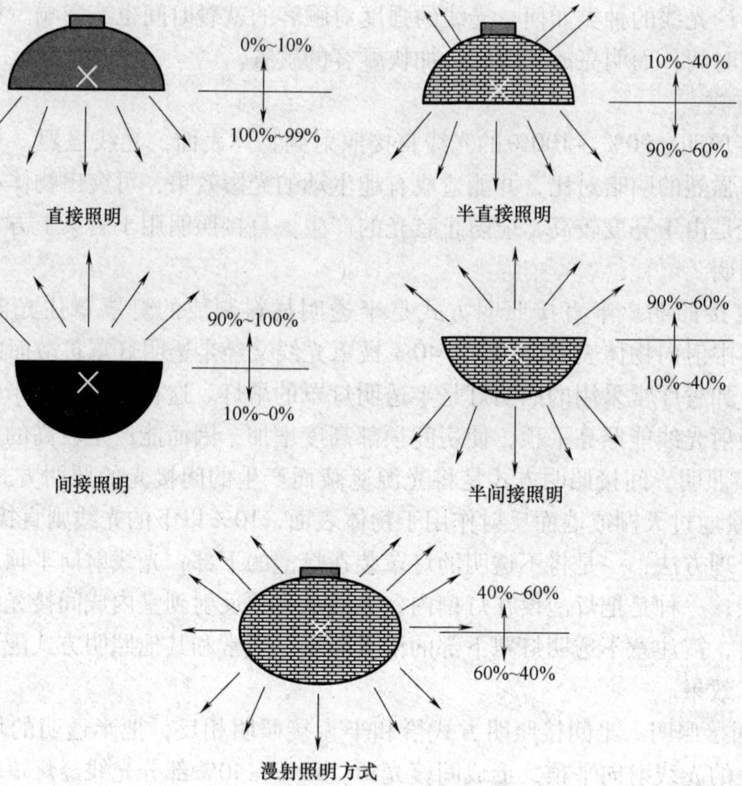

图5-6　照明方式

样可以增强空间的立体感。实验证明，室内空间的开敞性与光的亮度成正比。充满无形漫射光的等待区会有无限空间的感觉，在等待客人较多时，利于减少客人急躁心理的产生。服务通道无需做特殊的照明处理，满足功能照明即可，客人不会注意到服务人员的忙碌，使用餐客人心情愉悦。

（三）色彩

色彩是氛围中可视的重要因素，它是设计人员用来创造各种心境的工具。不同的色彩对人的心理和行为有不同的影响。

有些人认为，红、橙之类的颜色有激励的效果，其他如蓝色等冷色则有镇静的作用。一般说来，颜色对人的心境有如下影响，见表5-4。

表5-4　　颜色对人心境的影响

颜色	效果
红色	振奋、激励
橙色	兴奋、活跃
黄色	刺激
蓝色	宁静、镇静
紫色	自由、轻松
棕色	优美、雅致
绿色	松弛

不仅颜色的种类对人的心理和行为有影响，而且颜色的强度也有此效果。例如明亮的蓝色有相同于红色的激励作用。

1. 餐厅色彩的应用

（1）控制客流量。在餐厅氛围设计过程中，要想提高顾客的流动率，餐室里最好使用红绿相配的颜色，而不使用诸如橙红色、桃红色和紫红色等颜色。因为橙红、桃红和紫红等颜色有一种柔和、悠闲的作用。在快餐馆的氛围设计中，鲜艳的色彩十分重要。这种色调配合紧凑的座位、窄小而又不太舒适的桌子和火车座、明亮的灯光和快节奏的音乐，过分鲜艳的色彩和嘈杂声使顾客无暇交谈，驱使他们就餐后快速离开这里。

要想延长顾客的就餐时间，就应该使用柔和的色调、宽敞的空间布局、舒适的桌椅、浪漫的光线和温柔的音乐来渲染氛围，从而使顾客多待一会儿。

（2）表达餐厅的主题。色彩还能够用来表达餐厅的主题思想。例如，海鲜餐厅可以用冷色的绿、蓝和白色微妙地表现出航海的主题。

2. 餐厅色彩应用的原则

（1）首先要确定餐饮空间总体的色彩基调，然后再针对餐饮空间的不同区域功能来设定搭配局部色调。

（2）处理色彩关系一般是根据“大调和，小对比”的基本原则；色相宜简不宜繁，纯度宜淡不宜浓，明度宜明不宜暗。主要色彩不宜超过三个色相。

（3）在门面招牌、接待区、洗手间、电梯间等区域可使用高明度色彩，可获得光彩夺目、干净整洁的清新感。

（4）在咖啡厅、酒吧、西餐厅等地方则使用低明度的色彩和较暗的灯光来装饰，能给人以温馨的情调和高雅的氛围。

（5）用餐区和包房，可使用纯度较低的各种淡色调，可获得一种安静、柔和、舒适的空间气氛。

（6）在快餐厅、小食店、食街等餐饮空间里，使用纯度较高和鲜艳的色彩，可获得一种轻松、活泼、自由、快捷的氛围。

（7）红色、橙色、黄色这样的暖色能够刺激食欲，甚至有让食物的味道变得更好的效果。散发着蓝白光的荧光灯，则会令人感到阴冷、食欲不振。美味的食物看起来让人没胃口，压抑的气氛中也难以进行畅快的谈话。

（四）家具

家具的选择和使用是形成餐厅整体氛围的一个重要部分。在选择家具之前，首先要考虑目标市场的顾客。如果目标市场是高阶层的人员，那么传统的家具效果较好。如果您想要招待的是在坚硬的地板上忙碌了一天的业务人员，那么现代化的家具——包括宽大而舒适的椅子和沙发——会创造出一种非常舒适的氛围。如果想让顾客彻夜狂欢，那么舒适的睡椅或长沙发最为理想。如果想驱使顾客频繁地流动，最好使用坚硬的塑料椅和塑料桌面。

不同类型风格的餐厅在选择家具时，要考虑餐厅的特色，突出餐厅的氛围。例如：

中餐厅：选择具有中国元素的木质圆桌、方桌和餐椅；

西餐厅：选择具有西方元素的方桌、长桌、沙发或吊椅；

快餐厅：选择快餐桌椅、方凳或卡座；

酒吧、饮品店、面包店：选择吧凳、快餐桌椅或时尚家具；

主题餐厅：选择具有主题元素的家具。

另外，在布置餐厅时除了家具外，还应考虑窗帘、字画、摆设等附件与整体环境的协调。

（五）温度、湿度和气味

温度、湿度和气味是餐厅氛围的另一方面，它直接影响着顾客的舒适程度。温度太高或太低，湿度过大或过小，以及气味的种类都会给顾客带来极快的反应。

顾客因职业、性别、年龄的不同而对餐厅的温度有不同的要求。通常，妇女喜欢的温度略高于男性，孩子所选择的温度低于成人。活跃的职业使人喜欢较低的温度。此外，季节对餐厅的温度也有影响。夏天，餐厅的温度要凉爽；冬天要温暖。一般来说，餐厅的最佳温度应保持在21～24℃。

温度还能影响顾客的流动性。很多快餐馆利用较低的温度来增加顾客的流动率。同样，豪华的餐厅应该用较高的温度来增加舒适程度，因为较温暖的环境给顾客以舒活、轻松的感觉。

湿度会影响顾客的心情。湿度过小，即过于干燥，会使顾客心绪烦躁，从而加快流动。反之，适当的湿度，能增加餐厅的舒适程度和活跃程度，减缓顾客的流动。

气味也是餐厅氛围中的重要组成因素。气味通常能够给顾客留下极为深刻的印象，顾客对气味的记忆要比视觉和听觉记忆更加深刻。有时，烹饪的芳香弥漫餐厅，会使顾客引起食欲。然而，如果气味不能严格控制，餐室里充满了污物和一些不正的气味，必然会给顾客的饮食造成极为不良的后果。

（六）背景音乐

餐厅里的声响包括噪声和音乐。噪声是由烹调、顾客流动和餐厅外部所造成的。不同种类的餐厅对噪声的控制有不同的要求。对于招待忙碌了一天的企业人员或顾客的餐厅来说，就需要安静和幽雅的环境，因此，对噪声的控制较严。但是对于学生食堂就不一样，由于学生在宁静的教室上了半天的课，喧闹的食堂会起到放松和休息的作用。

现代的研究已经证实，音乐确实对顾客的活动有一定的影响。明快的音乐会使顾客加快就餐；相反，节奏缓慢而柔和的音乐会给顾客一种放松、舒适的感觉，从而能延长顾客的就餐时间。因此，不同种类的餐厅要进行不同的音乐设计。

餐厅的外部氛围是指餐厅的位置、名称、建筑风格、门厅设计、风景和停车场等方面的因素。外部氛围的设计要能够反映餐厅的种类、经营特色，同时要考虑对顾客的吸引力。外部氛围要与内部氛围相辅相成，共同形成餐厅的整体氛围。

项目5　餐厅设备管理

餐厅设备是保证服务接待工作正常进行的必要物质条件，每个服务人员都必须爱惜公物，以尽可能少的物资消耗，完成尽可能多的接待任务。设备设施能否保持整齐、洁净影响到餐厅的服务质量和经济效益，也反映出企业的实际管理水平。因此做好设备的管理工作十分重要。

一、餐厅的主要设备

（一）餐厅家具

1. 餐台

（1）方台。方台规格通常为85、90、100或110cm，高75cm。方台的使用功能最多，它既可以当圆桌面的桌腿，又可以拼成会议桌、中心菜台、酒吧台、水果台、点心台等。一个同时容纳300人进餐的餐厅一般需要方台50张。

（2）圆台。圆台直径为160和180cm，可分设8～12个座位。

（3）长台。西餐厅多采用方台和长台。长台分为两种，长的一种长为170cm，这个长度正是两张方台的长度。宽为42.5cm，是方台宽度的一半。短的一种长为127.5cm，相当于一张半方台的长度，宽为42.5cm，是方台宽度的一半，高度均为75cm。长台在必要时很容易和方台并拢，一物多用，拼成长餐桌。长餐桌的规格如表5－5所示。

表5－5　　长餐桌的规格

人数	宽度/cm	长度/cm
2	60～65	72～85
6	75～90	130～160
8	80～100	160～180
10	80～100	175～205

（4）转盘。在10人座以上的圆桌面上，一般都配有转台，转台底座内装有球轴承，菜点摆放在转台上，使用时只要轻轻地拨动，所需的菜点就会转动到客人面前。根据圆桌面的大小，可分别使用不同规格的转台，其直径一般在70～150cm。

2. 餐椅

在现代餐厅中，椅子的功能，首要是满足客人坐的需要，其次才是满足美感要求。所以椅子的设计，首先要有舒适感，其关键在于座面要符合人体坐姿的自然曲线。另外，靠背的支撑必须切中人体上部的着力部位。餐厅常见餐椅的种类和尺寸如图5－7所示。

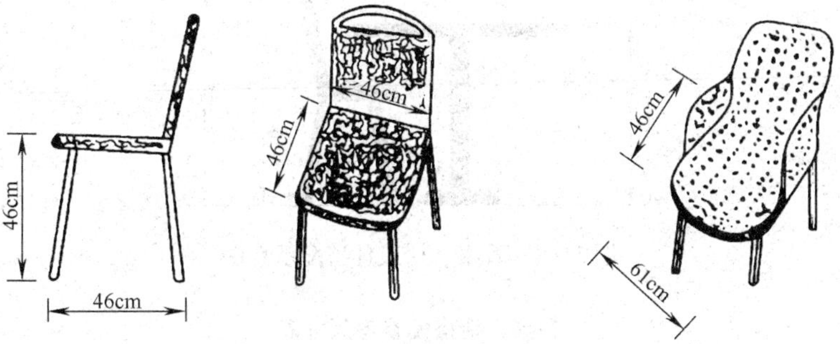

图5－7　餐椅的尺寸

餐椅一般有如下几种：

（1）木椅。它可分为一般木制座椅和硬木制座椅。木椅一般主要是为中式餐厅配备的，有的硬木椅的做工相当精制和考究，有雕花和贝壳镶嵌作为饰物。在众多的座椅当中，它的造价是最昂贵的。硬木椅一般配有精美的坐垫，以显示它的庄严和豪华。配有这种座椅的中式餐厅，在整体布局上都应与传统的中国风格相适应。

（2）钢木结构椅。其主要框架为电镀钢管或铝合金管，有圆形和方形管，又有可折叠与不可折叠之分。它的特点是重量轻、结实，可叠摞在一起，所需存放面积较小，也便于搬动，其尺寸规格一般是椅背高度为90cm，座椅高度一般为45cm，中西餐厅均可使用。

（3）扶手椅。带扶手的餐椅从习惯上不用于中餐，通常安放在西餐的长方形餐桌的两端，作为主人席位，档次高的西餐厅，也有全部餐椅都使用扶手椅。扶手椅的形体一般要比木椅宽大些，后靠背宽，弧度略大些，坐在上面比木椅更舒适。

（4）儿童椅。为了方便带儿童的宾客前来用餐，饭店的中西式餐厅一般都配备有几把专为儿童使用的餐椅。儿童餐椅座高为65cm左右，座宽、座深都比普通餐椅小。但是必须带扶手和栏杆，以免儿童跌落。

（5）其他特殊椅。如沙发椅、酒吧的吧凳、旋转活动椅、火车厢式卡座椅等。

3. 其他家具

（1）落台（工作柜）。落台既是储藏柜又是工作台，柜内存放餐具，柜面作上下菜时的落台，酒水和菜品也放在柜面。常用落台的规格，长为100cm，宽为48cm，高为80cm。

（2）酒柜。各式餐厅内一般都设有条形酒柜或立式玻璃酒柜，酒柜的作用在于陈设各种酒类和菜肴的样品，起到推荐的作用，同时又可与餐厅整体布局融为一体，起到装饰作用，酒柜宜放在餐厅的显眼处，以便于宾客观赏和挑选。中餐厅的酒柜一般设在酒吧内，因离客人有一段距离，应用明亮的灯光照射来引起客人的注意。高档西餐厅除了在酒吧内设有酒柜外，还会配备专门的葡萄酒柜，以储藏和陈列红、白葡萄酒。

（3）沙发。沙发是餐厅休息室不可缺少的家具。沙发的种类较多，根据休息室的不同等级和豪华程度，所选用的沙发也不一样。沙发一般有单人沙发、双人沙发和组合沙发。沙发的规格也很多，一般宽度在60～65cm，靠背倾斜角度在92°～98°。

4. 餐桌、椅的搭配

桌子和椅子之间的高度关系十分重要。要想鼓励客人交谈和增加舒适的气氛，餐桌和椅子的高度必须合理搭配。一般来说，餐桌和椅子的最佳搭配要按图5－8所示的高度和长度。餐桌、椅搭配参考尺寸见表5－6。

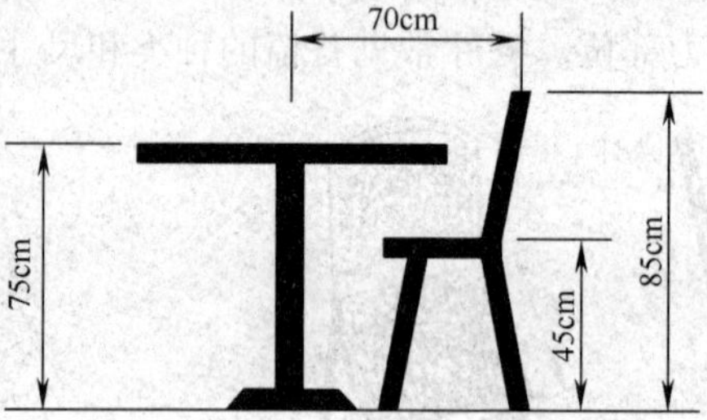

图5－8　餐桌、椅最佳搭配示意图

表5－6　　　　餐桌、椅搭配参考尺寸表

餐桌椅搭配	参考尺寸/cm
餐桌高度	70～75
餐椅高度	40～45
餐椅面与餐桌底的距离	25～30
餐饮背与餐桌边的距离	50～60

（二）餐厅设备

1. 温、湿度调控设备

温度、湿度、通风虽是无形的，但却是餐厅环境气氛中极为重要的一个因素。过低的温度，有“冷遇”之感，同时使餐饮产品快速降温，导致菜品质量欠佳的错觉；温度低，使人体各器官有收缩的反应，让人“胃口”大减。

目前，大多数的餐厅为吸烟者提供便利，只有一少部分为非吸烟餐厅，因此，大量的烟雾、食物的热蒸汽会使餐厅空气污浊。排出不洁空气，输入新风，才会使餐厅保持清新。不同星级饭店的餐厅空调标准如表5－7所示。

表5－7　不同星级饭店的餐厅空调标准

参数 \ 饭店等级	五星级		四星级		三星级	
	夏季	冬季	夏季	冬季	夏季	冬季
温度/℃	22～24	20～22	24～26	18～20	25～28	16～20
相对湿度/%	50～60	40～50	50～60	40～50	55～65	大于30
新风量/［m^3/（h·人）］	25	25	25	25	20	20

2. 消防设备

餐厅是人流密集的场所，而且大量使用煤气和电器设备，一旦发生火灾，疏散难、扑救难，损失严重，后果不堪设想。进行合理的消防设计和布局，使用先进适用的消防设施和设备，并使其充分发挥效用，是消防安全管理的基础。

餐厅的消防工作应从设计建造时就开始。消防通道最好设在主建筑物的外面，万一火灾发生便于人员疏散。消防管道、消火栓、喷淋器、烟感器、报警器、灭火器等设施设备要布局合理，火灾发生时便于操作。

消防设备一般包括消防自动报警系统、防排烟联动系统、自动喷淋灭火系统、消火栓系统、BTM气体灭火系统等，安装时要考虑到使用、操作及检查、维修、保养的方便。

3. 音像系统设备

音像系统一般由播放音像设备、收视设备、麦克风、扬声器及其连线组成。

播放音像设备应放置在客人不易看到和触摸到的地方，不仅节约营业场所面积，而且不易被损坏。

收视设备不应悬挂在某一餐台上方，距最近的餐位应大于2m的距离，每一台收视设备的收视距离可达到8m，即收视范围是以收视设备为圆心，半径8m的75°扇形收视区。

扬声器要分布匀称，高低适度，音量适中，曲调选择要对路。同时，还可利用进餐者人数的多少与营业高峰、低谷的关系，变换不同节奏的音乐。

4. 电器设备

餐厅还配备一些电器设备，如空调、电风扇、电冰箱、咖啡炉、吸尘器等。

二、餐厅设备及餐具的管理

（一）木器家具

根据木制家具的特性，运用科学的方法，是做好木器家具保养的基础。一般应注意以下几个方面：

（1）严防受潮、暴晒。木制家具受潮后容易膨胀变形，切勿把湿毛巾等物品放在家具上，如果发现有受潮的部件在家具上，应马上拿掉。见到水渍要及时揩干。家具受阳光暴晒容易收缩，所以应避免家具在强烈的阳光下。

（2）定期打蜡上光。为了保持家具色泽光亮，除了经常用干燥柔软的布揩擦以外，还要半年左右上一次蜡，然后用洁白柔软的干布反复揩干，使之发亮。

（3）调节室内空气。如房间门窗久闭不通风，家具就会失去光泽，对久关的房间要适时地开窗通风。

（4）注意巧搬轻放。餐厅的家具由于种种原因经常需要移动，这就要求十分注意巧搬轻放。对笨重的家具切忌在地板上硬拖硬拉。搬动时不要碰撞墙壁、门框。家具有损坏应及时维修。要经常检查，以保持和提高家具的完好率。

（二）银器餐具

餐厅常用的银器餐具有大小刀叉、大小银盘，不同类型的壶、盅和羹匙等几十种。

（1）专人保管。银器餐具系贵重餐具，一般都指定专人分工负责、定额管理。对银器的管理还需分类分档、登记造册，在用的银器应天天清点。大型宴会餐具数量多、流量大，更要思想重视、仔细查点。在餐后清台时，要防止把小银器倒进垃圾桶内。同时，对所有的银器餐具要定期进行盘点，以防缺损。

（2）定期擦洗。使用后的餐具要洗涤，这是常识，但银器餐具用过后，不仅要洗净，而且要擦净、擦亮。尤其是接触过蛋类的银器，更要加倍擦净（因蛋白碰上银器会起化学作用，产生黄色的蛋白银）。银器长期不用，颜色会由白变黑，因此，不仅要做好日常的擦洗工作，还要对在用和备用的所有银器餐具定期进行彻底擦洗。擦银器最理想的是使用银粉。擦洗方法是将银器浸湿后，用刷子或揩布蘸上银粉，擦去银器上的黄污渍，待晾干后，再用干布用力擦亮，然后用开水泡洗消毒，再用消毒后的干布揩干。没有银粉时，也可以用去污粉代替，但不如银粉擦的光亮。

（3）分档存放。银器品种繁多、规格不一，需用专门橱柜分格、分档存放，尤其是刀叉，刀口、刀尖较锋利，容易划破手指，或因互相碰撞而损坏其他银器，一定要专橱专用、分档存放。这样既安全整齐，又便于清点。

有些餐厅用银器盅、壶、宝塔等作摆设，对这些银器更要妥善安放，经常擦刷，保持光亮。

（三）玻璃、陶瓷器皿

（1）玻璃陶瓷器皿的保养。玻璃器皿品种繁多，餐厅中使用极为广泛，其中有各种各样的酒杯、水杯、漱口杯和烟灰缸等，品种与规格不下几十种。要求经常检查、妥善保管。一般水杯、酒杯用过后都要用洗涤剂洗刷，清水冲净，用药或蒸汽消毒，然后用专用消毒布揩干水渍，保持杯子透明光亮。操作时，动作要轻稳，使劲要得当。揩干后的杯子都要倒扣于干净的盘格内，依次排列、安全放置。较大的水杯和高脚杯要有专用的木格子存放，小的烈酒杯等最好放进特制的木柜格子内。存放杯子时，切忌重压或碰撞，以防止破裂。如发现有损坏、裂口的杯子，应立即拣出勿用，以确保顾客安全。

（2）陶瓷器皿的保养。陶瓷器皿是餐厅的主要用具之一，其种类主要有各种碗、碟、壶、盘等，名称不一，使用各异，但保养方法基本相同。洗涤碗、碟瓷器时一般都使用洗碗机。洗净消毒后的碗、碟须用专用揩布擦干水渍，然后再分类、分档整齐地放在特制的碗橱内，关上橱门，防止灰尘污染。在搬运碗碟时，要装稳托平，防止因倾斜、碰撞而失落打碎。饭后收拾餐具时，要大小分档、叠放有序，防止因乱放乱叠而造成压碎压裂。

（四）布件与地毯

1. 布件

布件主要有台布、餐巾、制服、毛巾等。在餐厅服务中，布件的使用量也是较大的。

（1）布件要有专人保管，存放在干燥、卫生的地方。

（2）换下的布件要抖干净残肴骨屑，及时送交洗衣房洗涤。

（3）要轮换使用，以减少破损和防止久放发脆。

（4）要注意防霉、防蛀。

（5）换取布件时要仔细清点、记数，以防遗失。

2. 地毯

地毯有羊毛制品和化纤制品等多种，一般用于比较高档的餐厅。地毯的保养要做到：

（1）避开火星以免燃烧。

（2）每天用吸尘器吸尘，定期用干洗或湿洗方法对地毯进行清洗，保持地毯清洁。

（3）如发现局部有污渍，应及时用肥皂水洗刷，然后用湿布擦净晾干；如有积水应及时吸干再掀起晾干。

（4）收藏时要吸掉灰尘，洗刷干净，卷成圆筒，包好放在干燥通风处。

（五）其他设备的使用和保养

冷暖气设备、水电设备、冰箱设备和消防设备等一般由后勤机修人员负责维修保养。但是服务人员也经常接触这些设备，应该了解掌握这些设备的性能和使用方法。

（1）空气调节器。餐厅的空气调节器目前主要有窗式、卧式、立柜式和中央空调等几种。

使用时要按规定操作，不能让水溅在开关上，以免发生漏电、触电事故。在使用中如闻到或听到金属相碰声，应立即通知工程部门进行检修。每隔二三个月，要清洗一次进风滤网和空调器表面，保持通风流畅、设备整洁，但切忌用去污粉以及其他酸性的洗涤用品擦洗。

（2）水电设备。每位服务人员对所在餐厅的水、电开关和总闸门的位置要一清二楚，并能掌握调换保险丝等简单的修理技术，还要经常注意检查坐便器、水箱是否漏水，检查吊灯、壁灯是否明亮，如发现损坏，要及时报修或调换。

（3）电冰箱。餐厅内的电冰箱供储藏啤酒、汽水、冷饮和其他食品用，要保持冰箱内的温度，切勿把热水、热食品放入冰箱内冷藏。冰箱要定期除霜、擦洗。

（4）吸尘器。吸尘器是地毯吸尘的专用机器。吸尘器主要由马达、风叶轮、蛇皮管和羊毛质贮灰袋组成。操作时，开动马达，通过风叶轮把灰尘吸进贮灰袋。吸尘结束时，要注意清除袋内垃圾，保持机器清洁。

本 章 小 结

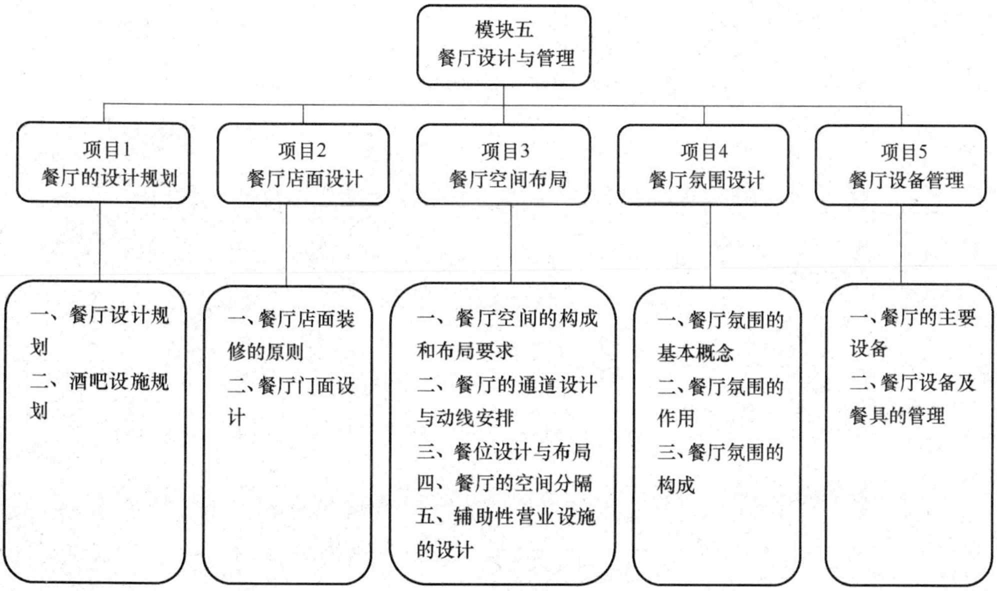

思 考 题

1. 餐厅店面装修的原则是什么？
2. 餐厅空间的构成和布局要求是什么？
3. 餐厅的空间分隔主要有哪几种形式？
4. 什么是餐厅氛围？餐厅氛围的构成主要有哪些？

模块六　餐厅日常管理

学习目标：

1. 掌握餐厅组织结构及岗位职责
2. 掌握餐厅人员配备的方法
3. 掌握餐饮服务流程及要求
4. 掌握员工培训及考核的主要内容和方法

模块内容：

项目1　餐厅的组织结构

项目2　餐厅的人员配备

项目3　餐厅服务管理

项目4　员工培训及考核

模块任务：

各实训小组设计模拟餐厅的组织结构、定岗定编，设计排班表、餐厅的服务流程，并制定相应的岗位职责、员工培训、考核制度。

任务1　餐厅组织结构设计

要求：①设计餐厅的组织结构；

②画出餐厅组织结构图；

③制定餐厅岗位职责。

任务2　餐厅的人员配备

要求：①计算餐厅的人员配置；

②设计员工排班表。

任务3　餐厅服务管理

要求：①设计餐厅服务流程；

②设计餐厅服务标准。

任务4　员工培训及考核设计

要求：①制定餐厅员工培训计划；

②制定餐厅员工考核制度、激励和薪酬制度。

任务评价：评价计分方法见表6－1。

表6－1　　模块六　餐厅日常管理 评价表（总分100）

组别	姓名 学号	组织结构 满分25分	人员配备 满分25分	服务管理 满分25分	培训考核 满分25分	总分

【引导案例】

麦当劳的季节工管理与培训

麦当劳以其高品质的食品和服务征服了世界，赢得了世界速食业第一巨头的市场地位。

而令人惊奇的是，这个巨人的员工有90%以上的是季节工（或称计时工、兼职打工者）。如何利用季节工来提供高品质服务是麦当劳经营成功的一大秘诀。

一、季节工的原动力

为保证服务质量。餐饮界一般很少全面地引入季节工工作体系。麦当劳在这方面做了很多工作，对这种工作体系有深刻的认识。

麦当劳店平均有60～80名的工作者，其中仅有3名月薪工作者，这也就是说一天分三班，每一班只有一名正式职员。而正式职员一星期只工作五天，计时工则有“登记制度”，所以在整间店面，营业时间内可能都由计时打工者掌握营运及管理。

在这种情况下，使用单纯化、标准化与专业化的作业设备是必要的，但是更重要的是确立“整体性劳动管理制度”，让短期打工者的劳动力能在短时间内发挥最大功效。

麦当劳有一句宣传口号“任何时间、任何地方、任何人”，这并非只针对产品，在制造方法、贩卖管理、品质与库存管理、卫生与安全管理、劳务管理、顾客管理等方面，它都很确实地做到了“不论何时、何地、何人”的原则。实际上，整间店面的管理，均委托给管理组中职位最低的计时经理。因此，在麦当劳所有的工作人员里，在机会平等前提下，不论是正式职员也好、打工人员也好，每个人的地位与相对报酬都是相等的。

兼职打工的原动力并不是在招募、录取时就能发现展露的，它要经过教育、训练、考核、奖励、沟通的过程，自然而然提升“工作意愿”，有了工作意愿，也就自然可以发挥最强的原动力了。

二、整体性劳动管理制度

麦当劳采取的是小组分控制，因此有关招募、录用到辞职，所有的管理工作权限都是由各个店铺内自行处理。至于在各店内的职权如何分配，则完全由中心经理店长做主。中心经理店长在他的管理组中选定一名企划经理，这名企划经理对劳务管理及打工人员就业规则要非常了解。

店铺企划经理的第一项工作，便是制作一张“全年店员招募计划表”。人员招募及雇佣时，最大的考虑重点是维持“Q. S. V. C.”（品质、服务、卫生、价值），这也是麦当劳最高的座右铭。人员募集有以下几个基本来源：

1. 靠打工人员介绍；
2. 在店外张贴海报，制成POP；
3. 在退职及休职人员档案中寻求；
4. 在其他店铺退职人员档案中寻求；
5. 在其他店张贴海报；
6. 分发传单；
7. 登报纸广告或报纸夹页（DM）；
8. 访问学校；
9. 职业介绍所等劳动力中介机构。

关于面试时间，选择在顾客不多的时间段，面试的评价通常都是从应试者的态度、仪容、协调性、可用性来考虑。一旦被录用为店员，首先要接受新生训练，让新进人员对环境有所了解。所有的新进店员，将来都可能成为身负全店管理重责的组长或者经理，所以必须认真培养。在熟悉的过程中，服务员会被鼓励利用服务员休息室看教育录影带，并阅读简易的工作手册，加深对工作程序的印象。要让新进人员能自动自发地学习，其中重要的是要让员工树立只要努力，地位与报酬必定会受到保障的信念。

进入公司之后，服务员从见习员、服务员、训练员、接待员、组长至经理，循序渐进，一层层向上挑战。

在创造人才上，麦当劳有一套独特的方法，简单地说，就是在升职、加薪时，实行以公开评价、自我推荐、事前设定目标、事后面谈、定期评价为主的评估制度，诱发工作者最高的工作意愿。相对地，凡是有意愿工作者，公司随时做出愿意指导的姿态与组织，使他们觉得努力必定受到重视，而能达到组织与人才灵活化的效果。

麦当劳的升级和加薪最主要是决定于店长，但是真正的评价者是包括计时经理、组长等所有管理人员在内的管理组人员。在这种多数评价制度下，很容易培养出员工挑战的精神，而这种精神也正是麦当劳的基本政策之一。

虽然工作的压力很大，但是这个体系也备有完整的沟通与鼓励制度。沟通所采取的方式有：开会制度、自由讨论会、布告栏、联络簿等。依职别的不同，员工需要参加的会议与收到的公告也有所不同。

麦当劳鼓励员工也有一套系统，简称 PAM。它是将工作游戏化，且制成许多实例式的手册，经由周到的计划，每年编列预算，确保计时工作者的工作意愿可以达到最高峰。从周密的人员募集计划至激发知性的 PAM 计划，麦当劳以无比的精力与热情，在短期内动员计时工作人员的劳动力，并将他们的生产力带到最高境界，这些原动力在通向事业成功的道路上是不可忽略的。

三、薪酬与激励

1. 兼职打工者的地位与酬劳

在麦当劳兼职打工，它的职位与报酬是相对的，通常麦当劳的办公室会有一张布告板，其中张贴布告栏的一列是“职位及工资”，职位栏内写有：①A. SW.（A 级组长）②SW.（组长）③STAR.（接待员）④TR.（训练员）⑤A.（A 级服务员）⑥B.（B 级服务员）⑦C.（C 级服务员）⑧TN.（见习员）等英文缩写顺序。与职称相关的便是工资待遇，一般以“C 级”为基准，“SW”增加 25%，“A. SW”增加 50%，同时一年还可以领两次奖金。

一般来说，服务员会不太适应这种公开式的做法；但是适应以后，便可以放心与上司、同事打成一片。因为只要认真工作，必定可以获得其他同事的认同，并把这种方法当做自己今后努力的目标。

2. 按月考核辅导

组长和所有管理员工每个月都会进行一次沟通，组长会以绩效考核表评估。不过在填表之前，管理组如果对评估有任何意见，都可以先和经理协商。一旦评估填妥，进行变向沟通，但是其目的仅限于建立共同的价值观与辅导。组长不会因为员工的答辩而修改考核成绩。经过每个月的考核与事后个别谈话，管理组同事可以感受到被关心的程度，因而激励了劳动意愿，对于下次的考评会更努力。

3. 多样化的沟通方式

在门市内全体工作人员有三种主要沟通方式：

①会议：会议又分服务员全体大会、管理组会议、组长会议、接待员会议、训练员会议、小组会议。

②临时座谈会。

③利用公告栏。

麦当劳门市还备有各种笔记本，如服务员联络簿、经理联络簿、接待员联络簿、训练员联络簿等，通过这些随时可将公事上的重点写下，也可借此互传信息。麦当劳备有这些沟通渠道，其真正意义在于创造“情报共有化”，让所有工作人员持有一种共识，进而促使每个工作者参与、合作、负责。

四、培训

1. 培训的四个步骤

培训的四个步骤是准备、说明、执行、事后考核四个阶段。

准备就是培训以前的事前工作，在何时、何地、谁、做什么、怎么做。接着就是说明，但这里不仅是在口头上说明，或是死背手册的文字条例，训练员要亲身示范，然后再让实习的人做一遍。若是有做错的、遗忘的地方，由训练员指正，反复指导，一直到完全会了为止。这点也代表了执行，而事后的审核工作，则是训练员在距离较远的地方观察。

2. 利用工作伙伴来加强培训

麦当劳通常也会采取利用“工作伙伴”制度来提高工作效率。训练员将一些示范动作说明清楚后，便要求实习者照着做，然后训练员会将实习者的训练状况写在培训工作检查表备注栏之中。这些训练工作检查表不仅代表进步状况，它还可以将问题一并记入其中，以达到最好的训练效果。

训练员与实习员在训练期间，几乎一举手一投足都是互相的协调。连休息时两人都相处在一起。这种一对一的教学方法便是麦当劳“工作伙伴”制度的结果。对麦当劳而言，这也是提高工作效率最佳的方法。

3. 麦当劳汉堡包大学的培训

众所周知，麦当劳有个直属的“汉堡包大学”。日本汉堡包大学提供了两种课程，一个是BOC，一个是AOC。所谓BOC（Basic Operations Course）是基本作业讲习；AOC（Advanced Operations Course）是高级作业讲习。BOC的目的是教育管理人员制作方式、生产及品质管理、贩卖管理、作业及资料管理、利润管理。而AOC则在于训练更高阶层的管理人才。

大学中设有所有店面里都有的器材设备和一般惯用的视听设备。然而并不是所有的课程都可以在汉堡包大学的教室中来解决，老师仍会带学生到店中实地了解、考察、讨论。在十天授课中，每两天便有测验，成绩优秀者，在结业典礼上会获得奖章，这样可以让参加的人在竞争与挑战的心境中，吸收更多的知识。

【案例分析】

许多餐饮管理者对季节工的能力和效率存在极大的偏见。麦当劳并未走入这一误区，反而利用季节工提供了高品质的食品和服务。本案例揭示了麦当劳在合理使用季节工方面的成功举措。这些举措可总结为以下几点：

（1）对季节工工作制度的深刻理解。

（2）制定详尽易行的工作手册并进行制度化。

（3）为季节工设立一套完整的管理制度。

（4）季节工与正式工统一作业。

（5）合理的薪酬体系。

（6）有效沟通与激励。

（7）有效、快速、合理的培训体系。

项目1　餐厅的组织结构

餐饮管理人员应了解组织结构的设置原则和依据，根据本企业的规模、等级、经营状况、生产目标等进行组织结构设计，并做到明确职务分工、明确上下级关系、明确岗位职责，有清楚的协调网络以及科学合理的人员配备等，使餐厅的组织结构充分体现其生产功能。

一、餐厅组织结构设置的一般模式

组织结构明确反映了公司的内部结构，对于明确责权和工作关系是十分必要的，而且还能反映企业经营者的管理思想，因此是每个餐饮企业必须完成的一项工作。在设计组织结构模式时，要综合考虑餐饮企业的规模、经营性质和范围、提供产品特点等因素，使企业能在多变和竞争的市场环境下，保持最佳营运状态。

（一）小型餐饮企业的组织结构设置

小型餐饮企业的组织结构见图6－1。

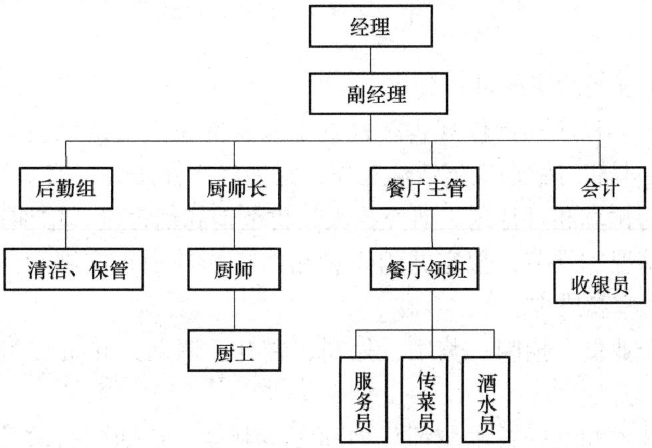

图6－1　小型餐饮企业的组织结构图

（二）中型餐饮企业的组织结构设置

中型餐饮企业的组织结构见图6－2。

二、餐饮企业员工岗位职责

为了更好地保证组织结构在餐饮管理中发挥其积极作用，使每个工作岗位的员工清楚自己的职责、明确自己的隶属关系，餐饮企业必须对每一个岗位设立相应的岗位职责，使每一位员工都能明确自己的职责、任务和权力范围等。岗位职责包括：职务名称、所属部门、直接上司、直接下属、工作职责等。

（一）餐饮企业经理

直接下属：餐饮企业副经理

岗位职责：

（1）全面负责餐饮企业的经营管理工作。

（2）负责制订餐饮企业长期、短期的年度和月度计划，组织、督促完成各项任务和经

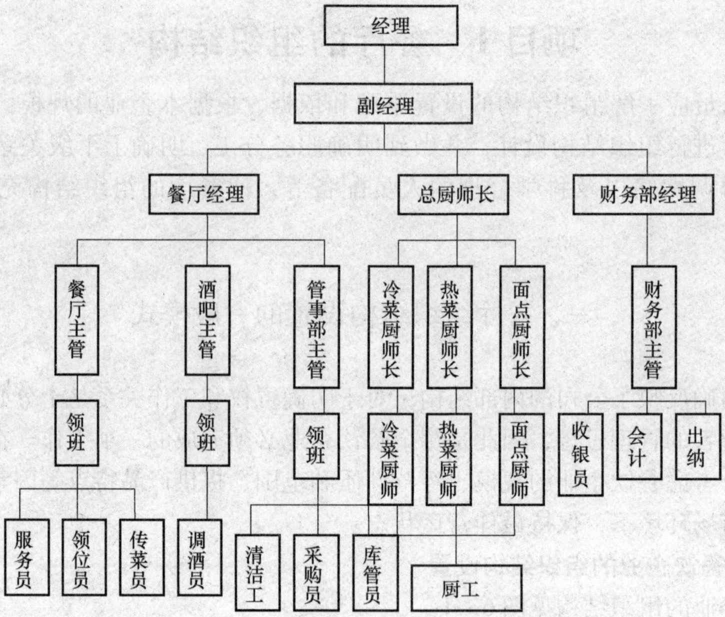

图6-2　中型餐饮企业的组织结构图

营指标，对月度、年度经营情况进行分析。

（3）制定服务标准程序和操作规程。检查下属各岗位人员的服务态度、服务规程，保证食品的质量，促使本部门做好卫生清洁工作，开展经常性防火、安全教育。

（4）制定每年的预算和月计划，研究扩大销售范围和销售量，增加经营收入。

（5）根据市场情况和季节，拟定并组织食品的更换计划，控制食品、饮品标准规格和要求，正确控制毛利率和成本。

（6）组织餐饮企业员工招聘、奖励、处罚、晋升、调动，并负责组织员工的业务知识培训工作。

（7）制定服务技术和烹饪技术培训计划和考核制度。定期同行政总厨研究菜点，推出新菜单，并有针对性地组织服务人员和厨师外出学习其他单位的先进经验、技术。

（8）了解市场动向，掌握原材料行情，有效控制经营成本，降低营业费用，从而确保营业指标和利润指标的完成。

（9）注意现场管理，经常性地对餐厅、厨房巡视监督，组织质量管理小组活动，保证各项运作正常。

（10）组织、安排大型团体就餐和重要餐饮，负责 VIP 客人的迎送，处理客人的重要投诉。

（11）主持日常和定期的餐饮企业会议，经常分析业务经营状况，及时调整、完善经营措施。

（12）抓好设备设施的维护保养，确保各种设施处于完好状态，同时防止事故发生。

（二）餐饮企业副经理

直接上司：餐饮企业经理

直接下属：餐饮企业办公室人员、各分部经理（如餐厅经理、采购部经理、行政总厨、财务部经理等）。

岗位职责：

（1）协助餐饮企业经理做好餐饮企业管理工作。

（2）协助经理控制费用的支出。

（3）处理客人对餐饮的投诉。

（4）检查部门服务准则的执行情况。

（5）检查各责任区下属各时段的表现。

（6）协助忙碌时段各项工作的正常进行。

（7）协助对员工进行专业培训，完善培训课程。

（8）监督员工贯彻并执行企业员工手册的各项规定。

（9）监督员工遵守企业有关防火、卫生、健康与安全的各项规定。

（10）接受并执行任何临时分派的合理任务。

（三）餐厅经理

直接上司：餐饮企业经理

直接下属：餐厅主管

岗位职责：

（1）督导完成餐厅日常经营工作，编制员工出勤表，检查员工的出勤情况，检查员工的仪表及个人卫生、制服等是否符合要求。

（2）具有为企业作贡献的精神，不断提高管理艺术；负责制定餐厅经营销售策略、服务规范和程序，并组织实施；业务上要求精益求精。

（3）重视员工的培训工作，定期组织员工学习服务技能、技巧，对员工进行企业文化、服务意识、推销意识等方面的培训，定期检查并做好培训记录、考核。

（4）热情待客、态度谦和，妥善处理客人的投诉，不断改善服务质量。加强现场管理，营业时间应坚持在一线岗位，及时发现和纠正服务中的问题。

（5）领导餐厅服务质量管理小组对餐厅服务质量进行检查，把好餐厅产品服务的每一关。

（6）加强对餐厅财产管理，掌握和控制好物品的使用情况，减少费用开支和物品损耗。

（7）负责制定餐厅的清洁卫生和美化等工作，保持就餐环境幽雅卫生；同时抓好餐具、用具的清洁消毒环节。

（8）及时检查餐厅设备状况，建立物资管理制度，做好维护保养工作，并做好餐厅安全和防火工作。

（9）与厨师长期保持良好的合作关系。根据季节差异、客人情况研究制定特色菜单。

（10）与客人建立良好的宾客关系，主动与客人沟通。处理客人投诉，并及时采取有效措施，必要时报告餐饮企业经理。

（11）定期召开餐厅员工会议，分析研究近期服务质量情况。

（12）参加餐厅召开的各种有关会议，完成餐饮企业经理下达的其他各项任务。

（四）酒水部经理

直接上司：餐厅经理

直接下属：酒水服务员、调酒员

岗位职责：

（1）制定酒吧的销售品种及销售价格。

（2）制定各种酒水的服务方式。

（3）制定各酒吧的工作规程。

（4）熟悉酒水的货源、品牌及规格，控制酒水的进货、领取、保管和销售。

（5）控制酒水、饮品的分量和数量，检查饮品的质量，减少损耗，降低成本。

（6）检查和督促下属员工严格履行职责，提高工作效率，保质保量按时完成工作任务。

（7）培训本部门的领班及员工的管理意识、服务技能和调酒技术。

（8）合理安排人力，检查各项任务的落实情况，对重要餐饮、酒会要到场指挥和督导。

（9）掌握各酒吧的设备、用具和财产，定期清点并及时进行维修保养。

（10）负责所属范围内的消防安全工作及治安工作，确保安全运行。

（五）管事部经理

直接上级：餐饮部经理

直接下级：领班、主管、库房保管员、洗碗工、清洁员

岗位职责：

（1）全面负责管事部工作，建立管事部的安全、卫生等各项规章制度，并严格落实。

（2）根据饭店的经营计划和餐饮部的营业情况，制定餐具、用具的年度预算，上报餐厅经理，控制清洁用品的使用，降低成本。

（3）负责配合财务部对各餐厅、厨房的餐具进行定期盘点并及时予以补充。

（4）督导下属员工按操作规程对餐具、用具进行洗涤、消毒以及做好餐厅、厨房、办公场所等区域的清洁卫生工作。

（5）主持管事部门工作会议，传达上级指示和布置工作。

（6）定期检查各有关部门的餐具使用情况，制定切实可行的措施、降低破损率，并组织实施。

（7）每日检查并不定期抽查洗碗班和卫生班的清洁工作。

（8）做好定期的培训工作和员工的评估、奖惩工作。

（9）经常和各餐厅经理、厨师长取得联系，协调工作。

（六）餐厅主管

直接上司：餐厅经理

直接下属：餐厅领班和餐厅员工

岗位职责：

（1）确定每日早、中、晚班人员，做好领班、迎宾员的考勤记录。

（2）了解当时用餐人数及要求，合理安排餐厅服务人员的工作，督促服务员做好清洁卫生及餐具、酒具的准备工作。

（3）随时注意餐厅就餐人员动态和服务情况，要在现场进行指挥，遇有 VIP 客人或举行重要会议，要认真检查餐前准备工作和餐桌摆放是否符合标准，并亲自对客服务，以确保服务的高水准。

（4）加强与客人的沟通，了解客人对菜品的意见，妥善处理客人的投诉，并及时向餐厅经理反映。

（5）定期检查设施和清点餐具，制定使用保管制度，有问题及时向餐厅经理汇报。

（6）注意服务员的表现，随时纠正他们在服务中的失误、偏差，做好工作业绩记录，作为评选每月最佳员工的依据。

（7）负责组织领班、服务员参加各种培训和竞赛活动，不断提高自身和下属的服务水平。

（8）积极完成餐厅经理交办的其他任务。

（七）餐厅领班

直接上司：餐厅主管

直接下属：餐厅服务人员

岗位职责：

（1）每日班前检查服务员的仪表、仪容，凡达不到标准和规范要求的不能上岗。监督服务员的具体操作，发现问题及时纠正，保证服务工作符合企业标准。

（2）明确餐厅主管所分配的工作，领导本组服务员做好开餐前的准备工作，着重检查用品、物品是否齐备、清洁和无破损。

（3）逐项检查桌椅的摆放是否规范，菜单、酒具是否卫生并无破损，发现问题及时纠正或报告主管。

（4）开餐后注意观察客人用餐情况。随时满足客人的各种用餐需求。遇有重要客人或服务员人手不够时，要亲自为客人服务。

（5）督导服务员向客人推荐特别菜点、饮料，主动介绍菜单。

（八）餐厅领位员

直接上司：餐厅领班

直接下属：无

岗位职责：

（1）上岗时要求衣冠整洁、端庄大方、笑容可掬、彬彬有礼。

（2）熟知当天订餐的单位（或个人）名称、时间、人数及台位安排等情况。

（3）代客人存取保管衣物，并询问有无贵重物品，贵重物品提醒客人自行保管。

（4）整理、准备菜单及酒水单，发现破损及时更换。

（5）迎接客人，运用礼貌语言问候客人，如“先生、小姐您好，欢迎光临”；“欢迎您到我们餐厅就餐”等。记录常客的姓名，以姓氏称呼客人，以增加客人的亲切感和受尊重感。

（6）引导客人到预订餐位或客人满意的餐位就坐，为客人拉椅，铺好餐巾，递上菜单。

（7）客满时，负责安排好等候的客人，使客人在等候区休息等位。

（8）负责接听电话，客人电话订餐应问清楚姓名、单位、时间及人数，做到准确、快捷。

（9）向客人介绍餐厅各式菜点、各种饮品和特色菜点，吸引客人来餐厅就餐。

（10）客人用餐后离开餐厅时，站在门口目送客人，征求客人意见并向客人表示感谢，欢迎客人下次光临。

（11）随时注意听取客人的意见，及时向上级反映。

（12）随时注意接待工作中的各种问题，及时向上级反映并协助处理。

（九）餐厅服务员

直接上司：餐厅领班

直接下属：无

岗位职责：

（1）服从领班安排，按照工作程序与标准做好开餐前的各项准备工作。

（2）按照服务程序和标准为客人提供优质的餐饮服务。

（3）尽量帮助客人解决就餐过程中的各类问题，必要时把客人的问题和投诉及时汇报给领导，寻求解决办法。

（4）营业结束时做好收尾工作并与下一班做好交接工作。

（5）完成上级指派的其他工作。

（6）接受安排的培训课程，接受餐厅调派的工作和职务调动安排。

（十）餐厅传菜员

直接上司：餐厅领班

直接下属：无

岗位职责：

（1）负责开餐前的传菜准备工作，协助值台服务员布置餐厅和准备相应的服务用品。

（2）负责将厨房烹制好的菜肴、食品准确及时地传送到餐厅。

（3）负责将值台服务员开出的订单传送到厨房出菜口。

（4）严格把好菜肴食品质量关，不符合质量标准的菜点有权拒绝传送。

（5）严格执行传送菜点服务规范，确保准确迅速。

（6）与值台服务员和厨房保持良好的联系，协调好前台（餐厅）与后台（厨房）的关系。

（7）负责协助值台服务员做好客人就餐后的清洁整理工作。

（8）负责传菜用具及出菜口的清洁卫生工作。

（9）积极参加各种业务培训，提高服务水平，完成上级交办的其他任务。

（十一）调酒员

直接上司：酒水部经理

直接下属：酒吧助理服务员

岗位职责：

（1）负责吧台酒水饮品的供应工作。

（2）负责饮品的领取、保管和销售工作，每日进行一次清点和整理。

（3）负责为客人调制各种饮品和鸡尾酒，并对产品进行合理装饰。

（4）负责管理酒吧玻璃杯、器皿和设备。

（5）负责填报酒水销售盘点日报表，做到报表与吧台库存实物相符，销售数与账目金额相符。

（6）负责工作区域的卫生，包括设备、用具的卫生，必要时协助服务员工作。

（7）积极参加各种技术培训，不断提高技术水平。

项目2　餐厅的人员配备

一、员工配备程序

（一）编写工作说明书

企业应对各岗位的工作性质、任务、职责、工作条件和环境，以及员工承担本岗位任务应具备的资格条件进行系统的分析和研究，并制定出《工作说明书》。《工作说明书》是企业定岗定编、员工招聘、绩效考核、薪酬分配等人力资源管理工作的指导性文件，是有关工作的范围、目的、任务和责任的说明，内容包括业务要求、职责范围和主要工作等三方面。

表6－2为某餐饮企业副经理的工作说明书，它与组织结构图配合使用，可以使员工充分了解：①各岗位的任职资格和工作内容；②各岗位任务、责任与职权；③各岗位的工作业绩的评定标准；④企业组织结构和职业的发展。

表 6－2　　餐饮企业副经理工作说明书

岗位名称	餐饮企业副经理	直接上级	餐饮企业经理
岗位级别	一级	直接下级	餐厅经理
岗位定员	1		
职责与工作任务			
职责一	职责表述	协助经理抓好生产管理工作	建议工作时间百分比
	工作任务	1. 协助经理抓好日常管理工作	35%
		2. 主管日常生产工作	
职责二	职责表述	负责抓好各项安全工作、卫生工作	建议工作时间百分比
	工作任务	1. 负责抓好消防安全、环境卫生工作	30%
		2. 检查、督促并指导安全生产	
		3. 负责餐饮企业各种生产和办公设备的管理工作	
职责三	职责表述	协助经理制定各项制度	建议工作时间百分比
	工作任务	1. 参与制定餐饮企业服务标准、工作程序和规章制度	30%
		2. 组织并确保各项制度正常实施	
		3. 负责班组人员的调配	
职责四	职责表述	及时完成领导交办的其他工作	建议工作时间百分比
	工作任务	1. 有调配所属员工工作及休假的权力	5%
		2. 对所辖范围员工，有决定奖惩、提议晋升或调换工作的权力	
		3. 有审批员工病事假的权力	
权力	对内协调关系	各餐厅之间以及各餐厅内部各班组关系	
	对外协调关系	上级单位、政府相关部门、重要客户等	
岗位要求	基本要求	年龄：30 岁以上	学历：大专以上
		工作经验：二年以上	
	专业要求	受过餐饮管理专业培训，掌握餐饮管理与服务的专业知识和技能	
	工作要求	工作认真负责，有较强事业心和责任感，有较强的应变能力，有一定的组织管理能力	
说明			

（二）员工选聘

餐饮企业员工的选聘是指员工的招聘与甄选工作。所谓招聘即通过各种信息途径寻找和确定工作候选人，以满足企业人力资源需求的一系列活动。甄选即从工作候选人中选拔任用合格人才的一系列活动。员工的选聘工作主要包括以下四个阶段。

1. 确定用人需求

餐饮企业应根据市场人力资源的供给状况、企业的发展，制定出人力资源计划（Human Resources Planning，HRP），及时地为企业选聘优秀的人才。

2. 制订招聘计划

招聘计划要确定招聘的岗位、人数、条件，组成招聘小组，选择招聘渠道、招聘方式，以及制定预算等。

招聘渠道有内部招聘、外部招聘、内外结合等。内部招聘即面向餐饮企业内部，通过人员调配、升迁，满足餐饮企业对人力资源的要求；外部招聘即从企业外部吸引人才、挑选人才。外部招聘可以通过报纸、互联网等媒体广告、职业介绍所、人才市场、猎头公司、熟人推荐或直接到校园进行招聘等途径进行。内部招聘和外部招聘优劣势的比较见表6－3。

表6－3　　内部招聘和外部招聘的优劣势对比

	内部招聘	外部招聘
优势	1. 可以提供员工发展的机会 2. 对新聘用人员的情况了解 3. 促进企业内部人员合理流动 4. 激励员工，稳定人心 5. 适应期短	1. 新知识和新经验，新的工作方法和思路 2. 范围大、来源广 3. 有利于平息或缓解内部竞争的紧张局面
劣势	1. 近亲繁殖，不利于创新 2. 易形成职位继承观念和争斗	1. 新成员适应期长 2. 招聘工作有一定难度 3. 影响内部员工的积极性

3. 招聘信息发布

招聘信息可以通过文字、图片、宣传片等形式进行发布，主要介绍餐饮企业的基本情况、企业的发展、岗位的需求、招考条件、报名方式、甄选办法、工作条件、工资福利等。招聘信息的发布不仅仅是为了吸引优秀人才加入企业队伍，也是企业形象的宣传过程，所以要选择好发布的时间和方式。

4. 甄选过程

（1）应聘资料筛选。根据应聘条件，对应聘人员的资料进行分类整理。通常将应聘资料分为三类：可能入选者、基本合格者和不合格者。

（2）确定候选人。将可能入选者的情况和条件逐一与工作说明书、岗位规范、岗位特别要求相对照，并对基本合格者资料进一步核查，缩小并确定候选人。如果应征者人数众多，还有必要进行专业知识和技能的考核，结合考试成绩和资料分析确定候选人。

（3）测试。可以通过笔试、面试、心理测试等方式对候选者的知识、技能、素质、性格特征、创造能力、决策能力、适应能力等进行必要的测试，以进一步衡量其是否适应应聘岗位的工作。

（4）决定并通知录用。通过各方面结论的汇总，形成录用意向，经内部审查批准后，决定录用，并及时通知录用者。

二、员工配备方法

员工配备主要是确定餐饮企业各岗位需要的合理的定员或定编人数。

（一）岗位定员法

岗位定员法主要是根据餐饮企业的组织结构设计，各级、各部门管理岗位的设置，工作任务量的大小，必要程度的高低，来确定岗职人数的多少，最后形成不同岗位的人员定编。岗职人数定员法主要适用于餐饮企业管理人员的编制确定。例如餐厅根据岗位设置餐厅经理1名，而餐厅副经理则可根据企业的规模、业务量来确定是否设置。

（二）看管定额定员法

观察测定餐饮企业在正常开餐的情况下，服务人员每人可以接待就餐客人数或看管餐位数为标准，但不同等级规格的餐厅标准会有所不同。如在零点餐厅一个服务员可服务 15 ~ 20 名客人；团队、会议餐厅一个服务员可服务 30 ~ 40 名客人；宴会厅中，若提供斟酒、派菜服务，每张 10 人台，配备一名服务员；不派菜的宴会 2 张 10 人台可配一名服务员；高档宴会每桌配备 2 ~ 3 名服务员。所以餐厅档次规格不同，其看管定额是有较大区别的。在看管定额确定的基础上，还要考虑员工的班次、计划出勤率、每周工作天数和餐位利用率，合理确定餐厅定员人数。

餐厅员工的配备还要在正常人员编制的基础上，根据业务经营的繁忙程度来合理确定。

【案例】

某餐厅各岗位服务人员的员工配备

某餐厅分别按照大厅方桌、大厅圆桌、普通包房、豪华包房的劳动定额确定餐厅的服务员、迎宾员、传菜员人数如表 6 – 4 所示。

表 6 – 4　　某餐厅各岗位服务人员的员工配备

<table>
<tr><th>类型</th><th>桌数/张</th><th>餐位数/位</th><th>劳动定额/（位/人）</th><th>服务员人数/人</th><th>迎宾/人</th><th>传菜/人</th><th>合计服务员/人</th></tr>
<tr><td>大厅方桌</td><td>10</td><td>40</td><td>16</td><td>3</td><td rowspan="4">6</td><td rowspan="2">5</td><td rowspan="4"></td></tr>
<tr><td>大厅圆桌</td><td>24</td><td>240</td><td>20</td><td>12</td></tr>
<tr><td>普通包房</td><td>30</td><td>300</td><td>15</td><td>20</td><td rowspan="2">8</td></tr>
<tr><td>豪华包房</td><td>20</td><td>200</td><td>10</td><td>20</td></tr>
<tr><td>合计</td><td></td><td>780</td><td></td><td>55</td><td>6</td><td>13</td><td>74</td></tr>
</table>

三、员工班次安排

合理的班次安排，对于有效地组织餐厅服务活动、提高工作效率、取得最佳经济效益都有十分重要的意义。班次的安排要根据各餐厅服务活动的特点、营业时间、服务人数和工作任务等因素综合考虑，做到既方便顾客、满足顾客需求，又能够充分发挥每个服务人员的作用。

（一）餐饮企业员工的班次

常见的班次安排有两种形式：一是按作业时间区分，排成时间班；二是按工作性质的业务内容区分，排成业务班，如管事班、卫生班等。

餐饮企业常见的时间班有以下几种。

1. 一班制（正常班）

正常班的上班时间一般按餐厅的营业时间，安排员工 1d 8h 的工作时间正常上班。它的优点是营业时间内没有交接班；缺点是一天只有 8h 的工作时间，对餐厅来说营业时间太短，因而一般只用于餐厅后台服务的行政、后勤人员。

2. 两头班

餐厅每天营业高峰时段是中午和晚上的就餐时间，而其他时段比较清淡。所以许多餐厅特别是中餐厅选择在两个营业高峰时段营业，中间清淡时段休息。员工的工作时间也根据餐厅的营业时间安排成两头班。如某中餐厅营业时间是中午 11：00 ~ 14：00，下午 17：00 ~ 21：30，两头班服务员的工作时间为 10：30 ~ 14：30，17：00 ~ 22：00。

3. 两班制

根据餐厅的营业时间，可把员工分成早、晚两班，每班工作8h，中间交接班。如某供应早餐的茶楼，营业时间是从上午7：00至晚上21：30，可将服务员分成早晚两班，早班工作时间为6：30～14：30，晚班工作时间为14：00～22：00。

4. 三班制

跟两班制类似，为保证服务的需要，把员工分成先后三个班，每班工作8h。如某酒店送餐部提供24h送餐服务，送餐员排成了三个班，A班员工的工作时间为6：30～15：30，B班工作时间为15：00～23：30，C班工作时间为23：00～7：00。

5. 半班制

半班制就是员工一天只上4h的班。半班制班次工作时间一般安排在营业的高峰时间，如10：00～14：00，或17：00～21：00。

（二）员工班次安排的程序和原则

一般根据对每日营业额的预测和员工劳动定额，可以确定每日的员工需要数和一周中员工的班次安排。再根据每日员工的需要数，便可排出餐厅服务员的班次表。另外，每日营业时间中还有清淡和高峰时段，按各时段营业量配备员工和安排员工的上班时间，使餐厅在高峰时段多分配员工，清淡时段少安排员工，充分利用员工的工作时间。值得注意的是，各时段如果全部使用正式工，企业的负担较大，所以企业可适当地安排半职临时工作为正式工的补充，一般工作时间为3～4h。

1. 服务员的班次安排可参照以下程序：

（1）根据餐厅的营业时间确定每天接待的高峰时段和清淡时段。

（2）估算餐厅高峰时段和清淡时段的上座率。

（3）根据餐厅上座率计算高峰时段和清淡时段所需员工数量。

（4）按照餐厅布局划分成几个区域。划分的区域一般不要太长，方桌以10张左右为宜，圆台以6～8张为好。有些餐厅则以每100个餐位作为一个区域。

（5）编班。每班人数不宜过多，一般在4～8人的管理幅度内，由一位领班负责。

（6）考虑餐厅营业时间。营业时间长的宜多编几个班组和班次。当然，班次的设立务必考虑到国家有关的劳动法规，每天正常的工作时间为8h和周工作时间40h的限定。

（7）要考虑班次与班次之间的衔接。每个餐厅都应根据自己的特点，把人力放在最适合的经营时间里。

2. 在安排餐厅班次时，应遵循下列原则：

（1）班次的安排应与营业情况相适应，确保营业高峰时段正餐工作人员最多。

（2）要针对不同的餐厅经营特点，合理安排班次。一般来说，中餐采用两头班的比较多，咖啡厅采用两班制或三班制，而晚间营业的酒吧多采用一班制。

（3）班次安排既要能最大限度地发挥员工的潜力，又要考虑员工的承受能力和客观困难，关心和保护员工的健康。如晚班不能直接转早班；排班一般保持一段时间的稳定性，一周或一个月上同一时间班次等。

【案例】

某餐厅员工班次安排

某餐厅餐位数为100个，营业时间为早上7：00～晚上22：00，营业时间为15h。餐厅就餐高峰时间是：上午早茶8：30～10：30、中午午餐12：00～14：00、晚上晚餐18：00～20：00三个时间段。据统计餐厅就餐高峰时，餐位平均周转率达到120%，清淡时段周转率为40%。餐厅楼面服务员每人看管定额为20个餐位，传菜员与餐位数的比例为1∶60，餐厅配领位员2人、收银员2名、领班2名。该餐厅的员工班次安排如下：

1. 确定高峰时段和清淡时段餐厅就餐客人数及所需服务人员数

（1）高峰时段客人数 = 餐位数 × 餐厅高峰时段周转率 = 100 × 120% = 120（人）

高峰时段楼面服务员人数 = 高峰时段客人数 ÷ 看管定额 = 120 ÷ 20 = 6（人）

高峰时段传菜员人数 = 高峰时段客人数 ÷ 看管定额 = 120 ÷ 60 = 2（人）

餐厅营业高峰时段至少需要6名楼面服务人员、2名传菜员。

（2）清淡时段客人数 = 餐位数 × 餐厅清淡时段周转率 = 100 × 40% = 40（人）

清淡时段楼面服务员人数 = 清淡时段客人数 ÷ 看管定额 = 40 ÷ 20 = 2（人）

清淡时段传菜员人数 = 清淡时段客人数 ÷ 看管定额 = 40 ÷ 60 = 0.7（人）

餐厅营业清淡时段至少需要2名楼面服务人员、1名传菜员。

2. 考虑餐厅营业时间安排员工班次（见表6－5）

（1）领班：2名领班分别上A班和C班，即每个时间段内都保证有一名领班在岗；

（2）领位员：2名领位员分别上A班和C班，即每个时间段内都保证有一名领位员在岗；

（3）收银员：2名收银员分别上A班和C班，即每个时间段内都保证有一名收银员在岗；

（4）楼面服务员：A班有2名楼面服务员，B班有4名楼面服务员，C班有2名楼面服务员，在清淡时段有2名楼面服务员在岗，在高峰时段保证有6名楼面服务员在岗；

（5）传菜员：3名传菜员分别上A班、B班和C班，在清淡时段有1名传菜员在岗，在高峰时段保证有2名传菜员在岗。

表6－5　　餐厅员工排班表

	班次	早餐	午餐	下午茶	晚餐	宵夜
		6：30～12：00	12：00～14：00	14：00～17：00	17：00～20：00	20：00～22：30
服务员（8人）	A班（2人）	←——	————	——→		
	B班（4人）	←——	——→		←——	——→
	C班（2人）			←——	————	——→
传菜员（3人）	A班（1人）	←——	————	——→		
	B班（1人）	←——	——→		←——	——→
	C班（1人）			←——	————	——→
领班（2人）	A班（1人）	←——	————	——→		
	C班（1人）			←——	————	——→
领位员（2人）	A班（1人）	←——	————	——→		
	C班（1人）			←——	————	——→
收银员（2人）	A班（1人）	←——	————	——→		
	C班（1人）			←——	————	——→
员工合计（人）		11	11	6	11	6

其中：A班：6：30～15：30（包括1h早午餐时间）

B班：8：30～14：00；17：00～20：30（包括1h早午餐时间）

C班：14：00～22：30（包括30min晚餐时间）

项目3　餐厅服务管理

一、中餐服务管理

（一）中餐零点服务流程及标准

1. 准备工作

按要求摆放好餐位，并准备好餐用具、服务用品及当日菜单，并整理好个人仪容仪表。

2. 迎客入座

（1）领位员（咨客）站在餐厅门口一侧，面带微笑，站立恭候宾客。

（2）欢迎客人，遵循“十步五步”原则，即十步之内目光交流，五步之内问候客人，当客人来到距离1.5～2m时，应行35°鞠躬礼，主动、礼貌、面带微笑地向客人问好。如：“您好，欢迎光临”。如来宾不止一人，要先向主宾致意，再向其他宾客问候，如果伴有女宾，则先要向女宾致意。

（3）用恰当的服务用语询问宾客是否已有预约和用餐人数。

（4）引领宾客入席时，引座员应走在宾客前方1～1.5m处，并不时回头招呼宾客。引领时，引座员应该对安排的餐位做到心中有数，不可进入餐厅后东张西望，带着宾客在餐位间任意穿行。

（5）合理安排座位，既要使宾客满意，也要便于服务人员工作。

①根据宾客情况合理安排。如公务客人一般喜欢在安静的一角边就餐边谈公事；年轻的情侣应尽量安排在窗边；老人或残疾人可安排在离门口较近或靠通道的座位。为小孩换上儿童座椅。

②如是用餐高峰，餐厅暂没有餐位，应向客人表示歉意，并将客人的名字登记下来，请宾客到附近或酒廊稍候，一有座位就立即通知他。或备椅子请客人在门口处稍候。

③安排座位时，还应注意到不要将宾客同时安排在同一个服务区域内，避免因人手不足，而宾客又过分集中，影响服务质量。

（6）为客拉椅让座，递上餐牌，并招呼值台服务员前来服务。

3. 开茶服务

当宾客入座后，值台服务员要立即上前向宾客问候。为宾客铺餐巾，除筷套的同时，询问喝什么茶，并主动介绍餐厅的茶叶品种。按宾客的要求送上所需茶水，并为宾客斟茶，上毛巾。第一杯礼貌茶不宜斟倒太满，一般以八分满为宜；酱油斟至味碟的1/3；热毛巾用毛巾托放在宾客的左手边。如就餐人数与餐具套数不符，还应为宾客进行撤位或加位服务。

4. 接受订单

（1）宾客看菜单时，服务员应静候在附近，并准备好纸、笔。当宾客抬起头，用目光搜寻服务员时，服务员应立即迎上前去，并询问宾客是否需要写单。

（2）清楚地记录下宾客所点菜肴名称及特殊要求，并主动介绍本餐厅的特色菜、时新菜和当日的特价菜。但不可硬性推销。

（3）如宾客所点菜肴已卖完，应向宾客道歉，并主动介绍与宾客所点菜肴原料或口味相近似的菜肴，而不应简单地说“没有”；如宾客所点菜肴是菜单上没有的，应先询问厨房是否能烹制，如厨房能够做，宾客又接受所开出的价格，则应为宾客订单；如宾客点了相同的菜或汤应主动提示宾客；如宾客所点菜肴的烹制时间较长，应向宾客事先申明。

（4）宾客点完菜后，服务员应将记录复述一遍，核对无误后，方可开单。同时还应主动询问宾客还需什么酒水饮料。

（5）开出一式三联的点菜单，一联交收款员，一联交厨房，一联交传菜部。在点菜单上清楚地记下台号、人数、日期并签名。

5. 服务酒水

（1）按客人所点酒水到酒吧取酒和相应的酒杯。

（2）需冰镇的酒品，如白葡萄酒、香槟酒，应让宾客确认品牌后，在餐桌旁架冰桶，对酒品进行冰镇处理。

（3）如宾客点的是整瓶酒，应先让宾客确认品牌后当着宾客的面开瓶。

（4）罐装酒水一般在托盘上开罐，操作时应注意勿将罐口对着客人，以防酒水喷到客人身上。

（5）服务员在宾客右侧身后斟酒，中餐酒水一般斟8分满。

6. 上菜服务

（1）上菜的顺序是：冷菜、热菜、甜菜、汤菜，最后上水果。（粤菜则先上汤）

（2）上菜时要先上其所需作料、配料；要用手帮助食用的菜肴，应送上洗手盅。

（3）随时留意宾客台面上的菜是否上齐，若宾客等了很久还没上菜，要及时查单，看是否有错漏，或告诉领班催菜。上最后一道菜时要主动告诉客人，菜已上齐，并询问客人还有什么需要。

7. 席间服务

（1）为宾客更换脏的骨碟，收撤用过的空菜碟、汤碗、饭碗和空的酒水杯。

（2）烟灰缸有两个烟头或有纸团、杂物应立即撤换。

（3）随时为宾客添加酒水。

（4）服务热毛巾。热毛巾服务的次数，视餐厅及用餐的档次而定，一般服务三次。即开席前一次，用餐中一次及结束用餐时一次。

8. 结账、送客

宾客要结账时，服务员应立即告之收款员，并将核对无误的账单用专用的收款夹呈递给宾客。呈递时，应礼貌地说："先生/小姐，这是您的账单。"收款时，要向宾客道谢。如宾客对金额有疑义时，应向宾客礼貌地解释账单。

在服务工作中，送客与迎宾一样重要。宾客用餐完毕，服务员可主动征询意见。宾客离座时应上前拉椅送客，提醒宾客不要忘记所带物品，并向其道别，欢迎下次光临。

9. 餐后工作

客人走后应再次检查是否有遗留物品，如有发现立即交还宾客或交餐厅领班处理。收拾餐台，并重新摆台，等候迎接下一批宾客的到来。

（二）中餐宴会服务流程及标准

由于宴会服务是一项细致而复杂的动作，所以许多大型的餐厅一般设有专门的销售部门来进行宴会的推销、设计和跟办工作。

1. 宴会预订

与宾客礼貌地洽谈宴会的要求，填写"宴会预订单"，并下发到有关部门，如楼面、厨房、酒吧、工程等。如是大型宴会，应向宾客收定金或签订合同书。在宴会举行前三天和前一天再向宾客确认一次所有预订事项。宴会预订主要应与宾客商定以下事项：

（1）宴请活动的日期及具体时间；

（2）宴请的人数、宴请对象；

(3) 宴会的消费标准、付款方式及时间;

(4) 宴会的形式(中式或西式)、场地布置要求;

(5) 宴会的菜单及酒水单;

(6) 餐厅提供的其他服务项目;

(7) 宴会预订的收费标准;

(8) 提前、推迟、取消预订宴会的处理办法;

(9) 预订人姓名联络电话、地址、单位名称,根据双方洽谈的结果,填写“宴会预订单”。

宴会预订单格式见表6-6。

表6-6　宴会预订单

宴会预订单			
地点:		承办时间:　年　月　日　时	
单位		宴会名称	
标准		人数/桌数	
其他费用		总费用	
预付款		付款方式	
联系人		电话	
场地布置			
菜单酒水			
服务要求			
备注			
制单人:		日期:	

2. 宴会厅的布置

餐桌安排应做到合理、美观、整齐、大方,并要突出主宾席。餐桌布局的一般次序是“中心第一,先左后右,近高远低”,即:主桌要安排在上首中心位置,并选用大一号的桌面,其装饰及餐用具的规格也应高于其他餐桌;主桌的右席地位高于左席;靠近主桌的席位也高于离主桌较远的席位。同时,餐桌之间应留出不少于1.2m的间距。

3. 落实各项宴会服务内容

(1) 落实菜单、酒水单。与厨房核对宴会菜单,与酒吧核对酒水单,如有改动,应立即通知。

(2) 落实服务人手。与楼面经理联系,落实此次宴会服务的负责人,并保证有足够的服务人员。一般宴会要求一名服务员负责服务10~20名宾客,高档宴会5~10名宾客。

(3) 落实结账方式。与收款员核对结账方式,及已收取的定金数额。

(4) 落实灯光、音响。与工程人员联系,在宴会前应对所有的线路及电器设备进行检查，并根据需要安装麦克风。宴会当日应有专人负责照明及音响服务。

（5）落实停车位。与停车场负责人联系，宴会当日留出相应的停车位并加派人手疏导车辆。

4. 宴会服务的准备工作

（1）掌握宴会基本情况。服务员接到宴会通知单后，要做到“八知”、“三了解”。“八知”：知出席宴会人数，知桌数，知主办单位，知客人国籍，知宾主身份，知宴会标准，知开席时间，知菜式品种及出菜顺序。“三了解”：了解宾客风俗习惯，了解客人生活忌讳，了解宾客的特殊需要。

（2）明确分工，调整宴会厅布局。由宴会负责人对服务员进行岗位分工，对迎宾、看台、传菜等岗位进行明确分工，将任务落实到人。在宴会负责人的指挥下，按宴会要求对宴会厅进行布置。

（3）熟悉菜单。服务员应熟记宴会上菜顺序及每道菜的菜名，了解每道菜的主料及风味特色，以保证准确无误地进行上菜服务，并回答宾客有关菜肴的问题。

（4）物品准备。准备好宴会所需的各类餐具、酒具、用具；备齐菜肴的配料、作料；备好酒品、饮料、茶水；席上菜单每桌一至二份放于桌面，重要宴会则人手一份。

（5）摆台。宴会摆台应在开席前1h完成。按要求铺台布，下转盘，摆放餐具、酒具、餐巾花，并摆放台号或按要求摆放席次卡。最后把鲜花放在餐桌中央。中餐宴会餐具摆放格式见图6-3。

（6）摆放冷盘。在宴会正式开始前15min左右摆上冷盘。

（7）全面检查。准备工作结束后，宴会负责人要做一次全面的检查，以保证各个环节都已就绪。

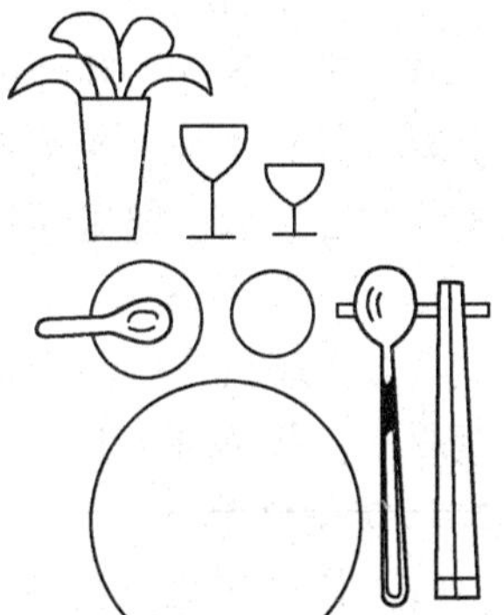

图6-3　中餐宴会餐具摆放

5. 宴会就餐服务

（1）热情迎宾。服务员应在宾客到达前迎候在宴会厅门口。在服务过程中要注意分辨主人、主宾。大型宴会还应引领宾客入座。

（2）宾客入席，斟倒酒水。宾客入席后，帮助宾客铺餐巾、除筷套，并撤掉台号、席次卡及鲜花，为宾客斟倒酒水时要先征求宾客意见，按宾客的需求斟倒酒水。

（3）上菜服务。当冷菜已食用掉一半，应开始上热菜。如是多桌宴会，上菜应以主桌为准，先上主桌，再按桌号依次上菜，绝不可颠倒主次，还要统一掌握上菜进度。上菜时要选择正确的上菜位置。每上一道新菜要介绍菜名和风味特点。上新菜前要先撤走旧菜。如盘中还有分剩的菜，应征询宾客是否需要添加，在宾客表示不再要时方可撤走。

凡宴会都要主动地为宾客分汤分菜。分菜时要胆大心细，掌握好菜的分量、件数，分派准确均匀。高档宴会应设分菜台，所上的菜肴，先请宾客欣赏后，再拿到服务台上分好，上给宾客。

（4）席间服务。勤为宾客更换骨碟。如果是高级宴会，应每上一道新菜前都更换一次骨碟；一般宴会换碟次数不可少于三次。并及时更换烟灰缸，斟倒酒水，收撤菜盘，递送热毛巾。

6. 宴会收尾工作

（1）结账送客。一般宴会上完水果后，再给每位宾客斟倒一杯热茶，就应准备结账了。清点好消费酒水总数，以及菜单以外的各种消费，不能漏账，保证准确无误。

宴会结束时，服务员要征求宾客意见，可以发放意见卡。宾客起身离席时，要主动拉椅送客，并提醒宾客带好自己物品。

（2）收台检查。在宾客离席的同时，服务员要检查台面是否有未熄灭的烟头，是否有宾客遗留的物品。宾客全部离开后立即清理台面。清理台面时，按先餐巾、毛巾和金器、银器，然后酒水杯，瓷器、刀叉筷子的顺序分类收拾。凡贵重物品要当场清点。

（3）清理现场。所有餐具、用具要回复原位，摆放整齐，并做好清洁卫生工作，保证下次宴会可顺利进行。

二、西餐服务管理

（一）西餐零点服务流程及标准

1. 餐前准备

按要求摆放好餐位，并准备好餐用具、服务用品及当日菜单，并整理好个人仪容仪表。

2. 迎客入座

宾客进入餐厅，领位员要主动迎上前去问候，并引领宾客到合适的餐位上就座。为宾客递上酒水牌和菜牌。递菜牌时，将菜牌的第一页打开，站在宾客的右侧，按先宾后主、女士优先的原则，依次递送到宾客手中，同时礼貌地说："先生/小姐，您的菜牌"。

3. 服务餐前酒水

宾客入座后，主动为宾客斟上冰水，并询问宾客需要何种餐前饮料及酒品。记录下宾客所点酒水，并及时送上。

4. 接受订单

（1）因西餐是分食制，每位宾客都根据自己的需要来点菜，故服务员要依次记录下每位宾客所点的菜肴，不可混淆。如就餐人数较多，服务员可在草稿上画出"台迹图"（如图 6－4 所示），来帮助记录。如有四名宾客，可用 A、B、C、D 或 1、2、3、4 进行编号，分别记录他们各自所点菜肴。

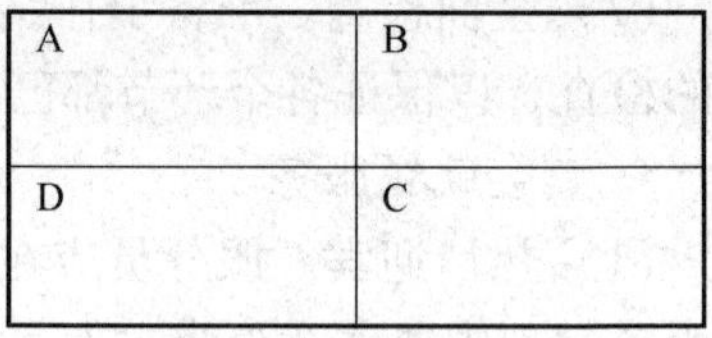

图 6－4　台迹图

（2）接受订单时，一些特殊的菜肴须向宾客询问：①点牛排、羊排时要问清生熟程度：要全熟、半生熟还是生些。②点沙拉时要询问配何种沙拉汁：千岛汁、法汁、油醋汁等。

（3）宾客点菜完毕，应向宾客重复一次，确认无误后方可开单。

5. 推荐并服务佐餐酒

（1）宾客订完食品单后，服务员应主动为宾客推荐与宾客所订菜肴相配的葡萄酒，如点了牛排、羊排可向宾客推荐红葡萄酒，点了鸡肉、鱼肉可向宾客推荐白葡萄酒。

（2）主人确认酒水品牌后方可开瓶。红葡萄酒应在室温下饮用，无须冰镇，但开瓶后，需敞开瓶口一段时间，让酒液与空气充分接触，发出浓郁的酒香后，方可用酒篮进行斟酒。白葡萄酒饮用前需冰镇，斟酒时要用餐巾包裹酒瓶，以防冰水滴落到宾客身上或餐台上。

（3）在主人的酒杯中斟倒 1/5 的酒，请主人品评酒质，待主人确认后再按顺序依次斟酒。

6. 撤换餐具

根据每位宾客所点菜肴，收撤不用的餐具，摆放所需餐具。根据订单，从外及里，依次码放。

7. 餐间服务

依次为宾客服务：头盘、汤、沙律、主菜、甜品。每道菜后都要撤走用过的菜盘和相应的餐具。随时为宾客添加酒水，更换烟灰缸。

8. 结账、送客

宾客要求结账时，应将核对无误的账单用专用的收款夹呈递给宾客。付账后，拉椅送客，向宾客道谢，并欢迎宾客再次光临。

9. 餐后工作

清理台面并检查宾客有无遗留物品。重新摆台，准备迎接下一批宾客的到来。

（二）西餐宴会服务流程及标准

1. 宴席前的准备工作

（1）做好宴席厅的清洁卫生工作，并按“宴席通知单”的要求布置宴席厅，摆出台型。

（2）备齐所有餐用具，并按要求摆台。根据出席宴席的人数、菜肴的安排等要求来准备足够的餐用具。按西餐宴席摆台要求进行餐台布置：铺上台布，摆上餐具、酒具及用具，最后摆上鲜花、银烛台等装饰物品，美化席面。西式宴席餐具摆放格式见图 6－5。

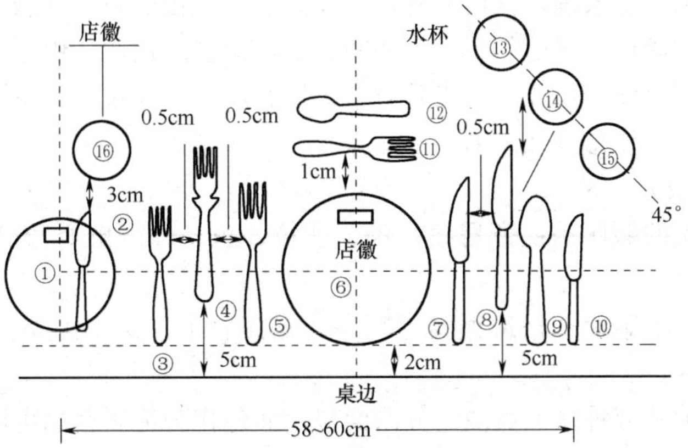

图 6－5　西式宴席餐具摆放

①—面包盘　②—黄油刀　③—沙拉叉　④—鱼叉　⑤—主餐叉　⑥—装饰盘　⑦—主餐刀　⑧—鱼刀　⑨—汤匙　⑩—沙拉刀　⑪—甜点叉　⑫—甜点匙　⑬—水杯　⑭—红酒杯　⑮—白酒杯　⑯—黄油碟

（3）备好宴席所需酒水。准备好各种酒水饮料，需冰镇的要提前冰镇好，保证各种酒水符合饮用要求。如在宴席开始前要举办餐前酒会，更要及时准备好足够的酒水，并配对好鸡尾酒。

（4）准备好足够的开胃品、面包、黄油、果酱等。在开席前 10min，把开胃品摆放在餐桌上，一般是每人一盘，在少数情况下，也有把各种开胃品集中摆在餐桌上，由宾客自取或由服务员分让。并在开席前 5min，把面包及黄油、果酱摆放在面包篮、黄油碟中。

（5）全面检查。宴席负责人在各项工作准备就绪后，应进行一次全面检查，包括清洁卫生、环境布置、席面布置、物品准备、服务员仪容仪表等。在西餐宴席服务中，服务人员应戴白手套，做到制服整齐、仪容大方。

2. 宴席就餐服务

（1）迎候宾客。在宴席开始前，宴席负责人就应带领迎宾员提前在宴席厅门口迎候来宾。当宾客到来，应热情欢迎，主动打招呼问好，并将客人引进休息室休息。

（2）餐前鸡尾酒服务。西餐宴席可以在宴席开始前，先举办约 0.5h 的餐前酒会。当宾客陆续到来，先到休息室聚会交谈，由服务员送上鸡尾酒、软饮料等，请客人选用。

（3）引宾入席。离开席 5min 左右，宴席负责人应主动询问主人是否可以开席，经主人同意后立即通知厨房准备上菜，同时请宾客入席。值台服务员应精神饱满地站在餐台旁，并拉椅让座，注意遵循先宾后主、女士优先的原则。待宾客落座后，为客人铺上餐巾。

（4）宴席期间酒水服务

①餐前酒：客人落座后，服务员要主动询问客人需要何种开胃酒。如客人一时难以决定，服务员应主动向客人介绍酒水、饮料。介绍时要注意适合客人的国籍、民族和性别。推销和建议时，注意礼貌用语，不能强迫客人接受，还要记清每位客人所订酒水，以便准确提供服务。

②佐餐酒：佐餐酒主要是葡萄酒。在客人用餐期间，根据不同菜肴配不同酒水的要求，为客人提供佐餐酒服务。

③餐后酒：如客人在宴席结束时需饮用餐后酒，服务员应主动向客人推荐利口甜酒、白兰地和一些混合饮料，客人确定饮用品种后，及时为客人提供餐后酒服务。

④香槟酒：香槟酒可在餐前、餐后、餐间，配任何食品饮用。由于香槟酒开启时能渲染宴席的热烈气氛，所以在庆典或款待贵宾时常选用香槟酒。在服务香槟酒时，服务员一定要事先询问服务的时间，注意开瓶、斟酒等操作。

（5）宴席上菜服务

①西餐宴席上菜的顺序是：开胃菜，汤，沙拉，鱼、虾海鲜类菜肴，主菜，甜点和水果，咖啡或茶。

②上菜的原则：上菜时严格遵循宾主顺序，先宾后主，女士优先，从客人右侧为客人上菜。

③在宴席开始前几分钟摆上黄油，分派面包。面包作为佐餐食品可以在任何时候与任何菜肴相配，应随时立即给客人续添。

④按菜单顺序撤盘上菜。每上一道菜之前，应先将前一道菜的空盘及用过的餐具撤下。撤盘时服务员要留意客人餐具的摆放，如果将刀叉并拢放在餐盘左边或右边或横于餐盘上方，是表示不再吃了，可以撤盘；如果呈“八”字形搭放在餐盘的两边，则表示暂时不需撤盘。西餐宴席要求等所有宾客都吃完一道菜后才一起撤盘，并一起上菜。

⑤上主菜时，一般配有几样蔬菜和沙司。服务员在上菜时，一定要将主要食物或菜肴最佳部分对着客人摆放，沙律盘则放在客人的左侧。

⑥上甜点水果之前要撤下桌上除水杯、酒杯、饮料杯以外的所有餐具，包括主菜餐具、面包碟、黄油碟、胡椒盅、盐盅等，并换上干净的烟灰盅。如上甜品，则应先摆好甜品叉、勺；水果则要摆在水果盘里，跟上洗手盅、水果刀、叉。

⑦上咖啡或茶前放好糖缸、淡奶壶，每位宾客右手边放咖啡杯或茶具，然后拿咖啡壶或茶壶依次斟上。有些高档宴席在餐后需向客人服务雪茄烟。

⑧宴席间在客人吃完剥蟹、剥虾、剥蚧后，和在吃水果之前和餐毕时，要递洗手盅与香巾，盅内盛温开水，有时用花瓣或柠檬片装饰，用托盘送至客人右上方（酒杯上方）。

3. 宴席收尾工作

（1）宴席结束时，请主人结账。宾客起身离席时，服务员要主动拉椅送客，并提醒宾客带好自己的物品。

（2）收台检查，清理现场。送走客人后，要及时检查现场，看有无遗忘物品，有无未熄灭的烟头等。收台时，一般按照先收餐巾、毛巾，然后玻璃器皿，最后金属餐具的顺序进行。高档餐具如金器、银器等要点清数量，注意收拣保管好。清扫宴席厅，并将餐台、装饰物等搬回原处，恢复宴席厅原貌。

（3）征求意见。宴席结束后，应主动征求来宾或陪同人员的意见，认真总结接待工作，发扬成绩，克服缺点，不断提高服务质量和服务水平。

项目4　员工培训及考核

一、员工培训

对员工进行培训，是提高餐饮企业管理水平和餐饮服务质量的一个重要途径，同时也是提高员工素质和能力，增强企业凝聚力的有效手段。员工培训是指餐饮企业根据企业的现状和发展的需要，通过各种方法在态度、知识、技能、行业动态等方面对员工进行的培养和训练活动。员工培训的目的是为了提高员工的知识水平和从业能力，以适应当前岗位工作和未来发展的需要。

（一）员工培训的分类

餐饮企业员工培训的分类，可以根据实施培训的不同时段、培训的地点和培训专题等进行，具体见表6－7。

表6－7　　餐厅员工培训分类表

培训的分类			培训的目的	培训对象和内容
实施培训的不同时间阶段	职前培训	上岗引导	对企业员工进行有关餐饮企业、管理制度等常识性知识介绍以增进新员工对餐饮企业工作的了解和认同	①企业文化培训；②餐饮从业人员的职业道德培训；③员工仪容仪表、礼节礼貌素养培训；④企业管理的各项规章制度；⑤语言培训；⑥安全知识培训
		专业性职前培训	侧重于新员工进行基础培训后分部门、分岗位所进行的有针对性的岗位专业培训，以便新员工“零距离”上岗	包括所在部门或岗位的业务内容、作业规范、作业程序、工作质量标准等
	在职培训		使餐饮企业员工能够运用各种新技术、新设备、新思维和新理念来为客人提供服务	针对在岗的餐饮企业员工，在完成生产任务之后所接受的培训
	脱岗培训		是餐饮企业为了储备和培养管理人才的一种有效的培训方法	由于岗位变更或职位提升，暂时脱离现在岗位，到有关培训机构或院校，接受一定时期的专门学习和进修
实施培训的地点	店内培训		提高服务质量，使员工能了解到最新的行业动态	餐饮企业内部的培训
	店外培训		提高服务质量，使员工能了解到最新的行业动态	包括选送优秀员工到经营较好的餐饮企业或院校进修、学习等，也包括去国外先进企业参观、考察等

续表

培训的分类		培训的目的	培训对象和内容
培训专题	职业素质培训	提高员工的素质，以全面提高企业服务质量	优秀服务人员的基本素质要求
	语言培训	更好地服务来自世界各地的客人	餐饮企业可以根据自己的客源市场，选择培训语言的语种
	岗位专业知识技能培训	提高员工的岗位技能	有关服务和管理等岗位专业知识技能的培训

（二）培训方法

餐饮企业培训的方式有多种多样，要根据培训目的与需求、培训内容与教材、受训员工层次与水平、训练时间、场地与人数等因素的考虑而选用。培训的效果很大程度上取决于培训方法的选择。采用合适的培训方法，可以提高受训员工的兴趣与注意力，并取得最佳培训效果。餐饮企业常用的培训方法有以下几种。

1. 讲授法

这是一种传统模式的培训方法，也是目前餐饮企业最常采用的培训方式之一。这种方式运用方便，可以同时对多人进行培训，经济高效，也有利于学员系统地接受新知识。但由于无法针对受训人员的差异进行培训，所以在培训时要注重受训人员的反馈。

2. 操作示范法

操作示范培训是餐饮企业常用一种培训方法，适用于操作性较强的工作，例如餐厅摆台、上菜、酒吧服务员的调酒等操作训练。这种培训是专业技能训练的通用方法，一般由部门经理主持，由技术能手担任培训员，在现场向受训员工简单地讲授操作理论与技术规范，然后进行标准化的操作示范表演，学员则反复模仿实习，直至操作熟练，符合规范程序与要求。培训员在现场作指导，随时纠正错误操作。

3. 角色扮演法

角色扮演法指在一个模拟的工作环境中，指定参加者扮演某种角色，这种方法通常用于情景培训中。培训人员创造和模拟一种实际情景，让员工在其中扮演各种不同角色，借助角色的演练来理解角色的内容，模拟性地处理工作事务，从而提高处理各种问题的能力。培训人员对员工的表现进行评估和纠正。这种方法比较适用于训练态度和言谈举止等人际关系技能。比如询问、电话应对、销售技术、业务会谈等基本技能的学习和提高。适用于新员工、岗位轮换和职位晋升的员工，通过培训使员工尽快适应新岗位和新环境。

4. 视听训练法

这是一种使用电视机、录像机、幻灯机、投影仪、收录机、电影放映机等视听教学设备为主要手段进行训练的方法。有条件的企业还可自行制作音像教材用于培训，如把服务员在工作中某些方面与客人的对话等情景摄录下来，在培训课上放映或模拟训练，进行讨论分析，以增强员工的语言能力，增强员工处理典型问题的能力。摄录的内容主要针对服务员缺乏礼貌、态度粗暴、不懂业务、不懂推销常识等表现，及时总结归纳。这些情景都来自顾客与服务员、管理人员与服务人员的实际接触，是实际生活中发生的问题。通过在培训课上播放出来，提高员工学习兴趣，增强学习效果，加深印象，增强工作信心，提高工作能力。

5. 以“老”带“新”法

这是在新员工的培训过程中常采用的方法。在这种培训方式中老员工往往扮演师傅的角，将自己多年积累的经验和技能传授给新手。这种方式不会影响餐饮企业的日常工作，同时也有助于消除新员工对新的工作环境的陌生感。

6. 互联网培训法

网络技术的发展，使企业开始把互联网作为一种重要的培训工具。餐饮企业可利用企业网站发布培训的内容，供员工学习。网站的资料非常丰富，而且学习时间不受限定，这样就使更多的员工能够接受培训，还可以节省企业的培训成本。

二、职业生涯管理

职业生涯管理是指餐饮企业在全面了解员工的个性特长、心理素质、综合能力、发展潜力、奋斗目标、人生追求等的基础上，建立相应的员工个人档案，并结合企业自身发展的要求，帮助员工设计出既符合员工发展需要又符合企业发展需要的个人职业发展计划，同时帮助员工一步一步地去实施这一计划。

餐饮企业参与员工职业生涯的指导与管理，把员工的职业发展纳入企业管理的范畴，也即我们经常所说的“事业留人”。许多餐饮企业认识到：人，也只有人，才是企业发展的真正动因所在。员工职业生涯管理不仅有效引导了员工个人的学习、工作热情，而且通过有计划地培养、提拔，为餐饮企业今后的发展准备了后备高级管理人才，达到了员工个人发展及自我实现与餐饮企业长远发展的互动双赢效果。

目前，餐饮企业强化员工职业生涯管理的基本做法是：

1. 了解员工自我发展规划，寻找其与企业理念、目标的最佳切入点，以此作为指导员工职业发展的起点

餐饮企业每位员工都有谋求自我发展的个人设计。为此，餐饮企业在员工招聘阶段要考虑个体的差异性，全面衡量应聘者的素质和能力，录用选择企业需求与自身发展相适应的合适人选。当新员工加入到餐饮企业后，餐饮企业要力求能与员工达成并维持一份动态平衡的“心理契约”，即企业能清楚每个员工的发展期望，并努力满足之，每一个员工为企业的发展做出全力奉献，因为他们相信企业能实现他们的价值，从而形成企业与员工共同发展、共同成长的良好局面。

2. 通过培训等多种途径帮助员工全面提升自我

员工要谋求职业发展，只能是一个不断提升自我的过程。而培训则是餐饮企业开发人力资源潜力的有效手段。为了使员工能够适应多种工作和应付未来竞争的需要，餐饮企业必须要有计划地进行培训。

3. 通过岗位变换挖掘员工潜力，减少员工对工作的厌烦感，提高工作积极性

岗位变换是挖掘员工潜力、减少员工对本岗位工作厌烦感、提高其工作积极性的好办法。餐饮企业可以通过对员工岗位的调换和轮换，使员工在变换中找到适合自己个人发展的岗位，使本企业的人力资源得到更充分的利用，同时对全面培养员工的整体观念、默契配合、理解协调的能力也十分有利。

4. 通过内部招聘（晋升），激发员工奋发上进，保持人才队伍的稳定

餐饮企业应注重内部员工的培养，通过内部晋升、内部人才流动，给予员工发展的机会，让员工看到自己在企业的发展阶梯，有利于激发员工奋发上进，保持人才队伍的稳定。

三、绩效考核和员工薪酬

（一）员工绩效考核

绩效考核是指对个人和群体的工作表现和工作业绩进行考核和分析，以改善员工在企业

中的工作行为，充分发挥员工的潜能和积极性，更好地实现企业的各项目标。绩效考核并非是一次性的考核行为，而是一个全面的、连续的循环过程，它并非单单强调事后评价，而更注重事前计划、事中指导和事后管理。

绩效考核包括员工素质评价和业绩评价两个方面。素质评价涉及评价对象的性格、知识、技术、能力、适应性等方面的情况。而业绩评定一般又包括工作态度和工作完成情况的评定。工作完成情况评定是业绩考评最基本的核心内容，主要涉及以下六个方面的评价：

（1）工作质量。即工作完成的完美程度，包括是否采用了理想的工作方法和程序，是否达到了预期的工作目标等。

（2）工作数量。即在特定时间内完成的工作量，可以用货币价价值量来表示，也可以用其他单位来表示。

（3）工作效率。即是否在最短时间内完成要求的任务，实现预定目标。是否达到工作标准中所规定的时限要求，并因此与其他合作者的工作速度相协调。

（4）成本有效性。即有效利用人力、资金、技术、材料等组织资源以实现收益最大化的程度，或在使用资源的过程中减少浪费的程度。

（5）监督管理需要。即执行者在任务完成过程中是否需要上级提供帮助，是否要在上级的监督下才能避免产生不期望的工作结果。

（6）对他人的影响。即执行者是否能促使同事产生友善、协作精神、工作满意等正面情绪。

（二）餐饮企业员工薪酬

餐饮企业员工薪酬指餐饮企业向员工提供的一切财务回报和有形利益，可分为直接薪酬和间接薪酬。直接薪酬是员工获得的现金形式的财务报酬，包括基本工资、加班工资、奖金、业务提成、津贴等。间接薪酬指餐饮企业给予员工的所有福利，如医疗保险、养老保险、培训、住房、人身安全保险和其他保险、带薪假期等。

在设计员工薪酬时，要按照国家有关规定执行。劳动和社会保障部《最低工资规定》中明确，最低工资标准是指劳动者在法定工作时间或依法签订的劳动合同约定时间内提供了正常劳动的前提下，用人单位依法应支付的最低劳动报酬。但最低工资标准不包括以下内容：延长工作时间工资，即加班工资；中班、夜班、高温、低温、井下、有毒有害等特殊工作环境条件下的津贴；法律、法规和国家规定的劳动者福利待遇等。养老保险、医保等各种保险和住房公积金等属于国家规定的应发给劳动者的福利，最低工资标准包括这些福利的个人缴纳部分，但单位应缴纳的部分不能计入最低工资标准之内。

1. 餐饮企业员工薪酬结构

餐饮企业员工薪酬主要有三种形式，分别为：结构式薪酬、岗位等级薪酬和计时式薪金。

（1）结构式薪酬模式。结构式薪酬（又称结构式工资）主要由基本工资、职务工资、工龄工资、效益工资、补贴（津贴）等部分组成。其中基础工资又称固定工资，效益工资又称浮动工资，有时以奖金形式表现。结构式薪酬模式操作简单，员工薪酬与工作年限和企业效益相关联，有利于员工激励。

（2）岗位等级薪酬模式。岗位等级薪酬制（又称岗位等级工资制）是按照各个不同的岗位和每一个岗位中不同等级而确定薪酬标准的薪酬制度。岗位等级薪酬要根据不同岗位的相对价值确定不同薪酬水平，并在每种岗位内进行合理分级，企业可以根据员工工作年限和年度考核结果进行工资晋级。

（3）计时式薪酬模式。这是根据员工工作时间，按照每小时工资标准而支付劳动报酬的一种薪酬形式。这种计薪方式多用于小时工等临时雇用人员。

2. 奖金制度

奖金是对旅游企业员工付出的超额劳动或优秀表现而支付的一种劳动报酬，它是员工薪酬的一种必要的补充形式，能够比较及时、准确地反映员工所支付的劳动数量和劳动成果的实际变化情况，起到薪酬难以起到的激励作用。奖金制度的设计要结合企业目标与策略，并遵循公平、竞争、激励、经济、合法的原则。

餐饮企业常见的奖金种类主要有综合奖与单项奖两种。综合奖是以综合考虑多项指标为依据，确定奖金等级。这种办法多是预先制定考核指标，按员工完成考核指标的得分作为计奖的基础，指标完成得好，得分就高，奖金就多。奖金随企业实现经济效益的大小而上下浮动，如企业分红、员工持股计划等；单项奖是它以员工完成某一项主要指标的情况作为得奖条件，是对员工的劳动贡献和劳动态度方面进行专项考核、单项发奖的奖励形式。单项奖往往是一次性奖励，如优秀员工奖、最佳微笑奖等。

3. 福利制度

员工福利泛指餐饮企业向员工支付的所有间接报酬，多以实物的形式支付。员工福利的多少通常由年资和职位决定，与员工绩效关系较小。福利的主要作用是满足员工的保障需要和安全感，培养员工对企业的认同与忠诚。福利一般有四类：

（1）集体福利。包括住房、员工餐厅、员工宿舍、医务室、工作服、员工培训等内容。

（2）福利费用和补助。包括工伤抚恤金、独生子女费、通勤补助、员工专车、度假旅游补贴、生日贺金等。

（3）带薪假。包括婚丧假、事假、年休假、产假、哺乳假等。

（4）保险。包括养老保险、待业保险、医疗保险等。

本章小结

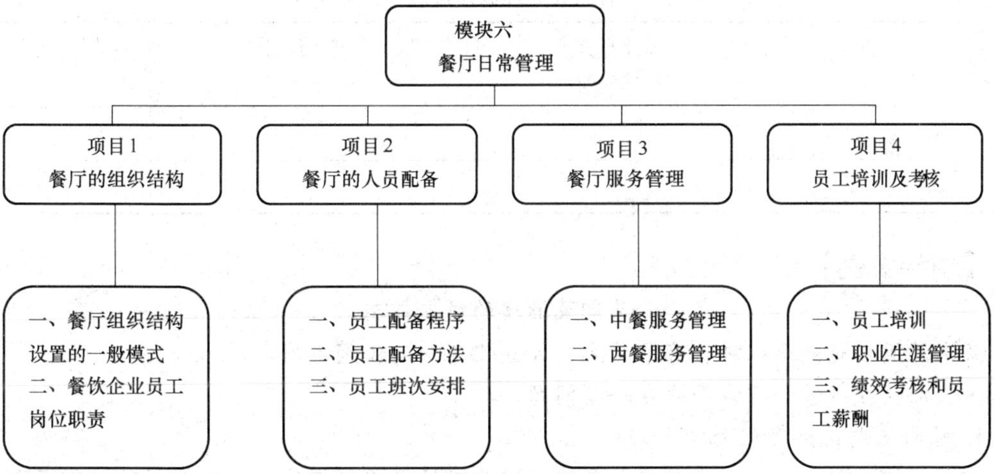

思考题

1. 餐厅员工配备的主要方法有哪些？
2. 请简述中餐宴会的服务流程。
3. 请简述西餐宴会的服务流程。
4. 员工培训的主要方法有哪些？
5. 什么是职业生涯管理？

模块七　餐饮成本控制

学习目标：

1. 掌握餐饮成本构成及特点
2. 掌握餐饮成本核算的方法
3. 掌握餐饮成本控制流程及方法

模块内容：

项目1　餐饮成本构成及特点

项目2　餐饮成本核算

项目3　餐饮成本控制

模块任务：

各实训小组对本小组模拟餐厅进行成本核算，制定相应的成本控制流程及制度。

任务1　成本核算

要求：①核算本餐厅常见原料的净料率；

②核算本餐厅常见原料的成本系数。

任务2　成本控制

要求：①制定餐厅成本控制的流程；

②制定餐厅成本控制的制度。

任务评价：评价计分方法见表7－1。

表7－1　　模块七　餐饮成本控制评价表（总分100）

组别	姓名 学号	成本核算 满分50分	成本控制 满分50分	总分

【引导案例】

某湘菜酒楼的成本控制

某湘菜酒楼是一个以湘、鄂菜为主，大众化消费的休闲食府。

一、酒楼在经营管理方面存在一些问题

1. 原料采购价格变化大

湘菜酒楼对鲜活类物料实行自行采购，因为市场价格经常波动，给原料的进货成本控制增加了一定的难度。如西红柿昨天2.2元，今天就达到了3.5元。这原料成本的变化给菜品的成本把握也造成了很大困难。

2. 库存积压，造成浪费

原料的采购数量没有清晰的标准，导致原料积压，不仅占用了资金，还因为原料不新鲜导致菜品质量下降。

3. 出菜标准不统一

厨房师傅出菜装盘分量不统一，比如一份回锅肉的青椒，按照标准食谱规定是150g，但是出品时却分量不等，影响了菜品质量，造成顾客投诉。

4. 财务不能有效监督

财务人员不能及时得到餐厅的原料采购数据，在统计核算时，不能及时根据数据分析判断物料使用量是否符合标准。因为统计数据的手段比较传统，财务人员依旧采用手工记账方式统计，出账速度慢，并且经常出现差错，无法实施精细"数字化"管理。

5. 厨房员工流失率高

酒楼不能及时通过数据掌握员工的工作情况，缺乏对员工的考核标准，致使厨房员工的流动量大，也影响了出品质量。

6. 上菜速度比较慢

一到开餐高峰期就有顾客反映上菜速度很慢。为此，酒楼经理增加了点单的人手，但是又造成人力成本的增加。

二、问题的诊断和成本控制措施

盘点这些问题都和酒楼成本管理有关。湘菜酒楼实施了一系列成本控制的措施：

1. 实行信息化的进销存管理

运用信息化的进销存系统，可以实现对物资原料的有效管理，菜品、酒水等物料的进货量、部门领用量以及库存量清晰明了，财务查询及时方便。

2. 制定标准化菜谱

要做到成本的有效控制，为餐厅的菜品做精细化标准菜谱是必不可少的步骤，这也是确保出品质量统一的前提。在标准菜谱中不仅要标明各种原料的品名、数量，还要详细记录原料的产地、规格等信息。

3. 利用出净率监督原料质量和投料标准

验收领用原料由专人负责，严格按照原料的出净率标准验收原料，对原料供货商供应的和采购人员购买的原料进行监督检查。如果厨房切配人员在操作过程中不按照标准菜谱配料，造成出品不统一顾客投诉，或者验收的时候把关不严，原料质量不达标时，都可以对各环节负责人进行处罚。这一措施真正达到了对外监督供货商，对内员工有了考核标准，还让出品质量有了保障。

4. 运用标准配方下计划采购单

厨房在下第二天的计划采购单之前，要依据第二天的预订和销售预估明细单的数据来确定计划采购单。这一切因为有标准化菜谱为基础，所以对每种原料的统计就相对简单一些。根据预订和销售预估的数据制定的原料采购单，和实际销售虽然会有一些误差，但是结合一段时间的销售量分析出来的数据还是比较精细，为原料的采购和实现"零库存"目标提供了相对准确的数字依据。

5. 更换触摸屏为无线点菜器

和许多餐厅选用触摸屏的理由一样，当初湘菜酒楼实施信息化点单前，特地考察了许多餐厅关于信息化点单工具的选用情况，由于当时麦当劳和肯德基等一些洋快餐连锁选用的都是触摸屏点餐方式，所以湘菜酒楼也选用了触摸屏。触摸屏点餐方式只适合快餐店即点即出的点餐模式，对于中餐酒楼这种点餐和厨房加工间隔较远，需要及时信息传导的点餐模式来说，无线点菜无疑是比触摸屏更好的点菜途径，无线点菜器的及时发送功能比触摸屏下单在时间上至少可以节省5~10min。

实施了以上措施后，湘菜酒楼原料采购问题和出品标准化问题有明显起色；改用了无线点菜的下单方式，大大提高了下单速度，顾客满意度也提高了；每天的收入支出账目清晰明了，也为员工绩效考核提供了更详细的参考数据。

【案例分析】

餐饮成本控制是餐饮市场激烈竞争的客观要求。随着餐饮企业的迅速发展，市场竞争必然日趋激烈，加上人们对餐饮质量要求的逐步提高，餐饮企业的生存与发展面临严峻挑战。降低成本是提高企业经济效益、增强企业竞争能力的重要途径，为此，加强餐饮企业成本管理，最大限度地降低餐饮成本，尽可能为顾客提供超值服务，已成为餐饮企业经营管理的核心目标和任务。湘菜酒楼在原料采购、验收、保管、加工及菜肴制作和服务方面采取了一系列的成本控制的措施，有效地降低了经营成本，提高了顾客和员工的满意度。

项目1　餐饮成本构成及特点

一、餐饮产品成本构成

餐饮成本是凝结在产品中的物化劳动价值和活劳动消耗中为自身劳动的价值的货币表现，从理论上讲，物化劳动价值包括食品原材料价值和生产过程中的厨房、餐厅设备、餐茶用品、水电燃料消耗等的价值。这些物化劳动的价值有的以直接消耗的形式加入成本，有的以渐进消耗的方式加入成本，成为餐饮产品成本的基本组成部分，活劳动消耗中为自身劳动的价值主要指为维持餐饮经营者劳动力的生产和再生产所需要的价值，它们以劳动工资和奖金福利的形式加入成本，成为餐饮产品成本的必要组成部分。

（一）餐饮产品成本

餐饮产品是以原料成本为主，在餐饮生产过程中食品原料包括主料、辅料（也称配料）和调料。这三类原料是核算餐饮产品原料成本的基础，称为餐饮产品原料成本的三要素。

（1）主料。主料是餐饮产品中的主要原材料，一般成本份额较大，有时菜肴是以主要原料名称而命名，例如：西冷牛排（Sirloin Steak）的牛排成本，宫保鸡丁中的鸡肉成分。

（2）辅料。辅料是餐饮产品中的辅助原材料，其成本份额相对较小，例如，西冷牛排中的马铃薯和蔬菜的成本，宫保鸡丁中的辣椒、腰果或花生米的成本。但对于不同花色品种，配料种类各不相同，有的种类较少，有的种类可多达十种以上，使产品成本构成变得比较复杂。

（3）调料。调料也是复杂餐饮产品中的辅助原材料，主要起色、香、味、形的调节作用，例如，宫保鸡丁中的食油、酱油、味精、调味酒等的成本，西餐扒牛排中的调味汁，如伯德莱滋汁（Bordelaise）和罗伯特汁（Robert）等的成本。一般调料品种较多，而在产品中每种调料的用量又较少。

（二）人工成本

人工成本指参与餐饮产品生产与销售（服务）的所有管理人员和职工的工资、福利费、劳保、服装费和员工餐等费用。随着餐饮市场对人才的日益重视，餐饮行业的人工费用逐年增加，特别是主厨、高级厨师及管理人员的费用都较高。据统计，目前在国内餐饮业中人工成本占营业额的20%左右。

（三）营业费用

营业费用常常指在餐饮产品生产和经营中，除食品原料与人工成本以外的成本。它们包括房屋的租金、生产和服务设施与设备的折旧费，即固定资产的折旧费、燃料和能源费、餐具、用具和低值易耗品费、采购费、绿化费、清洁费、广告费、交际和公关费等。

【案例】

我国一家内资三星级旅游饭店餐饮部门某年的成本和费用明细结构情况见表7－2。

表7－2　　　　某饭店餐饮部某年成本费用明细表

项目	总额（人民币）/元	比例/%
营业收入	4997368.07	100
餐饮成本	2640013.55	52.83
营业费用	1022343.51	20.46
营业税	189899.98	3.8
部门利润	1145111.03	22.91

营业费用明细情况

项目		总额（人民币）/元	占营业费用百分比/%	占营业收入百分比/%	备注
营业费用总额		1022343.51	100	20	
人工费	工资	194012.92	18.98	3.88	
	福利费	52374.34	5.12	1.04	
	服装及劳保	33741.07	3.3	0.67	
	工作餐	59314.80	5.8	1.18	
燃料费		81202.86	7.94	1.62	
水电费		111290.66	10.89	2.2	
折旧费		151200.00	14.79	3.03	
大修理费		48750.00	4.77	0.97	
修理费		19425.45	1.9	0.39	
低值易耗品摊销		6838.02	0.67	0.14	
洗涤费		69818.89	6.83	1.4	
旅游公务费		16500.31	1.61	0.33	
旅游宣传费		－2881.86	－0.28	－0.06	为其他单位做广告、培训获得收益
旅游教育费		－25890.04	－2.53	－0.52	
邮电费		895.51	0.08	0.02	
物料消耗		124181.75	12.15	2.48	
包装及运杂费		8898.31	0.87	0.18	
其他费用		72670.52	7.1	1.45	

该企业属于内资饭店，所以人工费用相对较低，只占到营业收入的6.77%，餐饮成本所占比重较大，占到收入的52.83%，这两项开支占到企业营业收入的59.6%，为餐饮部门的主要开支。

二、餐饮成本的分类

成本分类是为做好成本核算和成本管理服务的。成本核算和成本管理的方法和目的不同，成本分类也不一样，餐饮产品的成本，从不同角度可分成不同的种类，其基本方法主要有以下几种。

（一）按成本与产品的形成关系划分，可分为直接成本和间接成本

（1）直接成本。直接成本是指在产品生产中直接耗用，不需分摊即可加入到产品成本中去的那部分成本，如直接材料、直接人工、直接耗材等。

（2）间接成本。间接成本是指需要通过分摊才能加入到产品成本中去的各种耗费，如销售费用、维修费用、管理费用等。

直接成本和间接成本的划分从一个方面为餐饮产品的核算提供了理论根据。部分成本核算可以直接成本为主，如主料、配料和调料成本等。间接成本因其不易直接分摊到各产品成本中，可以全店核算为主，形成流通费用，再分摊到各个有关部门。这就为餐饮产品的成本核算提供了方便条件，有利于提高成本核算的准确性。

（二）按成本的可控程度划分，可以分为可控成本和不可控成本

（1）可控成本。可控成本是指餐饮管理中，通过职工的主观努力可以控制的各种消耗。如食品原材料、水电燃料等消耗。

（2）不可控成本。不可控成本是指通过主观努力很难加以控制的成本开支。如还本付息分摊、折旧费用和劳动工资等。

可控成本和不可控成本的划分为餐饮管理中的成本控制提供了理论根据，它可以引导部门管理人员将成本控制的主要精力放在可控成本的控制上，从而努力降低成本消耗，提高经济效益，而对于那些不易控制的成本则相对减少控制精力，从而做好成本管理工作。

（三）按成本性质划分，可分为固定成本和变动成本

（1）固定成本。固定成本是指在一定时期和一定经营条件下，不随餐饮产品和销量的变化而变化的那部分成本。在餐饮成本构成中，广义成本中的劳动工资、折旧费用、还本付息费用、管理费用等在一定时期和一定经营条件下，是相对稳定的，所以称为固定成本。

（2）变动成本。变动成本则是指在一定时期和一定经营条件下，随产品生产和销售量的变化而变化的那部分成本。在餐饮成本构成中，食品原材料成本、水电费用、燃料消耗、洗涤费用等总是随着产品的产销量而变化，所以称为变动成本。

固定成本和变动成本的划分，从另一个角度为餐饮成本管理提供了理论依据。因为固定成本和变动成本是根据成本对产销量的依赖关系来分类的，它反映了餐饮产品的成本性质。从成本对产销量的依赖关系来看，固定成本对餐饮产品的产销量影响很小，而变动成本则对产品的产销量影响较大。因此，固定成本和变动成本的划分，可以引导餐饮企业经营者将经营成本管理的重点主要放在变动成本管理上，采取各种措施，控制其成本消耗。

三、餐饮成本管理的特点

1. 变动成本比例大

在餐饮成本中，变动成本占绝大部分，例如，餐厅的餐饮产品成本率一般为 28% ~ 45%。餐饮部门的成本费用中，除食品、饮料的成本以外，在营业费用中还有物料消耗等一部分变动成本。这些成本和费用随销售数量的增加而成比例地增加。通常，餐厅的级别越高，其人工成本和各项经营费越高，而食品成本率越低。

2. 可控制的成本比例大

在餐饮成本中，可控成本占绝大部分，例如原料成本，临时工作人员成本，燃料与能源成本，餐具、用具与低值易耗品成本都是可控成本，餐厅与厨房管理人员，完全可以加强厨房与餐厅的生产和经营管理以控制这些成本。

3. 成本泄漏点多

成本泄漏点是指餐饮经营活动过程中已经造成的或可能造成的成本流失。一般餐饮成本和费用的大小受经营管理的影响很大。在菜单的计划、食品饮料的成本控制、餐饮的推销和销售控制以及成本核算的过程中涉及许多环节，即：菜单计划—采购—验收—贮存—发料—加工切配和烹调—餐饮服务—餐饮推销—销售控制—成本核算等，每个环节都可能造成成本泄漏。

（1）菜单计划和菜品的定价影响顾客对菜品的选择，决定菜肴的成本率。

（2）对食品饮料的采购、验收控制不严，或采购的价格过高、数量过多造成浪费，采购的原料不能如数入库，采购的原料质量不好等都会引起成本提高。贮存和发料控制不严，会引起原料变质或被偷盗、丢失和私用。

（3）对加工和烹调控制不严不仅会影响食品的质量，还会提高食品饮料的折损和流失。对加工和烹饪的数量计划不好也会造成浪费。

（4）餐饮服务不仅影响顾客的满意度也会影响顾客对高价菜的挑选从而影响成本率。

（5）餐饮推销搞得好与不好不仅影响收入，也影响成本率，例如加强宴会和饮料的推销会降低成本率。

（6）销售控制不严，使售出的食品饮料得不到收入也会使成本比例增大。

（7）最后，企业若不加强对成本的核算和分析就会放松对各个环节的成本控制，对上述任一环节控制不严都会产生成本泄漏。

项目 2　餐饮成本核算

餐饮成本核算，是指对餐饮企业生产和销售的一定种类和数量的餐饮产品（包括餐饮产品组合）进行综合计算，从而求出某种餐饮产品的总成本和单位成本。要知道餐饮产品的成本是多少，必须对餐饮产品的成本消耗进行计算，就是要记账、算账，建立和健全各项规章制度，以便对餐饮企业的经济活动过程进行记录和分析，对生产投入和产出的结果进行比较。这种在餐饮生产经营活动中的记账、算账、分析和比较的过程，就是一般意义上的餐饮成本核算。

餐饮成本核算是餐饮成本控制及管理的基础性工作，该项工作直接关系到管理的有效性。从理论上讲，餐饮产品的成本应该包括生产过程中的各种合理耗费。但由于行业特点的不同，在实际业务管理中，餐饮产品成本只计算食品原材料消耗，生产过程中的其他各种耗费都作为流通费用处理。这是因为餐饮产品花色品种繁多，成本构成复杂，除食品原材料成本之外，其他各种耗费很难按照品种逐一分摊到每份菜肴中。如每道菜中应该分摊多少水费、电费、燃料费、物品折旧、人工成本等，是很难准确计算的。

一、主料和辅料的成本核算

餐饮产品的主、辅料一般要经过加工处理之后，才能用来制作成品。没有经过加工处理的原料称为毛料，加工后可用来生产成品的原料称为净料。例如将鲜虾分剥成虾仁、虾头、虾子；鱼去鳞去肚脏后分切成头尾、肚档、中段或剔成鱼肉；猪肉在除皮去骨后成净肉，再加工成片、丝、丁、糜等。可见，经过初加工后，不仅净料与毛料有很大区别，而且在等级上、价格上的差异也很大。

再从饮食制品成本的制定来说，为了便于计量，确定配额和定价，目前很多餐饮企业都采用按清选后的净料分等定价，计算成本，确定售价。因此，加强原材料初加工的管理和核算，对方便烹调生产、控制成本都有重要作用。

（一）净料率

1. 食品原料净料率的含义和计算方法

食品原料净料率是指食品原料经过一系列的加工后得到的净料重量与它在加工前的重量（毛料重量）的比。加工蔬菜时需要去皮、切割；加工畜肉、家禽时需要剔骨、去皮、切割等，加工鱼类原料需要去内脏、去皮和去骨等。净料率是表明原材料利用程度的指标。

食品原料净料率按下列方法计算：

$$净料率=（净料重量/毛料重量）\times 100\%$$

【例 1】

购入 1 只三黄鸡，重 2kg，经宰杀、去毛、除肠肚、洗涤等处理后，得净鸡 1.36kg。求这只三黄鸡的净料率。

$$净料率=（净料重量/毛料重量）\times 100\%$$
$$=（1.36/2）\times 100\%=68\%$$

【例 2】

某饭店购入带骨羊肉 16.0kg，初步加工处理后剔出骨头 4.0kg，求羊肉的净料率。

$$净料率=（净料重量/毛料重量）\times 100\%$$
$$=[（16.0-4.0）/16.0]\times 100\%=75\%$$

2. 损耗率及其计算公式

与净料率相对应的是损耗率，也就是毛料在加工处理中所损耗的重量与毛料重量比率，其计算公式如下：

$$损耗率=（损耗重量/毛料重量）\times 100\%$$

从上两式可知：

$$损耗重量+净料重量=毛料重量$$
$$损耗率+净料率=100\%$$

3. 制定食品原料的标准净料率

在菜肴生产中，食品原料的加工方法适宜，会增加它的净料率，提高菜肴的出品率，减少食品原料的浪费，从而有效地控制食品成本。当然，合理的净料率是在使用符合质量和规格的食品原料的前提下进行的。为了有效地控制食品成本，许多饭店和餐厅都制定食品原料的标准净料率。表 7-3 为某餐厅制定的常见原料净料率表。

表 7-3　常见原料净料率

毛料品种	净料处理项目	净料		损耗率/%
		品名	净料率/%	
时令冬笋	剥壳、除老根	净冬笋	31～37	63～69
白菜、菠菜、芥菜	除去老叶、根，洗涤	净菜	80	20
鲭、鲤、鲢鱼	宰杀，去鳞、鳃、内脏，洗涤	净全鱼	80	20
出骨腿肉	拆卸分档	肉皮	11	1
		纯精肉	23	
		一般精肉	54	
		肥膘	11	

续表

毛料品种	净料处理项目	净料		损耗率/%
		品名	净料率/%	
活母鸡（1.7～2.3kg）	宰杀分档	净鸡	70	13
		肫	7	
		肝、心	3	
		油	2.5	
		肠	2	
		脚	2.5	

（二）净料成本核算

原料在最初购入时，毛料占有较大的比重。经过加工处理后，重量发生了变化，有的减少，有的增加（如部分干货原料），这样其单位成本也发生了变化，所以必须进行净料成本的核算。

净料根据其加工方法和处理程度的不同，可分为生料（待烹制品）、半制品（初制成品）和熟制品（制成品）三类。其单位成本各有不同的核算方法。

1. 生料成本的核算

生料就是只经过拣洗、宰杀、拆卸等加工处理，而没有经过任何初制或成熟处理的各种原料的净料。具体计算方法要根据一料一档、一料多档以及不同渠道采购同一原料等不同情况分别计算。

（1）一料一档计算。一料一档计算方法有两种情况。

①毛料经过加工处理后，只有一种净料，而没有可以作价利用的下脚料，则用毛料总值除以净料重量，求得单位净料成本，其计算公式是：

$$\text{单位净料成本} = \text{毛料总值}/\text{净料重量}$$

【例 3】

生菜 30kg，价值共 60 元，经过去老叶、根，洗净得净生菜 25kg，求净生菜每 1kg 成本。

$$\begin{aligned}\text{单位净生菜成本} &= \text{毛料总值}/\text{净料重量}\\ &= 60 \div 25 = 2.40\ (\text{元/kg})\end{aligned}$$

②毛料经处理后得到一种净料，同时又有可以作价利用的下脚料、废料等，则须先从毛料总值中扣除下脚料和废料的价款，再除以净料重量，求得净料成本，其公式是：

$$\text{单位净料成本} = \frac{\text{毛料总值} - (\text{下脚料金额} + \text{废料金额})}{\text{净料重量}}$$

【例 4】

带骨腿肉 7kg，每 1kg 14 元，经分档加工，去皮 0.5kg，每 1kg 作价 4 元，去骨头 0.7kg，每 1kg 作价 3 元，出净肉 5.8kg，求净肉每千克成本。

$$\begin{aligned}\text{净肉每 1kg 成本} &= \frac{\text{毛料总值} - (\text{下脚料金额} + \text{废料金额})}{\text{净料重量}}\\ &= \frac{7 \times 14 - (0.5 \times 4 + 0.7 \times 3)}{5.8}\\ &= 16.19\ (\text{元/kg})\end{aligned}$$

（2）一料多档计算。如果毛料经过加工处理后，得到一种以上的净料，则应分别计算每一种净料的成本。质量好的，成本应高些；质量差的，成本应低些。计算方法有以下两种：

①如果所有净料的单位成本都是以往没有计算过的，则可根据这些净料的质量，逐一确定它们的单位成本，而使各档成本之和等于进货总值。用公式表示为：

净料1值+净料2值+……+净料n值=一料多档的总值（进货总值）

【例5】

带骨腿肉7kg，每1kg 14元，经分档加工得到精肉4kg、肥膘1.5kg、肉皮0.5kg、骨头0.7kg、损耗0.3kg。根据质量确定其每1kg单位成本为：精肉20元，肥膘9.27元，肉皮4元，骨头3元。

即：

$$\left.\begin{array}{l}\text{精肉：}20\times4=80\ (\text{元})\\ \text{肥膘：}9.27\times1.5=13.9\ (\text{元})\\ \text{肉皮：}4\times0.5=2\ (\text{元})\\ \text{骨头：}3\times0.7=2.1\ (\text{元})\end{array}\right\}98.00\ \text{元（毛料总值）}$$

②如果只有一种净料的单位成本需要测算，其他净料成本都是已知的，则可先把这些已知的净料的总成本算出来，从毛料的进货总值中扣除后，再确定其单位成本，其计算公式是：

$$C_n=\frac{P\times Q\times F_n}{Q_n}$$

式中 C_n——分档原料单位成本

P——毛料价格

Q——毛料重量

F_n——各档原料价值比

Q_n——各档净料重量

【例6】

厨房领光鹅75kg，进价16.24元/kg，经价格处理后得到鹅腿18.6kg，鹅脯15.4kg，鹅翅8.6kg，鹅脖、鹅掌13.6kg，其余为下脚料无价值。各档原料价值比分别为42.5%、30.6%、12.4%、9.5%和5%。请核算各档原料单位成本。

鹅腿的单位成本：

$$C_1=\frac{16.24\times75\times42.5\%}{18.6}=27.83\ (\text{元/kg})$$

鹅脯的单位成本：

$$C_2=\frac{16.24\times75\times30.6\%}{15.4}=24.2\ (\text{元/kg})$$

以此类推，即可核算出其他各档原料单位成本。

（3）多料一档成本核算。多种原料经加工处理后，得到一种净料或是半成品。这种情况主要适用于批量生产的餐饮产品的成本核算。厨房在生产过程中，某些批量生产的餐饮产品，尽管各种原料的价格不同，但加工后的原料最终混合成一种净料。这时，只要将各种原料的实际成本汇总，即可核算出单位成本。其计算公式为：

$$C=\frac{\sum P\times Q}{Q_n}$$

式中 C——混合原料单位成本

P——毛料价格

Q——毛料重量

Q_n——混合原料重量

【例7】

厨房生产小笼包一批，馅料用量见表7-4，经加工处理，得到馅料23.8kg，请核算馅料单位成本。

表 7-4　（小笼包）产品生产成本记录表

原料	用量/kg	单价/(元/kg)	成本/元	备注
腿肉	15	9.2	138	
肉皮	4	3.6	14.4	
糖	2.8	2.9	8.12	
麻油	0.5	18.4	9.2	
味精	0.03	98.8	2.96	
胡椒粉	0.02	64.3	1.29	
生姜	0.3	3.8	1.14	
醋	0.3	1.4	0.42	
酱油	1.6	1.2	1.92	
其他	—	—	9.8	
合计	24.55		187.25	

计算单位成本：

$$C=187.25/24.55=7.63\ (\text{元/kg})$$

（4）不同渠道采购同一原料的成本计算。当多种渠道采购同一种原料时，其购进单价是不尽相同的，这就要运用加权平均法计算该种原料的平均成本，其计算公式为：

$$\text{平均单位成本}=\frac{\sum(\text{各渠道购进原料重量}\times\text{单价})}{\text{各渠道购进原料总重量}}$$

【例 8】

餐饮企业从肉联厂购进猪里脊 50kg，单价 18 元，同时又从集贸市场购进猪里脊 30kg，单价 20 元，则企业购进猪里脊肉的平均价格为

$$\text{平均单价}=\frac{50\times18+30\times20}{50+30}$$

$$=18.75\ (\text{元/kg})$$

2. 半制品成本计算

半制品是经过初步熟处理，但尚未完全加工成制成品的净料。根据其加工方法的不同，又可分为无味半制品和调味半制品两种。

（1）无味半制品成本核算。无味半制品又称水煮半制品。它包括的范围很广，如经出水的蔬菜和经过初步熟处理的肉类等都属于无味半制品，其成本计算公式是：

$$\text{单位无味半制品成本}=\frac{\text{毛料总值}-\text{下脚料总值}-\text{废料总值}}{\text{无味半制品重量}}$$

【例 9】

做东坡肉用的猪肉 4kg，每 1kg 价格 13 元，煮熟损耗 20%，计算熟肉单位成本。

$$\text{毛料总值}=13\times4=52\ (\text{元})(\text{无下脚废料})$$

$$\text{无味半制品重量}=4\times(1-20\%)=3.2(\text{kg})$$

$$\text{熟肉的成本}=52/3.2=16.25\ (\text{元/kg})$$

（2）调味半制品成本核算。调味半制品即加放调味品的半制品，如鱼丸、肉丸、油发肉皮等，其成本计算公式是：

$$\text{单位调味半制品成本}=\frac{\text{毛料总值}-\text{下脚料总值}-\text{废料总值}+\text{调味品成本}}{\text{调味半制品重量}}$$

【例 10】

干鱼肚 2kg 经油发后成 4kg（干鱼肚油发后又用水浸泡，重量增加），在油发过程中耗油 600g。已知干鱼肚每 1kg 进价为 80 元，食用油每 1kg 进价 8 元，计算油发后鱼肚的单位成本。

$$每千克油发鱼肚成本=\frac{2\times80+0.6\times8}{4}$$
$$=41.20\text{（元/kg）}$$

3. 熟制品成本的核算

熟制品也称制成品或卤制品，是用熏、卤、拌、煮等方法加工而成，可以用做冷盘菜肴，其成本计算与调味半制品类似。

$$熟制品成本=\frac{毛料总值-下脚料总值-废料总值+调味品成本}{熟制品重量}$$

【例 11】

生牛肉 2.5kg，单价 12 元，煮熟损耗 40%，共用酱油、糖、味精、五香粉等调味品 2 元，求卤牛肉成本。

$$卤牛肉成本=\frac{2.5\times12+2}{2.5\times(1-40\%)}$$
$$=21.33\text{（元/kg）}$$

由于习惯上对熟制品和调味品成本都采用估算法，所以熟制品单位成本的核算也可采用下式：

$$熟制品成本=无味熟制品成本+调味品成本$$

（三）成本系数法核算

由于食品原材料大部分是农副产品，其地区性、季节性、时间性很强。在农副产品价格放开后，原材料价格变化很大，每次进货的价格不同，其成品的单位成本就会发生相应的变化，为了避免由于进货价格的变动，而重新逐笔逐项计算加工半成品的单位成本价格，可利用“成本系数法”进行成本调整，有利于简化原料成本核算工作。

所谓“成本系数”就是指加工后净料的单位成本价格与加工前毛料单位价格的比例，这个数字的单位，不是金额而仅是一个计算系数，假如原材料的价格变动，无论涨价或降价，只要用系数乘上新价格就可得出新的净料成本。计算公式如下：

$$成本系数=净料成本/毛料成本$$
$$净料成本=成本系数\times毛料成本$$

【例 12】

（1）购进三文鱼 10kg，每 1kg 80 元，加工后得净鱼肉 8kg，则三文鱼成本系数计算如下：

$$加工后单位三文鱼成本=\frac{10\times80}{8}$$
$$=100\text{（元/kg）}$$
$$三文鱼成本系数=100/80=1.25$$

（2）如果企业又购进一批同样等级的三文鱼 40kg，单价为每 1kg 90 元，则该批三文鱼的净料成本为：

$$净料成本=成本系数\times毛料成本$$
$$=1.25\times90=112.5\text{（元/kg）}$$

采用成本系数法，确定加工半成品的成本价格是一种计算简便且较为准确的方法。同一加工品种成本系数大小，与购进原材料质量的好坏及加工技术水平的高低成反比。购进的原材料质量好，价格也低，反之，加工半成品的成本系数则大，经加工的半成品的成本价格就高。

用成本系数来确定加工半成品的成本价格，最重要的是要取得准确的成本系数，由于进货渠道、原材料质地、采购价格及加工技术水平不同，因此，每一个半成品的成本系数，必须经过反复测试才能确定，即使是已经测定的成本系数也要经常进行抽查复试，每次进行半成品加工测试，都填列“食品加工”试验表，作为计算、确定调整每一品种成本系数的档案。

二、调味品成本核算

调味品是饮食产品不可缺少的组成要素之一，它是产品成本的一部分。调味品在使用上的特点是：种类繁多，用量少，使用的间隔时间短，速度快，这给调味品成本核算带来一定困难。因此不应像主料、配料那样用数量来计算，而只能采用在对有代表性的餐饮品进行试验和测算的基础上作出的估算平均值。其计算方法有以下两种。

（一）单件成本核算法

单件成本指单件制作的产品的调味品成本也称作个别成本，各种单件生产的热菜的调味品成本都属这一类。核算这一类调味品的成本先要把各种不同的调味品的用量估算出来，然后根据其进价分别算出其价格，并逐一相加就行了。

（二）平均成本核算法

平均成本，也称综合成本，指批量生产（成批制作）的产品的单位调味品成本。点心类制品、卤制品等都属于这一类。计算这类产品的调味品成本，应分两步来运行。

第一步，首先用容器估量法和体积估量法算出整个产品中各种调味品的总用量及其成本，由于在这种情况下，调味品的使用量一般较难统计，应尽可能全面，以求调味品成本核算准确，同时也能保证产品质量的稳定。

第二步，用产品的总重量来除调味品的总成本，求出每一单位产品的调味品成本。

批量产品平均调味品成本的计算公式是：

批量产品平均调味品成本 = 批量生产耗用调味品总值/成品总量

当然，餐饮部不可能对每个菜都进行测算，在实际工作中，只能凭厨师的经验和技术来控制其用量。

三、原材料耗用核算

小型餐饮企业一般每月只进行一次食品成本核算，称为成本月报，这是餐饮企业传统的成本核算方式。而现代大型餐饮企业除了成本月报之外，还要求每天进行成本核算以及成本分析，并制成成本日报，以便管理者及时检查经营情况。

（一）月食品成本核算

（1）月末食品成本核算。只要餐厅每天对各种原料进货，发料备有记录，按时进行库原料盘存清点，就可计算每月月末食品成本。

（2）食品成本月报。根据计算，餐饮企业即可编制食品成本月报，以供管理者进行决策参考。为了使本月数据更有意义，应该把它们与去年同期或与上期的数据进行比较，以便检验本月的实际经营效果。

【案例】

某餐饮企业月食品成本核算

某餐饮企业 2010 年 10 月的营业记录为：

当月收入	150000.00 元
原料期初余额	24000.00 元
原料期内进货额	72000.00 元
原料期末余额即账面库存金额	33000.00 元
原料盘存清点实际库存金额	32200.00 元
厨房存货的月初额为	3140.00 元
厨房存货的月末额为	2850.00 元

根据上述记录，该餐饮企业的月终食品成本可进行如下的计算和调整。

1. 计算当月领用原料成本

原料期初余额
+期内原料进货额
-原料期末余额

当月领用原料成本

其中，原料期初余额为当月第一天的原料库存金额；期内原料进货额为当月所有购进的原料金额，包括仓库进料、采购后直接供厨房使用的原料（称为直接进料）；原料期末余额为当月最后一天的仓库存货额。

根据上述公式，该餐饮企业当月食品原料成本为：

24000.00
+72000.00
-33000.00

63000.00（元）

2. 月末的账物差额调整

根据仓库盘存、清点结果，该餐饮企业当月食品原料的实际库存额小于账面库存额，其差额为：

$$33000.00-32200.00=800.00\text{（元）}$$

该餐饮企业的厨房存货月末额小于月初额，其差额为：

$$3140.00-2850.00=290.00\text{（元）}$$

上述两差额应加入该餐饮企业的当月食品成本。因此，该餐饮企业2010年10月的食品成本为：

$$63000.00+800.00+290.00=64090.00\text{（元）}$$

3. 专项调整

应当明确的是，经过月末账物差额调整所得的食品成本仍然是当月所有直接进料从各类仓库的领料成本，但不一定都是厨房当月所消耗的原料成本。其中可能包括已经转给其他部门的原料成本，也可能包括从其他部门转入的原料成本等。为了如实反映食品经营结果，还应对上述食品原料成本进行专项调整，方能计算出月末食品成本额。在一般情况下，原料成本的专项调整内容如下：

①加上从酒吧等部门转入的作为厨房烹调料酒的成本。这些成本额应分别加在各厨房的成本额中，并且分别在酒库和酒吧的成本中减去。

②减去厨房为酒吧等部门制作点心和其他食品而耗用的原料成本。

③减去厨房下脚料（如肉骨头）出售收入。

④减去餐饮企业员工购买食品原料的收入。

⑤减去餐饮企业招待（宴请）所耗用的原料成本；管理人员为了使经营正常开展，需要招

待业务上的各方人士。这笔开支一般都另行设立账目，可计入餐饮企业的经营管理费用。

⑥减去员工工作餐所耗用的原料成本。在整个企业的原材料总消耗中包括职工用餐涉及的原材料，需要从餐饮营业成本中减去。有的企业有单独的职工食堂，职工食堂的成本根据食堂从库房领取的原料和直接采购的原料以及其他餐厅转入食堂的原料成本汇总。有的企业没有单独的职工食堂，按每一职工用餐的标准成本额从营业成本中扣除。这笔开支应该另行设立账目，作为劳力成本处理。

经过专项调整后所得的食品成本为当月的月末食品成本。如：

食品成本	64090.00
转入烹调用料酒	+850.00
小计	64940.00
转出酒吧用原料	−200.00
下脚料出售收入	−120.00
为酒吧制作点心和其他食品	−400.00
员工购买原料收入	−480.00
招待耗用原料	−2400.00
月末食品成本	61340.00

该餐饮企业当月营业收入为150000.00元，其食品成本率为：

$$61340.00 \div 150000.00 = 40.9\%$$

4. 编制月食品成本明细表

食品成本明细表见表7－5。

表7－5　　某餐饮企业食品成本明细表

时间：2010年10月　　单位：元

项目	金额/元	
原料期初余额	24000.00	
原料期内进货额	72000.00	
厨房存货的月初额	3140.00	
原料期末账面库存金额		33000.00
厨房存货的月末额		2850.00
原料库存与实际差额	800.00	
转入烹调用料酒	850.00	
转出酒吧用原料		200.00
下脚料出售收入		120.00
为酒吧制作点心和其他食品		400.00
员工购买原料收入		480.00
招待耗用原料		2400.00
食品成本	61340.00	
营业收入		150000.00
食品成本率	40.9%	

5. 编制食品成本月报

根据上述计算，餐饮企业即可编制食品成本月报，以供管理者进行决策参考。食品成本月报如表7－6所示。

表7－6　　某餐饮企业食品成本月报表　　2010年10月31日

项目	2010.10	2010.9	2010.8
营业收入/元	150000.00	150000.00	135000.00
食品成本/元	61340.00	63450.00	61230.00
食品成本率/%	40.9	42.3	45.4

成本月报可帮助餐饮企业经营者了解企业的经营结果是否达到预期目标，如发现有较大的偏差，可在下期营业中采取相应的措施以图改进，并通过月报中的比较得知改进措施是否有效。如表7－6说明该餐饮企业9月份的经营效果大为改观，食品成本率下降，毛利上升。因此，该餐饮企业在8月份采取的措施是有效的，应成为今后营业中的永久性措施。

（二）逐日成本核算和成本日报

餐饮企业记录营业中的各项数据并经常将它们进行相互比较，就能使企业的经营取得预期效果。但每月进行一次此类比较显然不够经常。越来越多的餐饮企业在进行成本月报的同时，还进行逐日食品成本核算，以使管理者能及时发现问题，随时采取改进措施。

1. 逐日成本核算

食品成本日报可让管理者及时了解每天的经营结果，但由于餐饮企业的直接进料很可能是隔天或两天一次，因此，进料那天的食品成本率显然会高于其他没有进料的日子。同时，厨房从仓库的领料也常常是今天领料，却要在次日或第三天才耗用，而像油、盐、酱、醋等调料，厨房总是一次领取一周或更长时间的用量，而不会是每天都领料一次，这些情况都会提高领料当天的食品成本率，使之不能如实反映原料的实际消耗情况。

为使食品成本率客观地反映餐饮企业迄今为止的食品成本与营业收入之间的关系，餐饮企业应准确记录每天的食品营业收入、食品成本及食品成本率等数据，以便管理者随时掌握当日的经营情况。而到了月底，只要将食品累计成本进行月末的账物差额调整，即可计算出当月的食品成本和成本率。

当日食品成本的计算公式为：

直接进料成本
＋仓库领料成本
＋从其他部门转入的原料成本
－转出其他部门消耗的原料成本
－正在制作食品的成本
－员工购买原料的收入
－下脚料出售收入
－招待成本
———————————
当日食品成本

根据当日的营业收入，即可计算出当日的食品成本率，用公式表示为：

当日食品成本率＝（当日食品成本/当日营业收入）×100%

2. 食品成本日报

根据逐日成本核算的各种数据，即可填制适合餐饮企业管理要求的成本日报，来反映餐饮企业某一天及近段时间的经营情况。较为常见的食品成本日报表见表7－7。

表7－7 食品成本日报表

日期：2010年8月10日 单位：元

项目	当日	本周累计	上周同期累计
营业收入	5200.0	25950.0	22900.0
食品成本	2093.0	10722.5	9835.5
食品成本率/%	40.25	41.32	42.95

表7－7列出了企业当日的营业收入、食品成本及食品成本率，并将这三项的本周累计与上周同期进行比较，因为是近期比较，管理者便容易发现存在的问题及其原因，也即方便管理者及时采取改进措施以调整、协调并控制日常的经营管理。如发现当日或本周的食品成本率过高，便可对近期的经营业务进行检查，当发现成本率过高的原因是由直接进料过多引起，管理者便可指示厨房应先行消耗存货而停止或减少进料，以使未来一两天的直接进料成本下降，并马上使累计食品成本率降低；当发现食品成本率过高是由领料过多引起，管理者就应通知厨房在存货消耗完之前不准再行领料，以降低仓库领料成本，也会立即降低未来数天的累计食品成本率。因此，食品成本日报有利于管理者及时发现存在的问题并采取改进措施，使餐饮企业的食品成本更有可能控制在预期的范围之内。

项目3 餐饮成本控制

一、餐饮成本控制的含义

餐饮成本控制是指在餐饮生产经营中，管理人员按照餐厅规定的成本标准，对餐饮产品的各成本因素进行严格的监督和调节，及时揭示偏差并采取措施加以纠正，以将餐饮实际成本控制在计划范围之内，以保证实现企业成本目标。此外，现代餐饮成本控制还包括控制餐饮食品的成本，使之不低于相同级别的饭店或餐厅的食品成本。同时，控制餐饮经营费用，使之不高于相同级别的饭店或餐厅，以提高饭店或餐厅在市场上的竞争力。

二、餐饮成本控制的内容

（一）食品原料的成本控制

食品原料的成本是中餐和西餐菜肴的主要成本，它包括主料成本、辅料成本和调料成本。食品原料成本通常由食品原料的采购量和消耗量两个因素决定。因此，食品原料成本控制的主要环节包括两个方面：食品原料的采购和食品原料的使用。

（二）饮料原料的成本控制

饮料原料的成本控制在许多方面与食品原料成本控制相同，也是从制定饮料采购、验收、仓储生产和销售的标准和程序入手。但由于大多数饮料可长期保存，同时有些饮料属易携带物品，故饮料与食品的成本控制方法又有所不同。

（三）人工成本控制

人工成本控制主要包括用工数量和员工工资率的控制。所谓用工数量主要指用于餐饮生产和经营的工作时间数量；而员工工资率是餐饮生产和经营的全部员工的工资总额除以员工生产和经营的工时总额。人工成本控制就是对餐饮生产和经营总工时及工作人员的工资总额控制。现代化的餐饮经营和管理应从实际生产和经营技术出发，合理地进行定员编制，控制非生产和经营用工，防止人浮于事，以先进合理的定员、定额为依据控制餐饮用工人数，使工资总额稳定在合理的水平上。

（四）燃料和能源成本控制

燃料和能源成本是餐饮经营中不可忽视的成本，要使全体员工重视节约能源，懂得节约燃料和能源的方法。此外，管理人员还应当经常对员工的节能工作和效果进行检查、分析和评估，并提出改进措施。

（五）经营费用控制

除了食品成本、人工成本和能源成本，餐饮生产和经营成本还有许多项目，如固定资产的折旧费，设备的保养和维修费，餐具、用具与低值易耗品费，排污费，绿化费及因销售发生的各项费用。这些费用中有的属于不可控成本，有的属于可控成本。经营费用的控制只有通过加强餐厅的日常经营管理才能实现。

三、餐饮成本控制的工作步骤

餐饮成本控制是以标准成本为基础，根据成本控制的基本规律进行的。成本控制是一个复杂的过程，基本程序如图 7-1 所示。

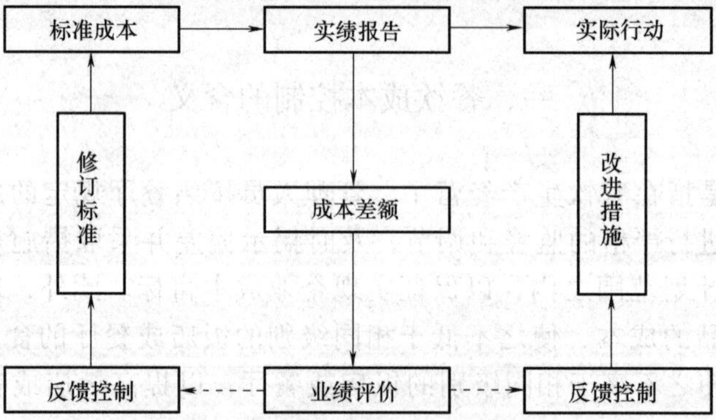

图 7-1 餐饮成本控制基本流程

根据餐饮成本控制的基本流程，其工作步骤主要包括以下四个阶段。

（一）制定标准成本，提供控制依据

成本控制是以制定标准成本为起点的。标准成本是成本控制的依据。其制定方法是要根据餐饮业务过程中的成本发生环节分析成本对象。其内容又包括原料采购标准成本、食品库房标准成本、厨房生产标准成本、餐厅销售标准成本等。此外，还应包括水电能源消耗标准成本、餐茶用品损耗标准成本、直接人工消耗标准成本等。只有事先制定出上述各种标准成本，才能为餐饮管理的成本控制提供客观依据。

（二）控制业务过程，掌握成本消耗

各项成本每天都在餐饮业务管理过程中的各个环节发生。例如，采购环节中的原料进价成本，库房管理中原料进出库及盘点成本，厨房生产加工中的各种菜点成本，餐厅每日全部原料成本、水电燃料消耗等。因此，只有控制业务过程，掌握这一过程中的各个环节或一定时期内的实际成本，才能发现问题、肯定成绩、纠正偏差，做好成本控制。

（三）分析成本差额，评价控制绩效

事实上，各环节的各项实际成本要和标准成本完全一致是不可能的，必然会存在差额。因此，就要将各环节的各项实际成本发生额同标准成本比较，分析成本差额，以便发现成本管理的好坏，纠正存在的问题和偏差。分析成本差额要以重要原料、消耗量较大的原料和重要成本项目为主。其成本差额又包括价格差、数量差、成本差三种，计算公式为：

$$P_o = P_1 \times Q_1 - P_2 \times Q_1$$

$$Q_c = P_2 \times Q_1 - P_2 \times Q_2$$

$$V_c = P_1 \times Q_1 - P_2 \times Q_2$$

式中 P_o——价格差

Q_c——数量差

V_c——成本差

P_1——实际价格

P_2——标准价格

Q_1——实际用量

Q_2——标准用量

在分析成本差额的基础上，管理人员即可发现餐饮管理的各环节成本管理的好坏，对成本控制作出业绩评价，进而分析存在问题的原因，为成本控制措施的制定提供数值依据。

（四）提出改进措施，纠正管理偏差

在分析成本差额和评价控制绩效的基础上，管理人员要对造成成本差额的原因进行具体分析。例如，价格差是市场物价变动造成的，还是采购进价控制不当造成的；数量差是标准成本制定不尽合理造成的，还是管理漏洞、报损或加工损耗不合理造成的。在分析具体原因的基础上，可有针对性地提出改进措施，纠正管理偏差，做好成本控制，不断提高餐饮成本管理水平和经济效益。

四、餐饮管理成本控制的方法

餐饮成本控制是以成本差额分析为中心展开的。在餐饮业务管理过程中，由于原料成本在各环节的表现形式不同，因此，在制定标准成本的基础上，其成本控制也要根据各个环节的成本发生状况和表现形式不同来进行。其主要控制方法包括以下几个环节。

（一）采购环节的成本控制

餐饮成本控制的第一步是采购控制。采购环节的控制不仅仅是以最低的价格进行采购的问题，而是从总体上以最小的投入获得最大的产出。餐饮企业管理人员不仅要熟悉采购工作的业务流程，还要掌握采购过程中降低采购成本的基本方法。餐饮采购成本控制的基本方法是：

（1）以每次采购定价或货源报价规定的原料价格为基础，以每天鲜活原料请购的数量为依据，制定采购标准成本，以此作为采购成本控制的客观依据。

（2）定期或不定期地抽查实际采购成本，分析进价成本差额，采购成本控制以价格控制为主，至少每周抽查3～4次，每次以批量购进或一次购进的原料进货发票和验收单据为依据，抽查实际进价成本。

（3）填写成本差额分析报表，针对存在的问题提出改进措施，并直接报告上级领导，指导采购人员降低进价成本。餐饮采购成本控制见表7－8。

表7－8　　餐饮采购成本控制表　　单位：元

抽查时间＿＿＿＿＿　报告部门＿＿＿＿＿　抽查采购员＿＿＿＿＿

<table>
<tr><th rowspan="2">原料名称</th><th colspan="2">审批计划</th><th colspan="2">实际采购</th><th rowspan="2">价格差</th><th rowspan="2">数量差</th><th rowspan="2">成本差</th></tr>
<tr><th>数量</th><th>标准</th><th>数量</th><th>标准</th></tr>
<tr><td>A</td><td></td><td></td><td></td><td></td><td></td><td></td><td></td></tr>
<tr><td>B</td><td></td><td></td><td></td><td></td><td></td><td></td><td></td></tr>
<tr><td>C</td><td></td><td></td><td></td><td></td><td></td><td></td><td></td></tr>
</table>

成本核算员＿＿＿＿＿

存在问题		改进措施	

（二）验收环节的成本控制

验收控制的目的除了检查原料质量是否符合饭店的采购规格标准外，还在于检查交货数量与订货数量、价格与报价是否一致。因此，验收工作应包括：

（1）对所有验收原料、物品都应称重、计数和计量，并作如实登记。

（2）核对交货数量与订购数量是否一致，交货数量与发货单原料数量是否一致。

（3）检查原料质量是否符合采购规格标准。

（4）检查购进价格是否和所报价格一致。

（5）如发现数量、质量、价格方面有出入或差错，应按规定采取拒收措施。

（6）尽快妥善收藏处理各类进货原料。

（7）正确填制进货日报表、验收记录等票单。

验收时，如发现有些商品数量不足，规格有差别，或其他与要求有差异的情况，要详细记入验收记录。验收记录一式三联，会计、采购员、验收员各执一联。采购员可凭此办理追加或退货手续。

（三）库房管理的成本控制

库房成本控制是在每日盘点的基础上进行的，其控制表见表7－9。其目的是控制库存资金占用，加快资金周转，节省费用开支。餐饮库房的原料成本控制方法是：

（1）制定库房标准成本，以月度为基础，主要包括每月原料平均库存额、原料资金周转率，需要库存的原料最高存量；

（2）检查实际库存状况，即每月盘点后，以库房为基础，分别统计每个库房的期初库存、当月进货、月末盘点等数据，然后计算实际库存与标准库存之间的差额；

（3）分析库存成本差额及其原因，提出整改措施。

表 7－9　　餐饮库房成本控制表

项目 成本 库房	标准成本		实际成本		相对误差率	
	平均库存/万元	库存损耗率/%	平均库存/万元	库存损耗率/%	平均库存/万元	库存损耗率/%
恒温库						
化解库						
冷库						
酒水库						
合计						
库存周转次数						
库存周转天数						
存在问题			改进措施			

（四）厨房生产成本控制

食品原材料的粗加工、切配以及烹调、装盘过程对企业食品成本的高低也有很大影响，这些环节如不加控制，往往会造成原材料浪费，致使成本增加。在食品原材料的加工烹调阶段，企业必须注意以下几个方面：

（1）切割烹烧测试。对于肉类、禽类、水产类及其他主要原材料，酒店应该经常进行切割和烹烧测试，掌握各类原材料的出料率，制定各类原材料的切割、烹烧损耗许可范围，以检查加工、切配工作的绩效，防止和减少粗加工和切配过程中造成的原材料浪费。

（2）制订厨房生产计划。厨师长应根据业务量预测，制订每一天各餐的菜肴生产计划，确定各种菜肴的生产数量和供应份数，并据此决定需要领用的原材料数量。生产计划应提前数天制订，并根据情况变化进行调整，以求精确。

（3）坚持标准投料量。坚持标准投料量是控制食品成本的关键之一。在菜肴原材料切配的过程中，必须使用衡器、量具，按照有关标准菜谱中规定的投料量进行切配。饭店对各类菜肴的主料、配料投料量规定应制表张贴，以便职工遵照执行，特别是在相同菜肴采用不同投料量的情况下，更应如此，以免差错。

（4）控制菜肴分量。酒店中有不少菜肴是成批烹制生产的，因而在产品装盘时必须按照规定的分量进行，也就是说，应按照标准菜谱所规定的烹制份数进行装盘，否则就会增加菜肴的成本，影响毛利。

（五）酒水饮料的成本控制

酒水饮料的成本控制与食品的成本控制有不同之处，也就是不需要复杂的切配过程，但易携带、易丢失，因此需要特殊的控制方法。

1. 标准酒谱

不论餐厅或酒吧采取何种控制方法，都必须首先制定各种鸡尾酒和饮料的标准酒谱以核算标准成本和制定销售价格。如同标准菜谱一样，标准酒谱是调制鸡尾酒和混合饮料的标准配方。它不仅是保证饮料质量的基础，而且也是成本控制的必要工具。标准酒谱必须列明调制该鸡尾酒或混合饮料所需的基酒和其他配料的数量，说明调制方法，规定所用酒杯的种类和型号。

2. 消耗量控制

酒水成本控制中一个十分必要的手段就是控制消耗量。消耗量控制是对照销售数量来控制库存。控制消耗量的步骤是：统计消耗数量，计算出酒水的标准消耗瓶数；盘点库存数量，计算酒水的实际消耗量；将标准消耗量与实际消耗量进行比较，达到对实际消耗量的控制。

（1）整瓶销售酒水的控制。整瓶销售的酒水比较容易控制，采用标准储存量的餐厅或酒吧，要求对销售的整瓶酒水填写整瓶销售单，可有效控制各种酒水数量。用公式表示为：

整瓶销售数＋其他用料数＋结存数＝标准储存数

（2）零杯和混合销售酒水的控制。酒吧中大部分烈性酒都是零杯销售或者配制成鸡尾酒等进行混合销售。零杯销售和混合销售的份数要折合成整瓶数进行消耗量控制。零杯销售首先要求根据销售量的标准单位来核算。常用的标准单位为盎司（oz）、标准量杯等（1oz的液体≈30mL，1量杯≈45mL）。如一瓶750mL容量的酒，如果以1oz为单位销售就可以销售25杯。如果以量杯为单位销售就只能销售16～17杯。所以，零杯销售要考虑每杯的容量以及销售杯数。为控制消耗量，要规定标准的允许流失量。普遍的做法是规定一瓶酒允许流失1oz，有的规定允许流失3%～4%。零杯和混合销售折合的整瓶数可以用以下公式计算：

折合整瓶数量＝每杯容量×销售杯数÷（每瓶容量－每瓶允许流失量）

【例13】

某酒吧用哥顿金酒作为基酒配制鸡尾酒出售，其用量见表7－10，请计算折合整瓶数（每瓶容量为32oz，允许流失量为每瓶1.5oz）。

表7－10　基酒用量表

饮料名	每杯容量/oz	销售杯数/杯	总量/oz
马天尼	2	96	192
1号零杯金酒	1.5	122	183
2号零杯金酒	1.8	90	162
总计			537

折合整瓶数＝537÷(32－1.5)＝17.6(瓶)

在采用标准储存量的控制方法时，要求核实销售及其他耗用的杯数所折合的整瓶销售数是否与空瓶数相等，空瓶数及其他用料数与结存数之和是否与标准储存数相等。不采用标准储存量的控制方法时，耗用酒水折合的瓶数应等于期初储存数加上领料数再减去期末结存数。每日营业结束时，有必要对餐厅、酒吧中各种酒水的消耗数和饮料的销售份数做好记录。

（六）餐饮费用的控制

1. 水电燃料费用消耗控制

水电燃料费用是餐饮成本费用的重要组成部分。其费用日趋上涨，消耗的合理程度直接影响餐饮经营利润水平。在餐饮计划管理中，水电燃料消耗要事先做出费用预算，由此形成标准费用。随着餐饮业务管理的进行，水电燃料费用不断发生，形成实际费用消耗额。其费用控制方法是以月度为基础，分析预算标准费用和实际费用差额，进而降低费用消耗，提高餐饮利润水平。其费用差额计算可参阅表7－11。

餐饮企业的水电及燃料控制一般有下述控制方法。

（1）编制年度预算。餐饮企业的水电及燃料消耗较大，一般可根据前一阶段水电及燃料消耗的实际费用来确定未来某一时期内（一般为年度）的费用，并在年度水电及燃料费用预算的基础上，编制某项费用的月度消耗标准。

（2）加强水电及燃料的日常管理

①教育员工养成节约水电的习惯。餐饮企业的水电节约关键在于员工，因此管理人员应教育并督促员工养成节约用水、电的良好习惯。

表 7－11　餐饮水电燃料费用控制报告表

报告部门：　　月度：　　制表人：

费用项目	当月预算	当月费用			费用差额
		耗用量	单价（分摊价）	费用发生额	
水费					
电费					
燃油					
酒精					
木炭					
其他					
合计					

②加强对水电及燃料设备、设施的保养。如果餐饮企业的设备、设施等坏了再修理，一是难度大，二是费用高（耗能大），所以设施设备管理的关键在于保养，要预防其出毛病。这就要求厨师、服务人员在日常使用设备、设施时应严格按规程操作，如炉灶、冰箱等，而设备维修人员应不断巡查，以便在设备出现小毛病时及时修好，严禁跑、冒、滴、漏现象的存在。只有这样，餐饮企业的水电及燃料费用才有可能控制在规定的消耗标准之内。

（3）定期进行费用差异分析。为确保餐饮企业的水电及燃料消耗控制在月度消耗标准之内，餐饮企业应认真记录各项费用的实际消耗量，与标准对照，如发现问题，应进行仔细的分析，找出问题产生的原因，并采取有效的相关措施，从而降低费用支出。

2. 餐饮用具的控制

餐饮用具的单位价值较低，但极易消耗，如不严格控制，将直接影响餐饮企业的经济效益。其管理要求为：

（1）确定消耗标准。餐饮企业管理者应根据企业的实际情况，分别确定各类用品的消耗标准，并监督服务人员切实执行。一般来说，餐饮企业用具的总体消耗标准为餐饮企业营业收入的0.5%～1%，各类企业应根据各自的等级和档次灵活确定。

（2）定点存放。各类不同的餐饮用具应有固定的存放位置，严禁乱堆乱放，以免无故损耗，增加不必要的支出。

（3）定人管理。餐饮企业的餐饮用具一般应指定专人负责管理，明确责任，还应制定相关的领用手续，并严格执行。

（4）定期盘存。餐饮用具的盘存一般每月一次，要检查餐饮企业的餐饮用具的消耗量是否在规定的消耗标准内，如发现问题，应及时分析并找出原因，以采取相应的解决措施。

（5）制定相应的管理制度。餐饮企业管理人员应制定详细的餐饮用具管理制度，如餐饮用具损耗统计制度，要求员工在损坏用具时如实填写；还有奖惩制度等。某些餐饮企业为调动所有员工自我控制餐饮用具的积极性，规定餐饮用具节约部分的75%奖励员工，而超支部分则全额从员工奖金中扣除，取得了明显的效果。同时管理还应注意，餐饮用具的控制必须在满足消费者需要的基础上进行，而不能单纯为了控制餐饮用具，致使出现破损餐具上桌或某些用品缺乏供应的状况。

3. 劳动力成本控制

劳动力成本是餐饮成本重要的组成部分，随着社会经济的发展，劳动力价格必然会逐渐提高，劳动力成本在餐饮总成本中所占的比重会越来越大。劳动力成本控制工作主要包括以下几方面的内容：

（1）设计操作标准。一切工作都应有一个标准，以此可以测量实际操作情况。餐饮管理人员应该确切知道，员工必须履行的各项任务及完成任务的方法。管理人员应确定最低的质量要求，并把这些要求体现在各标准操作程序中，让员工掌握按现行质量标准的工作方式完成一项具体工作需要多少时间。明确了质量标准以后，管理人员可以据此制定一个高效率员工队伍的设计规划。

（2）合理使用固定劳动力与可变动劳动力。固定劳动力是不管业务量大小的情况下餐饮实体运转经营所需的最基本劳动力，如餐厅经理、收银、采购员等。固定劳动力的需要量与营业量的关系较小。无论营业量增加或减少，这类员工的需要量大致保持稳定。固定劳动力的使用情况对劳动力成本控制有着重大的影响。因此，餐饮实体要制定相应的标准和严格的规定。要注意有些因素的变化会影响固定劳动力的使用数量，如质量要求的变化、操作程序的变动、宾客要求的变动。餐饮企业对固定劳动力的使用要经常进行分析与考核，结合实际情况，分析是否有减少固定劳动力数量的可能。

可变动劳动力的需要量与餐厅的销售量有关，当销售量增加到一定限度时，就必须增加可变动劳动力。如餐厅的服务员、厨房的加工人员等都属于可变动劳动力。可变动劳动力的使用控制有以下几方面：

第一，进行营业量分析，并测量员工的生产效率。餐厅员工的生产效率要经过认真测试，取得真实可靠的数据，如服务员每小时服务的宾客人数，每小时能产生的销售额等。然后，管理人员根据每天营业量的情况配备不同数量的员工。

第二，采用合理的日程安排。餐饮业一天营业中宾客人次变动较大，可实行分班制，员工交替上班、交替下班。这样能够提前进行服务准备和进行收尾工作，以适应工作需要，提高工作效率。

第三，要尽可能考虑员工的愿望和选择。员工的班次安排要注意照顾员工的个人情况与意愿，调动员工的工作积极性，提高效率，降低成本。

（3）控制工时。根据各餐厅的营业量及操作标准、工作效率等指标，管理人员应确定各餐厅的标准工时数。餐厅的经营要将实际工时控制在允许的范围内。员工实际工时超过劳动力安排的标准工时数时，餐饮实体就要承担不必要的额外工时工资成本，这些不必要的开支是潜在的浪费。当然，不能机械地看待餐厅的工时指标。如果餐厅的工时数经常超过标准工时，既要考虑是否存在劳动力成本浪费，也要分析是否是营业量已超过现有员工的负荷量，如果营业量的变动已超过一定限度，就应增加员工人数，增加标准工时数。

（4）提高劳动生产率。控制餐饮劳动力成本的最终目的，是提高餐厅的劳动生产率，获得最佳经济效益。在日常管理过程中，餐厅常用两个指标来衡量劳动生产率：人均毛利额和劳动分配率。

人均毛利额，是衡量员工人均创造的效益。人均毛利额越大，说明餐饮实体的劳动力成本率就越低，经济效益就越好。它可以用以下公式来计算：

$$\text{人均毛利额}=\frac{\text{销售额}-\text{食品饮料原料成本}}{\text{员工总人数}}$$

劳动分配率，表示人工费占毛利额的比例。劳动分配率的数值与劳动生产率成反比，劳动分配率越低，说明餐饮企业的劳动力成本率越低，而劳动生产率越高。

$$劳动分配率 = \frac{人工费用}{毛利率} \times 100\%$$

从以上指标可以看出，如果餐厅节约开支增加收入，即增加了毛利额；而员工的人数不变，饭店的劳动力成本率相对降低，劳动生产率就提高了。如果餐厅的毛利额不变，而要增加员工的工资费用，那么就提高了劳动分配率，增加了劳动力成本。可见，在积极开拓市场、增加收入的基础上，合理安排员工工作，尽量减少雇用员工数量，减少人工费用，提高劳动生产率，是增加餐饮企业效益的重要措施。进行劳动力成本控制时，应对餐厅人均毛利额和劳动分配率进行分析，以对劳动力成本控制的效果做出正确评价。

本章小结

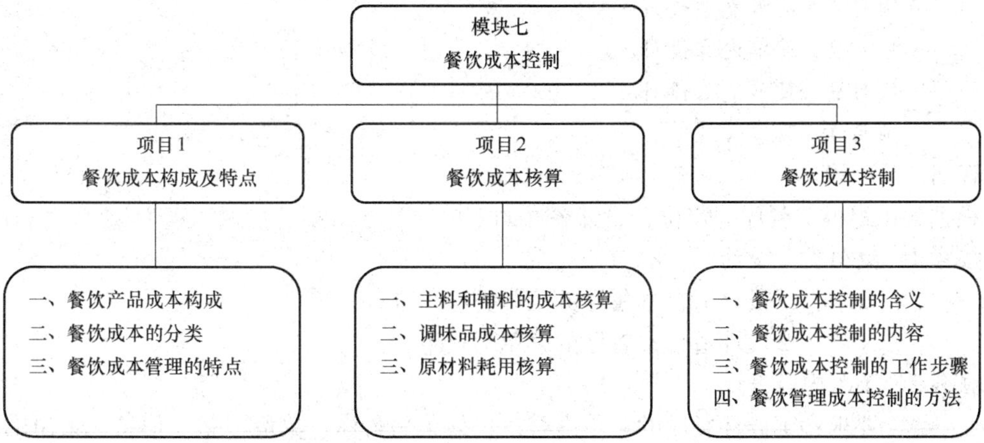

思考题

1. 餐饮成本的构成及特点是什么？
2. 如何进行餐饮主料和辅料的成本核算？
3. 什么是餐饮成本控制？
4. 餐饮成本控制方法包括哪几个环节？

模块八　菜单设计与管理

学习目标：

1. 能够进行餐饮企业菜单类型和内容设计
2. 能够根据餐饮企业和市场状况进行菜单定价
3. 能够正确分析与调整菜单并提出相应的经营策略

模块内容：

项目1　菜单类型设计
项目2　菜单内容设计
项目3　菜单定价设计
项目4　菜单管理

模块任务：

根据各小组模拟餐厅的定位，设计餐厅的菜单。

任务1　菜单类型设计

要求：①设计适合本餐厅的菜单类型组合；
②设计适合本餐厅的菜单形式组合。

任务2　菜单内容设计

要求：①设计餐厅的菜单内容，包括菜品名称、数量、餐厅信息、菜单的布局设计等；
②设计餐厅菜单布局和装帧。

任务3　菜单定价设计

要求：①调研本市同类型餐厅的菜单价格；
②选择适合餐厅的菜单定价方法；
③确定该餐厅各类菜品的平均成本、毛利率；
④完成餐厅菜单的定价。

任务4　菜单管理

要求：①调研本市2～3家同类型餐厅的菜单，分析菜单管理存在的问题；
②设计适合餐厅的菜单管理方案。

任务评价：评价计分方法见表8－1。

表8－1　模块八　菜单设计与管理评价表（总分100）

组别	姓名 学号	类型设计 满分25分	内容设计 满分25分	菜单定价 满分25分	菜单管理 满分25分	总分

【引导案例】

蓝海岸餐馆的菜单结构评估标准

蓝海岸餐馆是华东地区某市的一家拥有1000个餐位的大型中餐馆，提供点菜服务，菜肴品种范围涵盖川、粤、浙等菜系。蓝海岸餐馆成立了管理公司，将长期积累的管理经验模式化和规范化，以利于进一步对外输出管理。该企业管理的长处在厨房运作和菜单设计。每接手一家餐饮企业，蓝海岸管理公司都要对其菜单进行全面的评估并提出意见。而企业在运营中每对菜单进行一次增补或修改，管理公司也都要重新对其评估，检查菜单的结构是否符合公司的标准。蓝海岸管理公司对菜单结构的评估标准主要有六条，并附有结构比例标准。具体解释如下：

1. 口味搭配标准

口味是顾客评菜、选菜的主要考查依据，所以，一份菜单要具有多种口味的组合搭配，才能符合与满足不同消费者的口味需要。进行口味搭配首先要考虑菜肴的地域因素，以此确定整个菜单的“基本口味”。以江浙地区为例，该地消费者讲究菜肴口味的清淡，追求原料本身的鲜味与香味。因此在设计菜单时，必须以清淡爽口、鲜而不腻的菜肴为主体，以迎合大部分顾客的需要。其次在安排好主体菜肴的同时，还应兼顾个别消费者的特殊口味爱好，适量加入一些其他口味的菜肴。如在江浙地区则可安排一些滋味浓、口味重、味型多变的菜品。但是这些菜肴所占比例一般不超过一份菜单的8%～12%。当然，口味搭配的具体比例还应考虑到餐饮特色、季节变化等其他因素。

2. 造型组合标准

造型也是衡量菜肴质量的重要标准，优美的造型可以刺激人们的食欲，给其就餐过程带来美的艺术享受。当然，在菜肴结构设计中不仅要考虑造型菜的这些作用，在菜单中予以适量安排，还应考虑造型菜组合的数量比例关系和它的适用性。所以，一般提倡造型菜要少而精，这不仅有利于菜肴快速制作，而且还可适当减轻厨房的压力。特别是零点菜单更应注意造型菜在菜肴结构中的比例，一般应严格控制在3%～5%，既可满足特殊消费者的要求，而且使菜肴结构显得丰富多彩。

3. 制作方法标准

中国菜烹调方法较多，用这些制作方法所成菜肴均有不同特色。因此在菜肴结构当中每种烹调方法制作的菜肴均应占有一定的比例。值得注意的是：其一，企业应选择那些当地消费者所喜好或能接受的烹调方法作为菜肴结构的主体，可占85%～90%。其二，还可推出一部分能反映企业经营特色、厨师拿手的或引入具有一定社会影响的其他地区的特殊烹调方法来补充完善菜肴结构。这一类烹调方法应占整个菜单的10%～15%。

4. 成菜速度标准

餐饮企业的营业特点是顾客用餐时间集中，因此，菜肴结构设计时更应强调成菜速度，尽可能地采用操作简便、成菜迅速、可提前大量预制的菜肴。这一类菜肴的比例可控制在50%～70%，以保证上菜速度，避免顾客投诉，还可提高餐位周转率。

5. 原料合理利用标准

餐饮制作容易产生大量的边角料，如果能将这些边角料充分利用起来制作成相应的菜肴，必将能大大提高原料的利用率和菜肴毛利率，同时还可以大大减少餐饮垃圾。在菜单中适量安排一些利用边角料制成的菜肴（5%左右）有利于改善菜肴结构，丰富菜式品种，提高菜肴毛利率。

6. 毛利率分档标准

价格制定是餐饮企业经营思路的主要体现，它直接关系到企业的经济效益。因此，一个合理的菜肴结构必须有相适应的价格体系。价格制定应考虑两个方面的因素，其一，毛利率分档因素。设定一个菜单综合毛利率，在此前提之下企业可以根据市场需求、产品特点，对不同的菜肴设定不同的毛利率档次，并达成高、中、低档较合理的菜价组合（两头小、中间大，即20%—60%—20%）。其二，竞争因素。目前餐饮业竞争激烈，信息沟通迅速，各餐饮企业类似产品较多，在菜肴定价当中，对于这些类同产品应采取同价或低价策略，而那些本企业独有的在社会上具有一定影响的菜肴产品则可以适当提高定价。

【案例分析】

蓝海岸管理公司对菜单结构的评估标准展现了该公司长期从事餐饮经营对菜单结构设计所积累的宝贵经验。该标准不仅列出了影响菜单结构的主要因素，对菜单结构设计做出了定性分析，而且依据其丰富的经验对菜单的各种结构包括口味、造型、制作方法、成菜速度和价格体系等六方面都做出了较为明确的定量规定，具有很强的操作性。

项目1　菜单类型设计

一、菜单的含义

现代菜单是指餐饮企业为便于顾客点菜订餐而准备的，介绍该企业产品、服务与价格等内容的各种印刷品。菜单在现代餐饮管理中起着关键性的作用。

首先，菜单是传递产品信息的工具。对于餐厅而言，要想提升经济效益，首先要让客人了解餐厅的产品，菜单正是服务人员向客人推销餐厅产品的媒介。餐饮企业经营的餐饮产品种类、特色、标准、规格特别是价格等全部信息，都以菜单这种特殊形式无声而强有力地展示给消费者，并直接影响着消费者的购买行为。因此，菜单是企业向消费者传达产品信息的工具，起着满足餐饮消费者需求、促进餐饮产品价值实现的媒介作用。

其次，菜单是企业形象宣传的有力工具。菜单不仅通过提供餐饮信息向消费者进行促销，而且还通过一定形式和内容的艺术设计烘托进餐氛围，对餐饮企业进行宣传。餐饮企业所制定的菜单上所显示的食物产品的类型、定价、风格、质量标准、原料性状以及所隐含的制作工艺、技术难易程度、品种组合和风味流派等，一定程度上反映了企业经营的特色、实力和优势。一份精心设计的菜单，其颜色、图案、符号、装饰、文字及材料等，不仅反映了企业组织管理水平和企业文化，而且展示了企业的综合形象。

再次，菜单是企业经营分析的重要基础。餐饮企业的经营分析包括餐饮销售分析、促销分析、产品质量分析、财务分析和客情分析等。餐饮管理者通过观察客人点菜、统计点菜率，以及对菜单上各菜品的销售状况、畅销程度、顾客满意度和顾客对菜品价格的敏感度等进行计算、分析与测定来得到相关信息，可以及时地调整经营和管理行为。所以说，菜单与客源市场需求相吻合的程度，菜单的特色、优势、水准、品位，餐饮消费者对产品的评价和接受程度等信息，都是餐饮企业经营分析的重要基础。

最后，菜单是餐饮经营管理工作的指南。餐饮企业食品原料的采购与储藏、厨房菜点的生产与制作、餐厅的销售与服务等经营活动都是以菜单为依据展开的，这实际上决定了餐饮企业整个餐饮运作的内容和方式。同时，菜单是餐饮经营管理者、生产者和相关员工通过对客源市场调查分析以及对竞争对手比较分析后，结合本企业综合资源状况所形成的餐饮产品销售决策，它集中体现了餐饮企业的经营思想、经营方针、销售策略和市场定位，设定了餐饮企业的经营目标，所以说菜单为餐饮经营管理工作指明了方向。

二、菜单的类型

由于各餐饮企业的经营类型、档次及经营项目各不相同，因而各企业对菜单内容选择、项目编排以及外观设计均有不同要求，从而形成了千姿百态的餐厅菜单。依据不同的分类标准，可将菜单分为多种类型。一般餐饮企业常见的菜单有零点菜单、套菜菜单、宴席菜单这三大类型菜单。

（一）零点菜单

1. 零点菜单的特点和类型

零点菜单又称作“点菜菜单”或“散客菜单”。它是餐厅中最基本、最常见也是使用最广泛的一种菜单，反映了餐厅经营特色和档次。菜单上所列菜点就是该餐厅的经营品种，客人可根据自己需求按菜单点菜。零点菜单的特点是：兼顾不同顾客的需求，菜品丰富，价格高、中、低档搭配适度，从而使顾客有充分的选择余地；每道菜品都标明价格，许多还是图文并茂，更便于客人选择；零点菜单是固定性菜单，在相当一段时间内大部分菜品基本不变。

零点菜单又可依据不同的分类标准，分成多种类型。如按餐别划分，可分为中式零点菜单和西式零点菜单；按餐厅产品的品种划分，可分为菜单、酒水单、点心单等；按就餐时间划分，可分为早餐零点菜单和正餐零点菜单；按餐饮企业经营方式，可分为餐桌服务式零点菜单、外卖送餐式零点菜单等类型。

2. 零点菜单的菜品类别

（1）中式早餐零点菜单菜品类别。中国早餐品种丰富，各地又有所不同。北方地区的早餐品种一般比较传统，而广式早茶品种相对要更丰富。近年来，广式早茶也逐渐被北方地区所接受。中式早餐零点菜单菜品类别主要有粥类、粉面类、点心类、小菜类、饮料类等，详见表 8－2。

表 8－2　　中式早餐零点菜单菜品类别及常见品种

菜品类别	常见品种
粥类	白粥、小米粥、八宝粥、鱼片粥、皮蛋瘦肉粥等
粉面类	面条、河粉、米粉等
点心类	花卷、包子、馒头、油条、虾饺、烧卖、春卷、云吞等
小菜类	凤爪、青菜、咸菜、香肠、咸鸭蛋、茶叶蛋等
饮料类	牛奶、豆浆、咖啡、茶、果汁等

（2）西式早餐零点菜单菜品类别。西式早餐零点菜单菜品类别主要有：果汁与水果类、面包类、谷物类、肉蛋类、饮料类及其他类等，详见表 8－3。

表 8－3　　西式早餐零点菜单菜品类别及常见品种

菜品类别	常见品种
果汁与水果类	包括各类果汁和水果沙拉
面包类	吐司面包、牛角包、香肠面包等，并配有黄油和果酱
谷物类	燕麦粥、玉米片粥等
肉蛋类	鸡蛋、火腿、香肠、腌肉等
饮料类	咖啡、牛奶、可可、红茶等
其他	汉堡、三文治、美式薄饼、薯饼、早餐牛排、蔬菜沙拉等特色菜肴

（3）中式正餐零点菜单主要菜品类别。不同类型的餐厅为突出本餐厅的特色，在菜品的类别划分上有所不同。有些餐厅按照菜品原材料进行菜品分类，可分为海鲜类、禽类、肉类、蔬菜类等；有些餐厅按照菜肴的烹调方法进行菜品分类，可分为冷盘凉菜类、炒菜类、煲仔类、铁板类、炖菜类等；有些餐厅按照不同地方风味进行菜品分类，可分为川菜类、粤菜类、东北菜类等。表 8－4 分别按照菜品原材料和菜肴的烹调方法对菜单菜品的种类进行划分。

（4）西餐正餐零点菜单主要菜品类别。西式正餐零点菜单菜品类别主要有开胃菜（前菜或头盘）、汤类、沙拉类、主菜类、甜品类等。西式正餐零点菜单菜品类别及常见品种详见表 8－5。

（5）酒水单主要饮品类别。酒水单主要适用于以经营酒水饮料为主的酒吧、咖啡屋、茶馆等餐饮企业。酒水单上饮品的种类选择根据餐饮企业的经营类别而有所不同。一般经营酒水饮料的餐厅大多把酒水列在菜单最后，有些大中型高档餐厅因提供酒水饮料品种较齐全，也可单独印刷酒水单，其内容形式与酒吧的酒水单类似。酒水单饮品类别及常见品种详见表 8－6。

表 8－4　　中式正餐零点菜单菜品类别

分类标准	按照菜品原材料分类	按照菜肴的烹调方法分类
菜品类别	鲍参翅肚类	冷盘凉菜类
	江鲜、河鲜与海鲜类	江鲜、河鲜与海鲜
	汤羹类	餐厅特色类
	肉类（家畜）	炖汤类
	禽类	炒菜类
	蔬菜类	铁板类
	主食点心类	煲仔类
	酒水类	烧、煮、炖菜类
		主食点心类
		酒水类

表 8－5　　西式正餐零点菜单菜品类别及常见品种

菜品类别	常见品种
开胃菜（前菜或头盘）Appetizers	如法式鹅肝酱、苏格兰烟熏三文鱼、俄式鱼子酱等
汤类 Soups	如罗宋汤、奶油粟米汤、牛尾清汤等
沙拉类 Salads	如蔬菜沙拉、厨师沙拉、凯撒沙拉
主菜类 Main Courses	如西冷牛扒、T－骨牛扒、扒大虾等
甜品类 Desserts	如布丁、冰淇淋、水果沙拉等

表 8－6　　酒水单饮品类别及常见品种

饮品类别	常见品种
葡萄酒（整支、单杯）	如长城红葡萄酒、白葡萄酒等
洋酒	如白兰地、威士忌、伏特加等类洋酒
中国酒	如茅台酒、五粮液、二锅头等
啤酒	如青岛啤酒、喜力啤酒、百威啤酒等
鸡尾酒	如红粉佳人、天使之吻、蓝色夏威夷等
餐后甜酒	如绿薄荷酒、杏仁利口酒、咖啡乳酒等
咖啡	如热咖啡、冻咖啡、爱尔兰咖啡等
茶	如红茶、绿茶、乌龙茶、普洱茶等
热饮类	如热朱古力、热阿华田、热牛奶等

续表

饮品类别	常见品种
软饮类	如可乐、七喜、椰汁、矿泉水等
鲜榨蔬果汁类	如鲜榨橙汁、鲜榨西瓜汁、鲜榨胡萝卜汁等
小食类	如花生、开心果、鱿鱼丝、炸薯条等

【案例】

某中餐厅正餐零点菜单

表 8－7 是某中餐厅正餐零点菜单。该菜单共有八大类菜肴及酒水。

表 8－7　　某中餐厅正餐零点菜单

凉菜		美味汤羹		蔬菜	
卤水拼盘	38 元/份	鲜人参川贝鳄鱼汤	68 元/位	一品素烩	28 元/份
白切鸡	48 元/支	虫草炖鸭汤	68 元/位	西芹炒鲜百合	20 元/份
烤乳鸽	25 元/支	花旗参竹丝鸡汤	18 元/位	北菇烧豆腐	18 元/份
酱牛肉	25 元/份	南北杏瘦肉汤	18 元/位	金钩瓜方	18 元/份
麻辣肚丝	20 元/份	生熟地炖龙骨汤	18 元/位	冬菇扒菜胆	18 元/份
五香熏鱼	12 元/份	五指毛桃炖瘦肉汤	18 元/位	清炒荷兰豆	16 元/份
白云凤爪	12 元/份	西洋菜生鱼汤	28 元/份	蒜蓉蒸丝瓜	16 元/份
凉拌青瓜	10 元/份	芥菜鱼头豆腐汤	28 元/份	干煸四季豆	16 元/份
虎皮青椒	10 元/份	三鲜汤	20 元/份	尖椒土豆丝	12 元/份
凉拌三丝	10 元/份	粟米羹	20 元/份	上汤时蔬	12 元/份
燕鲍翅		**肉类**		**主食**	
蚝皇鲍鱼王	288 元/位	东坡一品原蹄	48 元/份	扬州炒饭	25 元/份
红烧大鲍翅	128 元/位	木桶水晶鸡	58 元/支	干炒牛河	25 元/份
木瓜炖鱼翅	88 元/位	三杯鸭	38 元/份	鸳鸯馒头	20 元/打
红烧鸡丝翅	68 元/位	秘制蒜香骨	25 元/份	南瓜饼	20 元/打
竹荪鸡丝翅	68 元/位	金菇肥牛卷	25 元/份	叉烧餐包	25 元/打
北菇扒海参	58 元/位	铁板黑椒牛柳	28 元/份	榴莲酥	25 元/打
鲍汁扣鹅掌/花胶	28 元/位	红烧羊肉	30 元/份	印度薄饼	25 元/份
鲍汁百灵菇	18 元/位	荷叶蒸田鸡	30 元/份	什锦炒面	20 元/份
木瓜炖官燕	88 元/位	客家酿豆腐	20 元/份	水饺	20 元/份
木瓜炖雪蛤	28 元/位	菠萝咕噜肉	20 元/份	各式面条	15 元/份
江河海鲜		**煲仔菜**		**酒水**	
三文鱼刺身	128 元/份	海鲜一品煲	38 元/份	各式果汁	20 元/杯
白灼海生虾	68 元/斤	蟹黄粉丝煲	38 元/份	啤酒	20 元/听
蒜蓉粉丝蒸元贝	8 元/个	秘制鱼头煲	38 元/份	可乐/雪碧	15 元/听
酥炸生蚝	48 元/份	梅菜扣肉煲	20 元/份		
姜葱炒花蟹	48 元/斤	支柱羊腩煲	25 元/份		
大鱿鱼炒西芹	48 元/份	白果猪肚煲	25 元/份		
鲜贝虾仁	38 元/份	萝卜牛腩煲	25 元/份		
串烧鳗鱼	48 元/份	日本豆腐煲	20 元/份		
干烧桂鱼	48 元/斤	咸鱼茄子煲	18 元/份		
清蒸多宝鱼	68 元/斤	凉瓜排骨煲	18 元/份		

3. 零点菜单设计应注意的问题

一般来说，零点菜单上的菜品数量多、品种齐，单个菜品的利润率也相差很大，因此，菜单设计得是否合适直接关系到餐厅的赢利能力，所以在设计零点菜单时，应该注意以下问题：

（1）必须突出招牌菜的地位。餐厅应该将自己最有特色、最拿手的几道菜品放在菜单的首页，并用彩照和简练的文字给予着力的推荐。

（2）谨慎选择菜品，注意数量与餐厅类型的适应性。如在高星级酒店的餐厅，菜单上的菜品一般在 80 ~ 100 道（包括小吃、凉菜），太少了客人会觉得菜品单调，可选余地不大；太多了也会不利于客人点菜，同时增加了厨房生产的难度。而如果是快餐厅，菜单上的菜品就要大大减少，以适应人们快速就餐的需求。

（3）菜名既要艺术化，又应通俗易懂。菜单中菜肴的命名一般都采用写实性菜肴命名方法。也可有部分菜肴采用寓意性菜肴命名方法，像“早生贵子”、“年年有余”等。但是对于很难让顾客明白的某些菜品，就要以采取“加注”的办法使之明朗化。例如四川名菜“推纱望月”，可以在其后面加上“竹荪烧鸽蛋”作为注释。

（4）对有些菜肴可以采用例份。许多餐厅的菜单都不太注意通过分量标准来满足不同食客的点菜需要，在一定程度上影响了经营。例如 2 ~ 3 个人到餐厅用餐，如果餐厅菜单上的菜品分量都是标准份，那么客人就点不了几个菜。而如果有了小份的菜品，客人就能多点几个菜了。对于餐厅来说，例份菜品的赢利率往往高于标准份，能获得较高的经济效益。表 8 - 8 为某餐厅圣诞节双人套餐菜单一例。

（二）套菜菜单

“套菜”菜单也称“套餐”菜单、“定菜”菜单，就是根据市场需求和餐饮企业销售策略，将各种类型的菜点进行合理搭配，组合成一整套菜点，以一个包价进行销售的菜单。套菜菜单常见的类型有商务套餐单、快餐套餐单、情侣套餐单、家庭套餐单、节日套餐单和宴会套餐单等。餐饮企业推出各种套菜菜单，可以通过捆绑销售，提高餐厅收益；以较低廉价格吸引更多的消费者；通过菜点的不同组合，推出餐厅的新品菜式；通过菜点的特殊搭配，突出（宴会或节日）主题；同时提高餐厅服务和菜肴出品的效率，并方便客人选择，节省用餐时间。同零点菜单相比，套菜菜单具有以下一些基本特征：

（1）经济实惠。套菜菜单的计价是以每客、每套或每桌计价，因此每套菜肴的包价通常比客人零点菜肴价格加总便宜，所以更有利于餐厅促销。

（2）品种大众化。套菜菜单上选用的菜品，大都是根据餐厅菜品销量情况而选择的符合市场需求的大众化受欢迎品种。

（3）搭配合理。每套菜肴的品种在数量、原料、营养等方面搭配合理，便于客人选择。

（4）可循环使用。供给客人选择的套菜菜单数不宜太多，一般保持在 3 ~ 5 套，而且这些套菜菜单可循环使用。如每周循环一次。

（5）烘托节日氛围。在节日或特殊场合，也可选用部分具有代表性的、制作精细、档次较高的菜品作为节日套菜菜单推出。

（三）宴席菜单

宴席菜单是按照宴席主办单位的要求，根据宴请客人的特点、宴请标准、宴请单位等因素设计制定的专用菜单。宴会菜单本身是由一整套具有一定质量和规格的菜品组成的，因而从形式上看，它与套餐菜单有相同的地方，但宴会菜单严格意义上要比套餐菜单适用的场合更加正式，规格更高。宴会菜单的基本特点是：标准明确、编排格式讲究、制作材料与形式多样、所列食物品种丰富，并讲究合理搭配与灵活多变，特别是放置于宴会桌面的宴会菜单，精美典雅，艺术性强。

宴会菜单是企业结合自身综合资源，根据设宴主题、进餐对象、消费标准和不同的餐饮需求等具体情况，将不同类型的众多菜点，以一定的原则和形式进行有效组合而形成的宴会菜点一览表。常见的宴会菜单主要有国宴、正式宴和便宴等宴会菜单，生日宴、婚宴、寿宴、团拜宴和商务宴等宴会菜单，中餐宴会、西餐宴会、自助餐宴会和鸡尾酒宴会等宴会菜单。表8－9为某酒店寿宴宴席菜单一例。

【案例】

表8－8　某餐厅圣诞节双人套餐菜单

圣诞双人套餐

Christmas Set Menu For Two Persons

红酒2杯 Red Wine 2 Cups

法式焗田螺 Escargot

美式烤火鸡 American Roasted Turkey

蔬菜沙律 Fresh Vegetable Salad

蘑菇忌廉汤 Mushroom Cream Soup

法式洋葱汤 French Onion Soup

顶级西冷扒 Sirloin Steak

薄荷羊扒 Roasted Lamp With Mint Sauce

黑椒意粉 Spaghetti Saut é ed With Black Pepper

西式美点 Dessert

鲜果沙律 Fruit Salad

雪糕 Ice Cream

咖啡或红茶 Coffee /Tea

奉送：神秘圣诞礼物2份 Christmas Gifts

每套580元 ￥580 Per Set

【案例】

表8－9　某酒店寿宴宴席菜单

寿宴菜单

五福临门	乳猪拼盘
儿孙满堂	白灼九节虾
双仙献瑞	酱爆花枝蚌片
心想事成	鸡腿菇炒婆参
福如东海	蚝皇美鲍片
寿比南山	淮杞炖水鱼
金凤来仪	当红炸子鸡
祝寿添财	竹笙云腿时蔬
力健有余	清蒸桂花鱼
蟠桃献寿	莲蓉寿包
盈盘金稻	锦绣炒饭
福禄长春	高汤伊面
百年鸿运	百合红豆沙
鹤发童颜	时令生果

编制一份合格的宴会菜单，不是简单的菜品累加组合，要考虑许多方面的问题，还应该注意遵循以下几个原则：

第一，要了解客人举办宴会的意图。根据宴会主办人的不同要求，编制多套不同档次、不同需求的宴会菜单，供客人选择，同时也要根据实际情况做出适当的调整。

第二，合理定价，让客人感到物有所值。宴会业务作为餐饮企业一项增加效益的重要来源，在编制宴会菜单时，既要考虑依靠产量降低成本增加利润，同时也应该迎合顾客的消费心理，让顾客在同等零点的消费额度情况下，可以品尝到安排更加合理、品种更多、口味更加丰富的菜点，从中体会到实惠。

第三，突出风味，显示特色。宴会菜单要根据本地和本店的情况，适当选用本地特色菜与本餐厅的“招牌菜”，使宴会具有特色，给客人留下深刻印象。

第四，宴会菜单所选用的菜点，要通过制作工艺的多样化，体现菜点的形、色与口味多变，将宴席的艺术性与实用性巧妙结合。

第五，宴会菜单编制要因人而异，因时而配。制定宴会菜单一定要考虑客人的不同需求，有时菜单需要根据客人的生活习惯、宗教信仰、民族等方面灵活掌握，而有时菜单则要随着不同的季节变化，选用时令新鲜的原材料来制作相关菜肴，口味也要符合季节养生的要求，使菜单也有季节之分。

三、菜单的形式

餐厅经营的方式不同，菜单制作的形式也有所不同。常见的餐厅菜单的形式有：印页式（单页和折页）、台卡式、POP式、价目板式菜单、划单式菜单和综合形式菜单。

（1）印页式菜单。印页式菜单是餐厅最常使用的菜单形式，体现了餐厅特色和档次。根据餐厅菜品的种类数量，可分为单页和折页（多页）菜单。印页式菜单具有制作精美、使用周期长、成本较高等特点。传统的印页式菜单只是简单的文字说明，现在的印页式菜单多是图文并茂。

（2）台卡式菜单。台卡式菜单是指摆插在餐桌上的临时性菜单，主要表现餐厅定期更替、特别推荐的销售品种。台卡式菜单最大的特点是灵活、周期短、制作成本低，是对印页式菜单的一种重要的补充。

（3）POP菜单。是以海报形式来展示促销期间的菜品的特点和价格，实际上就是在餐厅内做的菜品促销广告。

（4）价目板式菜单。价目板式菜单就是餐厅将经营品种的品名、价格、图片直接展示在收银台的背景墙面上，顾客在收银台直接点菜、结账甚至取餐。价目板式菜单通常用于菜品种类有限的快餐厅，如麦当劳、真功夫、大家乐等中西式快餐厅。这种服务方式简化了餐厅的服务环节，大大提高了服务效率，满足了顾客快速用餐的需求。

（5）划单式菜单。划单式菜单是客人直接在点菜单上划勾，选择所需菜品，一般用于不需要服务员做点菜服务（客人对菜品熟悉或菜品有实物展示）类型的餐厅，如早茶服务、火锅餐厅、部分快餐厅、饮品店。这种菜单将菜单和点菜单合二为一，使得服务方便、快捷、准确。

大部分餐厅为了方便客人点菜，有效地推荐餐厅菜品，都综合使用各种形式的菜单。如采用：印页式菜单+台卡式菜单+POP式菜单、板式菜单+台卡式菜单+POP式菜单、板式菜单+印页式菜单+POP式菜单、划卡式菜单+台卡式菜单+POP式菜单等菜单多种形式的组合。

项目2　菜单内容设计

【案例】

两家欧洲餐馆的菜单设计

欧式餐饮是西餐中风格独特的流派，其菜肴品种的选配、菜肴服务方式和菜单的文字介绍及装帧都具有鲜明的特色。下面是两家欧洲餐馆的主菜单设计。

（一）德国歇拉顿餐厅菜单

歇拉顿是一家德国餐厅，位于慕尼黑，提供典型的欧陆餐食及服务。其菜单设计亦有不少独到之处。

菜单从封面到衬页，每页都印有一幅别致独特的、欧洲某个国家的风光画——常常是磨坊风车，色彩选择是栗色或橘黄色。封面是重磅涂膜纸，内衬页是淡棕色80磅纸。菜肴名称及分类标题粗大易读，全用深棕色印刷。菜单大小规格是33cm×27.94cm。菜肴类别一律用德文和英文两种文字表达：

Vorspeisen	Appetizers	（开胃品类）
Suppen	Soups	（汤类）
Sandwiches	Sandwiches	（三明治面包类）
Fisch	Fish	（鱼鲜类）
Vom Grill	From our Grill	（炙烤肉类）
Wild	Game	（野味类）
Spezialitalen	Spicialties	（特色名菜类）
Nachspiesen	Desserts	（甜点类）

这份菜单上总共列有21道主菜，9种开胃品，5种汤，5种三明治面包，12种甜点。

（1）炙烤肉类在欧洲的菜单上是种常见的品种。这份菜单的炙烤肉类中还列上了里脊牛排。在菜单上，牛排的标名文字印制得非常精美，这有利于促销。牛排标名为“亨利四世”精美牛排，净重350g，洋蓟底，浇淋伯尔尼酱汁。大陆式烹调讲究调料酱汁之类，所以菜单上都一一郑重标出。除伯尔尼酱汁外，这份菜单上还标有薄荷汁、乳脂酱、红葡萄酒、荷兰酱汁和咖喱酱等。

（2）菜单的野味类中，特别令人感兴趣的是半雏鸡拼鹅肝、块菌、酸果，还有沙拉菜。这道主菜搭配得巧妙别致，充分展示了欧陆风格。

（3）菜单上特色名菜类包括四道小牛排主菜，这当然又是典型的欧洲大陆风格。此外，还有鸡脯肉（用香槟酒烧制，颇为奇特）、小牛肝、猪肉饼等。每道主菜各不相同，配菜也不同。配菜分别为沙拉、蔬菜和酱汁调料。

（4）提供的各类甜点食品，促销意识甚强。除了各种干酪、乳酪，甜点还有水果和各色冰淇淋。晚间甜点又增加了三道火烧冰淇淋。其中两道是冰淇淋加水果（果酱或鲜水果），浇上烈酒点火炙烧，能持续烧上几秒钟，每每使顾客乐不可支、胃口大开。

采用欧洲大陆式菜单，所有菜肴顾客都可以自由点叫。这样点叫就可使一顿客饭（一汤、一主菜、一甜点）的价格提高到40马克（约22美元），其中15%是小费，11%是销售税。

（二）英国伦敦的洲际大饭店菜单

位于英国伦敦的洲际大饭店的晚餐菜单和甜品单制作也很精美，菜式设计也很合理，有特色。

菜单封面是银灰色的，图案和介绍性文字用红黑两色印刷。装潢图形和铅字体再现了20世纪20年代和20世纪30年代流行的艺术风格。主菜单长宽分别为25.4cm和38.1cm，前后两张封面，内衬共4页，用红色丝带系扎。甜品单大小16.5cm×22.8cm，单页封面，内衬4页，纸质相同，字体与设计也全相同。甜品单还有可夹上夹下的纸片，这样可以随时添加或更改内容，而内衬页就不必因更改而重新印刷。

菜单上开胃品、主菜、甜点及一些少见的菜肴品类，花色繁多，价格昂贵。尽管这是一份供英国饭店餐厅使用的菜单，但所有食品名称却一律用法文表示，只有介绍性文字使用英文。法文标名给菜肴平添了几分“高档”的感觉，菜单标价也就相当昂贵。

菜单所列的食品类别主要有：

开胃品	13项
汤类	6项
主菜	6道
海鲜类	9道
炙烤肉类	5道
双人客饭	3种
自拼冷食盘	3种
蔬菜类	14项
甜点类	14项

菜单上所有食品任凭顾客自由点叫，这是昂贵菜单的一大特点。六种汤肴列于甜品单上，这不同于美式列单方式，此外美式菜单多数不列多种汤肴。菜单上开胃品和甜点品种特多，可见餐前和餐后的饮食在这里是唱主角的。

炙烤类是典型的欧洲大陆式分类，包括牛排、小牛排和羊排。蔬菜类有各式蔬菜任顾客选点。此外还有两项蔬菜汤：土豆菠菜汤和野蘑菇、腊肉、洋葱丝汤。不寻常的蔬菜单项或多项组合是增加花色品种的途径之一。

在这里，菜肴上桌也是别具风格的，如有许多菜肴是在顾客餐桌旁当众用火烧烤或烧煮的，这被称为“燃焰表演”，是法式菜肴服务的特色。龙虾汤是在桌旁烧的；龙虾是将龙虾调入龙蒿酱加科涅克白兰地酒和鸭臣酒后点火炙烤的。在甜品类中，有草莓加青椒片浇淋雪利酒炙烤，然后配以香草冰淇淋和奶油品尝。

所有这些现烧现烤的当众表演，使菜单增加了“激奋”因素。顾客在观看、品尝之余，也深深感到花钱花得值得。

此外，菜单上还印有大厨和餐厅经理的名字。

一、菜单内容

菜单所包括的内容主要是菜品的名称、价格、特色介绍以及餐饮企业的信息等内容。

（一）产品与价格信息

1. 菜品

（1）菜品名称和价格设计的基本要求

①品名真实准确，应该做到“名符其实”。

②质量真实，原料产地、等级、品质新鲜度、分量必须真实。

③价格真实，必须注明计价单位和货币种类，以份为计价单位的，应分别注明大、中、小份的价格；以重量为计价单位的，应注明原料或成品重量的单价。如果餐厅加收服务费，也必须在菜单上说明。价格若有变动，则必须改动菜单。

④具有特色、朗朗上口，菜品名称应突出餐厅的特色，便于顾客记忆和传诵，并能激起顾客的食欲。

（2）菜名的确定。菜品名称确定的方法常见的有：

①以烹调方法命名：例如油爆鲜贝、水煮牛肉、清蒸鲈鱼等。

②以主要原料命名：例如辣子鸡丁、番茄虾仁、黑椒牛柳等。

③以地名命名：例如北京烤鸭、无锡排骨、德州扒鸡等。

④以人名命名：例如麻婆豆腐、东坡肘子、宋嫂鱼羹等。

⑤以色彩命名：例如五彩鸡片、翡翠虾球、三色蒸水蛋等。

⑥以味道命名：例如麻辣鸡丝、糖醋排骨、酸辣汤等。

⑦以寓意命名：例如叫花鸡、佛跳墙、宫保鸡丁等。

（3）菜单菜品的选择。在制作菜单以前，要将拟提供的菜品分类列出一份清单。注意所选菜品在原料、烹调方法、价格和营养等方面是否搭配得当，而且要写出拟重点推销的特色菜及套菜，如双人套菜及其他各色套菜、家庭套菜、周末特色菜、节日特色菜、海鲜特选菜等。每种特色菜要列出具体菜品名，列出总价或各菜品价格，并要将管理者的推销意图在清单上注明，使艺术设计师和撰稿人能理解并帮助餐饮企业达到推销特色菜、提高企业利润的目的。

菜品的选择和计划要反映餐厅经营的风格，要能引导顾客的消费。菜单上列出的菜品是顾客就餐购买决策的依据，菜品选择合理会促使顾客购买，吸引他们下次再来，从而提高餐厅的收入和经营利润。因此菜品的选择和计划应十分慎重，必须遵循以下原则：

①迎合目标顾客的需求：菜单上列出多种菜品供顾客挑选，这些品种要体现餐厅的经营宗旨。而餐厅的经营宗旨是要迎合某些目标顾客的需求，因此菜品必须迎合这些具有某种类似需求的目标顾客的需要。如果餐厅的目标顾客是收入水平中等、喜欢吃广东菜的群体，则餐厅的经营宗旨就是中档粤菜；以享受性就餐的高收入顾客为目标的餐厅，菜单应提供一些做工精细、服务讲究的高级菜品；以流动性人群为主要顾客对象的餐厅，菜单上应列出制作简单、价格适中、服务迅速的菜品；以家庭群体为目标顾客的餐厅，菜单上的品种应丰富多彩并且讲究美观和变化。

②与总体就餐经历相协调：菜品并非越精细越好，而是必须与总体就餐经历和其他部分相协调。一家设计美观、建筑成本高的豪华餐厅，人们期望那里提供高级的菜品，如果菜单上只是一些加工粗糙的普通菜，人们便会大失所望。相反，一家设计简单、布置朴素的餐厅，人们期望价廉的普通菜，如果餐厅提供高价的特色菜，人们会觉得菜品的价格不值。

③选择毛利率较大的品种：菜品计划应使餐厅获取可观的收入。因此设计菜品时要重视原料成本。原料成本不仅包括原料的进价，还包括加工和切配的折损、剥菜和其他浪费的损耗因素。如果菜品因原料成本高、价格贵而难以售出，则这类菜不宜多选。要选择一些能产生较大毛利率的菜品，选择那些组合起来能使餐厅达到毛利指标的菜品。

④品种要平衡：无论是零点菜单还是套餐菜单，应尽量满足不同的口味，扩大顾客选择的范围。因此选菜品种时要考虑：每类菜品的价格平衡、原料搭配平衡、烹调方法全、营养平衡。

⑤品种要有独特性：具有独特性的菜品能突出餐厅形象，使餐厅有与众不同之处。而创出名气需要餐饮工作者具有创造性和想象力，但是太陌生的、人们闻所未闻的菜也往往会使顾客产生不安全和畏惧心理。

⑥厨师的烹调技术：在计划菜品时，必须考虑本餐厅的厨师有什么特长，要选择一些能发挥他们特长的菜。同时，还要考虑厨师烹调技术的适应性。对于那些烹调技术高的厨师，可计划安排一些烹调难度大、需新技术的新品种。

（4）菜品品种数量的确定。餐厅菜品品种数量并非越多越好，而是应该根据餐厅经营的规模和烹调供应的能力，来制定菜品的合理数量。品种过多意味着餐厅需要很大的原料库存量，因此会占用大量资金和高额的库存管理费用；菜品品种太多也容易在销售和烹调时出现差错；还会使顾客决策困难，延长点菜时间，降低座位周转率，影响餐厅收入。如果经营品种太少，会显得选择范围窄，难以满足顾客的需要。一般一个中大型的中式餐厅，正餐经营的品种数量在100个以上，包括凉菜20种左右、汤羹20种左右、热菜80种左右；茶市的点心品种数量一般在100个左右；中式快餐厅经营的品种数量一般在80个左右。表8－10为某中式快餐店的菜品类别和数量一例。

【案例】

表8－10　某中式快餐店的菜品类别和数量

菜品类别	数量
1. 豆浆类	12种
2. 点心类	21种
3. 凉菜类	12种
4. 面食类	14种
5. 套餐类	7种
6. 粥、汤类	6种
7. 饮料和甜品类	11种
总计	83种

2. 菜品介绍

菜品介绍主要是用简洁的文字描述出菜品的主要原料、烹调方法和风味特色，可以使顾客通过菜单了解菜肴的口味、特色和营养结构，节约顾客选菜时间。

3. 图片

对于餐厅特别推荐菜品或餐厅品牌菜品可用图片配合文字进行介绍。

（二）机构信息

（1）餐厅名字、企业名称、标志或商标记号。

（2）餐厅地址、联系电话或预订电话。

（3）餐厅的发展历史、发展规模、经营理念、获得的荣誉、权威宣传媒体的报道等信息。这些信息印制在菜单上，能够起到有效的宣传作用，并增加顾客对企业的信任感。

（三）告示性信息

（1）特殊推销信息。主要向顾客介绍餐厅的销售优惠政策，如折扣、赠送礼品及其他销售优惠条件。

（2）付款方式和加收的费用。如餐厅另加收服务费要在菜单的内页上注明。

（3）营业时间。营业时间一般列在菜单封面或封底。如果每餐之间有间隙，应注明每餐营业时间。有些餐厅因原料供应等原因，特别注明某些菜品只在某一特定时段供应。

二、菜单总体布局

顾客一般按就餐次序点菜，也就希望菜单按就餐顺序编排，既方便客人点菜与就餐，也方便厨房的加工与出菜。设计中餐菜单的程式可以遵循“冷菜—热菜—汤—主食—水果”这一次序，然后将各类菜式按原料分类进行排列，比如冷菜类，鸡鸭类，猪、牛肉类，海鲜类，鱼虾类，蔬菜类，汤类，面饭类，点心类等。西餐进餐次序稍有不同，一般按照“开胃菜—汤—沙拉—主菜—甜点”的次序先后进行。

菜单形式一般分为单页菜单、双页菜单、三页菜单和多页菜单。菜单上不同部位对人们目光的吸引力不同，应将餐厅的特色菜、品牌菜、高档菜、高利润菜列在菜单上最引人注目的重点销售区。

（一）单页菜单

如图 8－1 所示，阴影部分为重点推销区。

（二）双页菜单

如图 8－2 所示，阴影部分是重点推销区。

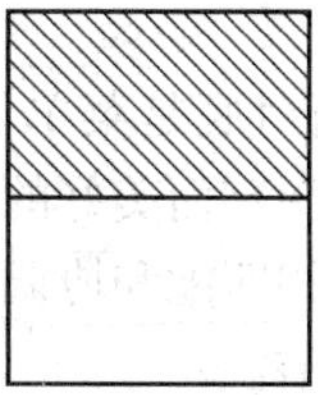

图 8－1　单页菜单

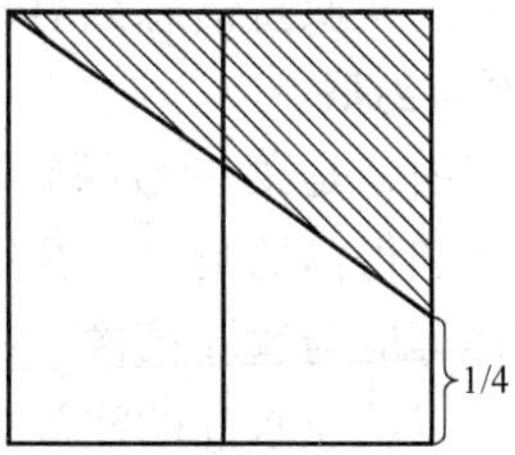

图 8－2　双页菜单

（三）三页菜单

根据研究表明，人们对正中部分的注意程度是对其他部分的七倍。人们翻开三页菜单首先注意其正中位置，然后移到右上角，接着移向左上角，再到左下角之后回到正中，再到右下角，最后回到正中及中上方，如图 8－3 所示，因此三页菜单中页的中部是最显眼之处，应列上餐厅最希望推销的菜品。

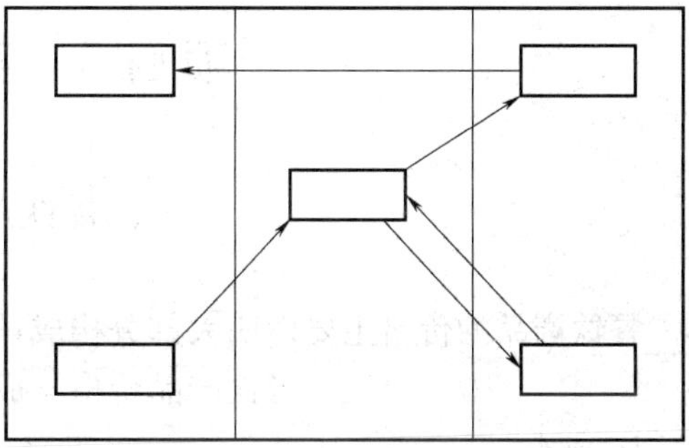

图 8－3　三页菜单

（四）多页菜单

多页菜单的第一页和最后一页一般给人的印象较深，经过调查，顾客一般总能记住同类产品的第一个和最后一个。

三、菜单装帧设计

菜单的装帧设计对于菜单的促销效果非常重要。因为一份设计精美的菜单本身对顾客就有非常大的吸引力。菜单的大小、色彩、重量、纸张质感、清洁度等都能给顾客强烈的印象。在设计制作菜单时，应注意以下几方面的内容。

（一）制作材质

选择菜单纸张主要需要考虑餐厅的类型和档次及菜单的使用期限。通常纸张的费用不得超过整个菜单的设计和印刷费的1/3。

用于印制菜单的纸张有多种类型，其价格、质量各不相同。如高级铜版纸、牙粉纸及一些特种纸张，表面可以覆膜，使用耐久，四周不易卷曲，但价格较高；而胶版纸、凸版纸等轻磅纸张，价格相对较低。

（二）菜单规格与篇幅

菜单规格和篇幅应符合顾客点菜所需的视觉效果，其开本和页数的选择要慎重。太大的菜单客人不便拿取，太小的菜单可能会使人不易看清。菜单文字所占篇幅一般不要超过50%。菜单最理想的开本规格为23cm×30cm，其他规格的开本，小型的是15cm×27cm，中型的是17cm×35cm，大型的是19cm×40cm等。具体规格各企业可根据需要进行选择。

（三）字体与图片选择

文字和图片是菜单上最基本、最主要的沟通餐厅与顾客的信息媒体。无论是中文汉字还是其他文字，字体一定要易于辨认，一般菜单的字体不要用小于四号的中文字体或12点的英文字体。图片传递的信息最直观，最能真实展现菜品的特色。彩色照片比文字具有更强的说服力，而且菜品的某些质量信息只有彩色照片才能形象地展示给顾客。

（四）菜单封面与封底

封面是菜单的门面，是菜单给顾客的第一印象，而封底是菜单留给客人的最后一个印象，独具匠心的封面和得体的封底，往往会给顾客留下深刻而美好的记忆。菜单封面与封底的色彩、图案、字体等应与餐厅档次、特色、环境色调相匹配和协调。封面与封底可用防油防水材料压膜覆盖，以防止水油的浸染，同时也便于清洁。

项目3　菜单定价设计

一、餐饮产品价格的构成

餐饮产品的价格主要由四大部分构成：成本、费用、税金和利润。

餐饮产品价格 = 成本 + 费用 + 税金 + 利润

1. 成本

成本包括原料成本和燃料成本两大部分。原料成本主要是指主料、配料和调味料成本；燃料成本是指烹调餐饮产品所用的燃料成本。

2. 费用

费用由营业费用、管理费用和财务费用组成。营业费用（直接费用）是餐饮生产经营过程中所需的各种费用，如人工、水电、物料消耗、房租、折旧等；管理费用（间接费用）是餐饮组织和管理餐饮业务活动所需的各种费用；财务费用是指筹集所需生产资金的一般财务费用。

3. 税金

税金包括营业税、城市维护建设税、教育附加税和企业所得税、个人所得税等。

（1）营业税。根据《中华人民共和国营业税暂行条例》的规定，饮食业营业税的计税依据是指纳税人提供餐饮业应税劳务向对方收取的全部价款和价外费用，按照5%税率征收营业税。其计算公式为：营业税应纳税额 = 营业收入额 × 营业税率。

（2）城市维护建设税。是我国为了加强城市的维护建设，扩大和稳定城市维护建设资金的来源开征的一个税种。计税依据是纳税人实际缴纳的增值税、消费税、营业税的税额，税率分别为7%、5%、1%。其计算公式为：应纳税额 = 纳税人实际缴纳的增值税、消费税、营业税税额 × 适用税率。城市维护建设税的适用税率，一般规定按纳税人所在地的适用税率执行。

（3）教育附加税。计税依据是纳税人实际缴纳营业税的税额，附加率为3%。计算公式：应交教育费附加额 = 营业税税额 × 税率。

（4）企业所得税。企业所得税的征税对象是纳税人取得的生产经营所得和其他所得，税率为33%。基本计算公式：应纳税所得额 = 收入总额 - 准予扣除项目金额。应纳所得税 = 应纳税所得额 × 税率。还设置两档优惠税率，即：年应纳税所得额在3万元（含3万元）以下的，减按18%的税率计算缴纳；年应纳税所得额超过3万元至10万元（含10万元）的，减按27%的税率计算缴纳。

（5）个人所得税。根据《中华人民共和国个人所得税法》的规定，企业要按期代扣代缴员工的个人所得税。个人所得税是以个人取得的各项应税所得为对象征收的一种税。

4. 利润

利润指一定时期内营业收入额扣减去成本、费用和税金后的余额。

据统计，2007年我国餐饮百强企业原材料总成本高达451.67亿元，占零售总额的45.24%；人工费用总计122亿元，大约占零售总额的12%。餐饮百强的平均利润率为12.05%。

二、餐饮产品定价目标

1. 以保本生存作为定价目标

当餐饮企业的营业收入与固定成本、变动成本和营业税之和相等时，企业即可保本。即：

保本点营业收入 = 固定成本 + 变动成本 + 营业税

2. 以经营利润作为定价目标

以经营利润作为定价目标，是指餐饮企业在定价时主要以企业应实现的利润为出发点。管理人员依据利润目标，预测经营期内将涉及的经营成本和费用，然后计算出完成利润目标必须完成的收入指标。即：

要求达到的收入指标 = 目标利润 + 食品饮料的原料成本 + 经营费用 + 营业税

3. 以营业额作为定价目标

采取这种定价目标的餐饮企业通常强调要实现某一营业额目标，但一般不明确规定本企业应实现的利润数额。

大多数餐饮企业都相信营业额的增长意味着利润的增加，但若通货膨胀严重、能源紧张或餐饮原材料缺乏，会导致生产和销售成本、费用的增加，即使营业额增加，也未必会增加利润额。因此，虽然仍有企业以增加营业额作为定价目标，但这些企业也同时将企业的利润作为定价目标。

4. 以竞争作为定价目标

在市场经济条件下，竞争是不可避免的。餐饮企业面对竞争时，通常会采用竞争导向的定价目标。主要有以下几种情况：

（1）应付或避免竞争。有相当多的餐饮企业制定产品价格的主要依据是对市场有决定影响的竞争者的价格。在一般情况下，消费者对价格比较敏感，因此，这些企业的餐饮产品价格不一定与竞争企业的价格完全相同，但会根据自己的具体情况而制定比竞争对手略低或稍高一些的价格。这些企业在成本、费用或消费者需求发生变化时，如果竞争对手的餐饮产品价格保持不变，他们可能也会维持原来的价格；但若竞争对手做出价格变动的决定时，他们肯定会对价格进行相应的调整，以应付竞争。

（2）维持原有的市场。在餐饮业的竞争日趋激烈的今天，许多餐饮企业都采取各种方法，以保持原有的客源市场，这些餐饮企业有固定的客户并为他们提供适口的餐饮产品。当新的竞争对手出现时，这些餐饮企业力图保持与本企业规模和声誉相适应的市场份额。

（3）开辟新的客源市场。要想在竞争中取胜，并获得长远的经济利益，餐饮企业往往会采取各种方法来开辟新的客源市场。尤其在原有市场已经基本饱和的情况下，这种策略很容易在竞争中取胜。

三、餐饮产品定价方法

（一）毛利率法

1. 毛利

毛利是指餐饮产品价格中费用、税金和利润构成的部分，是餐饮产品价格减去成本后的差额。毛利率是企业获利能力的基础，单位收入毛利越高，抵补各项期间费用的能力越强，企业的获利能力也就越高。

所有餐饮产品价格还可表示为原料成本与毛利之和。餐饮企业不同于一般的工业企业，其销售量很难预测，所以不能像工业企业那样将固定的费用按比例定在产品价格中，只能确定一个毛利的范畴来计算产品的价格。

毛利 = 费用 + 利润 + 税金

售价 = 成本 + 毛利

2. 毛利率

毛利率是餐饮成本核算和价格计算中的一个非常重要的概念，是毛利与餐饮产品价格或者是毛利与餐饮产品的成本之间的比率。

（1）销售毛利率（内扣毛利率）：是毛利占销售价格的百分比。通常在餐饮企业应用中，除了另有说明外，毛利率一般指的就是销售毛利率。其公式为：

销售毛利率（内扣毛利率）=（毛利/售价）×100%

（2）成本毛利率（外加毛利率）：是指毛利占原料成本的百分比。其公式为：

成本毛利率（外加毛利率）=（毛利/成本）×100%

（3）销售毛利率与成本毛利率之间的换算关系为：

销售毛利率 = 成本毛利率/(1 + 成本毛利率)

或：成本毛利率 = 销售毛利率/(1 − 销售毛利率)

3. 毛利率定价法

（1）销售毛利率法。其计算餐饮产品售价的公式为：

销售价格 = 原料成本/(1 − 销售毛利率)

【例 1】

烹制一份红烧鲤鱼，所用鲤鱼的成本为 10 元，配料和调料成本为 2 元。如销售毛利率为 50%，请用销售毛利率法计算该菜品的售价。

原料成本 $=10+2=12$（元）

售价 $=$ 原料成本/(1－销售毛利率) $=12/(1-50\%)=24$（元）

（2）成本毛利率法。其计算餐饮产品售价的公式为：

销售价格 $=$ 原料成本 ×(1＋成本毛利率)

【例2】

烹制一份红烧鲤鱼，所用鲤鱼的成本为10元，配料和调料成本为2元。如成本毛利率为100%，请用成本毛利率法计算该菜品的售价。

原料成本 $=10+2=12$（元）

售价 $=$ 原料成本 ×(1＋成本毛利率) $=12\times(1+100\%)=24$（元）

（二）成本系数定价法

任何菜品的价格都要以菜品的成本为中心制定价格，目前以成本为中心的定价方法中，系数定价法较为常见。计算办法是先确定一个目标成本率，即原料成本占销售价格的百分比，以此确定价格。其定价公式为：

定价系数 $=1/$ 目标成本率

售价 $=$ 原料成本 × 定价系数

该定价方法需要两个关键数据，一是原料成本额，二是菜品的成本率，通过成本率可以算出成本系数。原料的成本额数据取自菜品的实际成本汇总，一般在标准食谱中就已经列出，而成本率则根据餐厅的经营计划和经验得出。多数餐厅根据成本确定餐饮产品的销售价格，这种方法以经验为出发点，使用简单，但要避免过分依赖自己的经验，计划时一定要全面、充分并留有余地。

【例3】

烹制一份鱼香肉丝，主料肉丝的成本为3元，配料黑木耳、葱、姜、蒜等成本2元，餐厅目标成本率为40%，计算该菜品的销售价格。

定价系数 $=1/$ 目标成本率 $=1/40\%=2.5$

售价 $=$ 原料成本 × 定价系数 $=(3+2)\times2.5=12.5$（元）

（三）"随行就市"法

这是一种最简单的方法，即把竞争同行的菜品价格为己所用。这种定价方法在餐饮业中运用甚广，特别是许多无明显经营特色，企业资金和技术力量又不雄厚，经营者又无太多经营经验的餐厅经常采用。由于市场上流行的价格已为顾客所接受，所以采用此种方法进入市场，较为稳妥，风险小。但这种定价方法也存在着不利于创新，易受竞争者冲击等缺点。

项目4　菜单管理

一、菜单管理中应注意的问题

菜单是餐饮企业有力的销售工具之一，菜单质量的高低，对于餐饮企业经营效果有较大影响。一份成功的菜单，能帮助企业增加销售，打开新的市场；一份制定失败的菜单，极有可能令餐饮企业丢掉生意、失去市场。因此，餐饮企业管理者在进行菜单管理时，应注意避免以下一些问题，从而充分发挥菜单的作用，为企业创造更好的经济效益。

（一）菜单内容与形式方面的问题

菜单的内容与形式决定了顾客对菜单的看法，如果菜单设计精美，品种丰富而且有特色，则很可能会引起顾客的兴趣与食欲，从而作出购买决定。一些餐饮企业常因菜单内容和形式出现以下几类问题而使销售受到很大影响。

1. 文字方面的问题

（1）字体、字号选择不当；

（2）语法错误与错别字；

（3）译文不准确；

（4）菜名令人费解；

（5）原料与烹调方法称呼不规范；

（6）菜单上列出的品种无法供应。

2. 结构方面的缺陷

由于许多大型餐饮企业经营范围较广，有多个目标市场，但其菜单上的菜品并不能满足所有目标市场的需求。如有些以社区家庭消费为目标市场的餐饮企业，应考虑老人和儿童的就餐需求，有针对性地增加一些适合老人和儿童食用的菜品或增设儿童菜单。

3. 菜单形式不当

菜单尺寸不适宜，装帧过于简陋。

4. 菜品实物与图片不符

一些餐厅运用夸张手法和艺术加工，将菜品图片印制得十分精美，让客人对菜品产生较高期望值，结果菜品实物与图片不符，使客人有被愚弄或欺骗的感觉。

5. 遗漏

缺少描述性说明的文字、餐厅的地址、电话、营业时间、收费等内容。

（二）菜单执行方面的问题

在具体执行菜单时，会产生许多问题，如果不加以注意或考虑不周，也会引起客人不满与投诉，从而影响餐厅的经营。

1. 涂改菜单

当菜单内容需要变动时，一些餐厅为省事，常以手写体涂改菜单。菜单形象极为重要，随意涂写，会让顾客感到餐厅管理不够规范，从而引发对菜品、价格和服务质量的怀疑。

2. 菜品份额与价格不相符

一些餐厅提供的菜品份额很小，但价格却很高，这样做也许能获得短期的利润，但最终顾客会觉得并非物有所值而不再光顾。

3. 菜单更换频繁或很少更新菜品

如果餐厅菜单更换过于频繁，会使餐厅失去自己的特色；而有些餐厅却很少更新菜品，餐厅菜品又过于陈旧，缺乏新意，都不利于保留老顾客。

4. 菜单肮脏破旧

一些餐厅疏于菜单日常管理，顾客见到的菜单大多是沾有油渍、污渍、饮料痕渍、残缺不全或页面破烂卷皱，使客人联想到厨房及菜品的卫生状况，从而失去食欲。

5. 无特色菜品或品牌菜品

一些餐厅的菜单品种十分丰富，但缺乏特色菜品或品牌菜品的推介，结果削弱了菜单的推销功能，不利于突出餐厅特色。

二、菜单分析与调整

（一）菜单工程——ME（Menu Engineering）分析法

菜单工程，也称为ME分析法，是指餐饮企业通过对餐厅菜品的畅销程度和毛利额高低的分析，确定出哪些菜品既畅销，毛利又高；哪些菜品既不畅销，毛利又低；哪些菜品虽然畅销，但毛利很低；哪些菜品虽不畅销，但毛利较高。并据此对菜单品种、价格、顺序编排、生产工艺、服务程序等进行适当调整，以保证经营活动的顺利进行。菜单分析与调整，是菜单管理中的一个十分重要的环节和方法，它对于编制餐饮生产计划、进行餐饮经营决策有着重要的意义。

为做好ME分析法，首先应了解餐厅菜单的品种构成。任何一个餐厅菜品的销售状况，不外乎是以下四种情况：

A类产品：畅销，高毛利额

B类产品：畅销，低毛利额

C类产品：不畅销，低毛利额

D类产品：不畅销，高毛利额

用坐标图可以表示，见图8-4。

（二）ME分析法的主要分析指标

在进行菜单分析时，餐饮企业可用“顾客欢迎指数”和“销售额指数”两个指标，来分析菜品的畅销程度和菜品的赢利能力。顾客欢迎指数，表示顾客对某个（类）菜品的相对喜欢程度，以顾客对各种菜品购买的相对数量表示；销售额指数，表示某个（类）菜品获利能力的相对大小。具体计算公式如下：

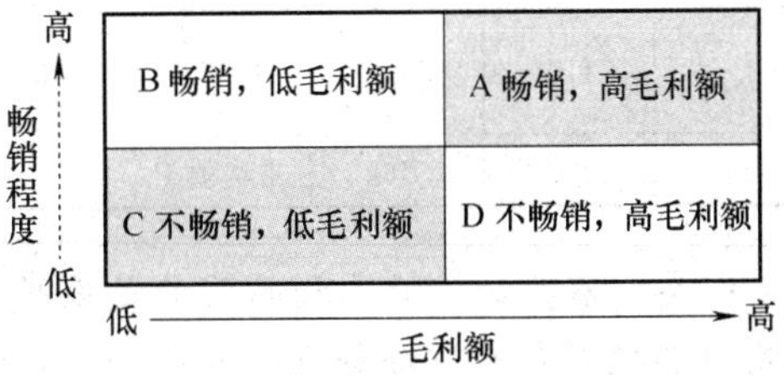

图8-4 ME分析坐标图

顾客欢迎指数＝某菜品销售份数百分比/各菜品应售百分比

销售额指数＝某菜品销售额百分比/各菜品应售百分比

其中，各菜品应售百分比＝100%/被分析菜品（种类）数

需要说明的是，无论被分析的菜品项目有多少，任何一类菜品的平均欢迎指数均为1，超过1的欢迎指数说明是受顾客欢迎的菜，超过得越多，越受欢迎，属于畅销产品；同样，任何一类菜品的平均销售额指数均为1，超过1的销售额指数说明菜品的盈利能力强，超过得越多，盈利能力越强，属于高毛利菜品。

【案例】

某西餐厅菜单ME分析

以某西餐厅菜单上的五种牛扒类菜肴为例，进行菜单分析。该餐厅一段时间内的销售情况、顾客欢迎指数、销售额指数如表8-11所示。

其中，以西冷牛扒菜肴为例，其顾客欢迎指数及销售额指数计算如下：

各菜品应售百分比＝100%/被分析菜品数＝100%/5＝20%

西冷牛扒顾客欢迎指数＝销售份数百分比/各菜品应售百分比＝30%/20%＝1.5

西冷牛扒销售额指数＝销售额百分比/各菜品应售百分比＝29.8%/20%＝1.49

通过计算顾客欢迎指数及销售额指数，对该西餐厅五种牛扒类菜肴进行ME分析，并采取相应的菜品调整策略。

A 类　畅销、高毛利的菜肴是：西冷牛扒和菲力牛扒；对于这类菜品要予以保留，因为它能为餐饮企业带来高额利润，同时又受到顾客欢迎，对于顾客欢迎指数及销售额指数均较高的菜肴，可以作为餐厅的重点菜肴或精品菜肴，加大推广力度。

B 类　畅销、低毛利的菜肴是：牛仔骨；对于这类菜品，各餐饮企业应根据本餐厅档次、目标市场需求、市场竞争等情况采用多种策略。如对部分品种予以保留，以作为吸引顾客的诱饵，对另一些有开发潜力的品种集中技术力量进行创新，使其成为畅销高利润菜品；对少部分品种则予以淘汰。

表 8－11　　某西餐厅牛扒类菜肴 ME 分析

菜品名称	销售份数	销售份数百分比/%	顾客欢迎指数	价格/元	销售额/元	销售额百分比/%	销售额指数	分析评价	策略
菲力牛扒	80	20	1	80	6400	22.7	1.13	A 类畅销、高毛利	保留
T 骨牛扒	60	15	0.75	120	7200	25.5	1.28	D 类不畅销、高毛利	吸引高档客人或取消
肉眼扒	30	7.5	0.375	60	1800	6.4	0.32	C 类不畅销、低毛利	取消
西冷牛扒	120	30	1.5	70	8400	29.8	1.49	A 类畅销、高毛利	重点菜品
牛仔骨	110	27.5	1.375	40	4400	15.6	0.78	B 类畅销、低毛利	作诱饵或取消
合计	400	100	平均值 1		28200	100	平均值 1		

C 类　不畅销、低毛利的菜肴是肉眼扒；对于这类菜品，一般应予以取消或加以改良。但有时餐饮企业对少部分在营养平衡、风味平衡和价格平衡上有一定意义的品种，在一定时期内也予以保留。

D 类　不畅销、高毛利的菜肴是 T 骨牛扒；对于这类菜品，也应根据不同情况分别对待，如某些不太畅销但其价格能体现餐厅档次、满足部分愿意支付高价的客人的菜品可予以保留；但那些在较长时间内销售量都很小，且销量呈下降趋势的菜品，会使菜单失去吸引力，因而应予以取消。

本章小结

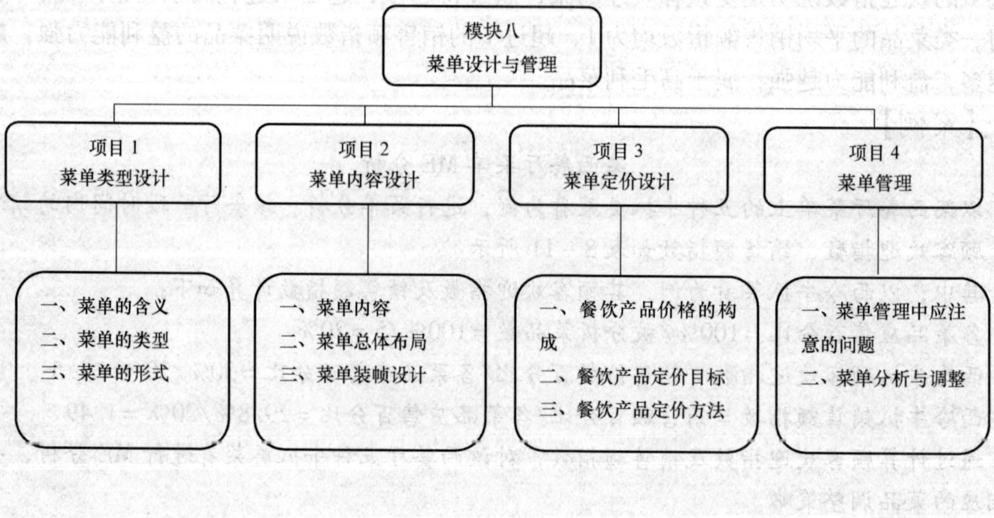

思 考 题

1. 一般餐饮企业常见的菜单有哪些类型?

2. 菜单主要包括哪些内容?

3. 菜单管理中应注意哪些问题?

4. 某餐厅制作一份糖醋排骨，所用排骨的成本为 10 元，配料和调料成本为 2 元。如销售毛利率为 60%，请用销售毛利率法计算该菜品的售价。

模块九　餐饮营业推广

学习目标：

1. 掌握餐饮产品的构成及特点
2. 掌握餐饮定价的策略
3. 掌握餐饮促销的主要形式及技巧
4. 掌握客户关系营销的理念及方法

模块内容：

项目 1　餐饮产品策略
项目 2　餐饮价格策略
项目 3　餐饮促销策略
项目 4　客户关系营销

模块任务：

根据各小组模拟餐厅的定位，设计餐厅开业期间和年度的营销方案。

任务 1　餐厅开业期间营销方案设计
要求：①产品策略；
②价格策略；
③促销策略；
④客户关系营销。

任务 2　餐厅年度营销方案设计
要求：①产品策略；
②价格策略；
③促销策略；
④客户关系营销。

任务评价：评价计分方法见表 9－1。

表 9－1　　模块九　餐饮营业推广评价表（总分 100）

组别	姓名 学号	开业营销方案 满分 50 分	年度营销方案 满分 50 分	总分 100

【引导案例】

俏江南餐饮创新“新概念”

俏江南自 2000 年成立以来，以“全球品质、中国气质”为特色逐渐进入国内主要商务城市黄金地段的高档写字楼，迄今已经在北京、上海、成都、天津等地建立 30 多家连锁店，发展成为中国高端商务餐饮一大品牌。现在俏江南“中餐西吃”的定位已经深入人心。

（一）菜品创新

俏江南非常重视菜品的研发，它在菜品上的一大特点就是通过创新，将很多“时尚化”、“现代化”的元素融合到了传统意义的川菜中，形成了“精品川菜”的概念。俏江南在任何一个新菜品的设计、开发上，都站在如何更好地满足消费者需求这一立场去充分衡量。据说，俏江南在研发一道菜时，必须考虑菜品的色、香、味、形、器皿、价格、温度七个因素，要经过反复推敲，最后形成一个可以量化的、容易操作的标准流程，在各个分店推出。

俏江南在菜品创新的速度上一直保持领先。目前俏江南有300多种经典菜式迎合消费者的口味，并且还聘请经验丰富的营养师和厨师对菜品进行严格把关，从原材料的采购、运输、储藏、烹制到上菜均有严格的质量监督，切实关注产品的品质。

俏江南还推出了两类菜单：一类是以前传统的菜单，另一类则是有机类的菜单，即顺应顾客需求推出全新有机菜品，将真正绿色、健康的食品带到客人餐桌上。俏江南把前者价格下调了两成。大众菜价格低了，给顾客感觉菜好像便宜了，顾客自然多了。但是，对于注重健康理念和高端消费者来说，对于这种高利润产品——有机类的菜单，能不屑一顾吗？肯定要点上几个有机类的健康菜肴。这就是创造利润的来源。大众菜整体价格虽然降低了，但是给顾客提供的选择机会多了，在价格和健康之间选择，大部分消费者仍会选择健康。所以，俏江南通过利用食品的创新及组合获益颇丰。

俏江南通过金字塔的产品结构，通过大众菜优惠吸引顾客，之后适时推出有机类高端产品，利用价格倾斜，巧妙捕捉顾客的剩余价值。

（二）服务创新

服务也能够产生附加值。俏江南强调把菜做成一种概念，一种让顾客参与体验的表演。到顾客面前表演制作菜式，会让顾客感觉很新奇。例如俏江南有一道比较出名的“石烹豆腐花”，这道菜肴是服务员在餐厅现场为客人制作。服务员在制作时，先将鲜豆浆倒进玻璃盅，然后让豆浆凝固成豆腐花。其实这些都可以在厨房里完成，但用面对面表演的方式就达到了与众不同的效果。让顾客在感官上有了参与和体验，整个过程就会让客人觉得放心、舒适。

餐饮业需要不断创新，独一无二就是冠军。在彰显个性的年代，俏江南挖空心思探寻顾客的偏好。比如他们推行的量贩式消费体验，顾客可根据个人喜好直接在展示区域选取菜品及饮品。借由简单的互动，俏江南将顾客的参与融入体验的价值体系。

在向顾客让渡价值方面，俏江南为了控制成本、形成规模经济，它在管理上采用了集团采购的模式，而不是原来的单店采购，提高了价格的竞争力，这样就可以把利润让给顾客。此外，俏江南经常把各种优惠券、免费的品菜券和代金券一并送给顾客，这样，客户基数和光顾频率都提升了，收入就会获得增长，而且，俏江南还会进一步形成规模经济，成本自然进一步下降，因此也会带来丰厚的利润。

（三）传播创新

在传播方面，俏江南也是无孔不入，利用口碑逐渐渗透。俏江南注重每一个传播细节。其甚至与中国移动合作开展集团彩铃广告业务。即是以呼叫方为受众，通过在被呼叫方铃声中设置广告信息，从而达到多次重复发布广告的一种广告形式。在工作时间，拨通任何一位俏江南公司员工的手机，你都会听到一段彩铃：“享受美食与空间的完美结合……”这是俏江南与北京移动公司合作开发的企业彩铃。

俏江南以创新的观念，融合西方的经营管理模式和东方的文化韵味，从客户的价值出发，打造了西式中餐的独特魅力。

【案例分析】

餐饮企业的产品与其他行业产品相比，存在着许多特殊性，主要是因为餐饮产品是一种组合型产品，即有形产品与无形产品的组合。餐厅向客人提供的不仅是食品、饮料、餐厅设备等这些能看得见摸得着的有形产品，而且还向客人提供餐饮服务、餐厅氛围等这些客人感觉到，但却看不见摸不着的无形产品。俏江南以其独特的餐饮创新方式，站在如何更好地满足消费者需求这一立场上，让顾客参与融入到了就餐的全过程。

项目1　餐饮产品策略

餐饮企业的产品策略就是指企业根据目标市场的需求做出的与产品开发有关的一系列计划与决策。

一、餐饮产品构成及特点

餐饮产品是一种综合性的概念，菜点仅是狭义上的一种产品，或者说是餐饮业的主导产品。餐饮产品是餐饮业诸因素的一种有机结合，这些因素可以概括为环境气氛、服务水平、食物产品、消费价格等四个方面。

（一）环境气氛

环境气氛是餐饮产品的组成要素，从销售的角度看，它是餐饮企业的助销产品，这种助销产品是影响消费者就餐情趣和满意程度的重要因素。因而，现代餐厅从设计、装潢都十分讲究，努力为消费者创造一个舒适、雅致、美观的就餐环境。就餐环境主要由以下要素构成：

（1）清洁。清洁是消费者对餐厅的基本要求。因而，现代餐饮业将清洁当作重要的视觉商品来管理。

（2）氛围。餐厅的环境气氛是餐饮企业重要的组成部分，凡是成功的餐饮业其环境都有其自身的特色。

（二）服务水平

服务是餐饮企业的基本商品之一，消费者接受服务的感受是很明显的，这种感受主要体现在心理上，所以，也最容易引起客人的不满。服务水平的构成要素有以下几个方面：

（1）服务形象。餐厅员工的服务形象是餐厅服务质量的第一标志。包括员工的工装、仪容仪表、姿态、礼貌礼节等。

（2）服务效率。形象只给人外在的印象，而要满足客人的需要，必须有高效率的服务。

（3）服务规范。餐饮服务都有既定的标准，要达到这些标准就要按着既定的服务规程进行，才能克服在服务时的随意性，达到规范和标准。但这并不排除随机应变。

（4）服务态度。服务态度是由服务礼貌和服务效率构成的，具体表现在热情、微笑、耐心、体谅、主动、诚恳等方面。因而，要求服务员保持着一种积极的心态，一切为客人着想。

（5）服务心理。服务心理主要有两层含义，一是指服务员随时都要有为客人服务的心理准备；二是要了解客人的消费心理，以便在不同场合对不同客人提供恰如其分的服务。

（6）服务文化。服务文化是对服务的最高要求。服务员与不同层次、不同文化背景的客人沟通交流时，不局限于既定的服务规程，而是以客人的实际需要提供个性化服务。

（三）食物产品

食物产品是餐饮企业的主导产品，也是人们在餐厅消费的主要商品。食物主要包括菜肴、面点、酒水等产品。

（四）销售价格

销售价格是餐饮企业产品的有机组成部分，又是产品外在的表现形式。在消费者对餐厅的选择中，价格形象起着重要的作用。只有拥有良好价格形象的餐厅，才能在其销售活动中取得成功。因此，作为餐饮企业产品重要组成要素的销售价格，应注意到以下两点。

1. 价格能真实反映产品价值

价格能真实地反映价值，这是市场定价的基础，也就是货真价实。

2. 熟悉影响价格敏感度的因素

餐饮产品具有基本需求商品与非基本需求商品的双重性，这种双重性决定了餐饮价格与目标市场的协调关系，即将适合的产品以合适的价格卖给合适的顾客。影响消费者价格敏感度的主要因素有：

（1）产品具有特色，消费者对价格的敏感度越低，对价格承受能力越强。

（2）在市场上很少有替代该企业的餐厅，消费者对该企业产品价格的敏感度就越低。

（3）消费者难以对其他企业产品的质量与该企业产品的质量进行比较，对该企业产品价格的敏感度就低。

（4）期望高、形象好的餐饮企业，其消费者对价格的敏感度就低。

（5）在该餐厅的花费在消费者收入中所占的比重越小，他们对价格的敏感度就越低。

综上所述，餐饮企业的环境气氛、服务水平、食物产品、销售价格等要素的有机结合，是企业经营成功所在。

二、餐饮产品生命周期评价法

产品生命周期评价法是根据餐饮企业产品从投放市场到最终退出市场整个过程中每一阶段的产品情况，对餐饮企业现有产品进行分析与评价的方法。该方法对处在不同阶段的产品进行分析，指出其目前的竞争地位和今后的发展前景，并据此提出相应的产品开发策略。

产品生命周期评价法以产品所处的生命周期阶段和产品目前的竞争地位作为主要依据，将餐饮产品分别标在一个由 12 个方格构成的矩阵图上。在这个矩阵图中，横轴表示产品的竞争力，纵轴则表示产品所处的生命周期阶段，如图 9－1 所示。

从图 9－1 中可以看出，产品甲具有很大的发展潜力，因为该产品处在产品生命周期的投入期阶段，而且还具有很强的竞争能力，这意味着这种产品的发展前景十分乐观。当该产品进入成长期后，便会处于一种销售增长率和市场增长率均较高的有利态势，能够充分发展，扩大产品的市场份额，增加盈利的机会。

产品乙是处在产品成长期的成功产品。该产品所在的市场尚有一定的发展余地，而产品本身的竞争力很强，所以该产品同样能够抓住机遇，充分发展。

产品丙与产品乙都处于产品周期的成长阶段，然而产品丙的竞争力很弱。如果说在目前市场尚未饱和，该产品尚能拥有一定销路的情况下，那么一旦产品进入成熟期，市场需求基本饱

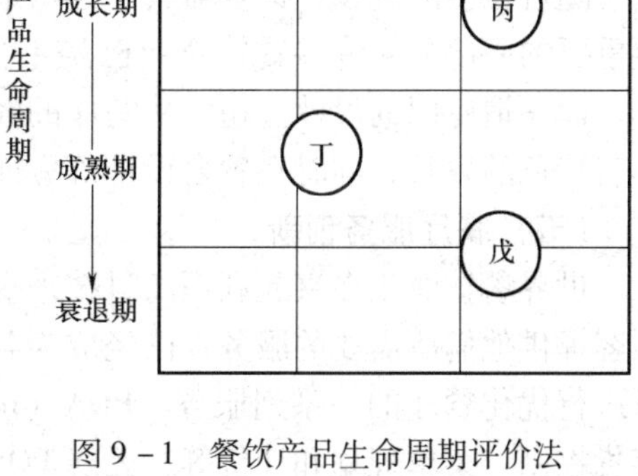

图 9－1　餐饮产品生命周期评价法

和时，该产品将难以在激烈的市场竞争状态下继续生存。

产品丁是一个处在成熟期的产品，其竞争地位为中等偏强。这种产品的市场目前已基本饱和，不可能继续扩大。但是，这种产品往往是餐饮企业获得利润的重要渠道，餐饮企业应该充分利用这种产品目前的市场地位，努力从它们的销售中获得最大的经营利润。同时，餐饮企业应注意开发新产品，以便当这些产品进入衰退期后逐步取代它们。

产品戊是餐饮企业应该设法予以淘汰的产品，因为它不仅处在产品生命周期的衰退期阶段，其市场已经开始萎缩，而且该产品的竞争地位也不强，无法给餐饮企业带来理想的经营利润。

产品生命周期评价法的优点十分明显，它显示出餐饮企业各项产品在市场上所处的生命周期阶段，使餐饮企业的经营者能够较好地预测其产品在未来市场上的发展方向，并能够及时采取相应的措施保持产品组合的平衡。另外，这种评价方法使餐饮企业经营者能够把注意力集中在潜在产品市场的开发上，使餐饮企业得以开发出适合未来市场需求的产品。

三、餐饮产品的创新策略

（一）餐厅主题创新

餐厅不仅仅是给顾客提供一个用餐的场所，更重要的是给顾客提供一个交流的环境。主题餐厅实际上是一个兴趣接近、爱好相同、具有共同语言的人群的聚集地。主题餐饮的兴起代表了人们对文化的追求。主题餐饮由于富有深刻的内涵和独特的情趣，能给消费者提供一种特殊而难忘的经历和体验，深受顾客的青睐。美国迪斯尼度假村的餐饮高管曾经指出："主题餐饮可以给顾客提供一种高度定制化的服务，使他们认为物有所值，并且终身难忘。"主题餐饮强调从菜式到环境的全范围的特色化和鲜明化。

（二）菜点创新

要想抓住顾客的胃口，就得有特色招牌菜，出"拳头产品"。特色指"人无我有、人有我优、人优我精、人精我绝"的代表性产品。高标准、高质量的特色菜、招牌菜可作为企业的代表。没有特色的餐饮产品是不成功的餐饮企业。

（三）餐厅设计创新

有形展示是服务营销的重要手段之一，它的目的就在于把无形的服务内容和质量尽可能让顾客通过视觉产生判断。例如，在店内设置海鲜鱼缸、将菜谱配上精美的照片，甚至摆放菜品展示架，让顾客根据实样选点，将厨房改为透明的，让顾客能看见厨师们的操作而产生放心感等。

（四）餐具创新

随着社会的进步，饮食器具已经从最初的实用性发展到实用与美观兼顾，成为饮食文化中重要的一部分。许多餐饮企业已经不再是简单地购买、使用市场上各类大众化的饮食器具，而是请专门的设计公司，从餐厅的经营理念和经营特色着手，定做各类富有个性、适合本店特色的餐具，同时在餐台设计等方面进行创新，可谓是"美器添香"。

（五）餐厅服务创新

世界餐饮业正在兴起利用高科技来提升餐饮服务质量的浪潮，能否快速准确地给就餐的顾客提供他们所需要的服务，已经成为各家餐饮企业竞争的关键。例如，可以利用无线技术来进行优化餐厅的一系列服务。PDA（personal digital assistant）"个人数码助理"可以进行存货控制、菜单规划和计价等，无线 POS 机（point - of - sale）可以接受顾客刷卡。一个手上控制的无线装置就可以让餐饮工作人员快速轻松地执行一系列工作——点菜、菜单传递、结账、存货控制、成本消耗等。不但大大地提高了工作效率，也降低了出错率。

项目2　餐饮价格策略

餐饮产品价格的高低会直接影响餐饮企业的收益，如何灵活地运用价格这一杠杆，制定出餐饮企业的定价方法、定价策略，对企业营销成功与否至关重要。

一、餐饮定价原则

（1）定价应反映产品的价格结构。餐饮产品与其他产品一样，其价格结构都是由原料的成本、费用、税金和利润三部分构成。但是，在餐饮产品价格结构中，成本占的比例比较大。因此任何菜肴的价格应当依据它的食品成本为中心制定，高价格的菜肴能够反映它高规格的食品原料、反映它的精细工艺、反映它的高食品成本，否则该菜单将不会取得顾客的信任。一般在高档餐厅原料成本占价格的30%～35%，而在中低档餐厅则能达到40%～50%，因此餐饮定价应以原料成本为基础（见图9－2）。

另外，由于餐饮业属于服务行业，服务也是其产品的一部分，这一部分提供面对面的服务，因而费用也较高。所以，在定价时，人工费是构成价格的重要因素，不可忽视。

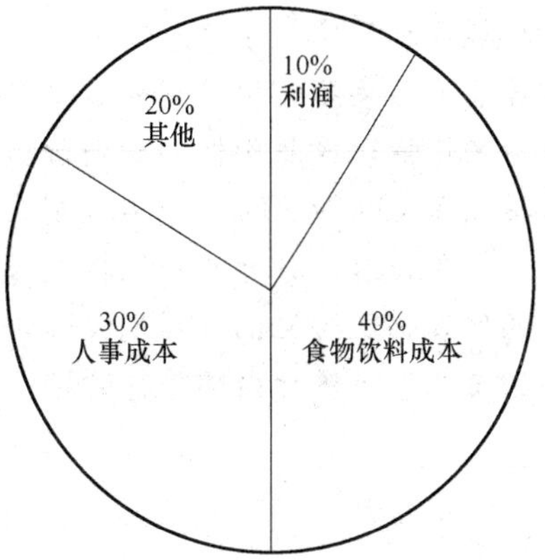

图9－2　餐厅成本构成百分比

（2）价格要适应市场需求。餐饮定价是以原料的成本为依据，但这并不等于说可以忽视市场的需求。在市场经济中，供求关系决定价格。如果不考虑这一点，那只能是一相情愿。例如将价格定得过低，虽然能吸引客人，但其收入却不能补偿成本或相应的利润。那么，企业就不能生存和发展。如将价格定得过高，虽有利润可赚，但消费者少，仍不能达到经营目标。所以，餐饮的价格要适应市场的需要，反映消费者满意的程度。

（3）接受既定市场的价格。餐饮市场是一个既定市场，一个餐饮企业从它进入那一刻就面对着激烈竞争。在这种市场环境下，存在着一个相对稳定的价格结构，这就不可避免地要利用这个结构进行价格比较，比较的结果是使新企业的价格接近或相当于既定市场上的价格。

（4）菜单价格应保持稳定。菜单价格应保持稳定，不要随意调价，否则该菜单将不被顾客信任。有时，食品原料的价格上调，菜单价格也应当上调，但是，根据顾客调查和有经验的餐饮经营人士建议，菜单价格上调的幅度最好不要超过10%。同时，应当挖掘人力成本或其他经营费用的潜力，尽量不上调或少上调菜肴的价格，保持菜肴价格的稳定性。

（5）服从国家的价格政策和指导。在制定价格时应遵循国家的价格政策和物价部门的指导，在规定的范围内确定本企业的毛利率。因而要做到按质论价、分等论价，以合理的毛利率与标准成本来制定价格。

【案例】

墨西哥美食餐厅的定价技巧

"当我把车开进停车场，马上意识到这是一个温馨、友善的墨西哥式餐厅。看起来这个餐厅没有什么新装饰，但一切都让人感到那么舒适。餐厅入口上方悬挂着招牌，它挂在那儿已有30年了。墙上有一幅餐厅老板在二战时期的大照片。无论是墙壁装饰，还是屋顶，都有明显的墨西哥风格。这些看起来是那么熟悉和亲切，虽然我以前从没来过这儿。"

这是休斯顿邮报的餐饮专栏记者萨利·伯恩斯坦在描述墨西哥美食餐厅30年店庆的一篇文章中所提到的。赫瑞纳夫妇于1957年创办这家餐厅，该餐厅坐落在中低档街区，既吸引了当地人，又吸引了休斯顿的上层人物。在20世纪80年代初期，餐厅利润开始下降。赫瑞纳曾为提高菜品质量苦心经营，但收到的回报却很低。他的产品很出色，深受顾客喜爱，选址也较成功，而且顾客也不少，为什么利润这么低呢?

问题在于定价。墨西哥美食餐厅的价格远远低于竞争对手的价格。赫瑞纳想给顾客提供最优的价格，他认为他必须把价格降到那些连锁餐厅的价格以下。他考虑到那些连锁餐厅建筑成本高，广告开支巨大，如果自己餐厅降价便可赢得竞争优势。

降价的结果是，墨西哥美食餐厅的顾客没有明显增加，相反却差点毁了自己。由于价格低，餐厅现金收入不足，难以维持修缮开支，他的努力并没有使他收到资金回报。经过几年的挣扎，他不得不请营销专家进行诊断，看看如何增加收入。诊断表明，该餐厅的价格比竞争对手低50%，而他的顾客认为其菜品质量并不比其他餐厅差。赫瑞纳决定提高价格，把价格提高到只比竞争对手低10%的程度。他制定了一个逐步提价的策略，如果一次到位则意味着有些菜品的价格突然提高70%，这样会使顾客感到吃惊。因此，他先提高了25%，随后又慢慢地提高价格，直到价格达到期望的水平。从1982—1985年3年的时间，菜单价格提高了40%~70%。这在当时经济衰退的时期，无疑是一个大胆的举动。

提价以后，餐厅的营业收入增长率比价格增长率还高，这说明，顾客对提价没有抵制。他的顾客仍认为他们得到了较好的价值回报。收入的增加使得赫瑞纳能够修缮屋顶、雇用较多的员工、对餐厅内部进行装修。当然，投资的增加又给他带来丰厚的回报。

二、餐饮企业定价策略

定价策略就是根据餐饮市场的具体情况，从定价目标出发，灵活运用价格手段，使其适应市场的不同情况，实现企业营销目标的方法。

（一）新产品价格策略

1. 撇油定价策略

这是一种高价格策略，即在新产品上市初期，将价格定得很高，以在短期内获取高额利润。采取这种策略能在短期内获取高额利润，尽快收回投资成本，但由于市场暴利，会很吸引竞争者，产生激烈竞争，从而使价格下降。

2. 渗透定价策略

这是一种低价格策略，即在新产品投入市场时，以较低价格吸引消费者，从而迅速打开市场。但餐饮企业在运用渗透策略时也有可能导致投资回收期较长，产品若不能迅速打开市场或遇到强有力的竞争对手时，会遭到重大损失等问题。

3. 满意定价策略

这是一种折中价格策略，它吸取上述两种定价策略的长处，采取比撇油价低但比渗透价高的适中价格，既保证了餐饮企业获取一定利润，又能为消费者所接受。

（二）心理定价策略

1. 价低数字定价策略

该方法是利用顾客对不同数字而产生价格高和低的心理反应，采用给顾客价格低感觉的数字作为产品价格吸引顾客。

顾客重视价格的第一位数字。第一位数大，给人一种价格高的感觉，当人们看到价格69元，感到价格为六十多元，而对71元感到是七十多元，实际的差别仅为几元，但给顾客的感觉却有十几元之差。

价格数字的位数少，给人以价格低的感觉。该法在定价时使数目尽量不要达到100、1000、10000元等整数，而是在95、9995、9995元左右，尽管只相差几元钱，但在人们的心理感觉上却是几十元与上百元，几百元与上千元，几千元与上万元两个概念。

价格保持在低一级数字范围内，有低价的感觉。在一定数字范围内的价格，人们感到相差不大。例如，对86～139元，人们感到是100元左右；在140～179元范围内，感到的是150元左右；对180～249元，感到的是200元左右；250～349元，感到的是300元左右。定价时尽量取低一级范围内的数字，给人一种价格低的感觉。调整价格时尽量不要超出同一范围，就不易被顾客知觉价格的上升。

2. 整数定价策略

在高档餐厅里，以及对高档次的菜品，其定价方法常采用整数定价法。整数比起带复杂尾数的价格来说（例如500元比498.89元）显得较为体面，有一种餐厅不计较小差价的气派，符合追求体面人们的心理。另外，购买高档次产品的客人对于细微的价格差异并不敏感，而带尾数复杂的数字令客人感到麻烦。整数定价法同时还方便餐厅管理人员计价、结账、收款和进行收入管理。

3. 尾数定价策略

在经济型餐厅以及针对追求实惠顾客的菜单的定价，喜欢带有尾数的数字。带尾数的价格一方面给顾客一种价格是经过认真地成本核算而计算出来的感觉。追求经济实惠的顾客对于价格细微的差别也较敏感，因而餐厅千万不要为贪省事而去掉尾数。另一方面，带尾数的价格看起来比整数价格要小。例如，餐厅拟将价格定为10元钱的话，倒不如订为10.8元，这样给顾客的感觉仍然是10元左右，而餐厅每多销售一个菜品就多收入0.8元。

4. 吉祥数字定价策略

如今流行着一种以吉祥数字定价的方法，迎合顾客追求吉祥的心理。比如在价格中选择带“8”的数字，表示“发财”的意思；“6”则表示“顺利”；“9”表示“永久”等。

（三）折扣价格策略

餐饮企业依交易的方式给予消费者折扣。

1. 数量折扣

餐饮企业为鼓励客人反复光顾或大批量消费，在消费达到一定次数和数额后，给予一定的折扣优惠。

（1）累积数量折扣。主要的目的是长期推销。交易累积量越大则折扣就越多，下一季或年度则从零开始重新累计。

（2）非累积数量折扣。鼓励顾客大批购买，以特定期间的单次交易量为准，交易量越大，折扣越多。例如，餐饮企业在端午节卖粽子时打出“买五送一”，中秋节卖月饼时推出“买十盒享九折”的优待。

2. 交易折扣

只要购买就有折扣，鼓励顾客踊跃购买，如餐饮企业提出“周年庆全面八五折”的优惠。

3. 清淡时段价格优惠

餐饮企业为鼓励客人在清淡时段前来消费，而给予一定的价格优惠。这种策略特别对经营时间长的咖啡厅和快餐厅十分有效。例如某些餐厅在生意清淡时段推广“快乐时光”(HAPPY HOUR)，实行半价优惠和买一送一等价格优惠。

4. 季节折扣

季节折扣被视为差别取价的一环，不调整标价，而是以折扣的方式来进行差异。例如在淡季给予一定的折扣。

5. 推销折扣

鼓励中间商尽量推销产品，如达到一定的数量时，给予进货的优惠。在餐厅中，常举办服务人员的推销菜色或酒类的比赛，优胜者往往被给予奖励。而部分餐厅，也常运用“老顾客”介绍“新客户”，给予双方折扣。

(四) 餐饮产品价格调整策略

当餐饮企业要进入或面临退出某市场，或市场竞争状况有明显变化时，餐饮产品的价格必须随着营销策略而调整。调整有“调高”与“降低”两种选择。

1. 调高产品价格

欲调高价格的企业，需要考虑本身及整体的竞争环境，需要掌握涨价的技巧，否则容易引起消费者的反感，造成反效果。

(1) 涨价的原因

——成本因素：食物成本、人事成本及运输成本等。

——供需问题：如市场上供不应求，将导致售价的上升。

——竞争因素：如竞争者调高价格，其他的同业则可能跟进。

——全盘产品线的考虑。

(2) 涨价的技巧

——公开成本提高的事实。

——提高产品的品质，如增加菜色的品质、服务的亲切度等。

——增加产品的分量，使消费者感受出来。

——以赠品的方式，转移消费者对涨价的注意力。

2. 降低产品价格

就长期的营运策略来说，降低价格必须配合以下的因素：

(1) 销售数量提高。

(2) 产品成本降低。

(3) 销售利润的评估。

(4) 预估消费者对产品价格变动的反应。

降价初期，应注意同业的反击方式，企业应准备相应的措施来稳定产品的销售额。

(五) 餐饮产品价格竞争策略

用价格来产生竞争，可由两种层面来分析。一为价格竞争，是以产品价格的高低作为竞争的武器；另一个层面为非价格竞争，企业可以加强“价格”以外的竞争策略。

1. 价格竞争应考虑的因素

主要包括：预期的利润、市场的潜力、市场的需要、竞争力、产品的成本、产品线的定价策略、市场的区隔化、促销的计划、顾客的反应、竞争者的反应。

2. 竞争者先行采用价格竞争时餐饮企业相应的措施

（1）研究竞争者背景资料

——了解竞争者的营销策略。

——了解竞争者价格竞争的因素及期间长短。

——研究竞争者每年的促销计划是否有固定习惯和特征。

（2）研究竞争者的价格

——消费者对竞争者的反应。

——对消费者、同业的影响。

——价格改变是否伴随着其他营销活动。

——是否需要理会。

——要采用价格竞争还是非价格竞争策略。

执行降价促销时，餐饮企业必须注意让消费者获得降价的利润，而不要把利润完全给予自己或中间商。降价要注意不可破坏原产品的形象，如果消费者认为品质也随价格降低，不一定会选择同样但低价的产品。降价后需要做结果分析，检查降价是否有助于销售数量的增加。轻易降价对产品来说是非常危险的，所以降价促销一定要预期销售量有增加，如此才可维持产品一定的利润。

餐饮企业也可在竞争者采用价格竞争时，相反地采用非价格竞争，即迅速推出新的产品或促销活动，避免卷入折扣或价格战。消费者的需求水准已提高，注重消费意识，重“品质”而非“量”，服务的软件与硬件同等重要。餐厅只靠恶性的价格竞争来招揽顾客，已不再是制胜的利器。如果餐厅欲采用非价格竞争，应从产品的差异化做起，塑造自己餐厅及菜肴的特色。

项目3　餐饮促销策略

促销也就是餐饮经营者将有关餐饮企业、餐饮产品的信息，通过各种宣传，吸引和说服的形式，传递给消费者，使消费者了解、信赖并购买餐饮产品，以达到扩大销售的目的。餐饮促销形式多种多样，各餐饮企业应根据具体情况，选择并充分利用不同的促销形式来实现营销目标。

一、餐饮广告策略

广告宣传是餐饮促销中常用的方法之一。它一般通过电视、广播、报纸、杂志、户外招牌，以及一系列印刷品和直接邮寄函件等各种大众传媒，对餐饮企业现实的和潜在的客人进行宣传。餐饮企业选择了广告宣传作为促销手段，就必须做出有效的广告策划。确定广告的目的及主要针对的市场；做出广告预算；并设计出新颖、独特，能突出产品特点的广告词、广告画或广告片。各种广告媒介都有自己的特点，餐饮企业应根据自己营销的目的，选择适合的广告媒介。

1. 电视广告

优点：①传播速度快，覆盖面广；②连续画面，文字、声音相结合，极富感染力。

缺点：①制作成本、播映费用昂贵；②受时间、频道限制，比较被动；③信息只能单向沟通，稍纵即逝，不便储存、查找。

电视广告比较适用于实力雄厚的大型餐厅，尤其是餐饮连锁集团，如麦当劳、肯德基等。较适合做宣传餐厅设施、形象的广告、特别活动广告等。那些试图吸引外籍宾客的餐饮广告最好安排在新闻，特别是外文新闻的前后效果更好。

2. 广播广告

优点：①广播收费较为低廉，可在不同时段多次重播，强化广告效果；②具大众性、普遍性，任何听众可不受时间空间约束，随时随地收听；③广播在特定节目有特定的听众群，使广告具有比较强的针对性。

缺点：①口语化信息缺乏视觉吸引力，听众往往印象不是很深刻；②信息稍纵即逝，听众稍不留意，一些重要信息如地址、电话等就记录不下。

根据广播广告特定节目有特定听众群的特点，在不同的时段，节目穿插餐饮广告吸引不同类型的就餐者。

3. 报纸

优点：①具有资料性，便于记录保存；②对餐饮产品和服务可通过图片、文字细致描述，给读者留下深刻印象；③本地市场覆盖面广，且读者层稳定；④成本相对较低。

缺点：①印刷质量不理想，广告形象性较差；②报纸篇幅大，较小面积的餐饮广告不易被读者发现；③传播速度慢于电视、广播；④受读者文化程度限制。

报纸广告适合于登载食品节、特别活动、小包价等餐饮广告，也适合于登载优惠券，让客人剪下凭票给予优惠。要注意登载的频率、版面、广告词大小和色彩等。

【案例】

毛家饭店的报纸促销

毛家饭店北京分店周围多是高档住宅小区和写字楼，这些住户和白领都是酒店的目标客户。这也是当初选址时毛家饭店舍得在这里投入巨资开店的原因之一。但是这些高档小区和写字楼的管理也很严格，要想把酒店的宣传资料发放到这些地方是很难的，如何打入它们内部成为酒店开业前最头疼的事情。这时候，他们想到利用报纸促销的方式。所谓的报纸促销并不是在报纸上刊登软文或硬广告，而是把酒店的宣传单夹在报纸里，通过送报人员送到每家每户的手里。为此酒店定购了2000多份报纸，并和报社讲好，酒店的销售人员要和送报人员一起送发这2000份报纸，这样做的目的一是确保每份报纸都准确地送到目标客户手里；二是通过送报人员进入写字楼或高档住宅区，收集目标客户的资料。为了让这次促销达到最好的效果，酒店专门刻制了两个印章，一个刻有优惠券，一个刻有奖品卡。他们分别在每份报纸上加盖了这两个印章，凡持报纸到毛家饭店来的客人都能得到一个小纪念品，凭报纸用餐的客人还可以享受打折的优惠。由于促销模式新颖，方法得当，毛家饭店将要开业的消息很快地在周围传播开来。

4. 杂志

优点：①杂志针对性和专业性强，读者范围较为固定，使广告具有较强的针对性；②杂志资料性强，信息最大，阅读率高，保存期长，便于广告资料记录查找；③杂志所用纸张质量高，印刷精美，可用彩色图片形象地介绍餐饮产品，给人留下深刻印象。

缺点：①广告周期长，只能适用于时间性不强的信息；②不易在本地市场进行高频率地宣传；③广告成本稍高。

在做杂志广告时，必须根据餐饮企业所针对的目标市场选择合适的杂志。如对外或对旅游者的餐饮广告就可刊登在《中国旅游》之类的杂志上。

5. 户外广告

这类广告是通过户外的道路指示牌、建筑物、交通工具、橱窗等进行宣传，主要用在交通要道、商业中心、机场、车站和餐厅门口或外墙等地方。其优点是灵活、醒目、展露时间长、宣传覆盖面广；缺点是信息接收对象选择性差，内容局限性大，缺乏针对性。

户外广告应加强其图片和简洁文字的创意设计，使其清楚新颖地反映餐饮产品特征。

6. 直接邮寄广告

通过邮寄的方式将餐厅的宣传册、明信片、意见征询卡、特别活动宣传品等直接投递给消费者。其优点是针对性很强，非常灵活，具有人情味等；缺点是精力、时间、经济投入相对较高，且收信人姓名、长期地址不易收集等。

直邮广告适合于餐厅向稳定的长期客户、本社区居民、一些大型企事业单位等，介绍推广餐厅的特别餐饮活动，新产品和服务，或做新餐厅开业宣传等。

7. 手机短信广告

无线点告系统（WPAS，Wireless Precision advertising system），也称个性化服务短信发布系统。它是以移动通信网络 BSS（Base Station Subsystem）为载体，以运营商提供的要求为内容，以手机用户为终端的一种新型立体的短信增值服务。它根据手机客户的位置变动等信息，利用移动通信网络及短消息发布平台，在特定的地点为特定客户群提供他们最需要的个性化短消息。客户的实际需要得到了满足，短信发布单位也收到了恰如其分的广告效应。无线点告系统具有新颖互动、准确及时、目的针对性强的特点，具备新一代广告媒体的基本特征，被誉为“第五媒体”。餐饮企业采用电子优惠券发布系统可以通过让用户免费体验、免费参与活动和有奖销售等方式发布电子优惠券。手机短信广告通过互联网、移动信息等方式进行传播，形式新颖，易被年轻时尚的先锋消费者所尝试并喜爱，而且消费者使用起来也更加方便快捷。

二、人员推销策略

人员推销是推销人员通过面对面地洽谈业务，向餐厅的客户提供信息，劝说客户购买本餐厅的产品和服务的过程。

1. 人员推销的优势

（1）信息传递的双向性。人员推销是一种双向沟通的促销形式，一方面销售人员与客人直接接触，面对面向客人介绍餐厅的产品、服务、收费标准，让客人充分深刻地了解餐厅产品特色；另一方面销售人员通过与客人洽谈，可了解客人对本餐厅的态度、意见和要求，收集许多宝贵的市场信息，为餐饮企业改善产品质量、制定经营决策提供依据。

（2）推销目的的双重性。人员推销的目的不仅是为了推销餐饮产品，同时也是为了及时发现问题，解决疑惑，甚至纠正消费者对本企业和产品的不满感，改善其印象。

（3）推销过程的情感性。推销人员与客户面对面洽谈的过程，其实也是双方情感的交流过程，有利于双方建立长期的友好协作关系，由此也决定了人员推销比其他促销形式更具有亲切感和说服力。

虽然人员推销比其他促销形式有上述优势，但其也具有成本费用较高、覆盖面较小等缺陷。所以人员推销主要适用于宴席、大型活动、会议、团体及新餐厅开业或新产品推销等。

2. 人员推销的程序

（1）收集信息，寻找并筛选客户。餐饮推销人员应建立各种信息资料簿和客史档案，随时注意市场信息变化，寻找推销时机。特别是一些大型企事业单位的庆祝活动、产品发布会、年度会议等，都是极有利的推销时机。

（2）计划准备。在上门推销，与潜在客户接触前，推销人员应做好销售访问准备工作，确定本次访问的对象，要达到的目的，列出访问大纲，备齐推销用的各种有关餐饮资料，如：餐厅介绍、菜单、照片、图片等。

(3) 销售访问。访问前最好与客户进行事先约见。访问时一定要守时，注意自己的仪容、礼貌、自我介绍，灵活运用各种谈话技巧，引发客户对餐饮产品的兴趣。

(4) 洽谈业务。推销人员通过与客户的交谈，沟通双方感情并创造良好的推销气氛，运用推销技巧了解客户需求，着重介绍本餐厅餐饮产品和服务特点，展示客户利益，消除疑虑。

(5) 处理异议和投诉。在面谈过程中，客户往往会提出各种购买异议，如对价格、产品、服务等的异议。餐饮推销人员要保持自信，设法让客户明确说出怀疑的理由，再通过提问的方式，让他们在回答提问中自己否定这些理由。对客户提出的投诉和不满，首先应表示歉意，然后要求对方给予改进的机会，千万不要为赢得一次争论胜利，而得罪客户。

(6) 商定交易和跟踪推销。推销人员要善于掌握时机，商定交易，签订预订单。这时要使用一些技巧，如代客下决心，给予额外利益和优惠等争取订单。一旦签订了订单，还要进一步保持联系，采取跟踪措施，逐步达到确认预订。即使不能最终成交，也应通过分析原因，总结经验，保持继续向对方进行推销的机会，便于以后的合作。

三、营业推广策略

这是指餐饮企业在某一特定时期与空间范围内通过一系列刺激和鼓励消费的手段和促销措施，促使消费者尽快购买或大量购买餐饮产品和服务的营销方式。

营业推广是餐饮企业的一种非常规的促销手段，它是为了短时间内解决餐厅短期的生意平淡或扩大销售等特定的目的和任务，而为餐饮企业所采用的有效的手段。餐饮营业推广方式灵活多样，餐饮企业常用的主要有以下几种。

(一) 餐饮促销活动

餐饮促销活动是免费、优惠、竞争等推广手段的综合运用，它的形式多种多样，可不定期举办，例如办美食节、美食周活动等；也可定期举办，例如利用每年的节庆日：春节、情人节、圣诞节等举办活动；也可利用本地区的重大活动举办，例如利用当地商品交易会、旅游节、服装节等时节举办活动等。不过，在举办活动时，应掌握以下原则。

(1) 新闻性。举办的活动要具有新闻性，能够产生话题，引起大众传媒的兴趣，从而吸引客人。

(2) 新潮性。即要具有现代感。活动的策划必须符合餐厅现实的促销目的，不可千篇一律简单抄袭别人或以往的活动，要设计出符合现代人餐饮消费观念的活动。

(3) 新奇性。即以奇取胜，以不同的活动引起大家的注意。

(4) 单纯性。这一原则常为企业忽略。有时一件极富创意的促销活动，却由于过分地拘泥细节，而变得复杂化，先去了效果。

(5) 参与性。邀请客人共同参与到餐饮活动中来，更能激发客人对活动的兴趣，起到更好的效果。

(二) 馈赠优惠型促销

馈赠优惠型促销是针对消费者求廉心理而设计的。馈赠优惠的实质就是加量不加价，顾客购买一定数量的产品时，可按事先公开的规则，获得餐饮企业赠送的同类或其他产品。在这种促销活动中，顾客可以同样的支出获得较多的价值。其典型的活动方式有价格折扣、赠送折价券、消费退款、特价销售、样品和礼品赠送等。

1. 价格折扣

价格折扣指餐饮企业在特定市场范围和经营时期，根据产品原价确定让利系数，进行减价销售的一种方式。例如，餐饮企业暑假期间给予师生一定价格折扣，或给予大主顾及 VIP 相应的价格折扣等。

2. 赠送折价券

餐饮企业通过印制折价券向消费者实施馈赠。某些餐饮企业每隔一段时期就会印制一批精美的消费优惠券或优惠卡（多数为餐饮优惠券），通过邮局直接寄送到消费者家中或工作单位；也可将折扣券印制在大众乐于阅读的报纸、杂志上，顾客只要剪下即可；也可在消费者购买餐饮产品时直接给予，或凭消费凭证到指定地点领取。

3. 赠送礼品

餐饮企业可向消费者赠送各类富有实用价值或生活情趣的大小礼品以获得消费者的青睐，如带有餐饮企业标志的浴衣、打火机、巧克力、儿童玩具、小台历等。

4. 扩大服务价值

顾客除了希望物有所值外，更希望能享受到超值服务。因此，餐饮企业可通过采用提高服务价值的办法招徕顾客，使顾客享受到超值服务而成为回头客。例如，在顾客生日时为其送上一份生日礼物等。

（三）趣味竞赛型促销

现代消费者都有一种求胜逞强的基本心态，通过自己某一才能的发挥实现某种自我满足。趣味竞赛型促销是针对消费者的好胜好强的心理而设计的，其基本运作模式就是诱导顾客参加与餐饮企业某一产品或形象有关的竞赛活动，根据顾客的比赛成绩领取相应的精神奖励和物质奖励（以物质奖励居多）。对餐饮企业而言，采用这样的促销活动，一方面利用奖金或其他优惠吸引消费者关注餐饮企业，另一方面也能很好地迎合消费者的心理。

趣味竞赛型典型的活动方式有生活趣味竞赛、技能操作竞赛（如厨艺大比拼等）、娱乐竞赛、体育竞赛、相关知识竞赛等。

1. 有奖征集活动

一般是餐饮企业在开业前为征求一个好的餐饮名称、餐饮标志、餐饮标识语等，或餐饮企业为征求某一促销点子（如主题促销活动、馈赠促销活动等）而开展的活动。这类活动内容一般面对社会大众，餐饮企业宜选择恰当的媒介（最好为印刷媒介，报纸应是首选）传播这一基本信息，并在广告中重点突出有奖征集的主要内容、设定的奖品奖金、活动的注意事项，尤其是截稿日期、活动的背景资料等。

值得提醒的是，餐饮企业刊出类似的征集启事后，待评比结果出来，应在相应的时间内给读者一个回复。考虑到活动的连贯性，该回复应刊登在同样报纸的同样版面，并采用同样的格式，在回复中应介绍中选标志的基本内涵、设计者、奖励内容，应感谢社会各界的支持，为突出评比活动的公正性和严谨性，还应介绍收到稿件的数量、评比的基本情况、参与评比的专家队伍等。

2. 消费竞赛活动

消费竞赛活动指在限定的时间内汇总顾客的消费总额，并按从高到低的顺序加以排列，根据消费金额的大小确定不同的奖励等级。如餐饮企业推出的消费积分活动就是一种典型的消费竞赛活动。

3. 某类技艺活动竞赛

（1）餐饮企业与消费者之间的竞赛。餐饮企业可邀请普通的市民家庭参加厨艺大比拼活动，由餐饮企业提供比赛的场地及所需要的原料和设施设备，并由餐饮企业的高级厨师组成评比小组，对成绩突出的家庭给予不同的奖励。餐饮企业也可邀请普通消费者挑战餐饮企业厨师，进行厨艺比赛。

（2）餐饮企业内部专业技术比赛。为提高服务能力，借机会宣传餐饮企业，餐饮企业也可组织内部的各项技术比武，一般以部门为单位进行，如餐厅服务竞赛、厨房操作竞赛、餐饮摆台竞赛等。

（3）餐饮企业之间的专业竞赛。一般这类竞赛由餐饮企业管理部门组织，餐饮企业通过参加类似的技术比武活动，以优良的成绩显示自己的实力。

（4）文体类竞赛。如歌舞比赛、球类比赛、拔河比赛等。

（5）生活情趣类比赛。选取社会生活中某些有趣的活动开展各类比赛，如组织少儿绘画比赛、婴儿爬行比赛、猜谜竞赛、小品比赛等。

（6）游戏类比赛。餐饮企业可设定不同的游戏主题和游戏规则，邀请社会公众参与，若公众能在规定的时间内获得一定的成绩，则可赢得相应的奖金和奖品。如拼图游戏（游戏答案通常是餐饮企业的标志或某一商品造型等）、十字格填字游戏（游戏答案也往往与餐饮企业的名称或餐饮企业的服务项目有关）、收集类游戏（即积累某一特殊图案作为获取奖励的条件）等。

在策划组织上述趣味竞赛类活动时，餐饮企业应突出活动的趣味性、游戏性和合法性（如奖金幅度不能高于规定），并考虑难度的适中性和活动的安全性、积极性。为提高活动效果，餐饮企业应在活动前后向消费者传递如下基本信息：竞赛活动的起止时间、评选方法、参赛条件、有效证件要求、奖励方式、奖品形式、奖励等级等。

（四）幸运抽奖型促销

幸运抽奖型促销是针对消费者侥幸心理而设计的。餐饮企业在策划幸运抽奖类活动时，应明确活动的基本宗旨：抽奖不是针对部分有特殊才华的消费者而举行的，而是针对所有的消费者举行的，应强调机会的均等性，强调抽奖的活动不是依靠竞技而是依靠个人的运气，由此引发消费者强烈的侥幸心理。可见，抽奖促销活动主要是通过中奖概率来吸引消费者。其典型的活动方式包括自摸型抽奖（如抽签、摸球等）、消费券组合抽奖、发票抽奖、特定时段（如清淡时段）抽奖等。

一些规模较大的正式的抽奖活动应邀请公证部门公证，餐饮企业内部职工及家属应回避此次活动，以确保活动的公正、公开性。

（五）公益活动型促销

餐饮企业通过组织策划开展各种公益性活动提高餐饮企业的社会影响。

1. 各类社会慈善活动

组织、参与各项社会慈善活动是餐饮企业展示人道主义精神和企业形象的重要途径。餐饮企业一般可选择那些富有道德色彩和社会正义感的资助对象进行资助。这些资助的对象包括孤寡老人、贫困大学生、失去家庭温暖的少年儿童、丧失劳动能力的成年人、见义勇为致残者以及有其他特殊困难的社会成员。

2. 市政公益建设活动

如认养绿地、古树等活动。

3. 解决社会问题的活动

社会问题包括社会治安问题、环境污染问题、野生动物保护问题、青少年犯罪问题等。餐饮企业既可通过公益广告的方式参与解决这些问题，又可以以实际行动维护良好的社会风气。例如，休息日组织员工参加清除城市“牛皮癣”、为失业者提供就业机会等。

4. 宣传精神文明的活动

这一活动与解决社会问题活动相关，餐饮企业在缓解社会问题的同时，应积极推广社会主义精神文明建设，提高社会文明程度。

（六）展示参观型促销

展示参观型促销是针对消费者求知、好奇的心理而设计的，由于餐饮产品具有无形胜有形的特点，因而展示参观类的促销活动能增加餐饮企业产品的可信度，减少消费者的购买疑惑。其典型的活动方式有资料展示、食品展示等。

1. 资料展示

这是最常见的一类展示方法，利用图文并茂的资料如实再现餐饮企业的设施设备、服务人员的服务能力、餐饮企业所获得的荣誉称号和各级证书、权威人士或权威部门的评价等。尤其是餐饮企业荣获某一荣誉称号或取得某方面的巨大变化时，应通过各类新闻媒介进行广泛宣传。

2. 食品展示促销

食品的展示是一种有效的促销形式。这种方法是利用视觉效应激起顾客的购买欲望，吸引客人进餐厅就餐，并且刺激客人追加点菜。

（1）原料展示促销。陈列原料的要求是强调“鲜”、“活”，要使客人信服本餐厅使用的原料都是新鲜的，一些餐厅在门口用水族箱养一些鲜鱼活虾，任顾客挑选，厨师按顾客要求加工烹饪。

（2）成品陈列促销。一些餐厅将烹制得十分美观的菜肴展示在陈列柜里。实物的展示往往胜于文字的描绘，顾客通过对产品的直观感受，很快便决定点什么菜了。但并不是所有的菜肴都可以制作成成品陈列的，因为有些菜品烹调后经过放置会失去新鲜的颜色，这样的陈列会起到反作用。甜点、沙拉陈列在玻璃冷柜中推销效果较好。餐厅中陈列一些名酒也会增加酒水的销售机会。

（3）推车服务促销。许多餐厅让服务员推着装有菜肴、点心的推车，巡回于座位之间向客人推销。推车推销的往往是一些价格不是太贵且放置后质量不易下降的冷菜、小菜、点心、雪茄等。推车服务既方便了客人，又增加了餐厅收入。

（4）现场烹调展示促销。在客人面前表演烹调，会使客人产生兴趣，引起客人想品尝的心理。现场烹调可减少食品烹调后放置的时间，使客人当场品尝，味道更加鲜美。现场烹调还能利用食品烹调过程中散发出的香味和声音来刺激客人的食欲。进行现场烹调推销时，要注意选择食品原料外观新鲜美观的菜肴，选择烹调时无异味、烹调速度快而简单的菜肴。

四、网络营销（E－Marketing）策略

（一）网络营销的含义

网络营销是借助网络技术和网络渠道所进行的营销活动。餐饮企业网络营销的实质不是简单的网络技术应用，而是网络化的市场营销活动。网络营销也不单是网上销售或网上广告，而是市场营销战略和策略在网络环境中各种实现途径的综合体现，包括企业形象塑造、市场策略组合、预订销售、客户服务、市场调查、营销评估等各个方面。同时，网络营销是餐饮企业整体营销体系的组成部分和分支，必须与总体营销目标保持一致，与各种传统营销手段互补协调。在此意义上，可以把网络营销定义为餐饮企业市场营销总体战略在网络环境下的具体体现与实施。

（二）网络营销的特点

网络营销与传统营销的最大差异在于市场营销活动所凭借的中介媒体由传统的报刊杂

志、信件函电、电视广播等转换为新型的互联网络。基于网络的大型活动营销具有全天候、跨国界、即时性、交互式、多媒体甚至富媒体、推式与拉式功能兼备等明显优于传统营销方式的特点。餐饮企业以网络为平台在产品售前、售中、售后各环节展开全程市场营销活动，充分发挥网络技术优势和功能，最大限度地满足客户需求。

（三）网络营销的优势

1. 传播范围最广

网络广告的传播不受时间和空间的限制，它通过国际互联网把广告信息 24h 不间断地传播到世界各地。只要具备上网条件，任何人，在任何地点都可以阅读。这是传统媒体无法达到的。

2. 交互性强

交互性是互联网络媒体最大的优势，它不同于传统媒体的信息单向传播，而是信息互动传播，用户可以获取他们认为有用的信息，企业也可以随时得到宝贵的用户反馈的信息。

3. 针对性强

根据分析结果显示，网络广告的受众是最年轻、最具活力、受教育程度最高、购买力最强的群体，网络广告可以帮助企业直接命中最有可能的潜在用户。

4. 受众数量可准确统计

利用传统媒体做广告，很难准确知道有多少人接受到广告信息，而在 Internet 上可通过权威公正的访客流量统计系统精确统计出每个广告被多少个用户看过，以及这些用户查阅的时间分布和地域分布，从而有助于企业正确评估广告效果，审定广告投放策略。

5. 实时、灵活、成本低

在传统媒体上做广告发版后很难更改，即使可改动往往也须付出很大的经济代价。而在 Internet 上做广告能按照需要及时变更广告内容。这样，经营决策的变化也能及时实施和推广。

6. 强烈的感官性

网络广告的载体基本上是多媒体、超文本格式文件，受众可以对其感兴趣的产品了解更为详细的信息，使消费者能亲身体验产品、服务与品牌。这种以图、文、声、像的形式传送多感官的信息，让顾客如身临其境般感受商品或服务，并能在网上预订、交易、结算，增强广告的实效。

（四）网络营销的主要功能

网络技术在餐饮营销中的应用体现在以下几个方面。

1. 形象塑造

通过开展网络营销，餐饮企业得以在较短时间内树立和强化企业形象，并在网站建设和网站展示过程中不断完善和提升餐饮企业形象。

网络营销的重点是网站推广，而网站又是企业品牌的网络展示窗口，可以使更多的人了解餐饮企业的产品和服务。从营销的角度来讲，网站不仅仅是一个企业品牌的网上窗口，更是塑造和提升餐饮企业品牌的重要营销工具。好的网站则必须具有正确的市场定位，能够满足目标市场顾客群体的需要，在网络展示方面明显优于竞争对手，并且直观和易于使用。因此，在网络营销的网站建设中，必须突出网站方便的导航功能、完善的帮助系统、快捷的下载速度、简单友好的用户界面，以及对搜索引擎友好的链接。

2. 信息沟通

通过网络信息高速公路传递和接收市场营销信息，可以使餐饮企业拉近与客源市场的距离，适时掌握市场需求变化情况和趋势，从而提供能够适应和满足市场需求的产品。

3. 市场促销

网络产品信息展示的多媒体化和信息沟通的交互性优势，使餐饮企业能够通过网络进行更有效的广告和营业性促销。具有链接功能的弹跳式视窗广告、旗帜广告、按钮广告、网上拍卖等网络促销手段，可以根据消费者的兴趣提供餐饮活动一般广告、详细活动介绍、网上预订甚至网上优惠直销服务，因而能有效激发需求者购买欲望，影响其消费行为和增加餐饮产品销售量。

4. 产品开发与试销

通过市场调查，餐饮企业可以借助网站开发和测试符合市场需求的新的可选活动项目，并根据网络调查得到的反馈意见筛选和完善活动。产品开发与测试的网络化具有成本低、信息反馈快、针对性强、客户参与性强等特点，同时，通过开发与测试过程的公开化，加之在网站新闻通信和页面的重点宣传，使新的活动项目得到更广泛的推介。

5. 网络分销

利用具有网上交易功能的网站，餐饮企业可以使其分销渠道通过国际互联网延伸到世界各地，形成四通八达的全天候、无国界产品分销网络。由于餐饮产品是通过消费者而不是产品的空间移动来实现其商品交换，所以以产品销售信息和购买信息沟通为主要特征的网站平台成为大型活动机构理想的低成本、高效率分销渠道。网络分销的主要形式包括餐饮企业独网站的直接分销、合作伙伴网站之间的交换代理间接分销和专业销售网站的委托代理间接分销等。

餐饮企业主要为顾客提供餐饮服务，所以比较适于采用网络营销手段。互联网为餐饮企业提供了一个向用户介绍自己产品或服务的理想环境，网站通过在访问者点击率较高的新闻通信和其他专业栏目加载相关主题的链接，可以使浏览者方便地获得有关餐饮活动的详细信息，以及购买产品的方式与渠道，具有销售功能的网站可以使消费者直接预订或购买。

6. 客户服务

互联网为餐饮企业提供了形式多样、功能强大的客户服务手段，其形式包括客户常见问题解答、列表电子邮件、电子公告板、聊天室、新闻发布等，其内容包括活动主题介绍与相关知识、餐饮企业概况、活动日程安排、预订咨询与受理、相关规定与注意事项、日程变更通知、餐饮活动成果与评价等。

餐饮企业还可以借助网络较为方便地建立客户档案，并根据客户的兴趣为其提供各种服务信息，包括随时通知客户餐饮活动日程安排的变化等。良好的网络客户服务有助于维持和改善餐饮活动组织者和参与者的相互关系，激发观众参加餐饮活动的主动性，使之成为活动主题忠实的信仰者和支持者。

7. 市场调查

借助互联网进行市场调查，餐饮企业可以有效降低调查成本、缩短调查周期、提高问卷回收率。网上调查通过调查主题吸引读者，使感兴趣的读者在方便的时间、以简便的选择方式或少量的键盘输入方式提供调查答案，生成调查统计数据。网上调查信息沟通的即时性和交互性，保证了餐饮企业能够在第一时间掌握市场变化的最新动态，并对餐饮企业活动产品进行市场反应的跟踪调查，适时改进或调整产品结构以满足不断变化的市场需求。

网上调查以网站调查问卷为主要形式，以相关主题的电子邮件调查、弹跳视窗调查、网上投票、网上聊天和访问频率统计等为补充形式。多种形式和多种渠道的网络调查使餐饮企业得以从网上获取更丰富、实效性更强的基础资料，甚至能够轻易获取竞争对手有关产品、价格、促销手段等关键信息，从而为餐饮企业及时调整竞争战略和策略提供科学的依据。

8. 网上赞助

借助餐饮活动的公益主题和轰动效应，吸引有关政府部门、企业、名人和一般公众进行网上赞助和捐赠活动。作为交换，可以为赞助者和捐赠者提供各种网上广告宣传和名誉宣传，如在网站中设立政府赞助、大公司赞助、名人捐赠、公众捐赠、主题赞助、分主题赞助等广告宣传栏目或荣誉榜。

（五）电子优惠券

电子优惠券是商家在互联网上以电子文本和图片形式存在的一种打折优惠信息或优惠券。这既省去了商家印刷和发送传统优惠券的成本，又方便了消费者的使用。电子优惠券一般都是免费下载使用的；如果没有特别要求，电子优惠券无论彩色黑白，打印复印，放大缩小，只要在有效期内并且关键文字清晰可辨认，对应的门店均可以使用。

现在是电子商务信息化时代，餐饮企业利用电子优惠券作为赢利点，已经是个必然的趋势，而事实表明，这种营销方式比传统的纸质媒体上做广告，更为行之有效。由于原材料上涨，用工成本增加，许多餐饮企业也面临不小的压力。对于网络，他们也已不仅仅停留在对品牌的塑造和提升，愈加重视对实际效益的追求。而发布电子优惠券成为餐厅打动网友的好方法。据雅虎口碑网统计，网站优惠券每周打印量在10000次左右。使用电子优惠券，以优惠的价格，享受到物超所值的美味，是当下人们的普遍心理。网络技术又为电子优惠券提供了打印、手机下载、邮件订阅等多种实现方式，极大地扩大了优惠券的适用范围。

【案例】

点菜，不看菜单看手机

现在最潮的一件事就是，进餐馆吃饭买单前，先让服务员看看自己的手机。干啥？越来越多的杭州餐馆，开始接受手机短信优惠券；上海一些餐馆甚至表示，将取消打印的纸质优惠券，全部采用手机短信优惠券。在杭州一家IT公司工作的白领小马说，现在她每次都会在进餐馆前，手机上网查看这家店的网友点评。“坐下点菜的时候顺便下几张电子优惠券到手机里，结账时拿给服务员看，就能省下不少钱。”她得意地说。

食客们越来越多加入“手机族”，杭城餐饮业也开始在冲击中调整营销策略，最为明显的变化就是杭州提供手机短信优惠券的餐厅数量大幅增加。餐饮经营者也深刻感受到手机上网族对生意的影响，纷纷瞄准了这块市场，大推电子优惠券和提货券，并计划着优惠力度比普通优惠券更大，或者只推手机下载的优惠券。

（六）我国餐饮服务网站的类型及发展现状

餐饮信息化服务平台主要包括两大类发展模式：餐饮门户网站和专业预订网站。门户网站主要通过网络平台提供餐饮信息咨询；预订类网站则提供更为专业化的服务，消费者不仅可以通过网络搜索，也可以通过电话方式进行信息咨询和订餐服务。具体来说，主要包括六种情况：

（1）第三方建立的餐饮综合性网站平台。此类网站提供简单的信息发布，介绍饮食文化、营养保健、各家菜系、有名的餐馆等。如：中华美食网（http：//www. foodsafe. net/），主要内容包括饮食文化、菜系食谱、食补食疗、饮食文化等内容。

（2）餐饮企业自建网站。据悉，2006年餐饮业的网点已经达到了400多万，这种各自为政的网站在企业宣传等方面有一定作用，但主要还是以介绍为主。少数餐饮企业的网站已经开展B2C业务，效果还不错。

（3）无店铺式的订餐服务。属于第三方订餐服务平台，没有常规餐饮营业店面。如丽华快餐（http：//www. lihua. com/）。1993年至今，已经在北京、上海、广州、深圳、大连、南京、郑州、长沙等全国11个大中城市拥有80多家快餐配送连锁店。

（4）餐饮业电子商务门户网站。网站主要让用户通过网络实现对餐馆查询及餐馆的菜谱查询和预订服务，企业对通过网上预订的客户给与相应的折扣，如饭统网、无忧订餐、食神网等。其中“饭统网”是中国第一家免费预订餐厅、免费提供优惠折扣的专业餐饮网站。

（5）区域性的餐饮电子商务网站，是利用地理优势在某个或几个居民小区，甚至是在学校内部进行的餐饮电子商务活动。这类网站一般是组织附近的多家餐饮店，利用网络的优势，接受外卖订单，一般规模较小。

（6）大型连锁餐饮企业的网站。一般以国外企业为主，从原料采购到网络营销都能通过网络实现。如必胜客的网站，有网上订餐、下载优惠券等服务。

综上所述，我国餐饮类网站仍然处于起步阶段，第一类网站主要是介绍性的，网站建立较容易、成本低，占目前餐饮业网站的60%；其他几类网站具有电子商务的性质，对电子商务技术与管理能力要求高，约占40%。由此可见，我国开展餐饮业电子商务仍任重而道远。

项目4　客户关系营销

客户关系营销，就是通过培养客户的忠诚，建立、维持和巩固企业同客户之间长期的、相互依存和互惠互利的合作关系，以使自己在复杂动荡的环境和激烈的市场竞争中，拥有一批稳定的、不断扩大的、可以赖以生存及发展的客户群，促进产品持续销售的营销方式，是关系营销的核心组成部分。

客户是餐饮企业存在和发展的基础。餐饮企业需要消费者购买其产品和服务，消费者渴望以合理的价格获得满意的产品和服务。客户关系就是餐饮企业与其产品和服务的购买者和消费者之间的关系。由于餐饮企业生产经营的最终目的是为了获取利润，因此为客户提供所需的产品和服务对餐饮企业的生存和发展具有极为重要的意义。餐饮企业同行之间的竞争，实质上是一场争取客户资源的竞争。客户关系营销作为一种新的营销理念和艺术，为餐饮企业的发展提供了新的思路和方法，是餐饮企业提升竞争力的有力武器。餐饮企业要在激烈的市场竞争中获得优势，必须加强客户关系管理，提高客户满意度和忠诚度。

一、树立以客户为中心的经营理念

餐饮企业要实现自己的利润目标，必须顺应时代的发展趋势，要树立“顾客就是上帝”的经营理念。关心客户、熟悉客户，及时掌握客户的所思所想，所生产的产品和提供的服务必须是客户需要、客户喜欢、客户愿意购买和使用的，只有赢得客户信任与好感的餐饮企业，才可能获得较好的利润。

二、了解客户需要，提高客户满意度

（一）了解客户的需要

了解客户的需要是餐饮企业提高客户满意度的前提。客户的需要可以分为五种：说出来的需要、真正的需要、没有说出来的需要、满足后令人高兴的需要和秘密需要。需要和欲望是行为的内在动力，正是新的需要不断产生，人们才会不断追求，为满足自身的需要而进行某种形式的交换，因而营销才得以存在。例如：我们把想到麦当劳餐厅就餐的客户的需要分解为以下几类：

①表面的需要（说出来的需要）：客户想吃一套麦当劳快餐。

②附属的需要（没有说出来的需要）：客户想得到优质的服务。

③真正的需要：客户想消除饥饿感。

④相关的需要（满足后令人高兴的需要）：节省用餐时间。

⑤潜在的需要（秘密需要）：客户不想为一日三餐所累，而无法专注于其他事情。

如果麦当劳的市场营销者能完整地理解上述客户的需求，就可以提供在口味、方便、迅速、卫生等方面都能合理满足客户需要的快餐，以使其达到真正的满意。餐饮企业的关系营销正是以客户需要为中心，协调各种可能影响客户的活动，最终达到满足客户需要的目标。

（二）提高客户的满意度

餐饮企业要了解客户的需要，需具备敏锐的观察力，进行深入的客户调查，而要提高客户的满意度，则需在产品销售过程中扩大服务范围，提高服务质量，通过向客户提供超过服务本身价值和超过客户期望值的“超值服务”，超常规服务、高附加值的优质服务，使顾客得到真正的实惠，提高顾客的信赖度和满意度，从而赢得自己的生存空间。

近年来，客户满意战略在我国企业界逐渐流行，餐饮企业也开始对客户满意战略加以重视。客户满意战略的指导思想就是企业全部活动以客户满意为中心，以客户利益最大化为企业开发产品、制定价格、进行分销促销和售后服务的原则。这一战略主要包括五个子系统，即理念满意系统、行为满意系统、视听满意系统、产品满意系统和服务满意系统。通过开发这五个系统并对其进行整合，最后以客户满意指标来衡量客户的满意度。

客户满意战略之所以行之有效，是因为一个满意的客户会对产品、服务乃至餐饮企业保持忠诚，从而给餐饮企业带来有形或无形的好处。一方面，客户会产生重复购买行为，不仅是曾经购买的产品和服务，而且可能对餐饮企业新推出的产品和服务也发生兴趣，加之交易的惯例化降低了交易成本，因而使餐饮企业易于获得有形的利润；另一方面，客户的口头宣传对餐饮企业树立良好的形象，其效力远远大于媒体广告的作用。美国“国家调查研究中心”的一次客户满意调研结果显示：100 个满意的客户会带来 25 个新客户；每收到一次客户投诉，就意味着还有 20 名有同感的客户，只不过他们懒得说罢了；获得一个新客户的成本是保持一个满意客户的成本的 5 倍。一个满意的客户会高度参与和介入企业的经营活动，为餐饮企业提供广泛的信息、意见和建议。那么，餐饮企业应该如何实施客户满意战略呢？

（1）提供满意的产品和服务。优质的产品和良好的服务是餐饮企业赢得顾客满意的基本条件。为此，餐饮企业的营销人员要了解客户的个性化需求，才能提供令客户真正满意的产品和服务。

（2）提供附加利益。餐饮企业在向客户提供某种产品和服务的基础上，若能提供客户需要的其他附加利益，一方面使客户利益实现最大化，赢得客户的好感；另一方面在产品和服务特征详尽的情况下，使企业形成差别化优势，进一步加深顾客的信任。餐饮企业为客户提供的附加利益有两种最基本的形式：一是附加产品，二是附加服务，如为客户提供免费菜和剩菜打包服务等。通过这些附加利益，不仅使餐饮企业产品和服务的效能得以充分发挥，而且提升了客户满意度。

（3）提供信息渠道。客户满意的重要组成部分之一是信息满意，因此，建立餐饮企业与客户之间双向畅通有效的信息渠道是客户满意的保障之一。餐饮企业与客户的双向沟通体现在两个方面：一是餐饮企业要能够随时与客户和潜在客户取得联系，需要建立客户数据库以记录客户的基本资料；二是餐饮企业要为客户提供信息的反馈渠道，倾听来自客户的意见和建议。例如，有的餐饮企业设立免费电话，随时听取客户的呼声和答复客户的要求，这也是赢得客户满意十分有效的措施之一。

三、科学管理客户，培养客户忠诚度

客户的忠诚度表现在客户再次惠顾的可能性及充当合作伙伴的意愿上，是客户在理性判断基础上形成的未来行为意向。大量研究表明，忠诚客户能给餐饮企业带来巨大的经济效益。科特勒提到著名的“20/80”定律，即80%的销售业绩来自于20%的企业忠诚客户。这20%的客户是企业营销人员必须与之保持长期合作关系的稳定的客源，如果丧失了这20%的客户将会丧失80%的销售额，这一点在餐饮企业表现得尤为突出。如果餐饮企业与客户之间形成了忠诚关系，餐饮企业就可以获得长期的、稳定的客户来源，而客户也会得到相应的利益，从而促使客户对餐饮企业产生依赖心理，加深他们对企业的忠诚度。可见，对于餐饮企业来说，维持现有客户、营造客户忠诚，要比争取新的客户有效得多。

（一）忠诚客户对餐饮企业的重要意义

（1）忠诚客户是经济效益的主要来源。一家餐饮企业的营业收入和利润是客户提供的，但不同的客户对企业效益的“贡献”是不同的。忠诚客户惠顾餐饮企业的时间长，购买金额大，因而是餐饮企业经济收入的主要提供者。

（2）忠诚客户决定着餐饮企业的规模。决定现代餐饮企业规模的，不是员工的数量，不是资产的多少，而是市场的规模，是现在和潜在客户的数量。缺乏客户，缺乏市场，拥有再多的员工或资产都形成不了有效的规模。然而，客户数量中忠诚客户的数量又是最重要的，因此餐饮企业的规模实质上取决于忠诚客户的数量。

（3）为忠诚客户服务的成本是节省的。餐饮企业与忠诚客户之间相互比较了解、比较熟悉，忠诚客户也容易和企业配合，服务起来可以驾轻就熟，提高效率，这有利于节约服务成本。另外，餐饮企业与忠诚客户，在感情和态度上比较融洽，有利于避免服务纠纷，减少服务纠纷或投诉造成的损失。

（4）忠诚客户容易接受创新。忠诚客户尝过一家餐馆原来的菜点，对这家餐馆比较信任、比较喜欢，因而对餐馆的一些创新比较容易接受。餐馆开发的新菜品、新点心和新服务，向自己的忠诚客户推广要比向其他客户推广容易一些。

（5）忠诚客户是最好的义务宣传员。在餐饮业市场，口碑非常重要，是餐饮沟通的主要手段。一家餐馆的忠诚客户，因为对这家餐馆的服务比较满意，往往会自觉或不自觉地在他人面前介绍和推荐这家餐馆。他们对这家餐馆的信任感、好感，会强烈地感染和打动旁人，达到良好的口碑宣传效果，从而有可能给企业带来新的客户。这就是忠诚客户的义务宣传作用。

（二）客户关系管理（CRM，Customer Relationship Management）

【案例】

东方饭店客户关系管理

于先生因公务出差到泰国，下榻在东方饭店，由于第一次入住时良好的饭店环境和服务给他留下了深刻的印象，这是他第二次入住了。

入住的第二天早上，当他走出房门准备去餐厅时，楼层服务生恭敬地问道：“于先生是要用早餐吗？”于先生很奇怪，“你怎么知道我姓于？”服务生说：“我们饭店规定，晚上要背熟所有客人的姓名。”这令于先生大吃一惊，因为他频繁往返于世界各地，入住过无数高级饭店，但这种情况还是第一次碰到。

于先生高兴地乘电梯到餐厅所在的楼层，刚刚走出电梯门，餐厅的服务生并没有看他的房卡，直接说；“于先生，里边请。”于先生更加疑惑“你也知道我姓于?”服务生答：“上面电话刚刚下来，说您已经下楼了。”如此高的效率让于先生再次大吃一惊。

于先生刚进餐厅，服务小姐微笑着说：“于先生还要老位置吗?”于先生的惊讶再次升级，心想：“尽管我不是第一次在这里吃饭，但距离上次也有一年多了，难道这里的服务小姐的记忆力那么好?”看到于先生惊讶的目光，服务小姐主动解释说：“我刚刚查过电脑记录资料，您去年 8 月 8 日在靠近第二个窗口的位子用过早餐。”

于先生听后兴奋地说：“老位子，老位子!”小姐接着问：“老菜单，一个三明治，一杯咖啡，一只鸡蛋?”现在于先生已经不再惊讶了，“就要老菜单!”于先生已经兴奋到了极点，这次早餐给他留下了深刻的印象。

此后三年多，于先生因业务调整没再去泰国，可是在于先生生日的时候突然收到了一封东方饭店发来的生日贺卡：亲爱的于先生，您已经三年没有来过我们这里了，我们全体人员都非常想念您，希望能再次见到您，今天是您的生日，祝您生日愉快！于先生当时热泪盈眶，激动不已……

CRM 是借助先进的信息技术和管理思想，通过对企业业务流程的重组来整合客户信息资源，并在企业的内部实现客户信息和资源的共享，为客户提供一对一的个性化服务，改进客户价值、满意度、赢利能力以及客户的忠诚度，保持和吸引更多的客户，最终实现企业利润最大化。另一方面，CRM 应用系统通过对所收集的客户特征信息进行智能化分析，为企业的商业决策提供科学依据。客户关系管理在餐饮企业中的意义有以下方面。

1. 了解最有价值的顾客

客户关系管理的首要任务是进行顾客分析，理解顾客的基本类型、不同客户群的不同需求特征和购买行为，以及顾客差异对企业利润的影响等。客户关系管理系统通过对不同顾客的分析，得出哪些顾客对于餐厅来说是至关重要的。

2. 吸引和保持更多的顾客

利用客户关系管理系统，餐饮企业能够从顾客数据库中了解他们的姓名、年龄、家庭状况、工作性质、收入水平、通信地址、个人喜好及消费习惯等信息，并在此基础上进行“一对一”的服务，从而使服务人员尽早熟悉客人，并提供个性化的亲情服务。根据数据库资料追踪和分析每一个客户的信息，知道他们喜欢哪些菜品和服务，并以此为依据，对菜肴进行多层次和灵活的组合，以便更好地满足客人要求。这就是随着市场不断细分而最终出现的大规模定制的市场营销原则的精髓，即根据不同的客户建立不同的联系，并根据其特点和需求提供不同的服务，从而真正做到“以客户为中心”，赢得客户的“忠诚”，从根本上提高餐饮企业服务水平，以此建立企业的服务核心竞争力。

（三）精简成本增加营业额

客户关系管理因为包含了技术与商业流程的整合，这其中透过资讯分享所带来精简商业流程，可达到节省成本的目的。举例来说，企业能够依据不同客户过去的消费行为，分析他们的不同偏好，预测他们未来的消费意向，据此分别对他们实施不同的营销活动，避免大规模广告的高额投入，从而使企业的营销成本降到最低，而营销的成功率最高。唯有了解客户需要，才能提高客户满意度，进而发挥最大的促销效益，达到增加营业额的目的。

（四）营造双赢的效果

客户关系管理之所以受到餐饮企业的广泛青睐，是因为良好的客户关系管理对顾客和餐饮企业均有利，是一种双赢的策略。对顾客来说，客户关系管理的建立能够为其提供更好的信息，更优质的菜品和服务；对于餐饮企业来说通过客户关系管理可以随时了解顾客的构成及需求变化情况，并由此制定企业的营销方向。

总之，通过客户关系管理，一方面能提高客户的忠诚度，让客户有宾至如归的感觉，并能挖掘潜在的客户；另一方面能增加企业的营业额和精简成本，为企业的促销和行销打下良好的客户关系基础，使企业做到其他企业做不到的事情。菜式品种可以模仿，管理模式无法模仿。

本章小结

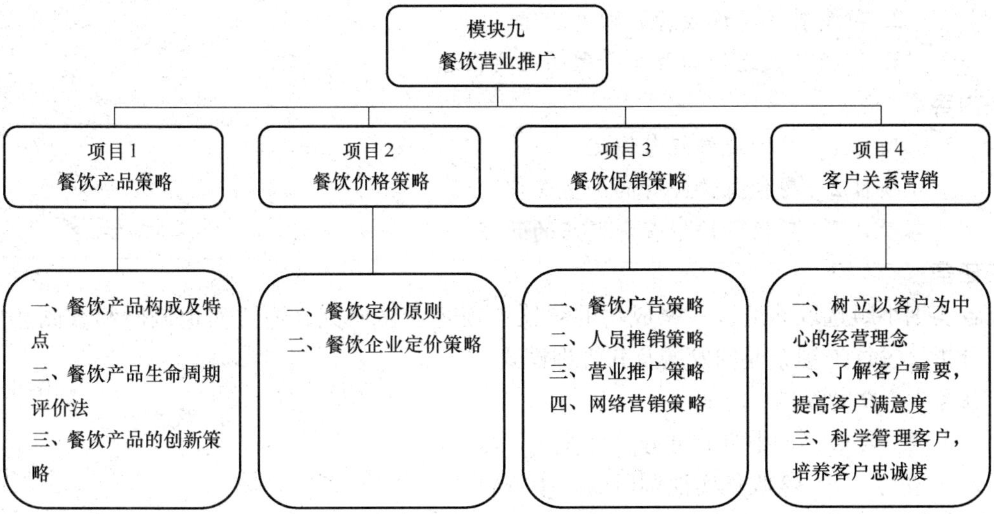

思考题

1. 餐饮产品构成及特点是什么？
2. 餐饮产品的创新策略主要包括哪些内容？
3. 餐饮定价原则是什么？
4. 什么是网络营销策略？
5. 什么是客户关系管理？

模块十　餐饮企业连锁经营管理

学习目标：

1. 熟悉餐饮连锁经营的概念、特征、作用及分类
2. 熟悉餐饮特许经营的相关法律
3. 掌握餐饮连锁加盟店管理的主要内容

模块内容：

项目1　餐饮连锁经营概述

项目2　餐饮特许经营的加盟管理

项目3　餐饮特许经营加盟店的管理

模块任务：

各实训小组选取本地区一家成功的餐饮连锁企业做研究，通过实地调研和查阅相关资料，分析该餐饮连锁企业的发展及其管理模式。

任务1　收集资料

要求：①小组成员分工合作；

②收集实地调研的一手资料；

③调查资料和数据力求详尽、准确（注明出处）。

任务2　分析讨论

要求：①小组成员根据各自收集的资料分析讨论；

②记录讨论过程。

任务3　得出结论

要求：①小组达成统一意见；

②得出小组调查结论。

任务4　完成调查报告

要求：①按时完成调查报告和PPT汇报材料；

②调查报告规范、完整。

任务评价：评价计分方法见表10－1。

表10－1　　模块十　餐饮企业连锁经营管理评价表（总分100）

组别	姓名学号	收集资料 满分25	分析讨论 满分25	得出结论 满分25	调查报告 满分25	总分

【引导案例】

肯德基在中国的特许经营

（一）特许人所应具备的条件

（1）认同肯德基的企业文化；

（2）有企业家的精神；

（3）具有大专以上的学历；

（4）在相关的行业中有很好的企业人员管理经验；

（5）愿意从事服务行业的经营管理；

（6）愿意处理日常经营事宜及亲自管理餐厅；

（7）没有犯罪及破产的记录；

（8）有为了事业迁移到其他城市的意愿；

（9）与肯德基品牌没有利益冲突；

（10）足够的资金。

肯德基希望加盟商应该是真正的食品服务业经营者，要求有从业背景，以“实践”为管理方向，能很快掌握该行业的基本知识，并证明具有在一定区域内扩大发展的潜力。该加盟商也必须是一名业主，负责所需股份或资金中相当大的一部分。这也是一项长期的业务伙伴关系。正因为如此，肯德基只有在对加盟商的组织机构、金融状况和项目计划完全满意的情况下，才会开始合作。

（二）特许加盟模式

肯德基在中国采取“不从零开始”的特许经营模式。“不从零开始”的特许经营，就是将一家成熟的肯德基餐厅整体转让给通过了资格评估的加盟申请人，同时授权其在原餐厅位置使用肯德基品牌继续经营。即：加盟商是接手一家已在营业的肯德基餐厅，而不是开设新餐厅，加盟商不需从零开始筹备建店，避免了自行选址、开店、招募及训练新员工的大量繁复的工作，从而降低了风险，提高了成功机会。

（三）特许费

新的特许加盟商将会被授权经营一家在营运之中的肯德基餐厅，每个餐厅的购入费会根据该餐厅的具体情况进行计算（包括餐厅所有的装修、设备、利润、租约及员工转让，但不包括不动产的购买），餐厅购入为200万~800万不等，是一个长期的投资回报。百胜同意加盟商可自行安排一定比例的贷款，但是加盟商在该项目中投入的自有资金的比例不能少于50%。

每家特许经营餐厅开业前须支付特许经营初始费，该费用是一次性的。持续经营期间加盟商须按合同缴纳的费用包括特许经营权使用费（按加盟店营业额的6%）和广告分摊费用（按加盟店营业额的5%）。接店前，加盟商将为3个月培训支付培训费。

（四）合同契约

加盟经营协议的首次期限至少为10年。未来的加盟商必须自愿地从事肯德基加盟经营10年以上。

（五）培训

成功的候选人在经营餐厅前将被要求参加一个内容广泛的为期13周的培训项目，13周的餐厅培训使加盟者有效掌握肯德基营运手册中的相应部分，包括如汉堡工作站、薯条工作站等各个工作站的学习。加盟商接手餐厅后，还要安排长期的餐厅管理实习。

（六）加盟的申请程序

从正式提出申请到转店估计时间在8个月左右。肯德基特许加盟的申请程序见图10-1。

可以看出，在特许经营的严格规定背后，是肯德基总部和加盟店共同的利益关系。肯德基的成功取决于各加盟商的成功。特许经营授权人必须给予受许人以足够的支持，只有当每个受许人赢利了，整个特许经营系统才能变得更加强大。

【案例分析】

作为一种先进的商业模式，特许经营的确有其优越性。对被特许者来说，可以立即获得

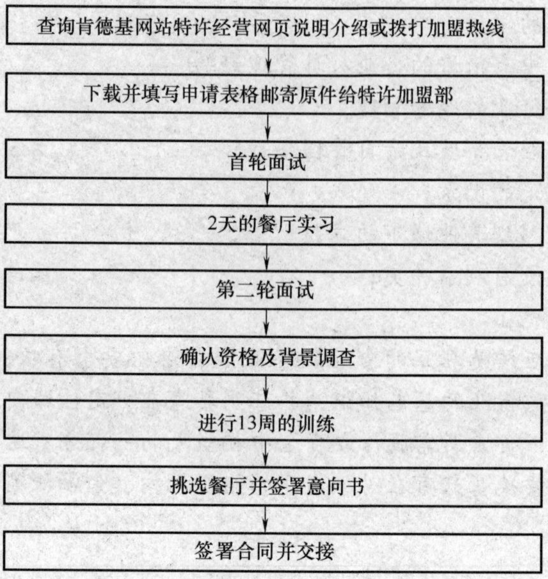

图 10－1　肯德基特许加盟的申请程序图

一个成熟的赢利模式，从而大大减少投资风险。受许人除了可以使用特许人的商标、商号外，还可利用已被总部验证的成功的分店管理模式及方法，得到总部全方位的指导和支持。总部的品牌、商号及产品，对加盟店生意有基本的保障；总部统一的配送体系使产品成本有较强的竞争力；可以在广告宣传上与总部资源共享；加盟一个好的特许体系，也使自己具备采购、融资等方面谈判的筹码。因此，有人把特许经营看作创业者的最便捷的投资方式，是“站在巨人肩膀上摘桃子”，可以迅速实现做老板的梦想。

作为特许权所有者，吸收投资者加盟也会获取利益：被特许者加盟时一次性向特许者交纳的加盟金；按一定比例或定额从特许店营业额中提取的特许权使用费；向被特许者销售自己的产品（设备）的利润；对特许店进行配送、培训时收取的费用。还有一个很重要的好处：可以不用自己的投资即实现品牌和市场的扩张，从而打压竞争对手。

对于肯德基来说，每转让一个店面，将获得特许经营初始费 37600 美元，并且有一次性转让费 800 万元人民币，每年还有占销售额 6% 的特许经营权使用费和占销售额 5% 的广告分摊费用。通过转让所得资金，可以继续开店，对于肯德基来说，是一条无风险高速扩张之路。

对于受许人来说，加盟肯德基，通过培训，可以掌握先进的企业管理，自己亲自管理肯德基，往往比聘请一个职业经理人要更用心，转让后的店所得收益也会比以前更多，这就是为什么肯德基要受许人亲自管理的原因了，同时这也给肯德基省去了不菲的管理费用。受许人站在肯德基的肩上，通过自己辛勤经营，也能为自己带来可观的收益。

这种崭新的特许经营方式被肯德基称为“中国特色”，其实质，即在特许经营的严格规定背后，是肯德基总部和加盟店共同的利益关系。肯德基的成功取决于各加盟商的成功。这与国内一些只收加盟费，对投资者没有管理、没有培训的连锁店主比起来，肯德基强烈的品牌意识正是其成功的另一保证。

在中国数以百计的特许经营品牌中，肯德基的“不从零开始”的特许经营大概是最稳健也是整体效果最好的。这种方式保证了肯德基一直追求的双赢——投资者几乎没有风险地赚了钱，肯德基没有风险地扩张了品牌的市场占有率。

项目1　餐饮连锁经营概述

一、餐饮连锁经营的概念

所谓连锁经营，简单地说就是组织发展连锁店（chain store）。其基本含义是：在核心企业或总公司（母公司）的统一领导、组织下，由分散的、经营同类商品或服务的门店通过集中进货、统一管理的规范化经营。核心企业被称为连锁总部、总店或本部，各分散的门店被称为连锁（分）店。一般来说连锁店指经营同类商品、使用统一商号的若干门店，在同一总部的管理下，采取统一采购或授予特许权等方式，实现规模效益的经营组织形式。

在2009年全国餐饮百强企业中，仅有7家企业没有进行连锁化经营，大部分企业都将连锁经营作为企业经营的策略之一。93家连锁企业中，店面扩张范围最广的企业已覆盖全国400个城市，平均每个连锁企业覆盖城市达37个。百强连锁企业的连锁店（直营店+加盟店）总数接近21300个。连锁店数量超过500家的企业有5家，包括3家快餐企业、1家餐馆酒楼和1家休闲餐饮企业。其中，4家位居百强企业前十的位置，营业额最低也超过了19亿元。37家企业连锁店数量在100~500家，以火锅和快餐企业居多，达到了31家。从连锁企业的营业额来看，超过10亿元的企业有26家，5亿~10亿元的企业有30家，二者占到了百强一半以上的份额，可见连锁扩张战略对餐饮企业经营的影响。

二、餐饮连锁经营的特征

（一）具备统一的餐饮产品或服务项目

在餐饮连锁经营中，各连锁分店所经营的餐饮产品或服务项目是统一的，这种统一的产品、服务系列，都是由连锁总部经过细致的调查研究、不断调整和改变营销战略后确定下来的标准化的经营“产品”，也正是这种标准化的经营产品，保证了连锁经营内容的统一，这样使得消费者来到任何一家连锁分店都能享受到同样的餐饮产品和一致的服务。像举世闻名的“麦当劳”、“肯德基”等餐饮连锁企业，更是具备了统一而独特的餐饮产品和服务方式。这样不仅有利于促进产销专业化协作水平的提高，而且凭借特色构建企业总体的社会形象，使消费者容易识别，从而取得社会公众的信赖。

（二）采用统一的企业识别系统

企业识别系统又称企业形象设计系统（corporate identity system，CIS），是指运用视觉设计，将企业的经营理念和经营特色予以视觉化、规格化和系统化，塑造出生动具体的企业形象，获得广大消费者及社会的认同。整个连锁企业由总部提供统一的企业形象，包括统一的商标和服务标记、统一的店铺内外装潢设计、统一的经营设备用具、统一的店堂布局和商品陈列、统一的产品设计及其内外包装设计、统一的宣传广告促销、统一的员工着装、统一的服务规范等。

餐饮连锁企业采用统一的企业识别系统，目的是使加入连锁体系的众多连锁分店形成一个统一的企业形象，扩大其整体影响，使各个餐饮连锁分店具备餐饮连锁企业的整体信誉和影响，以形成小店大声誉的经营优势。

（三）实行集中统一的经营战略和策略

连锁经营能实现统一管理与分散经营的有机结合，进行集中统一的市场调研和经营战略、营销策略的有机调整。连锁经营餐饮企业既可集中一般单店难以集中的人、财、物，从事较大规模的市场调查和经营决策的研究，又可以将调查研究的决策结果广泛地推广应用于自己下面的众多分店。连锁餐饮企业实行集中统一的经营战略，不仅有利于节约经营管理费用，而且能够使所有的连锁分店在科学的经营战略和营销策略指导下经营，保持蒸蒸日上的发展势头。同时，这一特点也使众多的连锁餐饮分店只需承担连锁总店所分摊下来的很少费用，就能得到以独立策划和很大的投入才能得到的经营决策研究成果，这充分体现了连锁经营中的集中统一与分散经营有机结合的组合优势。

（四）组织统一的、专业化分工与协作相结合的经营管理过程

简单化（simplification）、标准化（standardization）和专业化（specialization），通常称为“3S”主义，这是连锁经营企业在扩大组织规模、发展连锁网点、开展日常经营活动中，无论企业决策层、管理层还是一般的业务操作人员都必须坚持和遵守的原则。

1. 简单化

简单化指为维持规定的工作，创造任何人都能轻松且快速熟悉作业的条件。餐饮制作和服务操作复杂，在短时间内难以掌握，增加熟练的时间就加大了成本投入，解决这一难题的最有效办法，就是将作业内容简单化。将餐饮企业的作业内容简单化，对操作人员稍加训练就能迅速地熟悉其作业内容，而餐饮企业可以支付比熟练工种或高级工种少得多的费用，达到用人机制灵活、降低经营成本的效果。

2. 标准化

餐饮连锁企业在实施标准化时，要确保其作业工艺、作业方法、作业条件等能够持续性地执行，作业人员能根据这个作业标准开展持续性的作业。这样，就能向顾客提供所期望的品质的餐饮产品和服务，还能在标准时间内提供餐饮产品和服务，既能减少顾客的等待时间，也能减少制造成本和销售成本，还能因有效率的服务，加快客流量的流动。

另外，在餐饮连锁网点建设和发展过程中，标准化也很重要，如在店铺的规模、结构、服务标识、职能等所有系统都标准化的情况下，A店的工作人员调到B店工作，没有任何障碍，可以正常地开展工作，其结果来自于科学、合理的标准化。标准化有益于餐饮连锁企业的店铺选址，使开店简单，店铺建设时间缩短，使店铺损益计划及投资回收计划更加确切。另外，通过餐饮总公司统一大量地订购机械、设备等，可以降低成本，以减少每一店铺的设备投资额，进而加速连锁化的形成。

采取连锁经营的餐饮企业，需要设定比较理想、高标准的模式，一旦连锁店（或加盟店）达到标准化要求的水准，就会给消费者留下“只要到该餐饮连锁企业的任何一家连锁店，都能得到同样质量的餐饮产品和服务”的良好印象并产生信任感和依赖感。

3. 专业化

专业化是指在餐饮连锁经营体系中将各种不同职能的工作和环节相对分离，使采购、配送、仓储、销售、订货、决策等不同职能的工作实现专业化操作。

在连锁经营企业中，要真正健全专业化与协作性相结合的经营管理过程，关键在于以下几个重点营运环节要实行高度集中的专业化运作：

（1）统一而专业化的采购分工。由连锁总部负责采购进货，连锁分店负责销售。这不仅保证了餐饮原料的质量，同时，由于集中大批量进货，可以从供货商手中争得更低的进货价格，有利于降低进货成本。

（2）统一而专业化的配送体系。为了保证满足连锁经营体系内各分店的销售需要，每

一个连锁经营企业一般都有自己的物流中心，或者确定与自己定向协作的物流中心，在其连锁总部的集中统一调度下对各连锁分店所需原料进行统一配送。这样由于有连锁总部保证及时地送货上门，各连锁分店的库存面积就能压缩，可以尽可能地扩大营业面积；同时，连锁总部负责统一供货，各分店的运输成本、仓储费用都能大幅度地节约，从而降低经营成本。

(3) 经营管理专业化。餐饮连锁总部设有人事、培训等专业职能部门和相关的专业人才，专门负责餐饮连锁经营企业的有关经营管理模式和规章的研究、制定、调整和完善。同时，通过定期或不定期的组织培训、考核等方式在各连锁分店实施贯彻，使整个连锁经营体系的经营管理工作能够做得更规范、更精确，以促进整个连锁经营体系业务的迅速发展。

【案例】

某快餐集团的炸薯条作业

我们来看一下某快餐集团是怎么在炸薯条作业中体现“3S”主义的。这家公司将炸薯条的作业分解成七个简单的动作，作为作业员只需要完成以下七个动作：

①用已经标准化的容器舀一勺薯条。

②用手将容器上凸出的薯条抹掉（此时容器里的薯条数量是标准重量的）。

③将薯条倒入油槽，此时油槽里的油温是事先设定好的。

④按一下时间控制开关。

⑤听到时间提示音后，用漏勺将薯条捞起。

⑥将漏勺抖一下，把勺中的油抖掉。

⑦将炸好的薯条倒入恒温箱中。

这样，好吃的薯条就做出来了。而用同样的油温，对同样重量的薯条炸同样的时间，其口感自然也是稳定的。完成这七个动作的培训是非常简单的，相信对于任何一名智力和动作协调性正常的人，要达到非常娴熟的程度都只需几天时间。

在这个作业设计中，就充分体现了“3S”主义的精髓。首先把一个复杂的烹饪过程尽量简单化，分解到只需要七个简单的、任何人都可以轻松完成的动作。在一些环节上采用了标准化设计，如标准的土豆原材料、标准的容器、油温、标准油炸时间、标准的作业动作。而专业化则体现在两个方面：一是设计这些动作的人都是专业人士，在一个专门的试验场所花费了大量的精力和资源进行试验，最终才得出炸薯条的最佳口感，然后将整个作业过程简化，设计出一些作业标准和相关器具；二是从事作业的人员是经过严格的专业化分工的，一般只从事某一项作业，以力求对该作业做到最纯熟，从而使最终结果达到专业化的效果。

三、餐饮连锁经营的作用

连锁经营尤其是特许联营是餐饮业经营中非常有效的方式，它对总公司和加盟者而言，都分别有着各自的优势和共同的利益。

（一）连锁总公司的优势

1. 把无形资产变为有形的资本运营

对于那些已经取得成功的餐饮企业，它们往往在市场上已经享有一定的声誉，树立了自己的品牌，同时他们也拥有了专有的产品、技术以及管理运作经验。如何把自己的品牌发扬光大，把属于自己的名称、标志、专有技术、产品及运作管理经验等抽象的无形资产变为有形的资金来获取利润，达到资本增值的目的，成立餐饮连锁公司就是实现这一目的的有效途径之一。

企业应有的无形资产，是企业长期积累和培育的结果，但这些无形资产虽然有一定的评估价值，却无法直接转化为资本，除非企业转手或出让品牌。连锁经营是一种不用转让企业无形资产的所有权，同时又能把无形的资产用于进行资本经营的好办法。例如特许经营，它是特许经营权拥有者以合同约定的方式，允许被特许经营者有偿使用其名称、标志、专有技术、产品及运作管理经验的从事经营活动的方式，因此其实质是企业利用无形资产进行资本运营，实现低风险资本扩张和规模经营的有效方法和途径。特许经营权拥有者通过允许被特许经营者使用自己的无形资产，向其收取加盟费，在实现企业规模扩张的同时，获取利润。在这个过程中，被特许经营者虽然使用了餐饮连锁企业的无形资产，但并没有真正拥有无形资产的所有权，而连锁总公司却以几种方法实现了无形资产的资本运营。

2. 加快企业扩张的过程

餐饮企业的扩张面临着资金、管理、人才等一系列问题。连锁经营的好处在于：实现了低成本扩张企业的目的，在降低了经营风险的同时，实现规模经济效益。

【案例】

北京全聚德集团的发展

1994 年，由全聚德集团公司作为发起人，联合深圳宝安集团、上海新亚集团等 6 家企业，设立了北京全聚德烤鸭股份有限公司，并将连锁经营工作全部纳入全聚德股份公司，建立了全聚德特许连锁加盟事业本部。2004 年 4 月，首都旅游集团、全聚德集团、新燕莎集团实施战略重组。首都旅游集团成为北京全聚德烤鸭股份有限公司的第一大股东。2005 年 1 月，北京全聚德烤鸭股份有限公司更名为中国全聚德（集团）股份有限公司。随即，中国全聚德（集团）股份有限公司进一步收购了聚德华天控股有限公司 30.91% 股权，与北京华天饮食集团并列成为聚德华天控股有限公司的第一大股东。全聚德集团发挥老字号品牌优势，积极拓展特许连锁经营，强化精品意识，实施正餐精品战略，现已成为拥有 60 余家成员的企业，年营业额有 7 亿多人民币，每年销售烤鸭 300 余万只，接待宾客 500 多万人次，资产总量达到 6 亿人民币，品牌评估价值 100 多亿元人民币的中式正餐跨国连锁企业。全聚德集团如果不走品牌化、规模化、连锁化的道路，也不可能成为当今中国首屈一指的大型餐饮企业。正是连锁经营在相当程度上完成了全聚德的一次飞跃。

3. 不断增值品牌价值

连锁餐饮企业应有的知名品牌，实际上是在市场竞争中的强势品牌，“知名”的内涵应该有“四度”：即知晓度高、美誉度高、信任度高、追随度高。消费者对该品牌的知晓度越高，满意度越强，信任感越深，对品牌越忠诚，该品牌的价值也就越高。增加品牌价值，首先要增加品牌的知晓度，而连锁经营的餐饮企业能够在短时间内迅速扩张，覆盖较为广大的甚至是国际化的市场，因此它的品牌价值增值也快。

可以说，一家管理正常的餐饮连锁企业，每增加一家加盟店，就是对该品牌的最好宣传和活广告，也是对品牌价值的又一次提高。而品牌价值的提高反过来又促使了连锁经营的发展，增加了市场对该品牌的认知度和信任度，带来更大的市场和利润。

4. 标准化“克隆”降低控制难度

实行连锁经营的餐饮企业，其经营的餐饮产品和服务内容、经营方式、商标、店铺装潢设计、营运程序、服务人员的着装、操作规范、产品的品质形状以及包装等都已实现了简单化、标准化和专业化。

这样一来，组织发展连锁分店就像工业化大生产一样要形成一种“通用配件”的特性。在此前提下，连锁总部就能按照“配件组装”的方式组织搭配，以形成一个新的连锁分店。连锁总店只要找到有志于加盟连锁经营、符合开设连锁分店条件的商店，就能采用“克隆”的方式予以接纳。标准化扩张的好处，就在于统一的要求、统一的程序和统一的经营管理模式，大大降低了总部对加盟店控制的难度。

（二）对加盟者的优势

1. 有利于减少加盟者的商业投资风险

加盟餐饮连锁企业尤其是知名度、信誉度较好的连锁企业，它的经营风险远远低于新开张的单体餐饮店。连锁经营店无论在创立、改组及经营风险等方面都比大型单体经营具有更强的适应性、变动性和简便性。一般而言，一家新开张的餐馆被市场所接受是需要一定时间的，而这段时间的长短往往决定经营的成功与否。连锁店的最大优势是企业形象及经营模式早已被消费者认同，模范店在公众心目中已经形成的良好信誉也被新店所享有，所以，新开张的连锁分店它们的投入期都比较短，甚至一进入市场就可能被餐饮消费者所接受。此外，加盟连锁经营实际上是连锁公司总部成熟管理模式、产品和管理技术的标准复制，连锁公司总部的强大技术后盾，也使得加盟连锁经营的成功率较高，而投资风险较低。

美国商务部的统计表明：独立开办公司的业主成功率不到20%，而加入连锁店所开办的企业成功率高达90%。连锁经营为分店提供了渡过高风险阶段的良好机会。总部通过将成熟的经验传授给分店经理，大大降低了新店开张的经营风险，提高了经营的成功率。

2. 能够分享总公司良好的企业形象与商誉

连锁餐饮用的是品牌统一的企业形象，它比其他独立的餐饮企业具有较高的知名度，市场认同程度高，因此它比其他产品和服务更容易进入其他独立企业不容易到达的市场。越是品牌知名度高的连锁餐饮企业，消费者的信任感和接受程度越高，比较能够给消费者带来安全感，也容易激起消费者较高的购买欲望。在一个陌生的城市里，顾客最有可能选择的餐饮企业是知名的餐饮连锁店。餐饮连锁企业的品牌导向作用和由此产生的消费市场是每一个加盟店都可以分享的。

3. 分享经营管理和培训服务

加盟连锁经营，可以享受到的服务和技术支持是多方面的，除了可以获得总部经市场证明的菜品加工制作方法外，同时也可以享受到成熟的经营管理模式。连锁经营复制新的连锁分店，不是一种一次性行为，而是深思熟虑的重复的行为。一般来说，连锁经营的餐饮企业都会在建立模范店的基础上，设计出一套标准化的模式，这套标准化的模式涉及店面的选址、装修、工作程序、人员培训、市场调研和分析、社区公共关系等，它是各加盟店可共同分享的管理资源。以麦当劳公司为例，他们把多年的经验和研究成果加以总结，设计了经营和训练手册，这本六百页厚手册，非常详尽说明了公司的程序和标准，使各分店经理从一开始就通过学习总公司的经营管理模式获得成功，同时也成为各分店制作符合“麦当劳标准”食品的最全面的指南。

连锁经营的加盟者所能享受的服务涉及分店生产、销售、服务、管理和经营的方方面面。以特许经营为例，这些服务包括：开发标准的应用、经营地点或区域的选择、加盟店开业前的各种准备工作；对加盟店受许人及其雇员进行业务经营方面的培训，也是重要的服务内容，对受许人的培训，是要使其掌握会计、业务控制、市场营销、促销和商品化的方法、设备购买方面的服务等，同时总部也提供一份包括各种经营细节的操作手册。

连锁经营的餐饮企业，总部为各分店提供的市场信息以及营销服务也是不间断的，在产品方面，总部研制的新产品一般都要经过认真、谨慎的试销，再逐步向各分店推广，保证了产品适销对路和各分店的利益；餐饮市场的变化很快，而且带有一定的时尚性，为了改进经营，总部也会不断持续地进行市场信息收集和研究开发工作，保证其经营体系合乎时尚和具有强大的竞争力，而这些市场信息和研究成果也是各分店所能共享的。连锁经营总部所制定的营销策略、营销计划和具体的营销方案，也保证了各加盟店营销工作的生命力和活力。

四、餐饮连锁经营的类型

连锁经营的类型在不同的国家有不同的理解。在日本，一般的连锁经营分为三种类型：一种是标准连锁（REGULAR CHAIN，简称 RC），也称为直营连锁，即总公司直接投资开设连锁店；第二种是自愿连锁（VOLUNTARY CHAIN，简称 VC），即保留单个企业内所有权的联合；第三种是特许连锁（FRANCHISE CHAIN，简称 FC），它是以经营权的转让为核心的连锁经营。在美国习惯上把特许经营与连锁经营区分开来，而连锁店强调统一资本所有，一般要求连锁店的数目在 11 个以上。而特许经营核心是特许权转让，特许人（总部）是转让方，受许人（加盟店）是接受方。在我国香港和台湾地区，划分标准并不统一，有的采用日本的划分方式，有的将 VC 和 FC 统称为加盟连锁。我国大陆目前基本上采用的是日本的划分方式，发展的主要形式是 RC 和 FC。标准连锁 RC 是连锁经营的最初形式，而特许连锁 FC 是目前最发达、最规范、发展最迅速的连锁经营模式。

（一）标准连锁模式

标准连锁最大的特征是资产一体化，即每一家连锁分店的所有权都属于同一主体，归一个公司、一个联合组织或单一个人所有；标准连锁实行总公司统一核算，各连锁店只是一个分设销售机构，销售利润全部由总公司支配；标准连锁总公司与其下属分店之间的关系属于企业内部的专业化分工关系，所以在经营管理权方面基本上高度集中。各连锁店不仅店名、店貌等完全统一，经营管理的决策权，如人事权、进货权、定价权、财务权、投资权等也都高度集中在公司总部，总部为每个连锁店提供全方位的服务，以保证公司的整体优势。

连锁企业建立的早期一般采用直营店的方式，在企业实力日渐雄厚、名声扩大之后，便开始征求加盟店，这也是连锁店发展的自身规律之一。

（二）自愿连锁模式

自愿连锁的原意是自发性连锁或任意性连锁，因此自愿连锁也可称“自由连锁”、“志同连锁”等。自愿连锁实际上是一种横向发展的合约系统，既可以由某一批发企业发起而组成批零一体化的合约关系，也可以由众多的零售企业联合组成一个具有采购和配送等功能的商业机构，为零售企业服务。前一种自愿连锁方式的功能比较单一，主要是通过合同来维持比较稳定的批零购销关系，后一种自愿连锁方式的功能比较齐全，成员企业之间以及成员企业与总部之间的关系也较紧密，是一种类似于特许连锁的自愿连锁方式。

自愿连锁一般具有以下三个基本特征：第一，成员店的所有权、经营权和财务核算都是独立的，可以使用成员店各自的店名商标。但是，当自愿连锁店发展到合股建立一家能为成员店提供服务的商业机构时，使用不同店名商标的成员店将会转换成使用统一店名商标的连锁店；第二，总店或主导企业与成员之间并不存在经营权的买卖关系，它们主要是靠合同和商业信誉建立一种互助互利关系，以达到规模经营的目的；第三，总店与成员店之间是协商和服务的关系。总店主要负责统一进货和配送，

（三）特许连锁模式

特许连锁经营也称合同连锁，完整的含义应当为特许加盟连锁经营。特许经营权的连锁总公司称为加盟连锁总店，获得特许经营权的分店称为加盟连锁分店。特许连锁经营是指总部同加盟店铺签订合同，特别授权其使用自己的商标、服务标记、商号和其他为总部所独有的经营技术，在同样的形象下进行产品销售及劳务服务，并给予人员训练、产品供销、组织结构、经营管理的指导和协助；加盟店对店铺拥有所有权，享有总部赋予的权利，但经营权集中于总部，并按销售额或毛利的一定比例向总部支付报偿如缴纳权利金、加盟金等，并遵

守总部种种规定的义务等。

特许连锁具有以下特征：

（1）资产独立性。即特许连锁店之间以及连锁店与总公司之间的资产都是相互独立的。

（2）实行独立核算。特许连锁店与其总公司都是独立核算的企业，特许店在加盟时必须向总公司一次性交纳品牌授权金，并在经营过程中按销售额或毛利额的一定比例向总公司上缴"定期权利金"。

（3）特许人和受许人之间的关系是平等互利的合作关系。所以，在经营管理上往往特许人和受许人之间一般不采用强制性的经营管理措施，特许人对受许人的管理主要通过：一是通过特许合同明确双方的责任和权力，规定双方的权利和义务，二是通过有效的服务、指导和监督来引导特许店的经营行为。因此，对特许店连锁公司来说，最重要的是特许转让合同，并树立为特许店服务的观点。

采用特许连锁经营方式，对总公司、特许店及整个社会都具有明显的优势。对总公司来说，能以较少的投资达到迅速发展公司业务的目的，实际上具有一种融资的功能。同时，通过经营权的转让也能为总公司积累大量的资本，使公司的无形资产变为有形的营运资产，从而增加公司的实力和发展能力。对于投资者来说，尤其是那些具有一定资本，希望从事商业活动，但又苦于没有经营技术和经验的企业和个人，通过购买特许店就是一个很好的发展机会。一旦加盟，既可以利用总公司的技术、品牌和信誉开展经营，又享有总公司全方位的服务，所以经营风险较小，利润较稳定。对社会而言，通过特许连锁方式来发展商业网点，不仅能够提高商业的组织化程度，而且也有利于中小企业的稳定发展。但若总公司片面追求品牌授权利润，大量发展特许店而又缺乏有效管理和强有力的服务能力，不仅会使企业形象受到严重损害，而且也会使投资者的权益受到侵害，最终将导致整个特许连锁系统的崩溃。

（四）三种连锁经营模式的比较

标准连锁是总公司自我膨胀和分化的结果。由于所有权单一，易实行统一核算，易建立规范化的管理模式；但由于资金投入大，见效慢，其规模扩张易受资金、税收、地区法规等掣肘。自愿连锁和特许连锁是通过契约的连锁，在打破行政性行业、地域、所有制分割，实现资源有效配置，克服资金短缺方面有明显的优势，能有效利用现有商业网点等资源，快速达到连锁规模的扩张。我国大部分是利用原有的系统和行业优势，通过发展旧网点而发展起来的标准连锁或向标准连锁发展的类型。当连锁公司具有一个有相当实力和管理经验的总部，拥有高效的配送中心及具有良好的社会信誉时，就有可能选择特许连锁，进行快速规模扩张。三种连锁经营模式的比较见表 10－2。

从三种不同类型的连锁模式来看，标准连锁的发展速度较慢，投资负担比较重，比较适合希望自己拥有加盟店的所有权、逐步扩展的企业。我国一些私营餐饮企业，在发展的初期基本上都采用了这样的一个模式。他们并不希望迅速扩大企业的规模，搞连锁经营只是希望通过它在不同的区域布局，在市场上抢占更多的份额，用已经证明成功的方式获取更多的利润。这种连锁模式虽然适用于餐饮企业，但它的扩张速度比较慢，也很难在短时间内扩大品牌的知晓度，迅速形成品牌资产；自愿连锁的方式更适合于商业企业，餐饮企业如果采用这种模式，很难把富有特色的菜点以及产品和服务很好地"复制"出去，充其量只能是一种采购和配货上的互助合作，产品和品牌的统一性并不强，因此并不是一种比较彻底的餐饮连锁形式。比较理想的是特许连锁模式，如果一家餐厅经营管理都比较成功，菜点或饮品产品比较有特色的话，它就可以建立连锁公司总部，通过输出品牌和管理达到迅速扩张的目的，并在这个过程中获得发展。

表 10－2　　　　　　标准连锁、自由连锁、特许连锁模式的比较表

项目	标准连锁	自由连锁	特许连锁
总部与加盟店的资本所属	同一资本	不同资本	不同资本
连锁店是否有独立的企业法人资格	不具	是	是
总部资金构成	企业总部自身所有	全部由加盟店出资	由加盟店全部或部分出资
连锁店（或加盟店）与总部关系	属企业内部管理上下级	加盟店对总部具有较大的影响	总部对加盟店具有较大影响力
总部对加盟店的人事权和直接经营权	有	无	无
加盟店自主性	小	大	小
加盟店须向总部上交指导费等费用	否	是	是
分店间联系	同隶属于企业总部	有横向联系	无横向联系
总部与加盟店的合同	无	有	有
总部与加盟店的合同约束力	视公司规章而定	松散	强硬

项目 2　餐饮特许经营的加盟管理

一、餐饮特许经营的相关法律

餐饮企业的特许经营本质上是连锁总公司和加盟者之间的一种契约关系，也就是说是一种严格意义上的法律关系。因此特许经营的推广，首先必须解决好特许经营的法律问题或协议问题。

特许经营合同作为特许方和加盟方（被特许人）的契约关系，本身就是法律关系。特许经营的契约和加盟协议规定了加盟双方各自的权利、义务和责任，它受到相关法律的制约和保护。商务部颁布的《商业特许经营管理条例》（以下简称《条例》）于 2007 年 2 月颁布，5 月正式实施，《条例》是我国特许经营领域的第一部专门法规，《条例》的实施标志着商业特许经营的发展步入了法制化、规范化的轨道。《条例》确立了一系列新法律制度，主要包括：明确了特许人的资质条件，备案制度，信息披露制度，处罚制度，举报制度和公告制度。从事餐饮特许经营必须按照相关法规进行操作。这些法令法规主要有以下内容：

（1）商业特许经营管理条例（自 2007 年 5 月 1 日起施行）。

（2）商业特许经营管理办法（自 2005 年 2 月 1 日起施行）。

（3）商业特许经营管理办法（试行）（1997 年 11 月 14 日国内贸易部发布）。

（4）国内贸易部连锁店经营管理规范意见（内贸政体法字 1997 第 24 号）。

（5）国家工商行政管理局、国内贸易部，关于连锁店登记管理有关问题的通知（工商企字 1997 第 147 号）。

（6）关于连锁店经营专营商品有关问题的通知。

（7） 企业连锁经营有关财务管理问题的暂行规定。

（8） 关于连锁经营企业增值纳税地点问题的通知。

（9） 商标使用许可合同备案办法。

（10）商标使用许可合同（示范文本）。

（11）驰名商标认定和管理暂行规定。

（12）国家知识产权经济合同以及解决经济纠纷的法律法规——中华人民共和国合同法。

（13）中华人民共和国技术引进合同管理条例。

（14）中华人民共和国技术引进合同管理条例实施细则。

（15）中华人民共和国商标法。

（16）中华人民共和国专利法。

（17）中华人民共和国著作权法。

（18）计算机软件保护条例。

（19）中华人民共和国反不正当竞争法。

（20）中华人民共和国担保法。

（21）中华人民共和国仲裁法。

二、关于特许经营的法律规定

（一）特许经营双方之间的法律关系

1. 一种民事关系

（1）平等、横向。

（2）公民之间、法人之间、公民和法人之间的关系。

（3）合同关系是一种典型的民事关系。

2. 双方是相对独立的经济实体

（1）特许人和被特许人之间在产权方面没有任何的从属关系。

（2）特许人和被特许人之间的权利义务关系完全由特许经营合同来规定。

（3）特许体系完全是由特许经营合同来维持的。

（二）特许经营合同

1. 定义

特许经营合同是指由特许人和被特许人之间签订的，规定特许人和被特许人之间权利和义务关系的契约。

2. 合同内容

根据《商业特许经营管理条例》第十一条规定，从事特许经营活动，特许人和被特许人应当采用书面形式订立特许经营合同。

特许经营合同应当包括下列主要内容：

（1）特许人、被特许人的基本情况；

（2）特许经营的内容、期限；

（3）特许经营费用的种类、金额及其支付方式；

（4）经营指导、技术支持以及业务培训等服务的具体内容和提供方式；

（5）产品或者服务的质量、标准要求和保证措施；

（6）产品或者服务的促销与广告宣传；

(7) 特许经营中的消费者权益保护和赔偿责任的承担；

(8) 特许经营合同的变更、解除和终止；

(9) 违约责任；

(10) 争议的解决方式；

(11) 特许人与被特许人约定的其他事项。

3. 合同的期限和解除。

根据《商业特许经营管理条例》规定，特许经营合同约定的特许经营期限应当不少于3年。但是，被特许人同意的除外。特许人和被特许人应当在特许经营合同中约定，被特许人在特许经营合同订立后一定期限内，可以单方解除合同。

(三) 特许经营法律关系分析

特许经营合同的主体：

一是特许人，是指拥有注册商标、企业标志、专利、专有技术等经营资源的企业；

二是被特许人（区域主加盟商或单店加盟商）。

1. 特许人应具备的条件

(1) 具有独立的法人资格；

(2) 拥有成熟的经营模式；

(3) 应当拥有至少2个直营店，并且经营时间超过1年；

(4) 具备为被特许人持续提供经营指导、技术支持和业务培训等服务的能力。

2. 特许经营合同的客体

即特许经营权。

3. 特许经营合同的内容

(1) 特许经营授权许可的内容、范围、期限和地域。

(2) 特许人的基本权利和义务。

①特许人的基本权利包括：

a. 为确保特许体系的统一性和产品、服务质量的一致性，特许人有权对被特许人的经营活动进行监督。这是特许人的一项最基本的权利。

b. 有权向被特许人收取特许经营费用及其他管理服务费用。特许经营费用是指加盟金和权益金，有的企业还收取一定数量的保证金。

c. 对违反特许经营合同规定，侵犯特许人合法权益、破坏特许经营体系的行为，特许人有权终止特许合同，取消被特许人的特许经营资格。

②特许人的基本义务有：

a. 将特许经营权授予被特许人使用。提供特许经营操作手册，并按照约定的内容和方式为被特许人持续提供经营指导、技术支持、业务培训等服务

b. 提供开业前的教育和培训。

c. 指导被特许人做好开店准备工作。

d. 提供长期的经营指导、培训和合同规定的物品供应。

(3) 被特许人的基本权利和义务

①被特许人的基本权利有：

a. 在合同约定的范围内行使特许者所赋予的权利。这里主要是指获得特许人的培训和指导，利用特许人的商标、商号、专利、管理经验等从事经营活动。

b. 有权获得特许人所提供的经营技术和商业秘密。

c. 有权获得特许人所提供的培训和指导。

②被特许人的基本义务包括：

a. 有义务严格按照合同规定的标准开展营业活动。特许经营合同通常会规定被特许人必须按《营运手册》规定的内容和方式进行营业，以保持特许体系的标准和统一。

b. 有义务按合同约定支付特许权使用费及其他各种费用。

c. 有义务维护特许经营体系的名誉和统一形象。维护特许体系的名誉和统一形象不仅是特许人的要求，而且关系到被特许人的自身利益。

d. 有义务接受特许人的指导和监督。

e. 有义务不得向他人泄露或者允许他人使用其所掌握的特许人的商业秘密。

（四）信息披露

特许人应当依照国务院商务主管部门的规定，建立并实行完备的信息披露制度。特许人应当向被特许人提供以下信息：

（1）特许人的名称、住所、法定代表人、注册资本额、经营范围以及从事特许经营活动的基本情况；

（2）特许人的注册商标、企业标志、专利、专有技术和经营模式的基本情况；

（3）特许经营费用的种类、金额和支付方式（包括是否收取保证金以及保证金的返还条件和返还方式）；

（4）向被特许人提供产品、服务、设备的价格和条件；

（5）为被特许人持续提供经营指导、技术支持、业务培训等服务的具体内容、提供方式和实施计划；

（6）对被特许人的经营活动进行指导、监督的具体办法；

（7）特许经营网点投资预算；

（8）在中国境内现有的被特许人的数量、分布地域以及经营状况评估；

（9）最近2年的经会计师事务所审计的财务会计报告摘要和审计报告摘要；

（10）最近5年内与特许经营相关的诉讼和仲裁情况；

（11）特许人及其法定代表人是否有重大违法经营记录；

（12）国务院商务主管部门规定的其他信息。

特许人向被特许人提供的信息应当真实、准确、完整，不得隐瞒有关信息，或者提供虚假信息。特许人向被特许人提供的信息发生重大变更的，应当及时通知被特许人。特许人隐瞒有关信息或者提供虚假信息的，被特许人可以解除特许经营合同。

（五）特许人收取的各种费用及支付方式

特许人可向受许人收取下列费用：

（1）加盟金，即特许人在将特许经营权授予受许人时收取的一次性费用。

（2）特许权使用费，也称权益金，指受许人在使用特许经营权的规程中按一定的标准或比例向特许人定期支付的费用。根据1999年财政部《企业连锁经营有关财务管理问题的暂行规定》第十六条的规定，加盟店根据合同，按不高于销售额（营业额）3%的比例支付给特许人与其生产经营有关的特许权使用费。

（3）保证金，即为确保受许人履行特许经营合同，特许人可要求受许人支付一定的保证金，合同到期后保证金应退还给受许人。保证金的作用是促使受许人忠实履行合同，如果受许人违约，特许人可用保证金冲抵特许权使用费和违约金。

（4）其他费用，即特许人根据特许经营合同为受许人提供相关服务应收取的相应费用。

根据《商业特许经营管理条例》第十六和十七条，特许人要求被特许人在订立特许经营合同前支付费用的，应当以书面形式向被特许人说明该部分费用的用途以及退还的条件、方式。特许人向被特许人收取的推广、宣传费用，应当按照合同约定的用途使用。推广、宣传费用的使用情况应当及时向被特许人披露。

（六）特许经营中的商标许可

特许方，作为其注册商标的真正所有人，应将《商标许可合同》向中国商标局备案，并得到中国商标局颁发的相关备案证明，如目前使用的《商标使用许可合同备案通知书》。

根据《商业特许经营管理条例》第三条，特许方必须具备的条件之一是拥有注册商标。

（七）特许经营企业的备案

根据《商业特许经营管理条例》第八条要求，特许人应当自首次订立特许经营合同之日起15日内，依照本条例的规定向商务主管部门备案。在省、自治区、直辖市范围内从事特许经营活动的，应当向所在地省、自治区、直辖市人民政府商务主管部门备案；跨省、自治区、直辖市范围从事特许经营活动的，应当向国务院商务主管部门备案。

特许人向商务主管部门备案，应当提交下列文件、资料：

（1）营业执照复印件或者企业登记（注册）证书复印件；

（2）特许经营合同样本；

（3）特许经营操作手册；

（4）市场计划书；

（5）表明其符合特许人条件的书面承诺及相关证明材料；

（6）国务院商务主管部门规定的其他文件、资料；

（7）特许经营的产品或者服务，依法应当经批准方可经营的，特许人还应当提交有关批准文件。

商务主管部门应当自收到特许人提交的文件、资料之日起10日内予以备案，并通知特许人。特许人提交的文件、资料不完备的，商务主管部门可以要求其在7日内补充提交文件、资料。商务主管部门应当将备案的特许人名单在政府网站上公布，并及时更新。

【案例】

申请备案的连锁企业登记表

第一部分　企业基本情况（见表10－3和表10－4）

表10－3　　基本资料

企业名称		注册地点	
所属行业		电话（区号）	
注册资本		传真	
企业类型		电子邮件	
业务类型		网址	
通信地址		第一家加盟店成立日期	
成立日期		营业平均面积	

表 10 - 4　　特许授权内容

授权使用项目	
1. 商标	
2. 商号	
3. LOGO	
4. 广告词	

第二部分　申请备案企业主要领导人背景资料（见表 10 - 5）

表 10 - 5　　主要领导人背景资料

法定代表人		总经理	
姓名		姓名	
学历		学历	
简历		简历	

第三部分　店铺数（见表 10 - 6）

表 10 - 6　　店铺数

	内地	港澳台	国外	小计
直营店总数				
加盟店总数				
总数				
最近两年店铺增长率				
	年		年	
直营店增长率	%		%	
加盟店增长率	%		%	

第四部分　投资及费用（见表 10 - 7）

表 10 - 7　　投资及费用

一、加盟店投资总额
二、加盟店需缴纳的各项费用（金额、比例） 1. 特许权加盟费　5. 设备购置费 2. 特许权使用费　6. 广告促销费 3. 特许权保证金　7. 培训费 4. 店铺装修费　8. 其他（请注明）
三、缴费时间及方式
四、各项费用退还条件说明

第五部分　加盟者的资格与条件（见表 10 - 8）

表 10 - 8　　加盟者的资格与条件

加盟者的资格 加盟经营者必备条件

第六部分　特许者提供的经营指导（见表 10 - 9）

表 10-9　　特许者提供的经营指导

一、开业前所提供的指导	有	无	收费	不收
1. 店铺选址评估	□	□	□	□
2. 店铺设计	□	□	□	□
3. 店铺营运管理训练	□	□	□	□
4. 货源、设备供应	□	□	□	□
5. 其他（请注明）	□	□	□	□
二、开业时所提供的指导				
三、开业后所提供的指导				

三、特许经营合约的内容设计

特许经营合约是加盟双方关键性的法律文件，它对特许经营双方起着重要的规范和制约作用。因此，特许经营合约的内容必须具体、明确，以便为日后双方的合作打下良好的基础，也可以避免由于可能发生的误解而给双方带来问题。由于餐饮业的业务特点，连锁经营合同的设计应包含以下内容：

（1）导言。在合约的开头应指明合同双方当事人、本特许经营体系的性质以及特许方的名称和标志。还应该详细说明特许经营专利的名称、特点、产品和服务的商标、标识、专利权、版权和其他重要的问题。

（2）合约期限。合约期限指双方经营合约的生效日期和终止日期。如果允许受许人届时延长合约期限，应说明展期的条件和期限。大部分特许经营合同的期限是在 5~10 年，也有部分是在 3~5 年或 10 年以上。

（3）特许转让费和其他费用及付款方式。特许经营的加盟费用及其他费用一般包括以下项目，应分别在合同上明确数目和支付方式。

①品牌授权金：这是指受许人为了获得特许经营权而在营业前支付的首期特许费。除少数的特许经营公司以定期的权利金代替品牌授权金外，大多数的特许方都要向受许人收取金额不等的品牌授权金。

②定期权利金：这是受许人在营业过程中按一定的标准向特许公司支付的后期特许费用。权利金的额度一般以连锁加盟店的营业额为标准，按一定的百分比提取。按照国际惯例，在年营业额 200 万人民币以下的，每年可付营业额的 2% 的特许转让费，200 万以上则应付营业额的 3% 的特许转让费。各特许公司的经营政策不同，因此该合同条款可适当调整。同时“营业额”应加以明确的界定。

③保证金。一般特许公司还会要求受许人支付一笔合约保证金。合约期满后，如果受许人在特许经营期无任何违约行为且不再续约，由特许公司退还给受许人。

④店铺的租购费用。如果加盟店的店铺是向特许公司租赁的，则需支付一定的租赁费用。

⑤店面的建筑装潢费用。加盟店一般都由特许公司负责进行统一装潢，受许人要为此支付一定的费用。

⑥加盟餐馆的设备采购或租赁费用。加盟餐馆的设备可以向特许人购买，也可以由特许人提供供应商信息，由受许人自行购买，视合同的约定操作。但是设备的种类、规格、备选品牌等必须符合特许人的标准。如果受许人向总部购买和租赁设备，都应在合同中明确受许人应当支付的费用。

⑦员工培训费用。这笔费用一般都包括在品牌授权金和定期权利金内，但有些特许公司也可能会额外收取。

⑧广告费用。原则上广告费用由特许公司和受许人共同承担，由特许人按受许人营业额的一定百分比来收取广告基金。

（4）特许方的责任。合同中应明确向受许人出售的产品和服务（包括服务的内容、方法、效率和标准）。一般来讲特许方应向受许方提供场地选择和咨询、餐厅筹建、餐厅设计与布局、设备与原料的采购、设备的安装、管理人员与工作人员的培训、餐厅开业对项目的服务。此外还应提供经营管理帮助、产品与服务质量控制、卫生与安全控制、监督措施、市场调研与开发、广告与推销等工作。

促销与广告应规定在本地区、全国和国际上进行广告宣传的内容和方式及其定期广告费的支付方法。

培训应说明特许人组织培训的计划、性质、内容、地点及时间。受许人如果不能完成强制性培训要求，则可能被终止合约。

特许人负有对受许人提供跟踪培训、现场指导、经营情况评估及对加盟店的定期指导等义务。

（5）特许人权利。特许人有指导加盟店经营和监督控制加盟店产品与服务质量的权利。

（6）店铺准备。应明确总公司是否协助加盟者评估和选择店铺，由谁最后决定店铺选址及店铺的选择，由总公司还是由加盟者直接租用店铺等。如果特许经营双方存在房屋的租赁关系，应该在合同中明确。

（7）受许人的责任。受许人的责任主要有店铺的准备；餐厅与厨房的设计、布局；按标准进行餐厅的内外装饰装潢；餐厅的设备、型号及安装工作；参加培训；按服务标准提供服务；按标准采购原料和控制餐厅的卫生；按规定的标准和范围使用特许方的专利和标识。制定工作人员的工作标准、责任并配置工作服；制定财务与仓储管理制度；按规定的统一记账方式及财务纪律进行财务工作，向特许人报告经营和财务状况，接受特许方的审计；按时缴纳各种费用。

（8）区域限定和竞争限制。详细说明受许人能从事营业和促销活动的地理区域，限制加盟店从事可能与特许体系相竞争的业务。

（9）商业机密。在合同中，应规定特许方将经营方案、思想、方法和秘诀完整具体地向受许方传授，尤其是产品的生产和服务、经营与管理方面。同时，受许方应规定使用这些方案、方法的范围及受许方为特许方保密的责任。

（10）专利标识。在合同中应严格规定商标、服务标识及一切与专利有关的标识均属于特许方。受许方要严格按照特许方所规定的使用范围、方法和标准进行使用，不得擅自扩大和更改。

（11）合同的转让与变更。本条款规定合同转让必须经双方协商同意方可执行。合同不得单方随意更改，需双方协商，然后经有关机关批准方能生效，并规定修改的时间和条件。

（12）合同的展期与合同的终止。规定合同的终止日期，同时规定在合同执行期各方面都可随意中止合同，并明文规定终止合同的各种情况，同时也应明确受许人获得展期权的条件。

（13）合约终止时受许人的义务。合约届期终止时要求受许人承担的义务，如支付所有应付给特许人的费用，归还所有操作手册、机密文件和专利资料等。

（14）争议与仲裁。该条款规定有争议时，应到仲裁单位解决。应明确规定仲裁单位与仲裁程序。

四、加盟程序

特许联营是一种长期合作、互相依存、互相影响的一种经营方式。为了使双方在合作前都能认真的评估自已和对方，避免不必要的损失，因此特许联营的加盟应按照加盟的程序和步骤来进行。因为加盟程序的制定为双方互相评估提供了时间和方法上的保证，同时连锁公司也能严格地按照申请程序审核和选择加盟者，以保证它们的质量。特许联营与加盟的程序见图 10－2。

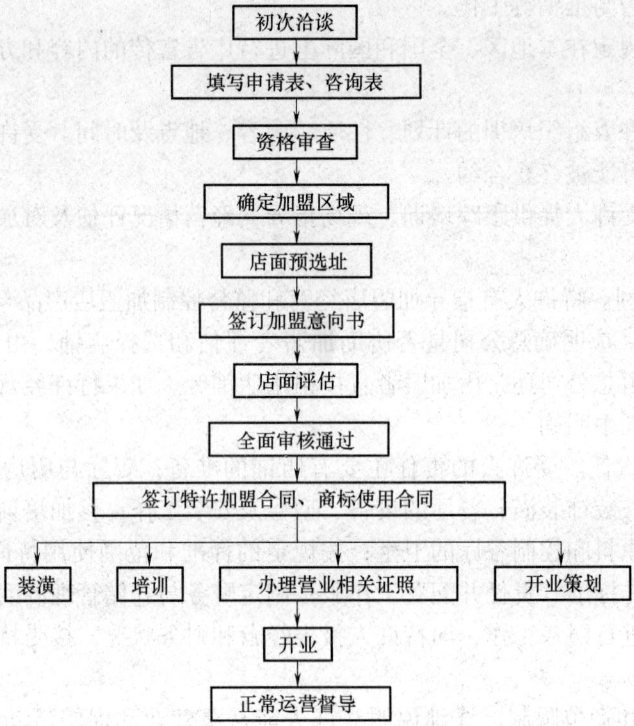

图 10－2　特许经营加盟流程图

连锁经营的程序应该把握几个重要的环节：

首先，在初步洽谈期间，特许方（连锁公司总部）应本着诚实、认真负责的态度，向加盟者提供充足的信息，以使加盟者对特许方进行评估。因为被特许方在加盟过程中要付出很大的投资，如购买特许经营费、设计费、培训费及餐厅设计与装修费用等，而且还要花费大量的时间和人力。一旦选错了连锁经营公司，将导致加盟店的重大损失。加盟店对特许方的评估主要有以下几方面：

（1）资金评估。只以销售特许转让经营权为主要业务的餐饮公司是不可能保持和发展企业的，因此总公司的资金保证对全资公司的正常经营有着举足轻重的作用，被特许方在购买特许经营权时，一定要通过公司文件、股票报告、财务报告及其投资方面的报告对它的资金实力作出评估。

（2）对特许公司自营餐厅的评估。特许公司是否拥有自营餐厅是检验特许方是否具有坚强实力的重要标志。特许方的模范餐厅是特许方的经济后盾、试验场所和骨干力量。购买特许经营权的企业和个人一定要审查特许方是否有自营产品，餐厅的个数及经营管理情况。

（3）对餐饮连锁公司的销售及其市场占有率进行评估。这项评估一定要详细考察连锁公司各餐厅的销售记录及其变化，评估它们的市场占有率，更重要的是看长期发展的潜力。

（4）对连锁公司人员素质和业务能力的评估。通过考察连锁公司工作人员的作风、品质、效率及业务水平，能够确实反映连锁公司的整体管理水平。

（5）对连锁公司的服务进行评估。连锁公司所能提供的服务是购买特许联营的重要内容，也是加盟店成功的保证。因此是否把具体的服务内容写入合同和相关文件中，是评估连锁公司服务质量的重要标准。

（6）对连锁公司联营费和管理费的评估。特许方收取的各种费用名称及数量应该是既明确又实际。特许联营费与商标知名度及联营餐厅经营地点和规模有着密切的联系。通常，知名度越高的餐饮连锁公司，它的特许转让费越高。

（7）对特许公司培训工作的评估。培训是特许方重要的服务内容和责任之一。特许方的培训应该是程序具体、实践性强、费用合理。

其次，特许方应该对加盟者的申请进行审核、挑选，特许方对加盟者选择的依据主要是基于对加盟者的工作能力评估、资金实力评估、敬业精神评估、经营观念与价值观评估、服从分配精神评估、接受培训意识评估、长期合作经营决心的评估、专业知识评估等。

项目3　餐饮特许经营加盟店的管理

对加盟店的服务与管理，是特许联营特许方的重要工作内容和职责。对加盟者的服务和管理，不仅可以最大限度地保证加盟者的利益，同时也能更好地控制餐饮连锁公司的服务质量和产品质量，不断提高总公司的市场知名度和声誉，共同拓展市场，维护餐饮连锁公司的品牌资产。

对加盟店的管理，不同的餐饮连锁公司有着不同的策略和方法，但总体来看，餐饮连锁公司对加盟店的管理要点主要有以下几个方面。

一、统一形象管理

餐饮特许连锁最大的优势除了产品和经营管理方法外，就是它为市场所接受的品牌形象。餐饮连锁企业的品牌形象是通过企业形象识别系统（Corporation Identity system—CIS）来加以体现的。所谓企业形象识别系统，是将企业经营活动以及运作企业经营活动的理念和经营哲学等企业文化，通过传播媒体来增进社会认同的符号系统。它是以商标为造型，以色彩计划为核心，将企业的经营理念、管理特色、社会使命感、产品包装风格及产销策略等，通过整体性营销传播对话尤其是视觉沟通技术，传达给企业的公众（包括员工、社会大众、政府机关、团体和个人），使他们对企业产生一致的认同感与价值观，最终赢得社会大众及消费者的信赖和肯定。

从餐饮连锁企业形象识别系统的组成来看，它包括理念识别、行为识别、视觉识别三大组成部分。

（一）理念识别

理念识别是企业的经营理念，也是企业识别的基本精神所在。完整的企业识别系统的建立，完全依赖于企业经营理念的确立。理念识别包括经营目标、精神标语、企业风格文化、经营哲学与方针政策等，其中精神标语是其具体的表征。

【案例】

麦当劳快餐连锁公司的经营理念

麦当劳快餐连锁公司有一套明确独特的经营理念，那就是“Q、S、C、V”。

Q（Quality）：代表麦当劳严格的高品质管理。例如麦当劳规定炸薯条超过7min、汉堡包超过10min就要毫不吝惜地扔掉，这些被扔掉的食品并不是变质不能食用，只是麦当劳对顾客的承诺是永远让顾客享受品质最新鲜、味道最纯正的食品。

S（Service）：代表麦当劳高品质的服务。从员工进入麦当劳的第一天，就开始训练如何更好地服务，使顾客百分之百地满意。麦当劳全体员工实行快捷、准确和友善的服务。按麦当劳标准，服务员必须按照柜台服务六步曲来服务，顾客排队不超过2min，在顾客点完所要食品后，服务员在1min之内将食品送至顾客手中。

C（Clean）：代表清洁。上岗操作必须严格洗手消毒，用洗手槽的温水把手淋湿并使用麦当劳杀菌洗手液，刷洗手指间与指甲，两手一起搓揉至少20s彻底地冲洗；用烘干机将手烘干。手在接触头发、制服等任何东西后都要重新洗手消毒，各个岗位的员工都不停地用消毒抹布和其他工具清洁，以保证麦当劳餐厅里里外外的整齐干净，所有的餐盘，机器都会在打烊后彻底拆洗清洁消毒。正因为这样，麦当劳的餐厅总是留给人们清洁的印象。

V（Value）：代表价值。它体现出麦当劳始终“提供更有价值的高品质的物品给顾客”的观念。在这样的企业理念指导下，麦当劳员工逐步形成了自觉的行为方式和优良的服务模式。整个服务活动直接体现出连锁企业理念的生命力和内涵。

（二）行为识别

行为识别是一种动态的识别形式，它的动力源是理念识别。行为识别规划了企业内部的组织、管理、教育培训以及对社会的一切活动。从特许经营对加盟店的管理角度看，总部对加盟店的行为识别管理主要是通过经营手册、培训手册、市场营销手册、广告手册、现场支持手册和质量控制手册制度为基础来进行的。

（1）经营手册是餐饮特许经营中最常提到的最主要的手册。它概括了特许经营的各个经营策略，所以内容非常机密。餐厅的所有主要功能都在这个手册中涉及，并且能够按时间顺序有条理地表达出所有需要的信息。

【案例】

经营手册内容基本模板

第1部分：简介

1. 概念的简述
2. 特许经营的历史
3. 总部的经营哲学
4. 组织表及行政人员的职能
5. 总部及加盟商双方的责任和义务

第2部分：一般规定

1. 运营的规定
2. 对品质的要求
3. 顾客关系
4. 公司政策
5. 控制和检查
6. 维修和规定

第3部分：菜单

1. 菜单内容和改变
2. 电脑化的菜单控制
3. 菜单设计及展示

第 4 部分：设备及器具和使用及维护

1. 设备及器具的类别
2. 使用设备及器具应注意的事项
3. 设备及器具的清洁
4. 设备器具的维修

第 5 部分：食品及原物料的采购

1. 供应厂商名单
2. 分类规格
3. 采购方法及采购要素
4. 需要采购的物品清单

第 6 部分：验收和仓储

1. 验收的流程及要求
2. 仓储的需求
3. 领货
4. 存货控制

第 7 部分：卫生需求

1. 由食物不洁引起的疾病和预防
2. 食物的安全处理
3. 个人卫生的要求

第 8 部分：食物的准备

1. 准备不同食物的步骤
2. 烹调时间及温度的控制
3. 产品的品质
4. 产量制作的预估
5. 剩余产品的控制

第 9 部分：食物的传递和服务

1. 食物分量控制的方法
2. 消费者的观点
3. 传递和服务步骤
4. 衣着规定和个人的形象

第 10 部分：财务管理

1. 财务报表
2. 食物成本及人事成本
3. 损益平衡表和资产负债表
4. 财务控制和分析

第 11 部分：管理

1. 员工和主管的关系
2. 员工的招募
3. 员工绩效考核

4. 员工守则

5. 离职率的控制

6. 工作激励

7. 人力资源的管理

8. 员工管理

第 12 部分：餐厅运营

1. 餐厅开门及打烊的步骤

2. 收银

3. 餐厅的维修、清洁和整理

4. 顾客抱怨处理及特别的要求

5. 标示、照明及餐厅气氛的营造和控制

第 13 部分：营销

1. 广告策略

2. 促销活动

3. 社区计划

4. 短期和长期的营销计划

第 14 部分：维护

1. 能源的控制

2. 防火及安全管理

3. 垃圾处理

4. 停车场的管理

5. 空调的维护

6. 音乐控制

7. 设备及器材的维修

8. 电脑方面的问题及控制

（2）培训是特许方提供给加盟店的主要服务。培训手册一般包括三个部分：

①实际操作训练。为受培训人提供了餐厅每天经营的流程及实务经验，是加盟商应该遵循的运营指南。

②餐厅管理训练。管理课程的训练计划是提高加盟商管理和经营好餐厅所需的更全面及更专业的培训。训练内容包括所有餐厅经营管理所需的内容。这类训练的一个典型例子就是麦当劳的“汉堡大学”所教授的课程。

③持续性训练。持续性训练是指由总部派员为加盟商在餐厅或总部进行的持续的训练。训练对象为加盟商招募来的员工。

④市场营销手册描述了特许经营授权者市场营销哲学并概括产品和服务的市场营销程序。其中对顾客信息、营养信息、基本成分信息和特许经营的形象建设等都作了介绍。市场营销手册也包括了市场营销技巧和创新的方法、新产品的开发、市场营销策略、价格关系和定价策略。

⑤广告手册概述了广告、促销、招牌和公共关系。对促销资料和政策进行了描述，也说明利用不同媒体做广告的计划。一般手册中也包括过去促销的材料图片和样本。

⑥现场支持手册是由特许方提供的一系列现场支持服务。手册应当指明提供的所有服务，包括寻求帮助时联系的人员的姓名、地址和电话号码。现场支持服务包括检查、记录、质量控制标准和其他控制。一般也列出解决主要问题的方案和得到特许方反馈的方法。

⑦质量控制手册要求对维护标准、技术控制、维修服务、剩菜控制和处理顾客投诉的质量控制措施的描述。检查人员评估质量控制使用的评估程序和表格也包括在该手册中。

（三）视觉识别

是静态的识别符号，是一种具体化、视觉化的传播方式。通过组织化、系统化的视觉设计方案，向公众传播企业经营的信息。

视觉系统的基本要素有企业名称、名牌标志、标准字体、标准色、象征图案、企业造型、宣传标语及口号等，对应用于产品包装、事务用品、办公用品、办公环境、设备、招牌、旗帜、建筑外观、室内装修、交通工具、制服、橱窗、广告及陈列展示等内容。视觉识别的感染力极强，而且十分具体。通过视觉识别，能够充分地表现企业的基本精神及独特性，使消费者能一目了然地掌握所传达的信息，达到识别的目的。

二、统一的产品管理

菜点和饮料始终是餐饮连锁企业的核心竞争力。因为餐饮消费者对餐饮产品最根本的需求是菜肴质量的好坏和适应程度。因此餐饮连锁企业的产品影响到消费者对餐厅的选择，影响到餐饮消费者的消费频率、消费倾向和消费额的大小，也影响到消费者对企业的信赖感和忠诚度。

世界上各大餐饮连锁公司，几乎都有自己独特的、经过市场验证的产品。必胜客比萨饼公司生产的馅饼以花样多、质量优闻名于世，意大利香肠馅饼、牛肉馅饼、猪肉馅饼、蘑菇馅饼、香辣肠馅饼及菠萝、虾仁、鱿鱼、西红柿馅饼配以香味宜人的奶酪，使顾客赞不绝口。肯德基的炸鸡和麦当劳汉堡包同样也是家喻户晓的特色产品。

餐饮连锁公司对产品进行统一管理，就是要保持和巩固产品的优势以及自身的特色，这也是特许联营总部对加盟店管理的一个重要方面。餐饮连锁公司对加盟店产品的统一管理主要有三个方面。

（一）菜单的统一管理

餐饮连锁公司对菜单的菜式的选择是经过深思熟虑，考虑各种因素以后并经过市场验证才决定的，因此菜单对于各加盟店来讲，是指导各方面业务开展和市场营销的主要工具，对餐饮产品的统一管理，首先是要对菜单进行统一的控制，加盟店必须按照菜单的目录提供菜肴和饮料，不能随意对菜单进行修改和调整。菜单的调整只有在餐饮连锁公司总部经过认真的创制、市场调研和测试以后才能有计划地进行。从目前情况看，无论是中餐还是西餐，各大餐饮连锁公司都有其自身成熟的菜单。

（二）标准菜谱管理的统一控制

餐饮连锁企业的标准菜谱是加工生产制作菜肴的依据，它是以文字形式对菜肴所用的原料、调料、制作过程、成本支出统一作出了明确的规定。因此，标准菜谱既是各加盟店餐饮成本控制的有效工具，也是保持餐饮连锁公司菜肴质量稳定和餐饮风格特点的基础。

通过各种菜谱对各加盟店的菜肴生产进行控制，最大的好处是能够保持质量的稳定性和餐饮的风格特色，有助于各加盟店的成本控制。在某种程度上，它也是餐饮连锁公司的最重要的“秘方”。

（三）厨房加工设备和服务设施的统一管理

要保证各加盟店的出品质量一致，除了要有统一的方法和原料外，还必须使用统一的设备设施，这也是对加盟店产品进行统一管理的一项内容。

三、原料统一管理

要保证餐饮产品的一致，首先必须保证原料质量的统一。从目前的实践情况来看，要对加盟店的原料进行统一管理，比较好的一个办法是建立配送中心。

配送中心是连锁企业总部采购所需的原料物品，经过包装、分类、保管、价格和情报处理等作业，然后按照加盟店的需要、令人满意的服务水平进行配送的设施。

餐饮连锁企业配送中心的核心优势是规模效益，通过高度集中的采购与配送以及集中的库存行为，降低单位费用。对于特许连锁的餐饮企业来说，特许方通过配送中心保证特许制度的完善，而被特许方能够以较低的价格取得优质的食品原料又可以增加特许权转让的诱惑力，从而使连锁店数量不断增加，配送规模不断扩大，形成良性循环。餐饮连锁企业实行统一采购、集中储备、集中加工，把加工后的原料和半成品送到各加盟点，使其稍作加工便可销售，可以更好地保证产品质量，降低产品成本，提高经营效率。配送中心通过聚集作用，把各个加盟店的分散进货转变为集中进货，由分散的小规模汇集成大规模，最终取得较低的进价并降低流通费用。配送中心还可以利用专业化的储运装卸设备和现代化的信息系统，使物流作业达到高效。

配送中心的工作过程主要包括以下几个环节：首先，根据各个加盟店需要的品种、数量组织采购；其次，根据各个加盟店的订货量、品种、时间进行选择与退货，存放在一个特定地点，按计划日期进行装车和运送。对于餐饮连锁企业而言，一定要实行定时定量申请、定时定量配送。为保证食品原料的鲜活，加盟店一般一天申请一次，原料的量应控制在当天消耗为宜。

四、统一服务管理

服务是餐饮连锁企业产品的重要组成部分。麦当劳的成功其中很重要的一部分就是员工的礼貌、勤奋给顾客一种快捷、干净的服务，使顾客在麦当劳充分领略到愉快，而创造顾客愉快就是麦当劳的服务。

餐饮连锁企业的服务质量水平是由三个方面内容组成的：餐饮服务质量，餐饮环境质量，各分店之间的相对服务质量。其中，餐饮服务质量主要是指服务人员对客人服务的情况，他们的用语、仪表、礼貌礼节、服务操作的规范程度、服务效率等。各分店之间的相对服务质量是餐饮连锁企业区别于一般餐饮企业服务管理的重要内容，餐饮连锁企业务必使各加盟店之间的服务具有统一性，保证质量处于同一服务水准上。如果各加盟店都自成体系，相互之间服务上的差距比较大，连锁经营就失去了重要的意义，也会对各分店产生负面影响。因为一位客人在其中一家店受到劣质服务，他会把这种不好的经历放大，推及到连锁企业内部的各加盟店。

餐饮连锁企业的服务质量统一管理，首先要建立服务标准。所谓服务标准是指各加盟店应该达到的服务水平，它为评价服务质量的好坏提供了重要的依据，也为员工的服务工作指明了应该实现的目标。其次，要有规范化的操作程序。规范化的操作程序是对各项工作的科学总结，一方面它可以为提高工作效率打下良好的基础，另一方面规范化的操作程序也能够减少由于人为因素而导致的服务质量波动。结合服务质量标准，员工就比较容易懂得自己的服务工作应该做什么、怎么做、要达到怎样的标准，而管理人员也有了明确的服务管理。第三是要重视培训，对各加盟店进行不间断的培训，是减少服务差异性和波动性的最好途径。

最后，对各加盟店的服务水平和服务质量要进行不间断的检查和指导，并且根据服务质量的实际情况对各加盟店进行奖励和处罚，最终使各加盟店的服务质量水平都达到餐饮连锁公司的要求。

本章小结

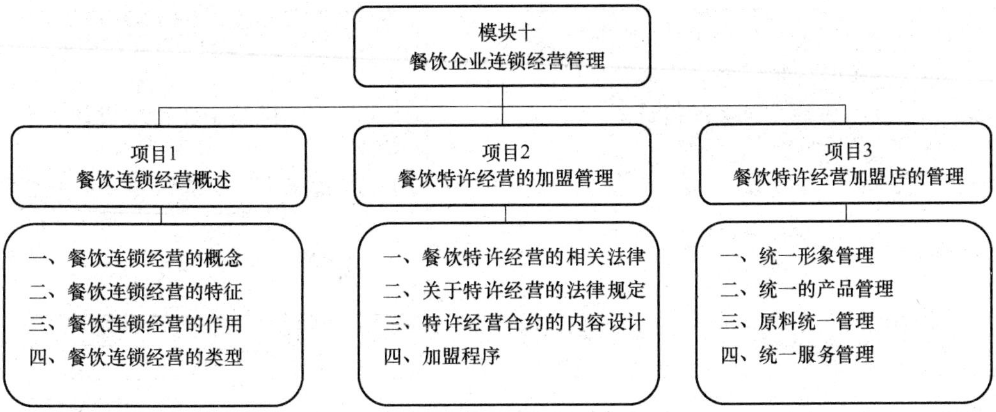

思考题

1. 什么是餐饮连锁经营？有哪些主要特征？
2. 餐饮连锁经营的类型有哪些？
3. 特许经营合约的内容主要有哪些？
4. 餐饮特许经营加盟店管理的主要内容有哪些？

附录　学生作业——机舱主题餐厅设计

1

2

3
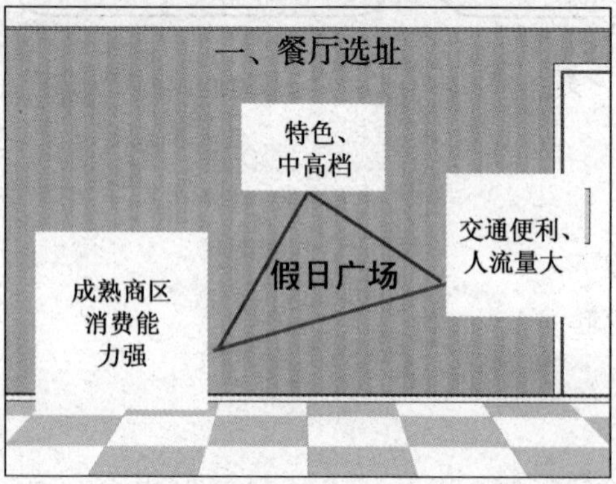

4

5
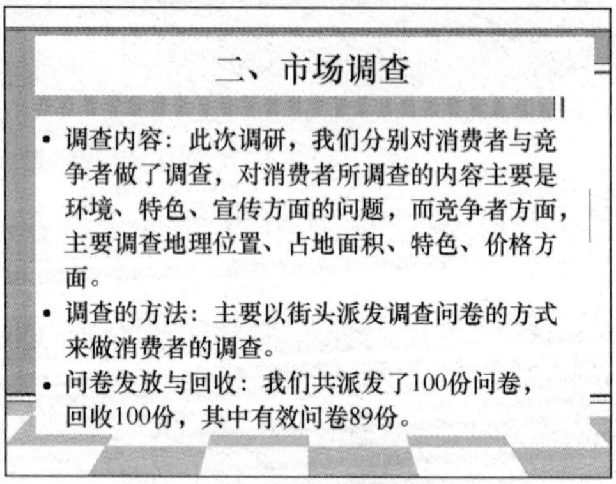

6
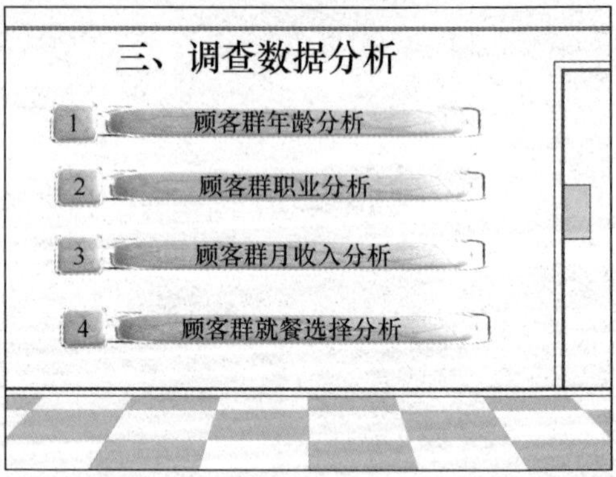

7
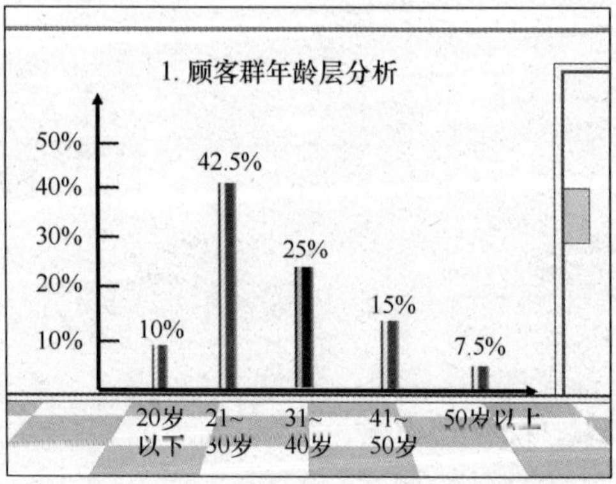

8
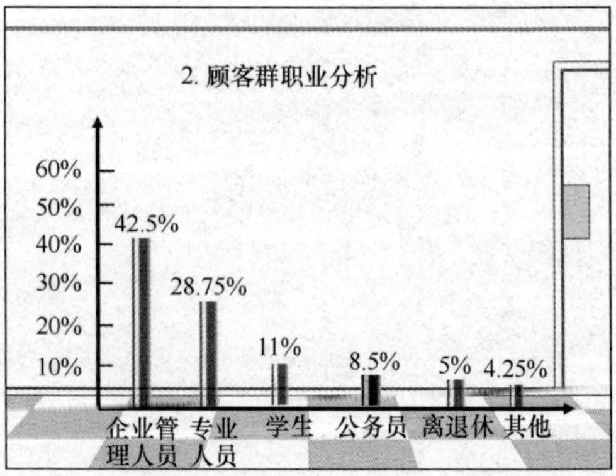

9

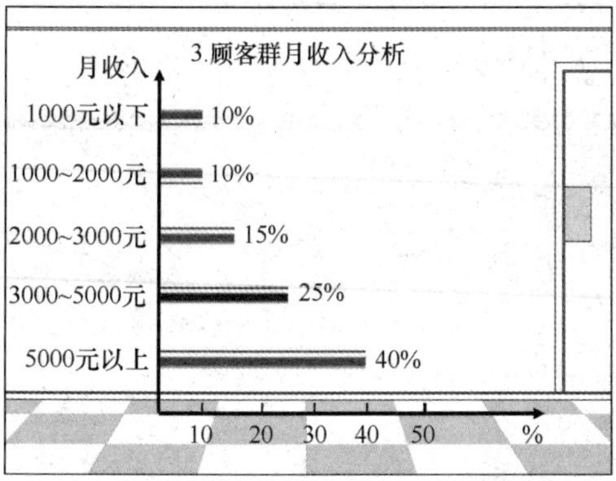

10

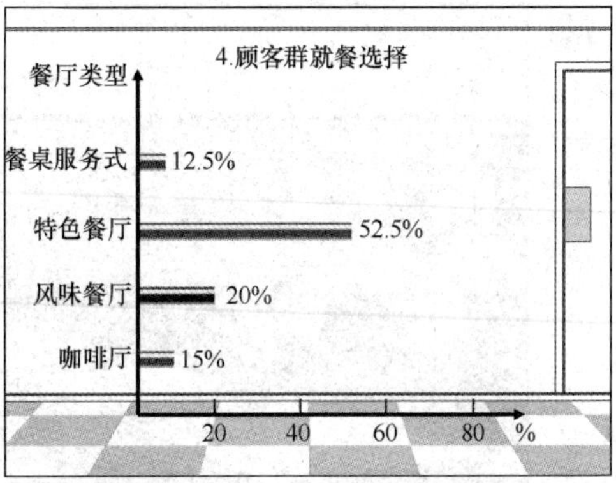

11

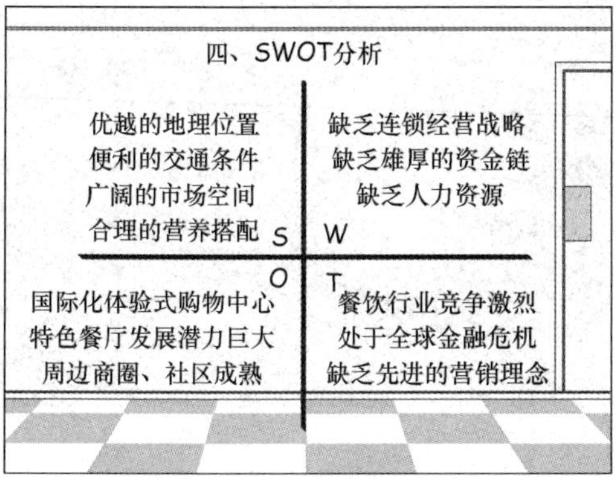

12

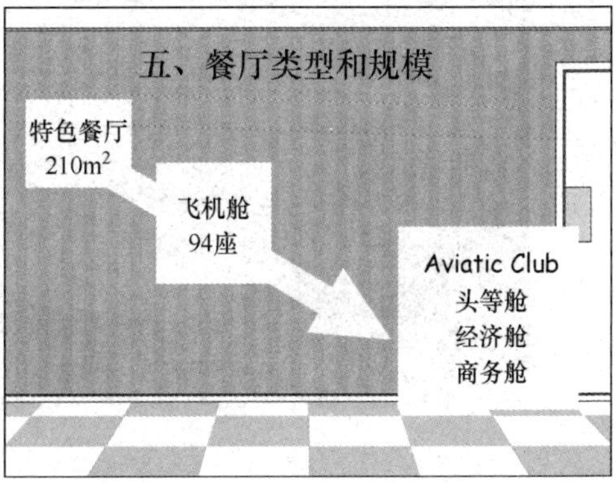

13

14

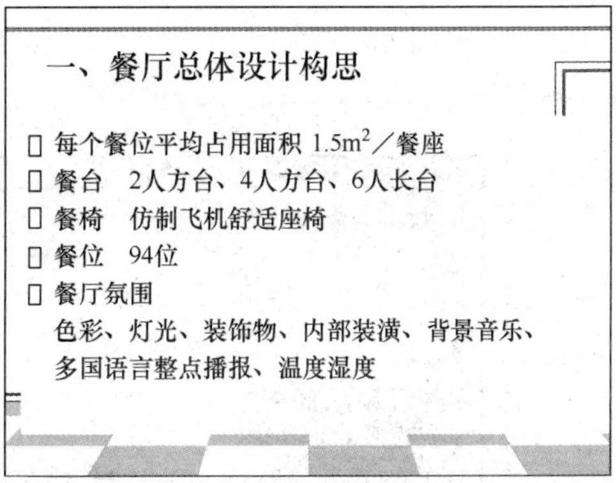

15

	面积/m^2	占总面积比例
楼面	140	67%
厨房	60	28%
员工休息室和办公室	10	5%
总计	210	100%

16

二、餐厅设计

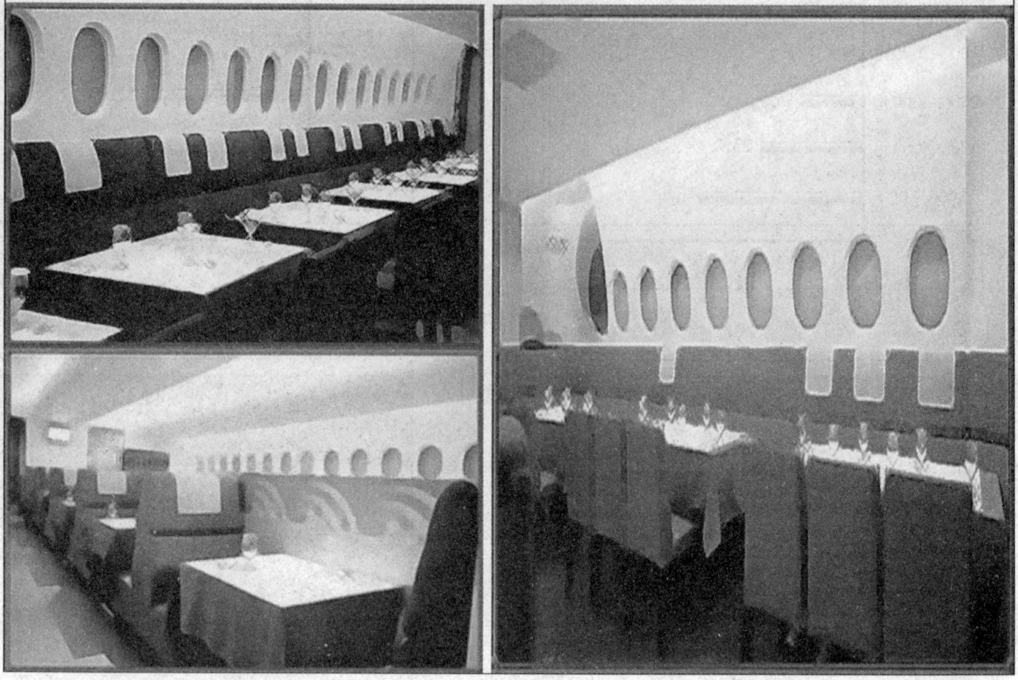

17

餐厅设计平面图

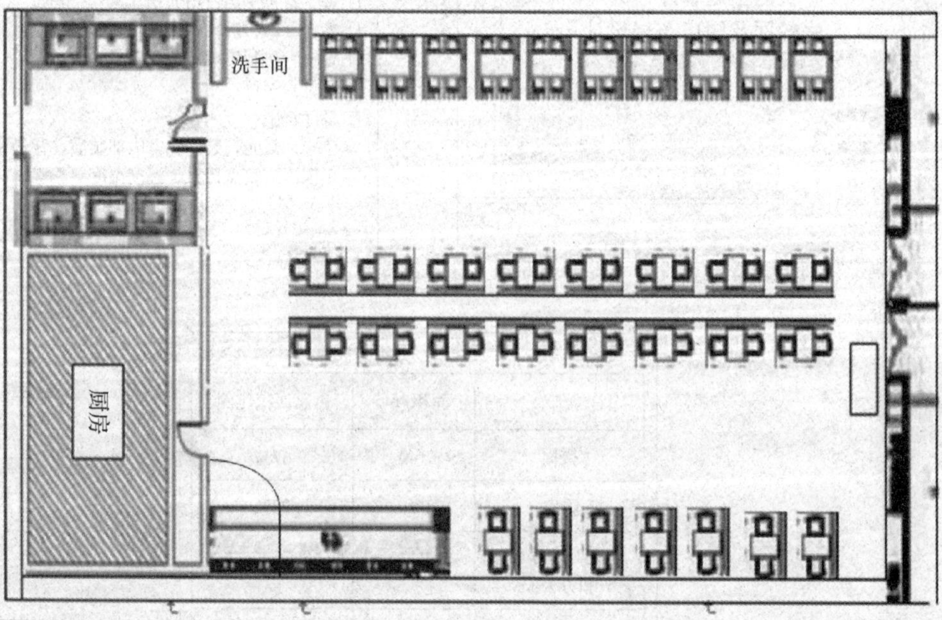

18

装修设计图

19

餐厅效果图

20
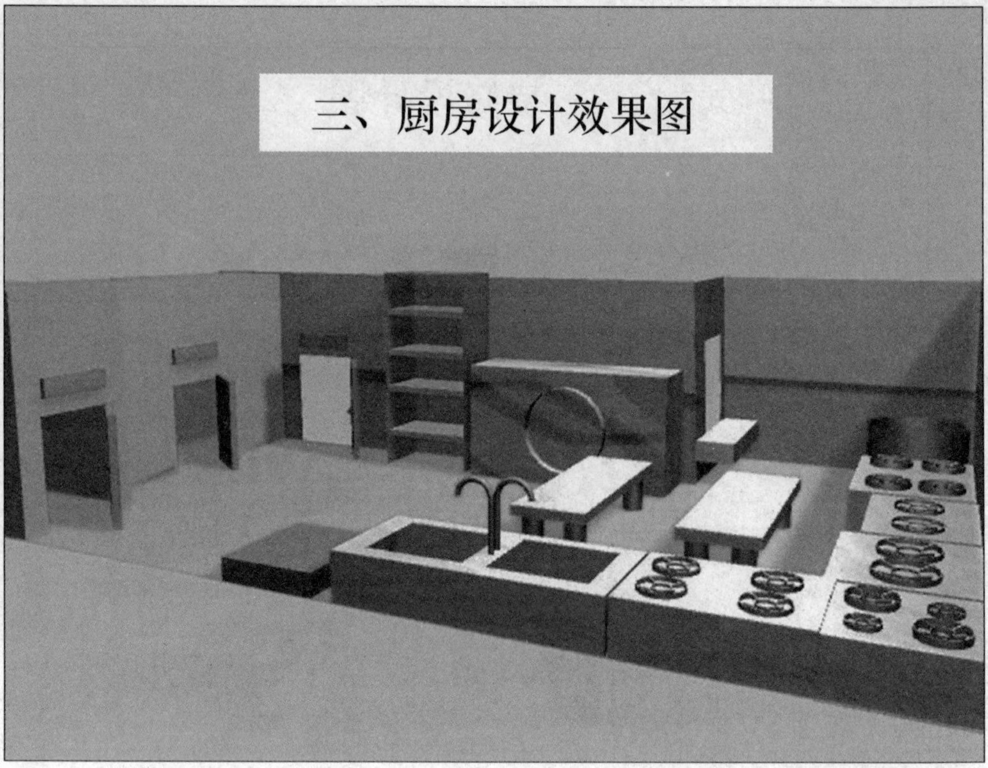

21
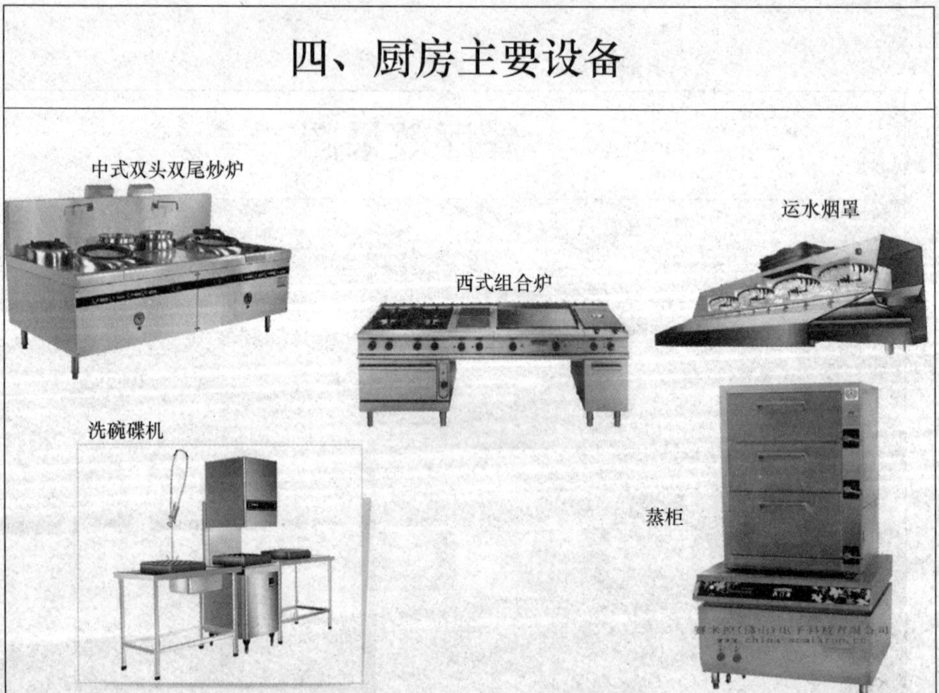

22

冰粒机

四门雪柜

平面雪柜

焊接四层平板货架

23

双星水池

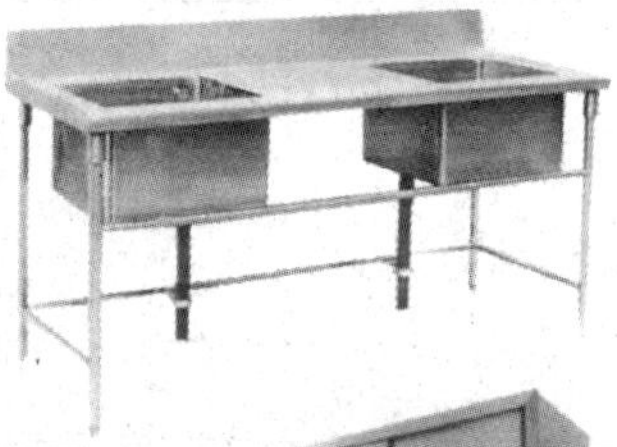

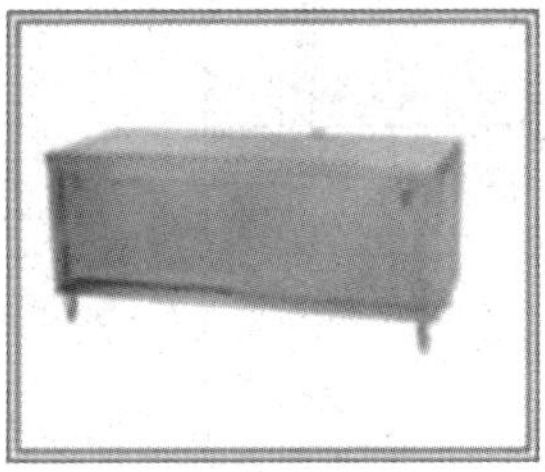

双通打荷台

切配台

高身储物柜

单星水池

24

25

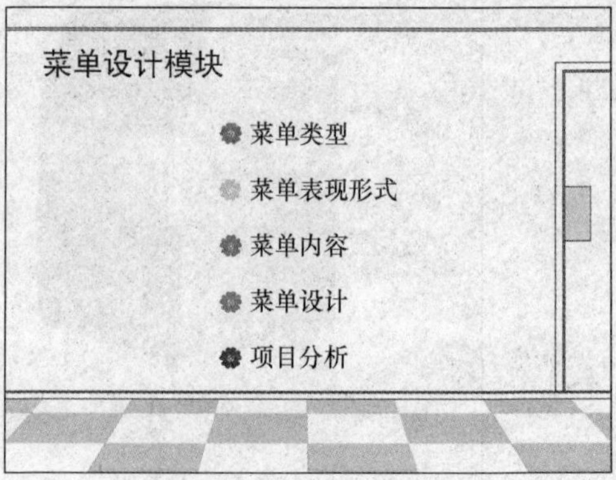

26

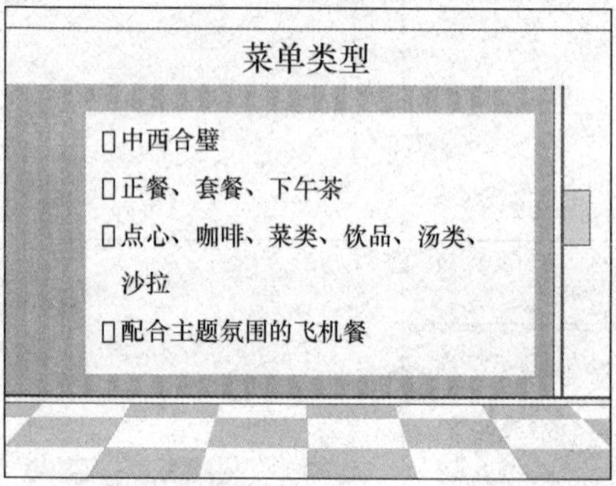

27

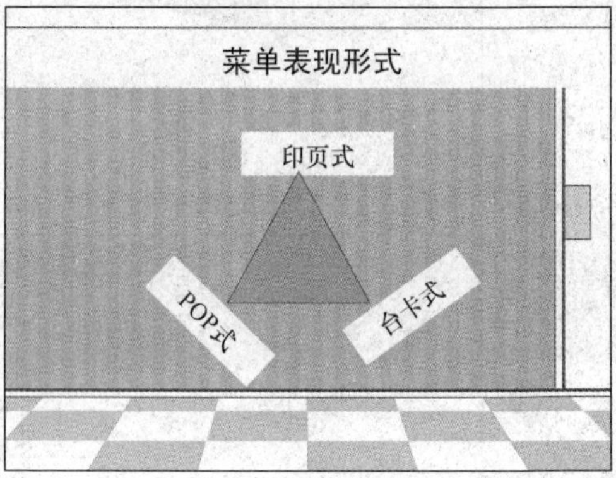

28

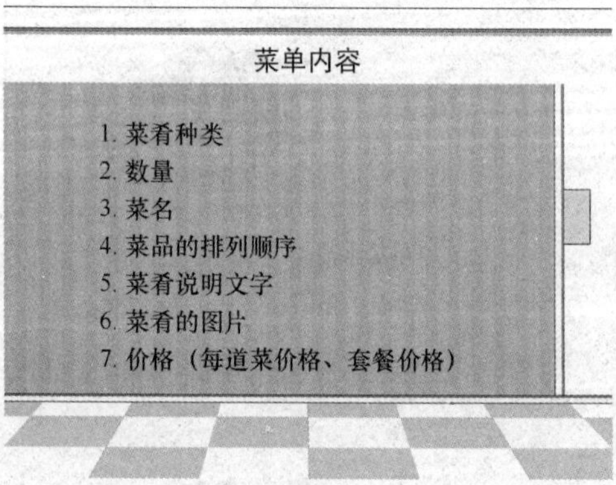

29

30

MENU
AVIATIC CLUB·菜单
停机坪：深圳市南山区益田假日广场L1-3
订票热线：（86）755-8888 6666
MENU
AVIATIC CLUB·菜单
停机坪：深圳市南山区益田假日广场L1-3
订票热线：（86）755-8888 6666
MENU
AVIATIC CLUB·菜单
停机坪：深圳市南山区益田假日广场L1-3
订票热线：（86）755-8888 6666

31

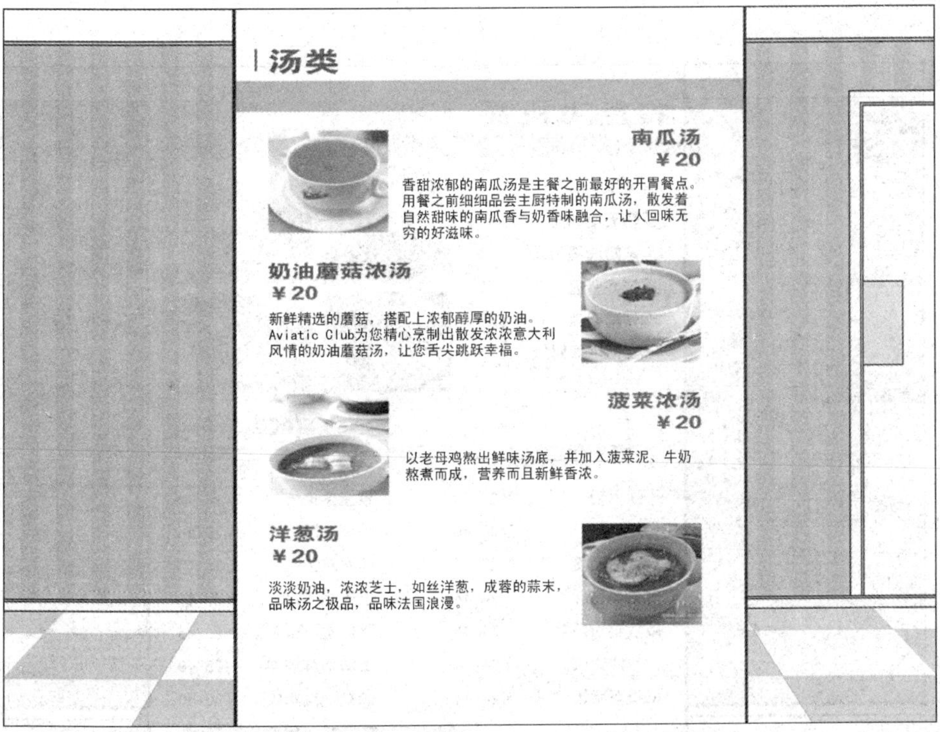
汤类
南瓜汤
¥20
香甜浓郁的南瓜汤是主餐之前最好的开胃餐点。用餐之前细细品尝主厨特制的南瓜汤，散发着自然甜味的南瓜香与奶香味融合，让人回味无穷的好滋味。
奶油蘑菇浓汤
¥20
新鲜精选的蘑菇，搭配上浓郁醇厚的奶油。Aviatic Club为您精心烹制出散发浓浓意大利风情的奶油蘑菇汤，让您舌尖跳跃幸福。
菠菜浓汤
¥20
以老母鸡熬出鲜味汤底，并加入菠菜泥、牛奶熬煮而成，营养而且新鲜香浓。
洋葱汤
¥20
淡淡奶油，浓浓芝士，如丝洋葱，成蓉的蒜末，品味汤之极品，品味法国浪漫。

32

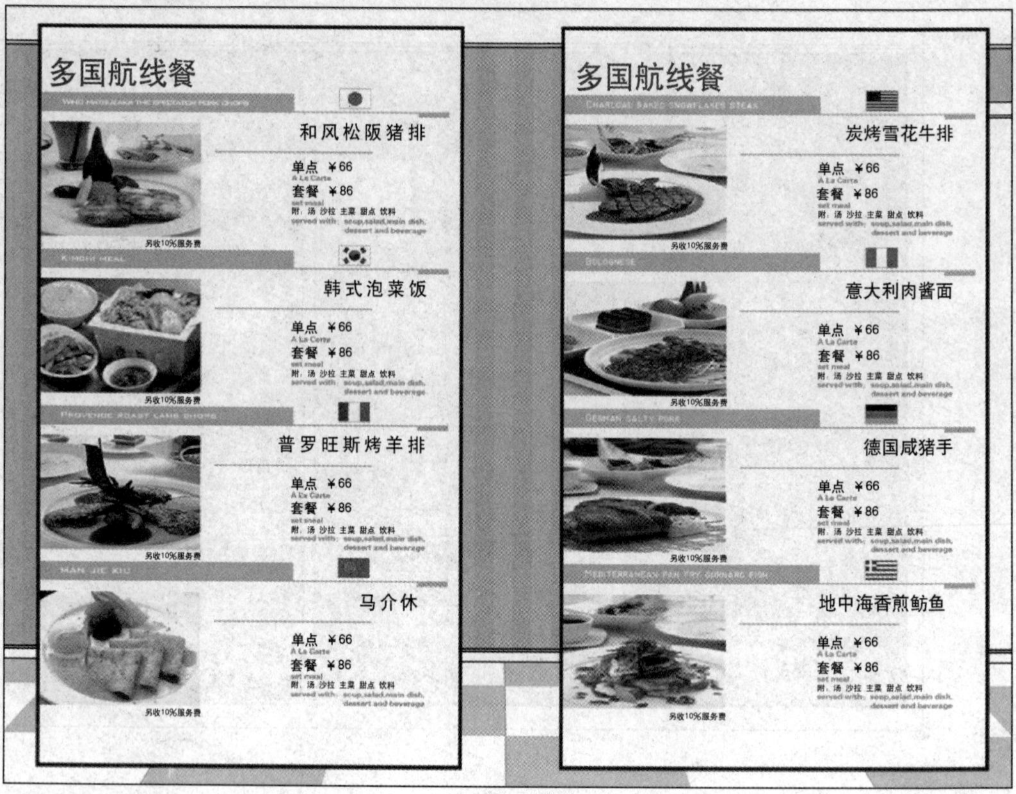
多国航线餐
和风松阪猪排
单点 ¥66
套餐 ¥86
附：汤 沙拉 主菜 甜点 饮料
served with: soup,salad,main dish, dessert and beverage
另收10%服务费
韩式泡菜饭
单点 ¥66
套餐 ¥86
普罗旺斯烤羊排
单点 ¥66
套餐 ¥86
马介休
单点 ¥66
套餐 ¥86
多国航线餐
炭烤雪花牛排
单点 ¥66
套餐 ¥86
意大利肉酱面
单点 ¥66
套餐 ¥86
德国咸猪手
单点 ¥66
套餐 ¥86
地中海香煎鲂鱼
单点 ¥66
套餐 ¥86

33

特色飞机餐
香肠辣味面 ¥45
罗勒天使细面 ¥45
皇家奶油鸡肉面 ¥45
香辣墨鱼面 ¥45
咖喱鸡肉饭 ¥45
芝士南瓜海鲜饭 ¥45
中式料理
干炒河粉 ¥20/40
扬州炒饭 ¥20/40
港式两面黄 ¥22/42
豉汁排骨饭 ¥24/44
咸鱼鸡粒炒饭 ¥24/44
潮州沙锅粥 ¥24/44
翠绿双腊饭 ¥24/44
滑蛋牛肉饭 ¥24/44
海南鸡饭 ¥26/46
口水鸡饭 ¥26/46
宫保鸡丁饭 ¥26/46
芝麻脆鸡柳饭 ¥26/46
上海海鲜炒面 ¥28/48
冰糖炖蹄膀饭 ¥30/50

34

轻松下午茶

- 原味松饼、蛋糕（二选一）＋16饮料任选　¥32

豪华下午茶

- 点心任选＋饮料（茶类或咖啡）任选　¥45

儿童套餐

- 迪士尼乐园餐　¥30

35

套餐装盘样式

36

平均盈利能力分析

	品种	平均原料及制作成本/元	平均价格/元	平均毛利率/%	平均毛利/元
产品种类	1. 主食	25	45.1	44	20.1
	2. 点心	9	24.4	63	15.4
	3. 茶类	4.2	25.7	83	21.5

37

	品种	平均原料及制作成本/元	平均价格/元	平均毛利率/%	平均毛利/元
产品种类	4. 咖啡	9.1	27.7	67	18.6
	5. 饮品	6.8	21.3	68	14.4
	6. 汤类	9.8	19.2	48	9.4
	7. 沙拉	6.3	28.7	78	22.4
总平均		10	27.4	63.5	17.4

38

第四部分
机舱主题餐厅设计
之日常管理

AVIATIC club

39

人力资源

1. 餐厅组织结构
2. 岗位设置及岗位职责
3. 人员配备及排班
4. 人力资源成本

40

餐厅组织结构图

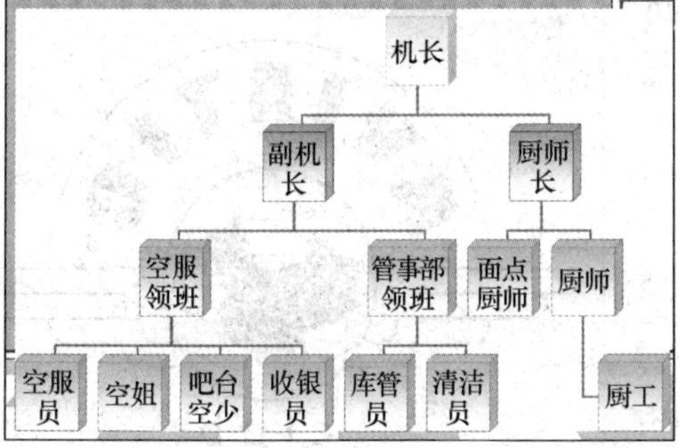

41

副机长岗位职责

直接上级：机长　直接下级：空服领班、管事部领班

1. 确定餐厅年度、月度的营业预计，领导全体员工完成部门下达的各项任务和经营指标。分析经营情况并及时上报。
2. 拟定本部规章制度、工作程序、质量标准。根据各岗位职责规范，组织实施，严格指导，监督餐厅日常工作。
3. 会同厨师长定期分析菜单，收集与反馈客人对菜品品种和菜品质量的反映和要求，为菜单调整提供依据，协调对厨房工作联系程序。

42

副机长岗位职责

直接上级：机长　直接下级：空服领班、管事部领班

4. 每天听取各主管、领班工作报告，掌握餐厅利用率，人均消费，销售收入，分析发展趋势，及时提出改进措施与建议。
5. 重视其属下员工的培训工作，思想教育工作，为酒店培养新生力量，检测新员工，评估员工工作表现。
6. 亲自督导贵宾、宴会服务，接待重要客人，深入现场，确保优质服务。
7. 审批控制部门领料，控制餐茶用品、服务用品与客用消耗物使用，降低消耗，提高经济效益。
8. 热情接待，态度谦和，做好餐厅促销活动，提高餐厅的形象吸引力。

43

按餐位数定员

- 餐位数与服务员比例
- 2人方台：12：1；4人方台:20：1；6人长台:10：1

种类	桌数	人均负责	服务员人数
2人方台	12	6桌/人	2
4人方台	10	5桌/人	2
6人长台	5	1.5桌/人	3
合计	94个餐位		7

44

厨房人员配备

炉台	打荷	砧板	白案	厨师长	总计
2	2	2	2	1	9

餐厅服务人员配备

楼面	领位	收银员	吧台	餐厅领班	副机长	机长	总计
7	2	2	2	3	1	1	20

后勤服务人员配备

库管员	清洁员	洗碗员	管事部领班	总计
1	1	2	1	5

45

楼面：A班：11:00~2:30；6:00~22:30

B班：12:00~8:00

领班：A班：11:30~16:30　B班：16:30~22:30

	星期	一	二	三	四	五	六	日
服务员	服1			A	A	A	A	A
	服2	A	A			A	A	A
	服3		B	B	B	B	B	
	服4			B	B	B	B	B
	服5	B			B	B	B	B
	服6	A	A	A			A	A
	服7	B	B			B	B	B
领班	1	A	A	A			A	A
	2	B	B		A	A	A	
	3			B	B	B	B	B

46

月度人力资源成本

- 月度人力资源成本约为：10万元

其中：人工成本约为：　8万元

保险福利等约为：2万元

47

第五部分 机舱主题餐厅设计之营销策划

48

营业推广

1. 企业形象策划
2. 开业前营销策划
3. 长期客户（VIP）的营销

49

餐厅LOGO

AVIATIC club

50

生产一些印有Logo的周边产品，例如：打火机，钥匙扣，雨伞，购物袋，纸巾，Tee，抱枕，扇子，挂历，台历，儿童餐具，扑克牌……

51

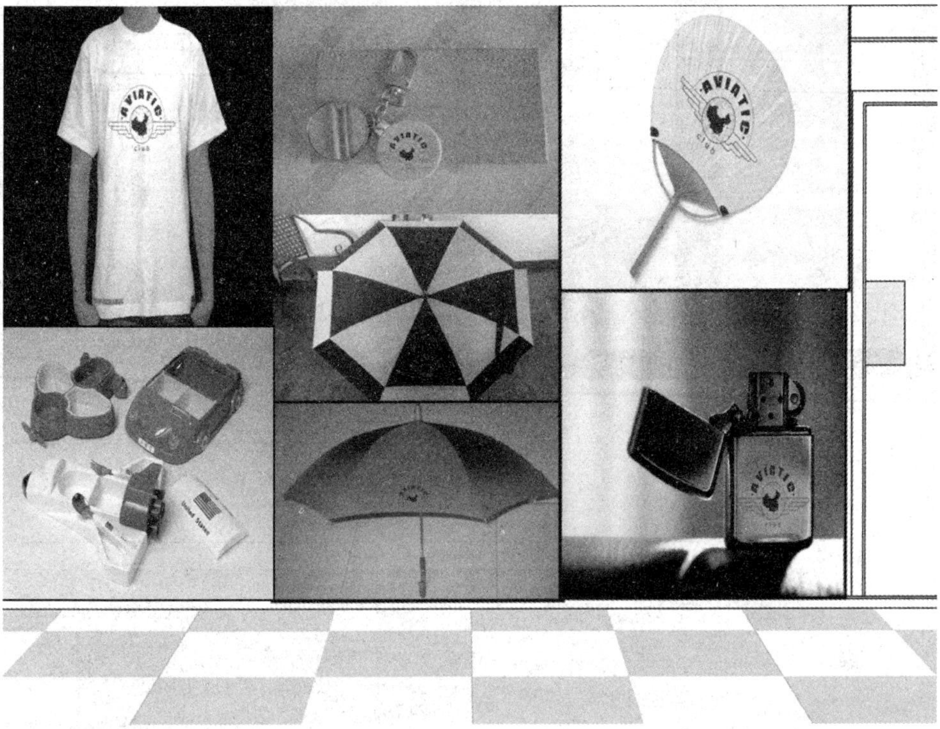

52

开业前营销策划方案

- 宣传单
- 开博客、FACEBOOK 、BBS
- 开业优惠活动
- 广告（车站、胡椒贝贝、地铁、杂志、报纸）

53

开业当日活动计划

时间	内容	地点	备注
10:50-11:00	四名空姐站在门口		
11:00-11:30	各一名组员迎宾、发优惠登机卡		
11:30-11:35	播放机内广播 GREETING		每日由空姐放送
11:35-13:00	午餐时段13:00 餐车秀(HAPPY HOUR)		PA
13:00-14:20	室内 1.小小空服活动 2.14:00记者会 室外 1.13:30-13:50室外幼儿体适能活动 2.13:50-14:00有奖问答		活动流程：如附件
14:20-15:00	现场制作公仔		
15:00-17:00	下午茶时间		
17:00-21:30	晚餐时间18:30-20:30 餐车秀(HAPPY HOUR)		PA

54

台卡
宣传单
飛機餐
全航線
兒童餐
Child Meal

55

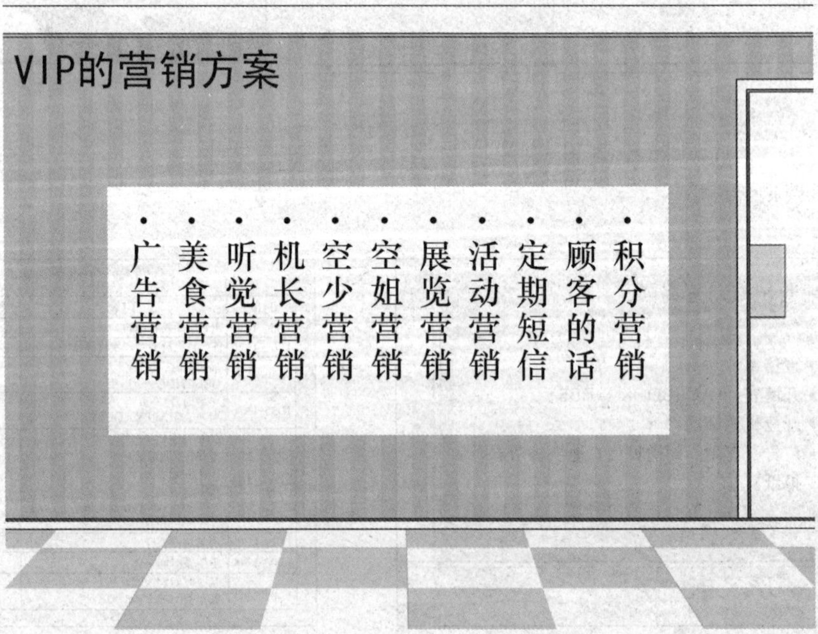
VIP的营销方案
广告营销
美食营销
听觉营销
机长营销
空少营销
空姐营销
展览营销
活动营销
定期短信
顾客的话
积分营销

56

各系列积分卡
Aviatic Club
Company Name

57

第六部分
机舱主题餐厅设计
之投资回收
AVIATIC
club

58

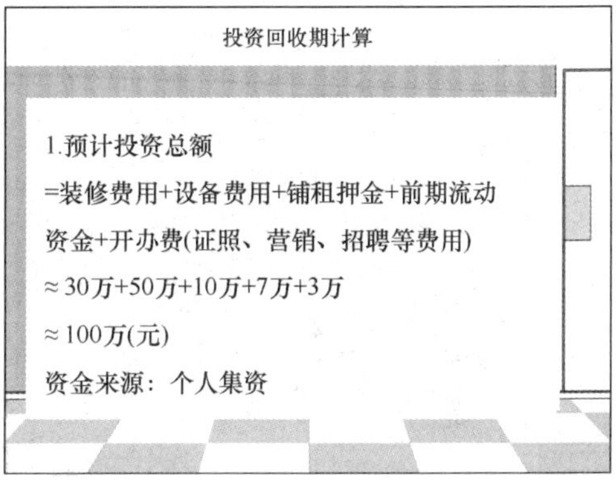
投资回收期计算
1.预计投资总额
=装修费用+设备费用+铺租押金+前期流动资金+开办费(证照、营销、招聘等费用)
≈30万+50万+10万+7万+3万
≈100万(元)
资金来源：个人集资

59

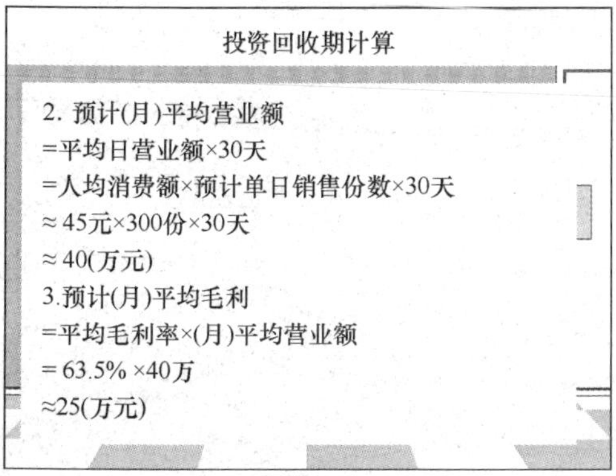
投资回收期计算
2. 预计(月)平均营业额
=平均日营业额×30天
=人均消费额×预计单日销售份数×30天
≈45元×300份×30天
≈40(万元)
3.预计(月)平均毛利
=平均毛利率×(月)平均营业额
=63.5% ×40万
≈25(万元)

60

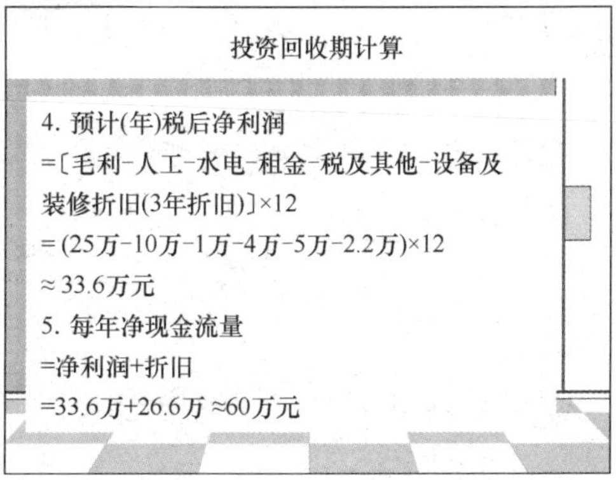
投资回收期计算
4. 预计(年)税后净利润
=〔毛利-人工-水电-租金-税及其他-设备及装修折旧(3年折旧)〕×12
=(25万-10万-1万-4万-5万-2.2万)×12
≈33.6万元
5. 每年净现金流量
=净利润+折旧
=33.6万+26.6万 ≈60万元

61

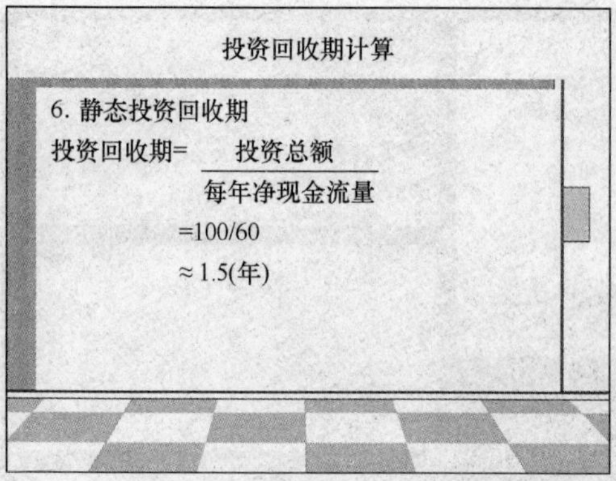

62

注：此作业为PPT格式的，有的部分为了显示清楚，做了放大处理。

参考文献

[1] 周宇，钟华，颜醒华．餐饮企业管理与运作．2版．北京：高等教育出版社，2010

[2] 杨欣．餐饮企业经营管理．北京：高等教育出版社，2003

[3] 安希华，贺学良．餐饮企业运行与管理．北京：中国劳动社会保障出版社，2008

[4] 汪焰，董鸿安．餐饮服务与管理．上海：华东师范大学出版社，2008

[5] 虞迅，严金明．现代餐饮管理技术．北京：北方交通大学出版社．2003

[6] 林德荣．餐饮经营管理策略．北京：清华大学出版社．2007

[7] 嵇步峰，侯兵．餐饮管理．北京：中国纺织出版社．2008

[8] 陈觉，何贤满．餐饮管理经典案例及点评．沈阳：辽宁科学技术出版社，2003

[9] 徐重九．餐饮特许经营实务．北京：机械工业出版社，2005

[10] 赵越春．连锁经营管理概论．北京：科学出版社，2006